편 하 설(片夏薛 C. F. Bernheisel; 1874-1958)

편 하 설(片夏薛 C. F. Bernheisel; 1874-1958)

곽 신 환

뿌리총서 간행사

나무에 뿌리, 물에 샘이라는 것은 우리의 개천절 노래에도, 조선의 용비어천가에도 등장하는 의미 있는 비유입니다. 압축하면 본원(本源)이라 합니다. 만물의 본원을 지극한 단계까지 찾아나서는 행위는 자기 존재를 완전히 하고 역할 수행을 극대화하며 그만큼 의미 있게 살아가기 위한 필수적 작업입니다.

높은 산 등성이에 있는 작은 샘에서 솟아난 맑은 석간수가 바위골짜기를 거쳐 산 아래 도달하고 넓은 농지와 대도시와 중간에 있는 댐과 제방을 경험하며 넓은 바다로 가는 동안 주변에서 이른바 지천이 계속 합류하여 수량은 많아지는데 청정도는 점점 떨어지지만 공업, 농업, 발전, 또는 정수하여 수백만 도시민의 상수원으로 쓸 수 있게 되어 그 용도가 커집니다. 시작은 은미했으나 결과적 쓰임새는 광대합니다. 우리 숭실도 많이 커졌습니다. 처음 시작할 때는 문과 한 반으로 시작했고, 기독교적 사회지도자, 한국 교회의 지도자를 양성하는데 초점을 맞추었지만 이제는 40여개 학과와 학부, 그리고 대학원생을 합하면 17,000여명의 재학생이 있고, 상당한 규모의 건물도 있고 500여 전임 교수진도 있습니다. 그러나 커진 만큼 초기의 맑은 정신이나 숭고하다고 했었던 목적을 그대로 견지하고 있는지 살펴볼 필요가 있습니다.

2013년 가을 우리 숭실대학교에 '뿌리찾기위원회'가 발족하였습니다. 건학120주년 기념사업의 일환으로 평양에서 시작한 숭실대학의 정신, 그 흐름의 모습과 내용, 그리고 서울에서 재건할 때의 과정 등에 대하여 집중적으로 연구하고자 해서입니다. 평양 숭실의 설립자 베어드, 2대 교장 라이너, 3대 교장 마펫, 4대 교장 매큔, 5대 교장 마우리 다섯 분의 교장을 연구하여 평전을 짓고, 블레어, 편하설, 스월른, 솔토, 해밀튼, 클라크, 보컬 등 10명의 큰 업적을 이룬 분들을 집중적으로 연구하며, 더불어 평양대부흥회, 신사참배, 『논리약해』, 순교자, 선교사들의 부인, 숭실의 문인, 숭실의 음악인, 방지일 목사, 조만식 선생 등 30주제의 사건·저술·인물 등 특정 분야에서 이루어진 탁월한 업적을 연구하고 그 가치를 재현해 내는 것을 목표로 하였습니다.

이 연구에 한국교회사 연구에 있어 전문가이신 이상규 교수님(고신대), 김흥수 교수님(목원대), 임희국 교수님(장신대), 이덕주 교수님(감신대), 김승태 교수님(한국기독교역사연구소) 그리고 민경찬(한예종) 교수님을 각각 책임 연구원으로 모실 수 있게 된 것, 그리고 숭실대학교의 여러 학문 분야의 교수님들이 참여해 주신 것에 깊은 감사를 드립니다. 희귀 자료들을 선뜻 내어 주시고, 확보에 도움을 주신 한국교회사문헌연구원의 심한보 선생, 그리고 호주 선교회 관련 자료를 제공해 주신 전 예장(통합)교단 사무총장 조성기 목사님께 감사드립니다. 또 이번 일에 크게 도움을 주신 분으로 결코 빠뜨릴 수 없는 분이 있습니다. 숭실대학교 부설 한국기독교박물관의 학예사 한명근 박사입니다. 한명근 박사는 이번 일에 있어서 여러 형태로 많은 도움을 주었습니다. 무엇보다 박물관이 소장하고 있는 희귀 자료의 열람은 물론 사진들을 제공하여 연구와 연구물의 출판에 큰 도움을 주었습니다. 뿌리찾기위원회의 발족 때부터 연구 기획에서 김명배 교수가 많은 도움을 주었습니다. 또한 더불어 기획·사무·총괄 간사로 수고해 주신 오지석 박사께도 깊은 감사를 전합니다. 사무행정에서 매끄러운 진행을 배려해 주신 120주년기념사업회 윤형흔 부장님의 수고도 함께 오래도록 기억할 것입니다.

이제 그 연구결과들을 뿌리총서라는 이름으로 숭실대학교 한국기독교문화연구원에서 간행합니다. 1967년에 출범한 한국기독교문화연구원은 그 동안 줄곧 이름 그대로 한국의 기독교문화를 연구해 오고 있습니다. 우리 연구

위원회에서 수행한 활동은 사실상 한국기독교문화연구원의 사업과 부합하며, 실제로 행정과 사무실, 소장 자료를 중심으로 진행되는 등 그 활동의 일환으로 진행되어 왔습니다. 뿌리총서 1호는 윌리엄 베어드입니다. 이어 평양 시절 숭실의 교장들의 평전이, 그리고 탁월한 업적을 이루어낸 분들에 대한 연구물이 그 일련 번호를 차례로 이어 나가게 됩니다.

항시 좋은 뿌리를 가졌다고 자부해온 우리 숭실인들이 그 뿌리의 형성 과정을 다시 살펴보고 오늘의 우리에게 나타나고 있는 가지와 잎과 꽃과 열매가 바람직한 형상과 품질과 격조를 지니고 있는지를 냉정하게 살펴보는 시간이 되기를 원합니다.

만시지탄이 큰 이 일이지만 그 중요성을 인식하시고 많은 어려움 속에서도 이를 발의하시고 재정을 마련하시고 행정의 틀과 편의를 제공하여 주신 숭실대학교 총장님께 깊은 감사를 드립니다.

2017년 4월

숭실대학교 뿌리찾기위원회 위원장

숭실대학교 한국기독교문화연구원장

곽 신 환 삼가 적음

저자 서문

1973년 숭실대학 철학과에 입학한 저자는 당시 미학과 희랍철학을 강의하신 조요한 교수님으로부터 한국의 대학에서 가장 먼저 철학강의를 한 사람이 평양숭실대학의 편하설이며, 그가 철학개론과 논리학을 강의하였다는 말씀을 들은 일이 있다. 그 후 조교수님은 몇 차례 한국에 도입된 서양철학이라는 주제의 논문을 발표하시기도 하셨고, 그때마다 편하설에 관한 언급을 하셨다.

2013년 가을에 숭실대학교 한헌수 총장은 숭실 뿌리찾기위원회를 구성하고 저자에게 그 위원장 자리를 위촉하였다. 그것이 계기가 되어 저자는 편하설을 연구하게 되었다. 그 이름을 들은 지 40년만에 그에 대한 연구를 하게 된 것이다.

편하설은 미국 출신 선교사였기에 그에 관한 연구는 선교학이나 목회학 또는 한국교회사에 관한 깊은 연구가 뒷받침되어야 제대로 이루어질 수 있다. 그런데 저자는 문외한까지는 아니더라도 이 분야 전공자가 아니므로 용이한 일도 아니고 적절한 일도 아니다. 그를 연구할 수 있는 원자료의 대부분이 선교관련 보고서의 형태였고 그가 사용하는 용어도 특수한 의미를 지녔기 때문이다. 그런데 이를 핑계로 사양할 수 있는 형편이 아니었다. 또한 스스로 지금 그리고 나 말고는 상당 기간이 지나도 이를 연구할 사람이 나타나지 않을 수 있다는 우려가 컸기 때문이다. 근거없는 우려일 것이다. 어쨌든 내가 못 보는 부분은 이 책을 읽어본 목회학과 선교학, 교회사학 전문가가 훗날 보충해 주리라 기대하면서 과감히 이에 착수했다.

이제 미흡하나마 일단의 연구를 끝내고 이 책의 출간을 위해 서문을 쓰면서 내가 이 일을 하게 된 것이 적어도 나에게는 큰 다행이라고 느끼게 되었다. 묻혀져 있는 보배를 내가 발견한 듯하다. 나는 이 연구를 하면서 그간 잊고 있었던 북한의 우리 동포들에 대한 따뜻한 애정이 솟아나는 것을 느꼈다. 북한의 골짜기 골짜기 산골 마을에서 그들이 불렀던 찬송소리가 들리는 듯하였고 황주, 해주, 안주, 의주 등의 자그마한 교회에서 성경을 배우는 동포들의 맑은 눈빛이 보이는 듯했기 때문이며 평양의 산정현교회에서 수백명이 모여 민족의 나아갈 길을 두고 울부짖는 모습이 떠올랐기 때문이다. 또한 수만리 거친 풍랑의 바다를 건너고 풍토병에 자식을 잃고 동료의 죽음을 보며, 벼룩과 이와 빈대에 잠을 이루지 못했고, 무지한 배척에 몸과 마음을 다치면서도 내 민족을 이리도 헌신적으로 사랑한 이방인들도 있는데 오늘의 우리는 북한에 대해서 세습독재나 핵이나 굶주림 등 부정적 언사들만을 떠올리며 대결의식을 갖고 있는 것이 안타깝기도 하였다.

편하설은 당나귀를 타고 평안도의 동북지역 산간 오지 마을과 황해도 일대를 순회 전도하면서 복음을 전하고 많은 교회를 설립하였다. 1912년부터 1929년까지 숭실대학에서 철학과 논리학을 강의한 이 땅의 최초 철학교수였다. 그는 한국인을 위하여 최초로 『논리약해(論理略解)』라는 책을 저술하기도 하였다. 또한 산정현교회 담임목사와 협동목사로서 105인사건, 삼일운동과 신사참배의 와중에서 교회와 신앙을 지키며 한국인을 사랑한 사람이다. 참으로 그는 우리 민족의 아프고도 의미 있는 일련의 사건들의 현장 목격자, 후원자, 중심적 위치의 행정 추동(推動)자, 그리고 기록자였다. 그가 남긴 일기와 기고문 논문 등의 기록들은 생생하고 섬세한 자료들을 제공한다.

이 책은 편하설의 생애와 삶이라는 주제로 1부를 구성하고 2부에서는 편하설이 Koreas Mission Field에 영문으로 기고한 것, 『신학지남(神學指南)』에 기고한 것 등을 번역하거나 현대문으로 옮겨 수록하였다. 말미에는 편하설의 부인 헬렌 커우드가 KMF에 기고한 글 8편도 번역하여 수록하였다. 따라서 편하설의 생애와 그 지향을 알고 싶은 사람은 1부만 읽어도 좋고, 그의 생생한 자료를 보고 싶은 사람은 2부의 글까지 읽으면 더 좋을 것이다. 편하설에 대해서는 아직 다루지 못한 자료들이 많이 남아 있다. 그가 미국 선교부에 보낸 공적인 보고서나 개인적 편지들은 이 책에서는 다루지 못했다. 타이핑 된 것도 있으나 상당수는 수고(手稿)본들이어서 해독 자체에 어려움이 컸다는 것이 이유가 못 되는 이유이다. 이는 차후의 과제로 남겨둔다. 교회사 연구에 있어서 비전공자이지만 오직 당위성과 의욕만 갖고 나선 필자의 거친 원고를 한국교회사 전문가이신 김승태 박사께서 꼼꼼하게 검토하고 수정해 주셨다. 깊은 감사를 드린다.

편하설을 연구하게 된 것, 그리고 평양 숭실 관련 주요 인물들에 대한 연구를 할 수 있도록 재정과 행정적 후원을 해주신 한헌수 총장에게 이 지면을 빌어 깊은 감사를 표한다.

2017년 1월 20일

서달산 아래 기의재(幾義齋)에서

곽신환 적음

목차

Ⅱ부

편하설의 기고문 -KMF와 신학지남(神學指南) 및 잡지에 투고한 글-

I부

편하설의 삶과 사상

1. 서 론

한국교회 강단의 아버지로 불리는 곽안련(C. A. Clark) 선교사는 초기의 내한 선교사들 가운데 다섯 명 곧 언더우드, 마펫, 에비슨, 베어드, 그리고 게일에 대하여 다음과 같이 평가하였다.

> "한국은 이 나라에 온 선교사들의 자질과 관련하여 볼 때 특별한 은총을 받은 나라이다. 언더우드는 대단히 열정적이고 창의적인 사람이었고, 마펫은 전도자로서 그 열정이 충만하였으며, 에비슨은 의료분야의 지도적 인사로서 의과대학을 설립하였고, 베어드는 인문대학의 설립자였으며, 게일은 오늘에 이르기까지 그 누구도 필적할 수 없는 탁월한 번역자이자 학자이다. 선교초기에 이와 같이 재능 있는 인적 자원으로 시작된 선교지는 거의 찾아볼 수 없다."

곽안련 목사의 압축적이고 적절한 평가와 같이 숭실을 인문학의 길로 이끌어 한국 인문학의 아버지로서의 역할을 수행하게 한 사람은 윌리엄 마틴 베어드이다.

그런데 클라크가 뽑은 5대 선교사에는 들지 않았지만 블레어 등 이 매우 신실한 선교사로 평가한 또 한 사람의 미국 북장로회 파송 선교사가 있다. 바로 번하이젤 곧 편하설이다. 그는 산정현교회 초대 담임목사로 목회를 하는 일면 평안도의 동북지역 산간 오지 마을과 황해도 일대를 순회 전도하면서 많은 교회를 설립하고, 숭실대학에서 철학 논리학 교수로 17년간 봉사하며, 3.1운동과 신사참배의 와중에서 교회와 신앙을 지키고 선교회를 이끌어 가며 한국인을 사랑한 사람이다.

그는 산정현교회 초대목회자인 동시에 1941년 한국을 떠날 때까지 협동목사로 섬긴 선한 목자였다. 한국에 도착하고 일주일 만에 시작한 순회전도

여행 역시 그가 한국을 떠날 때까지 40여년 계속되었다. 그는 북한 곳곳, 크고 작은 도시는 물론 평양의 동북지역과 황해도 지역의 외지고 깊은 산골짝마을 마을마다 주로 당나귀를 타고 다니며 복음을 전하고 교회를 설립했다. 1912년부터 1929년까지는 숭실대학의 철학 논리학 교수로 활동하였다. 그리고 『도덕학(道德學)』과 『논리약해(論理略解)』를 집필한 저술가였다. 1930년 이후에는 선교회와 교회의 학교들과 노회와 총회의 행정을 지도하였고, 신사참배 소동의 와중에서 산정현교회 강단을 지키며 신앙의 지조를 지켜 나간 신실한 의인이다.

그는 베어드보다 10년 늦은 1900년에 한국에 왔다. 그가 한국에 오던 해는 중국에서 일어난 의화단 사건이 아직 지속되고 있었고 만주뿐만 아니라 한국 북부에도 영향을 미치고 있는 상황이었다. 이어서 1904년에는 러일 전쟁이 발발하여 그가 있던 평양을 비롯한 한반도 북부가 그 전쟁터가 되고 있었다. 1907년에는 평양 장대현교회를 중심으로 하여 대부흥회가 열렸다. 한국이 국권을 상실한 이듬해 1911년에는 이른바 105인 사건이 있었다. 그가 숭실대학 전임교수가 되고 난 다음에는 1919년의 3.1운동, 조선교육령에 따른 1925년의 숭실대학의 전문학교지정에 따른 시설 확충, 그리고 1929년 숭실대학을 사임하고 교회와 전도일에 다시 전념하던 기간 중에는 신사참배 거부와 관련된 혼란의 와중에 있었고, 이어 중일전쟁과 이어진 혼란으로 1941년 강제 귀국조치를 당하는 과정 등 참으로 우리 민족의 아프고도 의미 있는 일련의 사건들의 현장 목격자, 후원자, 중심적 위치의 행정 추동(推動)자, 그리고 기록자였다. 그가 남긴 일기와 기고문 논문 등의 기록들은 생생하고 섬세한 자료들을 제공한다. 그가 1941년 강제추방령에 따라 한국을 떠날 때까지 42년을 그는 평양을 중심에 두고 한국의 문화를 줄곧 심호흡했던 인물이다.

간추린 편하설의 연보는 아래와 같다.

1874년 9월 11일 인디애나 주 컬버에서 출생

1896년 하노버 대학 졸업

1900년 시카고 맥코믹 신학교 졸업

1900년 3월 미국북장로회에서 선교사로 임명됨. 이 해 가을 한국으로 출발 10월 16일 부산 도착 10월 19일 평양 도착

1902년 1월 30일 숭실중학에서 수학, 지리 강의 시작

1903년 평양장로신학교에서 도덕학 성서지리학 수학 교수, 이해 11월 헬렌 컥우드 선교사 평양에 도착

1905년 12월 헬렌 컥우드양과 약혼

1906년 1월 25일 산정현교회(제4장로교회) 창립 초대 목사. 이 해 4월19일자 일기에 컬럼비아 대학 철학교수인 James H. Hyslop(1854.8.18-1920.7.17)[1]이 쓴 *Problems of Philosophy* (1905)[철학의 문제들]을 읽었다고 기록함. 하이슬롭 교수가 쓴 *Elements of Logic*은 훗날 그가 쓴 『논리약해』의 주요 참고서가 됨.

1906년 9월 20일 서울에서 있은 북장로회 한국선교부 연례 모임 둘째 날에 헬렌과 편하설이 블레어의 주례와 이길함과 베어드의 도움으로 결혼식을 거행.

1907년 연초부터 평양대부흥의 불길이 일어남. 장대현교회와 함께 편하설이 담임으로 있던 산정현교회가 이 운동의 중심 역할을 하였음. 편하설은 이 해 여름 안식년을 얻어 귀국

1908년 미국에 체재하는 기간 동안 모교인 하노버대학에서 연구하여 문학석사학위 취득.[2] 겨울 다시 한국으로 나옴. 아들 챨스가 평양에서 태

---

1) 김인수가 번역한 책에는 Hihhor로 표기되어 있는데 이는 수필본 원고를 잘못 해독한데서 비롯된 오타로 보인다.

2) Robert Culver McCaughey "A Study of the Literary Output of McCormick Alumni Chosun" B.D. Thesis Presbyterian Theological Seminary, 1940, 39.

어남

1911년 10월 이른바 105인 사건 발생. 편하설도 연루 선교사 명단에 포함됨.

1912년 6월 기소된 123명에 대한 재판 진행하여 그 해 9월 28일에 경성지방법원에서 열린 제1심 재판에서 18명 무죄로 석방하고 10년형 6명, 7년형 18명, 6년형 39명, 5년형 42명 등 105명에 대해 유죄 판결.

1912년 영문으로 된 논문 'The Apostolic Church as Reproduced in Korea(한국에서 재현된 사도 교회)'를 미북장로회 해외선교 본부에 제출

1912년 숭실대학 교수직에 임명됨. 1929년까지 봉사. 숭덕소학교(崇德小學校) 교장에 임명됨. 숭덕소학교는 예비과 3년, 본과 3년, 학생정원은 60명.

1913년 산정현 교회 담임목사직을 한승곤 목사에게 이양. 한승곤은 교회 설립 초기부터 조사로 편하설 목사를 도왔음. 이후 협동목사의 신분으로 줄곧 산정현교회를 섬김.

1913년 11월 6일 딸 헬렌이 태어남(지체장애인)

1914년부터 1924년 한국서교공의회회장

1919년 3월 9일 총독부 내무부장관 우사미가 편하설을 비롯 게일, 에비슨, 하디, 노블, 샤록스, 밀러 등 7명의 대표급 선교사들을 초청하여 스미스 선교사 집에서 회합을 가질 때, 일제 헌병 경찰의 탄압사례를 보고함. 산정현교회 강규찬 목사 등이 투옥되어 교회에 담임목사가 없을 때 강단을 지키며 교회를 이끌어 감.

1920년 12 1919년 삼일운동의 '슬픔이 기쁨이 된다'는 글을 KMF에 투고

1920년부터 1921년 숭실대학학장 대행. 『논리약해(論理略解)』 출간

1929년 숭실전문 교수직 사임

1930년 평양외국인학교 교장

1937년 안식년 휴가

1938년 신사참배 문제로 주기철 목사가 구속되어 담임목회자가 공석이 된 상태에서 협동목사로 있는 산정현 교회 강단을 이끌어 감.

1941년 9월 6일 편하설 부부 만국부인기도회 사건으로 강제 귀국길에 오른 힐, 버츠 등과 함께 한국에서 철수함.

1958년 인디아나 폴리스에서 암으로 사망(84세)

1988년 3월 11일 아들 챨스 사망. 자녀 없음

2000년 3월 17일 딸 헬렌 인디애나 폴리스에서 사망. 장애를 가진 그녀는 평생 미혼으로 살았음.

이런 그에 대한 연구가 빈약하다. 김인수 교수가 번역한 그의 일기와 한편의 논문[3], 박종현의 「편하설(片夏薛 C. F. Bernheisel) 선교사의 한국사역」, 박용규의 『한국 교회와 민족을 깨운 평양 산정현 교회』, 그리고 산정현교회에서 편찬한 교회사에서 부분적으로 언급되는 내용이 있을 따름이다.

3) 김인수 역 『편하설 목사의 선교일기』 쿰란출판사(2004년), 김인수 「편하설(Charles F. Bernheisel) 목사의 한국 선교와 신학사상」 장신논단, Vol. 23 (2005년)

2. 편하설의 비전 - 복음과 구원의 글로벌화

편하설(Charles. Francis. Bernheisel 1874-1958)은 1874년 9월 11일 미국 인디애나 컬버(Culver)에서 태어났다. 1896년 하노버 대학을 졸업하고 1900년 시카고의 매코믹신학교를 졸업한 다음 그 해 3월 미국 북장로회에서 한국선교사로 임명되었다. 목사 안수를 받은 후 9월 8일 인디애나의 제퍼슨빌의 집에서 한국으로 출발하였다. 그의 말대로 한국에서 선교한 제 2세대 선교사라고 할 수 있다.

그가 왜 선교사를 지망했고 하필 한국을 선택했는지는 분명하게 드러나 있지 않다. 그러나 그가 1900년 9월 9일 시카고의 맥도널드 목사가 시무하는 컴버랜드(Cumberland) 장로교회에서 누가복음 2장 30-31절을 본문으로 하여 '전세계적 구원(worldwide salvation)'이라는 제목으로 설교를 하였다. 그가 택한 본문의 새번역은 다음과 같다.

> "30.내 눈이 주님의 구원을 보았습니다.
> 31.주님께서 이것을 모든 백성 앞에 마련하셨으니"

이 말은 예루살렘에 사는 의롭고 경건한 사람 시므온이 아기 예수를 본 다음에 독백처럼 한 말이다. 그는 이스라엘이 받을 위로를 기다리고 있었고, 또 성령이 그에게 임하여 계셨으며, 그리스도를 보기 전에는 죽지 아니할 것이라는 성령의 지시를 받았다고 한다. 율법이 정한 대로 행하고자 하여, 부모가 아기 예수를 데리고 예루살렘 성전에 들어 갔다가 마침 시므온을 만나게 되었는데 이 때 시므온은 아기를 자기 팔로 받아서 안고, 하나님을 찬양하여 말한 것이 위의 구절이다. 위의 구절에 이어 시므온은 32절에서 "이는 이방 사람들에게는 계시하시는 빛이요, 주님의 백성 이스라엘에게는 영광입니다"라고 했다.

컴버랜드교회에서 편하설이 어떤 내용의 설교를 했는지 알 수는 없지만 위의 설교의 본문과 전후 문맥으로 미루어 보면 온 세상 만민에게 예비된 구원의 기쁜 소식을 들고 동북아시아에 있는 '은자(隱者)의 나라 코리아'로 가는 길이라는 뜻을 회중에게 말했을 것 같다. 그것은 예루살렘과 온 유대와 사마리아를 거쳐 땅 끝으로 가서 복음을 전하라는 예수의 마지막 당부를 따르고자 하는 것이 된다.

그는 1900년 11월 15일 밤에 평양의 새뮤얼 마펫 목사의 집에서 열린 기도회에 참석하여 설교했는데, 그 때의 제목도 '전세계적 구원(Worldwide Salvation)'이었고, 본문은 누가복음 2장 30-31절이었다. 이는 그가 미국을 떠나기 전 시카고 컴벌랜드교회에서 설교했던 바로 그 본문이고 같은 제목이다. 그의 마음 속에 담긴 한국 선교의 의지와 비전을 동료 선교사들에게 보여 주는 것이었으리라. 이는 그의 선교 비전이고, 각오와 태도를 보여주는 내용이었을 것이다.

19세기 그리고 20세기 초에 월드와이드 곧 글로벌 개념은 앵글로 섹슨 족을 비롯한 서구 열강 지식인들에게는 낯 설지 않았다. 해가 지지 않는 제국을 건설한 영국을 비롯한 서구인들은 상업이나 정치 뿐만 아니라 모든 점에서 그들은 세계를 무대로 삼고 있었다. 종교에서, 복음에서 글로벌 시각을 갖는 것은 자연스럽게 예루살렘-유대-사마리아-땅끝으로 확장되는 최후의 절대 명령과 아주 잘 부합하는 것이 아닐 수 없었을 것이다.

편하설은 다른 선교사들의 경우와 마찬가지로 샌프란시스코에서 배를 타고 태평양을 횡단하여 중간에 하와이의 호놀룰루에 기착한 다음 일본 요코하마에 도착하여 상륙하였다가 다시 배를 타고 고베를 거쳐 대마도를 거쳐 부산 제물포 진남포를 통하여 평양에 도착하였다. 잠시 고베에 머무는 동안 그는 대구에서 사역하는 아담스(J. F. Adams)를 만나 여러 가지 도움을 얻었고, 한국의 실정에 대한 소식도 전해 들었다. 또 티벳에서 선교하는 쉴즈 부부가 의화단[4]사건 때문에 피난 나와 일본에 머물고 있어 그들로부터 중국의 여러 사정을 전해들을 수 있었다. 10월 14일이 마침 주일이었는데 그날 아침 조선으로 떠나는 기사가와호를 타야 했다. 그는 주일을 거룩하게 지키지 못하는 것에 용서를 비는 기도를 드렸다고 한다. 당시 그가 지닌 신앙적 자세를 엿볼 수 있는 일이다.[5] 그가 목적지인 평양에 도착하여 마펫(S Moffet) 목사의 집으로 가서 선교부의 관계자들을 만난 것이 10월 22일 밤이었다. 9월 8일에 인디아나 제퍼슨빌을 출발하여 육로와 해로를 이용한 45일간의 짧지 않은 여정이었다.

도착 이틀 후인 10월 24일에 그는 베어드 부부와 함께 식사를 했다. 그리고 3일 후인 10월 27일부터 그는 한국어 공부를 시작하였고, 다시 이틀 후인 10월 29일에 리 목사와 함께 평양시의 동쪽과 남쪽 지방으로 15일간의 순회 전도 여행을 떠났다. 오랜 여정으로 여독이 있을 터인데 그는 쉼 없이 그의 일정을 진행하고 있었다. 그는 그 때 26세의 청년목사였다. 그의 첫 선교사역은 이렇게 시작되었다. 그의 일기에 따르면 순회전도 여정에는 짐 싣는 조랑말과 사람이 타고 갈 당나귀, 마부 두 사람, 그리고 리목사의 조사(助師)와 권서(勸書)가 동행했다고 한다. 편하설은 함께 순회 전도를 하면서 리목사가 한국인 학습교인들과 문답하는 것, 세례를 베푸는 것, 성찬식을 행하는 것,

---

4) 의화단 사건(1899년~1900년)은 '권비(拳匪)의 난'이라고 했다. 의화권(義和拳)이라는 비밀결사에서 출발했는 데 권법, 봉술, 도술을 중심으로 육체를 단련하면서 종교 활동을 겸한 단체였다. 1895년경부터 산동성 서남부를 중심으로 강소·하남·안휘성 등을 무대로 활동했다. 1899년에 이르러 의화단이 부청멸양을 내걸고 기독교도를 살해, 교회 방화, 선교사 축출, 철도와 전신 시설파괴 등 반외세 투쟁을 시작했다. 1900년 4월 천진과 북경에 들어가 모든 외국세력에게 물러날 것을 요구하면서 외국공사관이 모여 있는 지역을 포위하자 그해 6월 영국, 프랑스, 러시아, 미국, 일본, 오스트리아, 이탈리아, 독일의 8개국 연합군이 북경으로 진격하여 진압했다. 그 무렵 우리나라에서는 1899년에 경인선 개통, 1900년에 한강 철교 준공, 대한제국의 만국우편연합 가입, 1902년에 서울-인천 간 전화 개통, 전차가 운행되었다.

5) 그의 일기 1900년 9월 13일 자에 그의 출발과 한국 도착 과정이 상세히 기술되어 있다. 이 일기는 김인수가 『편하설 목사의 선교일기』로 번역·출간하였다.(쿰란출판사 2004년)

그리고 예배 드리는 것을 보았다. 그들이 지나는 길가에 많은 한국인들이 나와서 구경하는 것, 호기심 많은 어린애들과 군중들이 뒤따라 몰려 다니는 것 등을 경험하였으며, 고개를 넘어 골짜기에 있는 촌락에서 한국인 교우들의 뜨거운 환영을 받았다.

편하설이 한국에 도착한 1900년, 이 해 중국에서는 의화단의 난이 일어났었다. 그와 함께 온 일행은 1900년 10월 18일 제물포에 상륙했다. 당초 그들의 미국에서의 출발은 한 달이 지연되었는데 그것은 의화단사건[권비(拳匪, Boxer troubles)] 때문이었다. 선교사들의 부모와 친척들은 매우 심각한 두려움을 갖고 있었다. 그들은 열정에 사로잡힌 이들 젊은이 선교사들에게 아무 일도 일어나지 않기를 바랬다.[6] 그 의화단사건의 여파가 조선에까지 미치고 있었다. 상당수의 중국기독교인들과 선교사들이 암암리에 조선으로 피난했다고 한다.

그런데 의화단원들과 마찬가지로 조선인들도 서양인들을 살해 또는 추방하려 든다는 소문이 있었다. 그 해 12월초 조선인기독교도와 외국인을 위협하는 소요가 있을 것이라는 소문이 돌기 시작했고, 구체적으로 12월 6일이 D-데이라는 첩보가 선교사들에게 전해졌다. 서울에 있던 알렌 공사는 각지의 선교사들에게 신변 안전을 위한 대비를 요청하였다. 북쪽 지역의 관찰사 가운데 하나는 반기독교 반외국인을 표방하는 방을 붙이기도 하였다. 불안한 기운이 감도는 가운데 소요 예정일인 12월 6일이 되었고 선교위원회에서는 헌트, 노블, 마펫을 대책위원으로 선정하였지만 정작 그날은 아무런 일이 없이 넘어갔다.

1900년대 초 당시 한국에서 카톨릭과 개신교도들 사이에는 갈등이 있었

6) Forty years Agone KMF Vol. 36 No. 7(1940.7)

다. 편하설의 일기도 이를 기술하고 있다. 1900년 11월 1일자 일기에서 그는 황해도 곡산 근처로 추정되는 어느 지역에서 카톨릭의 사제 한 사람이 카톨릭을 반대하는 조선인을 매질하였고 더불어 개신교회 모임에 나가거나 쳐다보기만 해도 매질할 것이라고 엄포를 놓았다는 이야기를 들었다는 것과, 이 일로 개신교회의 모임에 주민들의 참여하지 않는다고 기술하였다. 1903년 2월에는 개신교인을 박해하며 모든 정치적 권위를 부정하는 카톨릭측과 문제를 조정하려고 마펫과 헌트 선교사가 해주에 가 있었고, 마펫은 그곳에서 천주교와의 재판으로 7주간 머물렀다.

마펫은 카톨릭이 해주 사람들에게 가한 만행을 보고하면서 마치 중세 스페인 종교재판소와 같았다고 했다. 사람들에게 강제로 성당 짓는 돈을 내게 했고 많은 사람이 고문을 당했고 7명이 살해당했는데, 재판을 진행한 정부 조사관 앞으로 13개 지역에서 200개 이상의 고소장이 제출되었다고 한다. 프랑스 사제들이 문제의 근원에 있었고 그들 중 2명은 주모자들을 산성에 보호하고 있어서 체포가 불가능했으나, 40여명이 체포. 기소되었으며 징벌만 남은 상태라고 했다. 민중봉기 수준으로 폭동이 일어날 뻔 했다는 것이다.[7]

편하설이 기술하고 있는 이 시간은 우리 역사에서 이른바 해서교안(海西敎案)으로 불리는 일이다. 이 일의 전말을 『한국카톨릭대사전』에 수록되어 있는 최석우의 글을 통하여 간추려 보면 다음과 같다.

1902년을 정점으로 이를 전후하여 황해도 지방에서 천주교회와 관청 사이에서 일련의 충돌 사건이 일어났다. 교안(敎案)은 1886년, 즉 한불조약이 체결된 직후부터 발생하였다. 이 조약은 프랑스 선교사에게는 종교의 자유를 인정하였으나 한국인에게는 아직 종교의 자유가 허용되지 않았다. 선교사들에게 개항지에서의 정착은 인정하였으나 다른 지방에서의 거주는 인정

---

7) 『편하설 목사의 선교일기』 1900년 11월 1일, 1903년 2월 12일, 3월 24일 참조

하지 않았다. 그런데 이미 지방에 정착해 있던 선교사들이 적지 않았을 뿐 아니라 본당의 증설로 인해 선교사의 지방 진출이 잦아졌으므로 자연 지방 관리와의 충돌이 발생하게 되었다. 한국인에게도 종교자유가 인정된 것은 1899년의 교민조약(教民條約)에서 비롯되었고, 선교사에게 지방에서 정착할 권리가 인정된 것은 1904년의 선교조약(宣教條約)에서 시작되었다. 비록 교민조약에서 한국인의 종교 자유가 인정되었을지라도 아직 이에 대한 계몽과 이해가 부족하였고, 특히 유교적 대중사회 속에 깊이 뿌리박은 척사(斥邪)와 양이(攘夷) 정신에 의하여 천주교에 대한 배척과 적대감이 상당 수준이었다. 지방관리들이 반천주교적 행동을 계속한 데에는 또 다른 중요한 이유가 있었다. 첫째는 중앙정부의 행정문란이고, 둘째는 그들의 가렴주구를 은폐 또는 정당화하려 한 때문이었다. 행정의 문란과 가렴주구에 몹시 시달려오던 백성들은 이에 대항하고자 천주교에 입교함으로써 교회에서 그 의지처와 피난처를 구하려 했다. 이로 인해 개종률이 갑자기 높아지게 되었는데, 황해도의 경우가 특히 그러하였다. 자연 지방관장들과 외국인 선교사 사이에 갈등이 높아 갔다.

황해도는 1896년 빌렘(Wilhelm, 洪錫九) 신부가 파견됨으로써 선교사가 정착하기 시작하였다. 그는 안악(安岳)의 매화동(玫化洞)과 신천(信川)에 본당을 세웠다. 그가 신천에 본당을 세운 것은 안중근(安重根)의 아버지 안태훈(安泰勳)의 요청 때문이었는데, 그의 개종 동기는 종교적인 것보다는 세속적인 요소가 많았다고 한다. 그의 가족 모두가 천주교로 입교했을 뿐만 아니라 인근 일대 주민들의 개종이 많아 선교사가 증원되었고 신자수도 급증하였다. 처음에 600명에 불과하던 신자수가 1902년 벌써 7,000명이 되었고, 본당수도 8개, 따라서 선교사수도 8명으로 증가되었다. 그러자 지방관장들은 일찍부터 천주교로의 개종운동을 저지하기 시작하였다. 관찰부에서는 1897년 교도단속훈령(教徒團束訓令)을 통해 소위 '근자에 천주교도들에 의한 각종 행패가 자심하다'고 하며 신천과 안악 등 각 군에 천주교도 단속을 지시하였다. 이때 안태훈이 개종운동과 관련되어 신천군수에게 체포되었는데, 빌렘 신부는 신천군수에게 항의하고 그를 석방시켰다. 이로써 빌렘 신부와 지방관장들과의 마찰이 시작되었다. 그 후 빌렘 신부는 해주감사에게 체포된 안태훈의 동생 안태건(安泰健)을 석방시켰다. 1898년에는 안태훈 등 신자 4명이 도둑의 누명을 쓰고 체포되자 안악군수를 찾아가 항의하고 석방시켰다. 1900년대에 들어서면서 교안의 발생은 더욱 잦아졌다. 먼저 옹진에서 김응호(金應鎬) 등 옹진 천주교도들의 재산을 약탈하고 그들을 구타한 사건이 일어났다. 이에 빌렘 신부와 김문옥(金紋玉) 신부는 서신으로 또는 직접 군수를 찾아가 항의하였고, 한편 해주관찰사는 옹진 군수를 통해, 또 옹진 군수는 순검과 보부상들을 통해 도리어 천주교도들을 죄인으로 다스렸다. 1902년 이용직(李容稙) 신임 관찰사는 반천주교의 훈령을 자주 선포하고, 천주교인을 해고시키는 등 천주교를 전멸시키려고 보부상 두목인 박정모(朴貞謨)를 이용하였고, 심지어 개신교도들까지 이용하여 천주교를 공격하게 하였다. 1902년 6월 황주의 한기근(韓基根) 신부댁을 습격하였다. 재령의 신환포와 장연에서 처음으로 개신교도들과 충돌하는 사건이 일어났다. 신환포에서는 교우들이 새 강당을 짓기 위해 개신교들에게까지 도움을 강요한 사건이 일어났다. 이 사실을 알게 된 재령의 르각(Le Gac, 郭一良) 신부는 즉시 금전을 강요하는 일을 중단시켰고, 빌렘 신부는 헌트(Hunt) 목사를 직접 만나 일을 평화적으로 해결하려 하였으나 개신교도들의 거부로 좌절되었다. 장연에서는 천주교인 조병길(趙秉吉)이 장로교인 김윤오(金允五)에게 소송을 제기한 사건이 일어 났는데, 김윤오[8]는 향장(鄕長)으로 있으면서 공금을 유출한 때문이었다. 이 사건과 관련하여 언더우드(Underwood) 목사는 빌렘 신부에게 서신을 통해 항의하였다.

이상의 사건들은 소송사건으로 발전하였다. 원고는 대개가 외교인이나 개신교도들이었다. 물론 천주교인이 원고인 적도 없지 않았으나 관장들의 천

---

8) 김윤오는 편하설의 선교일기(1901년 10월 18일)에도 등장하는 인물이다. 편하설은 김윤오가 해주 금동에 선교사들이 머물 멋진 집을 지었다고 했고, 또 신실한 교우라고 소개하고 있다.

주교에 대한 적대심으로 말미암아 입장이 뒤바뀌어 결국 피고가 되고 말았다. 사건은 군에서 관찰부를 거쳐 법부(法部)나 외부(外部)에까지 상소(上訴)되었고, 한편 천주교 측에서도 선교사를 통해 교구장 뮈텔(Mutel, 閔德孝) 주교에게 보고되고 뮈텔 주교는 프랑스 공사에게 보고함으로써 결국 외부대신과 프랑스 공사 사이에서 해결을 모색해야 하는 이른바 교안으로 발전하였다. 그러나 이 사건에 개신교의 목사와 신도들이 개입됨으로써 사건은 더욱 복잡해지고, 해결도 더욱 어려워지게 되었다. 사건의 원만한 해결을 위해 법국 공관 측에서는 교회당국과 협의한 끝에 정부측과 교회측에서 작기 현지로 조사관을 파견하기로 정부에 건의하였고, 이에 따라 정부에서는 이응익(李應翼)을 해서사핵사(海西査覈使)로 파견하였고, 천주교회측에서는 부주교(副主教)인 두세(Doucet, 丁加彌) 신부를 조사관으로 파견하였다. 그러나 사핵사 이응익과 관찰사 이용직의 천주교에 대한 적대적인 감정이 있었고, 마펫 헌트 등 개신교 선교사들의 개입이 있었으며, 빌렘 신부의 조사 불응이 있어서 재판이 천주교에 불리하게 진행될 수밖에 없었다. 사안은 뒤에 정치적, 외교적으로 해결되었다. 해서교안의 결과 황해도에서의 천주교 신자 중 3부의 1이 배교하였고, 3분의 1은 냉담하였으며, 3분의 1만이 교우로 남아 있을 정도였다. 이 일은 한불조약의 미비, 한국 사회에 깊이 뿌리내린 위정척사와 존왕양이 정신, 행정의 문란, 지방관리들의 가렴주구, 교파간의 경쟁심, 일부 천주교인들의 불순한 개종 동기와 강요된 개종 운동, 신자들의 세속 사정에 대한 빌렘 신부를 위시한 일부 선교사들의 지나친 관여 등 복잡 다단한 요소와 배경에서 발생한 것이었다.[9)]

훗날 편하설이 『신학지남』에 카톨릭을 비판하는 다수의 글을 기고한 것은 이러한 그의 경험과 관련이 있을 듯하다. 그의 글에는 역사적 그리고 객관적

---

9) 『한국가톨릭대사전』(1985) 崔奭祐 「해서교안」에서 압축 인용함

사실의 적시가 많지만 상당한 정도 격앙된 논조를 보이고 있는 것은 위와 같은 사실, 특히 가톨릭이 개신교의 전도를 방해하면서 나타난 라이벌 의식을 넘어선 적대 감정이 작용한 것으로 보인다.

편하설이 『신학지남(神學指南)』에 기고한 글 15개 가운데 천주교에 관한 것이 12개나 된다.[10) 당시 신학지남은 한국인을 겨냥한 것이고 KMF는 선교사 또는 외국인을 위해 영자로 발간한 것인데 KMF에는 천주교에 관한 글이 한 편도 들어있지 않다. 아래는 그가 『신학지남』에 쓴 천주교 관련 글이다.

『신학지남(神學指南)』에 기고한 천주교 비판글 (12편)

1-로마교의 예배(1936년 5월호)
2-중보자와 사죄(1936년 7월)
3-천주교의 교회관(1936년 9월호)
4-교회의 신앙규율(1936년 11월호)
5-사도직의 계승(1937년 1월호)
6-교황제도의 분해(1937년 1월호)
7-성례(1937년 5월호)
8-죄에 대한 고백. 참회. 사죄(1937년 7월호)
9-로마교의 내세관 (1937년 9월호)
10-로마교의 순례, 분향 묵주 유물(1937년 11월호)
11-로마교회의 그릇된 교훈과 그에 대한 비판(1938년 1월호)
12-신앙자유에 대한 로마교의 오해와 박해(1938년 3월호)

편하설의 한국 체재 5년차인 1904년은 연초부터 전쟁 소문으로 뒤숭숭하

---

10) 천주교에 대한 편하설의 비판적 이해는 김인수의 「편하설(Charles F. Bernheisel) 목사의 한국선교와 신학사상」(장신논단 2005년) pp 101~102를 참조할 것

였다. 그리고 이 전쟁은 러시아와 일본간의 전쟁이지만 그 육지전의 주 전쟁터는 한반도 북부가 될 것이라는 전망이었으니 평양 주변의 교회와 선교사들의 프로그램은 심각한 타격을 받았다. 실제로 1904년 2월에 만주와 한국의 지배권을 두고 러시아와 일본이 한반도에서 전쟁을 벌였다. 청일전쟁에서 승리한 일본의 한국과 만주에서의 약진을 저지하기 위한 러시아의 정책이 일본과 충돌한 것이다. 그러다가 화북지역에서 발발한 의화단사건이 만주까지 영향을 미치자 러시아는 만주를 무력 점령하고, 사건이 진압된 뒤에도 철수를 거부하면서 이후 만주에 대해서뿐만 아니라, 압록강 유역으로 군대를 이동시킨 뒤 용암포(龍巖浦)를 군사기지화함으로써 한국에 대해서까지 야욕을 노골화하였다.

1904년 2월 8일 여순에 대한 일본군의 기습으로 전쟁이 시작되었다. 일본은 9일 인천 앞바다에 있던 두 척의 러시아군함을 격침시키고 다음 날 10일에야 선전을 포고하였다. 이후 여러 차례의 육전과 해전에서 일본이 승리했고, 1905년 종전이 되었다. 당시 국제정세는 러시아와의 대결에 있어 영국과 미국이 일본을 적극 지원하였다. 사실상 러시아를 상대로 한 영국과 미국의 전쟁을 일본이 대리 수행했다는 주장이 있을 정도였다. 전쟁의 결과는 한국과 남만주에서 일본의 지배권이 강화되었고 한국에 을사조약을 강요하였다.

이 해 연초부터 러시아 일본간의 전쟁 소문 때문에 불안하여 교회가 정체되었다. 당장의 안전에 관심을 가졌고 복음에는 주의를 기울이지 않은 것이다. 당시 미국공사 알렌은 전보를 보내어서 러시아 정복 군인들의 약탈이 많고, 도처에 동학이 있으며, 이들이 3월에 봉기예정이며, 일본영사가 최근 300명의 한국주재 일본민간인을 무장시켰다고 하였고, 최근 동학이 급격히 성장하였으며, 그들은 왕조와 외국인과 기독교에 반대한다고 기록하였다. 여러 나라의 해병대가 자국의 공사관을 보호하기 위해 서울에 들어왔고,

150명의 미국해병대도 서울에 들어 왔다.[11]

러시아에 적대적인 미국의 정책 탓에 선교사들은 일본공사 등과 유기적 협력관계에 있었다. 일본인들은 미국선교사들에게 미국국기를 집에 게양토록 요구하였다. 전쟁이 계속되자 숭실중학 학생들이 동요하여 절반 가량이 귀가하였다.[12]

편하설은 이 해의 일기에서 그의 주변에서 매일매일 전개되는 전황을 기록하고 있다. 예를 들면 3월 10일 어제 추가로, 1000명의 포병과 짐말 짐 등을 북쪽으로 수송, 3월 11일 사창골 교회를 수용 당함, 3월 12일 런던 크로니클의 길비씨 등 종군기자들이 속속 도착함. 미국 전함 신시내티가 제물포를 떠나 진남포로 향했음, 3월 18일 보통강 건너편 언덕에서 러시아군을 위한 스파이 활동을 한 조선인을 일본군이 총살함, 3월 20일 수 천명의 군인이 진남포에서 평양에 도착. 수천대의 짐마차가 보급물자를 싣기 위해 도착. 도시 먼 마을까지 군인들로 꽉 참. 방마다 열 명씩 들어감. 3월 22일 아침 수백마리의 짐말이 중학교 교정에 모였다가 북쪽으로 출발, 3월 29일 1000명이 넘는 조선인 짐꾼이 등에 가마를 지고 북쪽으로 떠났다. 4월 3일 부활주일에 미국서 훈련받은 멋쟁이 일본 장교 두 명이 참석하여 예배했다고 기록, 4월 15일 학생들을 모아 병원으로 사용하는 교장 사택에서 전투에서 부상당한 일본군을 위로함 등이 그것이다. 또한 러시아인들에게 고난을 당하는 조선 주민들의 사정을 기록했는데, 5월 19일자 일기에 따르면, 러시아군인들은 곡식과 식량과 가축을 빼앗고 여인을 폭행했다. 따라서 러시아군인들이 들어오면 주민들은 모두 산으로 피신, 집을 불태우고 다리를 파괴했다. 편하설은 이들을 코사크이며 살인자 야만인이라 했다.[13]

---

11) 김인수 역『편하설 목사의 선교일기』(쿰란문화사, 2004년) 1904년 1월 26일자. p165

12) 김인수 역『편하설 목사의 선교일기』 1904년 2월 9일, 21일자 일기 참조

13) 이상은 김인수 역『편하설 목사의 선교일기』(쿰란문화사, 2004년) 발췌, 정리한 것이다. pp179-192 참조

3. 산정현교회 담임목사, 그리고 평양 대부흥회

평양선교지부는 1906년 1월 편하설 목사를 산정현교회의 담임목사로 선정하였다. 편하설의 1906년 1월 11일 일기에 이 교회 설립에 관한 내용이 있다. 그는 이 일로 이미 업무가 과중한 상태인데 더 부담이 커진 것을 크게 염려했다.

산정현교회는 장대현교회와 더불어 평양에서 한국선교를 주도한 교회이다. 1893년에 설립된 장대현교회는 1900년대에 들어 급성장 하였다. 1903년 장대현교회에서 남문외교회가 분리 설립되었다. 1905년 12월에는 평양시내 북쪽에 사창골교회가 분립되었다. 이 교회는 블레어가 담임을 맡았다. 그리고 1906년 1월 26일 평양 남서쪽에 산정현교회가 분립하였다. 산정현 교회는 처음 옛 장대현교회에서 시작하였기에 동문교회로 불리기도 했고, 평양에서 네 번째로 세워진 장로교회이기도 하여 평양성 제4교회라고도 불렸다.

이 교회는 설립 다음 해부터 일기 시작한 1907년 이른바 평양대부흥운동에 장대현교회와 더불어 그 주역 노릇을 했다. 1월 14일 15일 저녁 집회 때 일기 시작한 장대현교회의 영적 각성운동 때 산정현교회의 교우들이 대거 참석하였고, 이 때 편하설은 이 부흥회에서 처음부터 사경회 교사로서 강력한 리더쉽을 발휘하였다. 이후 2월에는 스왈른과 더불어 자산지역으로 가서 사경회를 인도하였고 평양시내에서도 정기적으로 사경회를 이끌었다. 또 그레엄 리 선교사와 함께 황주로 가서 사경회를 이끌기도 하였다.[14] 이 때의 일을 그는 일기에서 다음과 같이 기록하고 있다.

"1월2일에 시작된 겨울사경회에 몰입했다. 그 다음 주 6일부터 15일까지 영

14) 김인수 역 『편하설 목사의 선교일기』 1907년 3월 p.301

성강화와 성령 충만을 위한 저녁집회를 열었다. 그리고 그곳에서 이제껏 말로만 듣던 광경들을 목격했다. 성령이 청중들을 사로잡아 사람들이 죄를 깨닫고 통회 자복하였다. 그 집회에 대해서는 이미 기록되었기 때문에 여기서 자세히 적지는 않겠다. 모두 큰 은혜를 받고 집으로 돌아가 받은 은혜를 시골 전역에 전하여 같은 광경들이 반복되었다. 최근 서울의 소식에 따르면 그곳에서는 더 큰 축복을 받았다고 한다. 2월 첫 주에 스왈른씨가 나와 동행하여 자산에 갔다. 그 곳에서 한 주간 동안 사경회를 열고 비슷한 광경들을 목격했다. 그 때 이후로 평양 사람들을 위해 정기적으로 겨울사경회를 열었다. 새신자 수 백 명이 교회로 인도되었다. 2월 26일 이씨와 함께 사경회를 하러 황주에 갔다. 훌륭한 수업이었고 성령님의 지배하심이 분명했다. 3월 4일에 돌아왔다. 휘트모어씨와 컨씨도 도착하여 잘못을 고백했다. 컨의 고백은 끔찍하였고 아마도 선교회에서 사직하게 될 것 같다. 우리는 그 일로 모두 가슴이 아팠다."[15)]

편하설 목사는 1907년 여름 안식년을 얻어 미국으로 들어갔고 이듬해 겨울에 다시 한국으로 나왔다. 미국에서 체재하는 기간에 그의 모교인 하노버 대학에서 연구하여 문학석사학위를 취득했다.[16)] 그리고 1912년 영문으로 된 논문 The Apostolic Church as Reproduced in Korea(한국에서 재현된 사도교회)를 미장로회 해외선교본부에 제출하였다. 그간의 한국선교에 관한 것, 한국교회의 실상에 관한 내용이 매우 충실하고 깊이 있는 해석과 논리가 갖추어진 글이다.

한국에서 재현(再現)된 사도 교회[17)]라는 제목의 이 논문은 비교적 장문이

---

15) 김인수 역 『편하설 목사의 선교일기』 1907년 3월 p.302

16) Robert Culver McCaughey "A Study of the Literary Output of McCormick Alumni Chosun" B.D. Thesis Presbyterian Theological Seminary, 1940, 39.

17) 이 논문("The Apostolic Church as Reproduced in Korea", Presbyterian Board of Foreign Mission)

다. 팔레스타인 지역의 초기 사도교회와 한국교회가 여러 지정학적인 면에서나 내용에 있어서 유(類 genus)는 같고, 종(種 species)은 다르다는 전제에서 두 교회를 대비하는 성격의 글이다.[18] 그가 지난 12년간 선교하면서 한국교회에서 일어난 변화, 그리고 그가 목격한 일들 그 가운데서도 무엇보다 평양에서 일어난 대부흥운동에서 받은 은혜와 충격을 보고서와 논문의 형태로 잘 정리하고 있다. 1912년에 쓴 글이니 이미 평양대부흥회의 확산이 전국적으로 이루어지고 있는 때이기도 하였으나 그는 당시 세계 기독교인들이 한국을 알게 된 가장 결정적인 이유 중 하나는 한국인들이 기독교를 굳게 믿고 있는 그 놀라운 열정 때문이라고 하였다. 그는 사도교회와 한국교회의 유사성을 기도하는 기독교인들에서 찾는다. 그는 사도교회의 교회사에서 독자들에게 가장 깊은 감명을 주는 것 중 하나가 기독교인들의 삶에서 기도가 수행한 역할이라고 하고, 한국 기독교인들은 기도하는 기독교인들이라고 했다. 주목할 점은 그가 한국인들은 처음부터 어떻게 기도하는지를 이해한 것 같은데, 그것은 그들이 제사를 통하여 탄원하는 기도의 형식에 익숙해 있었던 것 같다고 하였다. 그는 경험적으로 어떤 한국인도 지난 10년 동안 대표기도하기를 거절한 사람을 보지 못했다고 하였다. 뿐만 아니라 그는 한국인은 기도의 형식보다도 훨씬 더 중요한 기도의 능력에 대해 알고 있다고 기술하고 있다. 그러면서 장대현교회의 한국인 목회자인 길선주 목사가 새벽기도회를 이끌어간 것에 대한 감동과 새벽 4시30분에 울리는 종소리에 500명의 사람들이 교회로 모였고, 며칠이 지나자 700명으로 늘어났다는 사실

은 1912년에 보고한 것이다.

18) 생물을 구분할 때 류(類)는 속(屬)이라 하는데 이는 서로 유사한 특징을 많이 가진 종(種)을 묶은 것을 말한다. 종은 구분하는 방법은 자식을 낳았을 때 그 자식의 생식능력 여부에 따라 나눈다. 호랑이와 사자가 결합하여 낳은 새끼 라이거는 새끼를 낳지 못한다. 암말과 수당나귀의 자식인 노새도 생식 능력이 없다. 사자와 호랑이 말과 당나귀는 다른 종이다. 그런데 편하설이 사도교회와 한국교회의 관계를 류는 같고 종은 다르다고 하는 이 비유적 표현이 적절한 지는 모르겠다.

을 충격으로 전했다.

대부흥집회기간에 정작 편하설은 한 달 동안 순회 선교를 위해 시골로 떠나 있었다. 그가 집에 도착한 후 다음 날 새벽에 그는 갑자기 교회에서 울리는 종소리에 잠을 깼고, 급히 침대에서 일어나 어디에 불이 났는지 보기 위해 창문으로 달려갔다고 한다. 미국인들에게는 아니 선교사들에게 조차도 생소한 한국교회 새벽기도가 그렇게 시작된 것이다. 이것도 편하설의 기도 논법에 따르면 불교의 새벽예불로부터 그리 낯설지 않은 정서적 공감을 교우들이 가졌을 것이라고 할 수 있다.

편하설은 성령강림절과 평양대부흥 운동을 연결시켜 이해한다. 이는 그만이 아니라 당시 평양대부흥운동의 현장에 있었거나 이후 진행된 일을 들은 사람들은 모두 그렇게 연결시킨다. 편하설은 사도교회에서 가장 위대한 사건으로 성령강림절을 꼽는다. 그리고 한국 교회에도 성령강림절과 같은 사건이 있었으며, 그 사건은 1907년 1월에 시작되어 전국 방방곡곡으로 퍼질 때까지 6개월 동안이나 지속되면서, 교회 안의 불경건한 요소들을 정화시켰고, 기독교인들에게 그들이 얼마나 죄로 가득 차 있었는지 깨닫게 했고 이전까지는 결코 알지 못했던 하나님의 용서하심과 정결케 하시는 능력의 놀라움을 깨닫게 했다고 하였다.

그는 사도교회의 기도 생활과 역동적으로 연결되어 있고 또 긴밀한 관계에 있는 것은 기적이라는 은사라 한다. 베드로와 바울이 다른 제자들보다 더 많이 행한 기적이 사도들이 죽으면서 사라지게 된 것으로 생각되었고, 자신도 그러했다고 한다. 그런데 그는 그가 여태 껏 보고 듣고 배워서 믿어 왔던 것이 선교현장에서 일어난 기적들과 조화를 이루어야 한다는 생각을 다시 하게 되었다고 한다. 즉 그리스도께서 약속하신 기적의 능력은 몇 명의 사람들과 특정한 일부 시대에 한정되는가? 아니면 기적의 능력을 위한 조건에 순종하는 사람 누구에 의해서나 행해질 수 있는 일반적인 능력인가에 대한 의문이었다. 그의 결론은 오늘날 교회에서 기적이 부재한 것은 단지 교회의 수치일 뿐이라고 하는 것이었다. 그러면서 그는 기적들이 오늘날 한국 교회에서 일어나고 있는가에 대하여 망설임 없이 그렇다고 대답할 수 있다고 하였다. 그러면서 그가 목회자로 있는 평양의 산정현교회에서 벌어진 기적을 소개하고 있다. 그리고 인근 교회들에서 일어난 마귀내쫓기의 사례도 소개한다. 다음과 같다.

"기독교인들은 자원하는 사람들을 모집하여 한두 사람 혹은 그 이상의 사람으로 조를 나누어 밤낮으로 환자가 완전히 회복될 때까지 한 시도 혼자 있는 일이 없도록 교대하며 환자 곁에 머물렀다. 각각의 조는 병으로 고통 받는 사람을 위해 그 사람을 지키면서 계속 기도하고, 찬송 부르고, 성경을 읽고, 환자에게 성경 구절들을 반복해서 들려 주면서 귀신이 떠나가도록 선포했다. 때때로 이 일은 며칠씩이나 계속되기도 했다. 신약성경에 기록된 사례와 같이 환자의 입을 통해 귀신이 말을 하면 대화가 이루어지기도 했다. 이렇게 기도, 성경 읽기, 찬송, 증언과 선포의 연속 포격이 계속되면 승리하여 귀신이 떠나가겠다고 약속하는데, 때로는 실제로 떠나가기까지 시간을 많이 끌기도 했다."[19]

그는 다시 복음전파 사역을 사도교회와 한국교회의 공통적 특성으로 거론한다. 그는 사도교회의 특징이 증언이라 한다. 한국의 평양 북부 지역에 복음의 씨앗이 널리 퍼지기 시작한 것은 평양으로부터 기독교인들이 그곳으로 피신하게 되었기 때문이다. 1894년 청일전쟁 당시 양국 군대가 평양에서 맞붙는 바람에 많은 도시 교인들이 주변 산간으로 피난을 떠나는 바람에 그리고 그들이 피난처에서도 복음 전파를 멈추지 않았기 때문에 북부 지역 도처에 교회들이 시작되었다고 한다. 복음의 씨앗은 청일전쟁으로 인한 전쟁 피난민들에 의해서 뿌려졌다는 것이다. 또한 한국에서는 복음전도 사역

---

19) C. F. Bernheisel "The Apostolic church as reproduced in Korea" Presbyterian Board of Foreign Mission, 1912.

초기부터 교우들에게 그들이 받은 복음에 대한 지식과 복음을 다른 사람들에게 전하는 책임이 있음을 강조했다는 것도 기술하고 있다. 초대교회처럼 그들이 복음전파에 전력을 기울였다는 점에서 한국교회는 사도교회의 뒤를 잇는 본보기라고 한다.

더불어 그는 당시 한국의 기독교인들이 자선을 베푸는 자들임을 기술하고 있다. 그리고 사도교회가 자선을 잘 베푸는 교회였음을 환기한다. 그는 한국 교회가 자선을 잘 베푸는 교회라는 것은 모두가 인정하고 있는 사실이라 한다. 그는 그 구체적인 사례를 열거하였다. 당시 평양의 북장로회 선교지부 소속 840개의 교회 중 20개 이하의 교회만이 교회의 건립을 위해 외국의 지원을 받았으며, 큰 건물들 중 몇 개만이 건축 비용의 1/3 이하의 범위 내에서 도움을 받았다고 한다. 589개의 초등학교 건물들 중 사실상 모든 곳에 한국인들의 재정적 지원이 있었고, 선교사들을 돕는 1,052명의 현지인 직원들의 월급 중 94%를 한국인들이 지원했으며, 제주도와 시베리아에 현지인 교회의 선교 본부를 세우는데 지원된 전체 비용이 한국인들로부터 나왔다고 하였다. 또한 교회는 목회자에게 사례비를 지급할 수 있을 때까지는 목회자를 청빙하지 않는다는 규칙을 정하였다고 하고, 일반적으로 십일조를 내지만, 많은 사람들이 수입의 1/3을 내어 놓았다고도 하였다.

그는 한국교회 내 신자들의 신분 분포를 초대 사도교회와 대비한다. 즉 그는 한국 교회에는 모든 신분의 사람들이 있다는 점이 또한 사도교회와 비슷하다고 하였다. 한국인 교우들 대다수는 평민 출신이지만 가난한 노비도 있고 왕실의 고귀한 신분도 있다는 것이다.

그는 그 당시 일어난 주요한 정치사회적 사건들이 기독교와 기독교 기관들의 영향으로 일어났다는 것도 기술하고 있다. 새로운 문학 작품들이 한글로 쓰여졌다는 것을 먼저 거론했고 한글로 된 신문들이 간행되고 있고, 평균 결혼 연령이 높아지고 있고, 축첩의 관행이 점차 폐지되고 있으며, 범죄자에게 고문을 가하는 법규도 사라지고, 위생적인 감옥이 만들어졌으며, 파벌간의 적대감이 사라지고, 사람들의 마음을 빼앗는 미신이나 종교적인 광신에 빠져 어둠의 쇠사슬에 매여 있던 사람들이 자유로워지게 되었다는 것이다. 그러면서 그는 한국의 기독교인이 전체 인구에서 50명 중에 1명(2%)이며 그 중에는 명목상으로만 기독교인인 경우가 많지만 교회의 영향력은 교인들의 비율을 넘어서고 있고 현대 선교에 있어서 기독교인들의 활동은 가장 경이로운 일들 중 하나라고 하였다.

4. 당나귀 순회전도

블레어는 편하설의 선교사 생활 전반부를 평양 동북부 광대한 산간마을의 순회전도를 통한 교회설립자로, 그리고 그 순회전도를 위하여 당나귀를 즐겨 타고 다니며 공부한 사람으로 기억한다고 하였다.

> "그의 선교사 생활의 전반부를 직접 복음전도사역으로 보냈다. 그는 여전히 평양 동북부 광대한 산간마을의 교회설립자로 알려져 있다. 뿐만 아니라 그는 이 산간지역을 당나귀를 타고 다니며 순회전도를 하는 동안 말 안장에 한자 책을 펴놓고 공부를 한 것으로 사람들에게 기억되고 있다. 그는 그렇게 많은 공부를 하였기에 부득이 숭실대학에서의 교육사역으로 옮길 수밖에 없게 되었다."[20]

그의 선교일지에도 나타나지만 순회전도에 왕성한 활동을 하였고, 당시 선교지부 안에서 이 방면에 가장 탁월한 성과를 올린 것으로 알려졌다. 그는 KMF에 순회전도에 관한 글을 10편이나 기고하였다. 단순한 기고의 경우도 있고, 보고용 기고도 있다. 그가 순회전도와 관련하여 기고한 글의 제목은 아래와 같다.

1. Itinerating Experiences (순회전도경험) Vol. 2 No. 8(1906.6)
2. Report of the Twenty-ninth Annual Meeting of the Mission of the Presbyterian Church USA (미북장로회선교부 29회 연례회 보고서) Vol. 9 No. 11(1913.11)
3. Itineration-paper read at Evangelistic Conference Pyengyang (순회전도 1915년

---

20) William N. Blair, *Who's Who In Pyeongyang*, 1924

2월 11일 평양 전도자 대회에서 읽은 보고서) KMF 1915 Vol. 11 No. 5(1915.5)

4. A Weekend visit in the Land of Choson (조선에서 주말 방문) Vol. 12 No. 3(1917.3)

5. The Care of the Churches (교회 돌보기) Vol. 12 No. 8(1917.8)

6. A Pedagogue Goes Itinerating (한 교육자가 순회전도를 떠나다) Vol. 22 No. 6(1926.6)

7. In Journeying Often (여행 중에 종종 일어나는 일) Vol. 33 No. 2(1937.2)

8. Forty years Agone (지난 40년 1) Vol. 36 No. 7(1940.7)

9. Forty years Agone Part 2 (지난 40년 2) Vol. 36 No. 8(1940.8)

10. Forty years Agone part3 (지난 40년 3) Vol. 36 No. 9(1940.9)

그가 가장 먼저 발표한 글은 순회전도의 경험이다. 그는 한국에서 시골 전도여행을 하기로 결심했다면 가장 먼저 말(馬)을 구해야 한다고 하였다. 말이라고 하였지만 실제는 당나귀이다. 그는 당나귀를 이용한 여행의 장점을 다음과 같이 피력한 일이 있다.

"나는 10년간 순회전도를 하였고, 해마다 수천 마일 이상을 여행하였는데, 나의 통상적인, 믿음직한, 한 번도 불평하지 않은, 언제나 신뢰할 수 있는, 느리고, 안전하고, 성실하고, 쉽게 돌보고, 도로나 날씨 상태와 상관없는 동료는 바로 당나귀이다. 내가 이렇게 당나귀에게 찬사를 늘어놓은 것은 당나귀가 지니고 있는 놀라운 기억력 때문이다. 내가 정규 순회전도로부터 돌아오게 되는 경우 나의 첫 번째 투자는 또 다른 좋은 당나귀를 구하는데 있을 것이다. 걷는 것과 몇 번의 배 여행 말고 이것은 우리 주님이 세상에 계실 때 사용하신 여행 방법 가운데 유일하게 기록되어 있는 방법이다. 선교사들이 가는 곳, 그가 가지 않는 곳까지 이 나라의 방방곡곡에 좋은 도로가 뚫릴 때까지 나는 더 이상 이것보다 더 만족스런 여행 방법을 알지 못한다."[21]

---

21) "Itineration-paper read at Evangelistic Conference" Pyengyang Feb, 11th 1915 Vol. 11 IX No. 5(1915.5)

그는 강동군과 자산군 등 평양의 동북부지역에서 겪은 전도 여행담을 기술하며, 과정 과정에서의 하나님의 놀라운 은혜를 밝히고 있다. 그가 든 예 가운데는 가뭄이 들어 농사를 망친 분풀이를 기독교인에게 한 경우, 불신자 집안에서도 찬송을 배워 부르는 일에 놀란 일, 한국인들이 상대가 복음을 알고 있는지 알아보는 세 가지 말 예수, 할렐루야, 아멘이 있다는 것을 깨달은 것, 곳곳에서 사람의 마음을 변화시키는 능력을 보여주는 복음의 신성에 대한 증거에 대한 고백 등이 들어 있다.[22)]

1915년에 편하설은 전도자 대회에서 순회전도 방법에 대한 포괄적 발표를 하고 있다. 이 무렵 그는 이미 순회전도의 베테랑으로 평판이 나 있었고, 전문가다운 경험담과 정리된 원칙을 갖고 있다.

순회전도의 필요성과 원칙 그리고 방법

편하설은 순회전도가 때로는 의료선교 만큼이나 전도자의 생활에서 매우 중요한 부분이라고 한다. 전도와 교육과 의료를 트라이앵글처럼 여기는 그는 순회전도의 중요성을 의료선교에 비기고 있다. 그는 복음서와 사도행전에서 우리들이 간과하고 있지만 예수와 바울 사도 둘 다 모두 그들의 많은 시간을 길에서 보냈다는 것을 지적한다. "인자는 머리 둘 곳이 없다"는 말은 단순히 그가 물러나 쉴 곳이 없다는 것을 의미하는 것이 아니라 그의 생애의 대부분의 시간을 집에서 그리고 사랑하는 사람들에게서 떠나서 다른 방법으로는 접근할 수 없는 그들의 마음에 큰 복음을 전하기 위하여 보냈다는 것을 의미한다고 해석한다. 즉 찾아오는 사람들만이 아니라 찾아올 수 없는 사람들을 찾아가는, 그래서 방방곡곡을 찾아간 예수의 행적에서 그는 순회전도의 필요성을 찾고 있다. 낯선 곳에서 이방인 선교사는 어디에 있든지 많은 사람을 끌어들이게 되지만 이내 신선함이 사라져 버리게 마련이고, 만일 복음이

22) Itinerating Experiences, Vol. Ⅲ No. 8(1906.6)

사람들의 마음에 전해져야 한다면 그는 찾아가거나 그들을 찾아내야 한다.

그는 순회를 요구하는 환경을 두 개 꼽는다. 하나는 모든 종류의 흙에다가 복음의 씨앗을 멀리 그리고 넓게 뿌릴 필요성이다. 다른 하나는 이미 뿌려진 씨앗이 영적인 통찰력을 요구할 때라고 한다. 그는 이러한 통찰은 다만 인격적 방문에서만 주어질 수 있다고 생각한다. 이것 때문에 한 해에 수천 마일의 여행을 해야 하고, 생애의 대부분을 집과 사랑하는 가족을 떠나 지내야 한다는 것이다.

그는 순회전도에 필요한 장비도 소개한다. 순회전도에서의 두 개의 "Sine qua nons" 곧 '필요 불가결한 것'은 준비된 마음과 건강한 몸이라고 한다. 둘 중에 하나가 또는 둘 다 없으면 시도하지 않는 것이 차라리 낫다는 것이다. 그리고 사실상 이 둘이 없으면 아예 선교사로 출발하지 말라고 한다. 준비된 마음이 없다면 그는 전할 내용이 없는 것이고, 건강이 없다면 메시지를 전달할 충분한 강한 힘을 갖지 못한 것이 된다. 이 두 가지가 충족되었다면 물질적 장비를 준비해야 한다고 한다. 여기에는 매우 다양한 의견과 과정들이 있지만 시골은 도시 문명적 조건이 갖추어지지 않았으므로 몇 가지 마음의 자세가 필요하다고 하면서 첫째로 전적으로 시골 생활에 순응하고 수용하는 것, 완벽하게 현재의 삶의 양식을 옮겨 가는 것, 절충하는 방안의 세가지를 제시하고, 그는 절충형을 권장한다. 말하자면 현지인의 음식을 먹되 자신의 건강을 지킬 정도의 음식은 가져 가라는 것이다. 우리 한국인이 아직도 해외여행을 할 때 현지 음식을 먹되 고추장, 깻닢장아찌 등을 가져 가거나 이따금 현지에 있는 한국식당을 찾아가는 것과 같은 방식이다.

그는 여행 방법에 있어서 당시 한국 상황에서는 자동차가 막 들어오고 오토바이도 있고 자전거도 있지만, 가장 유용한 수단으로 당나귀를 추천했다. 이는 그 스스로가 애용했던 수단이기도 하다. 그는 자신의 지난 10년 간의 순회전도에서 매 해 수천 마일 이상 여행을 하였는데, 그의 통상적이고 언제나 신뢰할 수 있는, 도로나 날씨 상태와 상관없는 동료는 바로 당나귀였다고 한다. 그가 당나귀를 강력히 추천하고 찬사를 늘어놓은 이유는 바로 당나귀가 지니고 있는 놀라운 기억력 때문이라 한다. 그는 한국의 방방곡곡에 좋은 도로가 뚫릴 때까지 당나귀보다 더 만족스런 여행수단은 없다고 믿었다.[23)]

순회전도에 주력했던 편하설은 1912년 숭실대학의 전임교수가 되면서부터 주중에는 학교에 매여 있었기 때문에 주말과 주일을 끼고 순회전도 여행을 하곤 했다. 토요일에 시골에 가서 그간 개척하여 설립해 놓은 교회나 기도처 같은 곳에서 교우들과 함께 주일을 보내고, 월요일 아침 일찍 학교로 돌아오곤 했다. 방학 때는 한 주일 또는 그 이상의 기간을, 주말 여행 때 갈 수 없는 먼 곳의 집회(모임)들을 방문하곤 했다. 그 무렵 그의 관할 아래에 있는 교회가 25개였다.[24)]

1926년 6월에 편하설은 다시 순회전도에 관한 기고를 하였다. 숭실대학 철학주임으로 있던 그는 12일간의 학교 방학을 이용하여 황주 지역으로 순회전도 여행을 떠난 것이다. 이 기간 동안 그는 황주군 남부 10개의 교회를 방문하였다. 그는 지난 몇 년간 주말에 순회전도를 나갔다가 대학 강의 때문에 월요일 아침 서둘러 돌아와야 했으므로 부득이 철길이 있는 곳만 방문하곤 했던 것을 안타깝게 여기고 있었다. 그는 이번에는 멀리 가볼 수 있게 되었고 그가 전에 방문했던 교인들을 보다 직접적으로 접촉할 수 있게 된 것을 기뻐하였다. 특히 이번에 그는 최근에 생겨난 교우 모임들과 더불어 이전에 선교사가 단 한 번도 방문하지 않은 지역도 찾아갈 수 있게 되었기에 더 의미를 부여하였다. 이 때의 여행에서 그는 사람들의 경제적 형편이 전보다 더 열악해졌음을 안타까와했다. 그는 농민의 땅들이 점점 더 동양척식회사의 손에 떨어지는 것을 발견하였다. 어느 곳은 심지어 그곳 농지의 16분의 15가 이미 그 회사의 수중에 들어 갔다고 하는 말을 듣기도 했다. 사람들이 지닌

---

23) "Itineration-paper read at Evangelistic Conference" Pyengyang Feb, 11th 1915 Vol. 11 No. 5(1915.5)

24) The Care of the Churches, Vol. 12 No. 8(1917.8)

미래에 대한 전망은 매우 암울해 보였다. 경제가 어려워지니 교회의 생활에도 영향을 미치게 되어 있음도 적고 있다. 목사와 조사들 그리고 교회의 학교들을 지원하는 능력에 영향을 미친다는 것이다.

그는 순회 방문한 교회들의 사정을 기술한 다음에 모든 순회전도가 항상 부딪히는 경험과 문제들을 정리하고 있다. 그것은 불신자들이 지닌 어두움에 대한 무시무시한 인상이고, 다른 하나는 복음이 유일한 치료제라는 것이라고 한다.

그는 황주군이 사과 명품 생산지라고 소개했다. 많은 과수원이 있고 교인들은 모두 유실수를 심었으며 머잖아 그들은 큰 소득을 얻을 것이고, 그것이 백성들에게 질식할 듯한 경제적인 부담과 걱정으로부터 벗어나는 데 도움을 주리라는 기대도 피력했다. 황주의 사과가 선교사들이 보급한 품종 때문임을 의식한 것으로 보인다.[25)]

편하설이 순회전도여행과 관련하여 KMF에 기고한 마지막 글은 1937년 2월호에 실려 있다. 이 무렵 편하설은 1929년에 이미 숭실전문학교교수직을 물러나 교회 행정과 신사참배 문제로 어려운 처지에 있는 산정현교회 강단을 주로 담당하고 있었다. 그리고 여전히 순회전도를 힘쓰고 있었다. 그가 이 무렵 왜 숭실전문교수직에서 물러났는지 정확히 그 정황을 알 수 없다. 다만 이 때가 숭실의 교장으로 새로 윤산온이 부임하였고, 또 이미 채필근[26)] 등 한국인 출신 철학전공 교수가 부임해 있었기에 전공자에게 이를 양보하고 다시 교회와 전도로 주 임무를 바꾼 것이 아닌가 하고 추정하게 된다.

---

25) A pedagogue Goes Itinerating, Vol. 22 No. 6(1926.6)

26) 채필근(蔡弼近 1885년 9월 16일 -1973년 3월 16일)은 평안남도 중화(中和)에서 출생이다. 1905년 숭실학교를 거쳐 1913년 평양신학교에 입학했다. 평양신학교 졸업 후에는 함경북도에서 전도사와 목사로 일하다가 캐나다 선교회의 장학금으로 일본으로 유학했다. 메이지학원 고등부를 거쳐 1925년 도쿄 제국대학 철학과를 졸업했고, 귀국해 숭실전문학교와 조선신학교 교수를 지냈다.

그는 앞서의 글에서 예수가 길에서 많은 시간을 보냈으며 많은 사람을 찾아 다녔고 또 유일하게 그가 사용한 것으로 나타난 것이 나귀임을 밝혔는데 이번에는 사도바울을 전형적인 그리고 고질적인 순회전도자로 자리매김 한다. 바울은 여러 나라를 여행하였고 위대한 어학자이고 많은 종족에게 그자신의 말로 설교했으며 사람들에게 직접적으로 다가갔다고 한다. 그리고 그것은 겨우 한두 언어 밖에는 할 수 없는 대부분의 선교사들이 대부분 하지 못하는 일이며 거부하는 일이라고 하였다.

그는 바울이 전도여행 중에 부딪혔던 많은 재앙들 가운데 여러 상이한 것들을 거론한다. 우선 바울은 여러 차례 파선했음을 거론한다. 다른 여행의 수단을 말하지 않았지만 바울은 걸어서 다녔을 것이다. 이것이 그의 피로와 병의 원인이었을 것이다. 편하설은 그도 바울처럼 한국에서 처음에 걸어 다녔다는 것을 말했다. 그것은 자동차가 못 가는 곳을 갈 수 있어 좋다고 하고, 이제 모든 방향으로 좋은 길이 방사선형으로 나 있는 이 나라에서 네바퀴 달린 자동차가 매우 도움이 된다고 하였다. 이번 여행에서 편하설은 9월말에 황주군 동쪽 끝에 있는 몇 개의 교회들을 10일간의 여정으로 자동차를 이용하여 출발했다. 의동교회에서 100여명 가량과 함께 주일 예배를 행복하게 드렸다고 기술했다. 그러나 병이 나는 바람에 여행은 중단되었다. 두 주일쯤 지난 후에 그는 다른 여행을 준비했다. 전과 달리 이번에는 기차를 이용했다. 황주군 서쪽에 있는 네 개의 교회를 방문하였다. 토직동교회, 충골교회 등에서 예배를 드렸다. 전형적인 넓은 토지가 펼쳐져 있는 황주 서쪽 지역 교회의 실정을 매우 따뜻한 시선으로 묘사하고 있으며 농촌마을의 경제적 상황, 특히 교우들의 사과농사에 관한 전망을 긍정적으로 묘사하고 있다.

KMF가 서양인들이 보는 잡지이기에 그는 한국의 생활상, 아궁이라든가 방에 의자가 없고 침대가 없다든가 하는 것을 상세히 설명하기도 한다. 또한 대를 잇는 것을 중시하는 한국의 문화와 관련된 기술도 하고 있다. 어떤 장로의 직책을 가진 사람도 본부인과의 사이에 아들이 없자 장로직을 버리고 교회를 나가 첩을 얻었는데 그런 그가 첩과 함께 다시 교회에 나온 것을 황당하다는 시각으로 쓰기도 했다. 자식 없이 사는 것을 교리에 어긋난 처사를 행한 것보다 더 부끄럽게 여기는 당시 사람들의 가치관을 기술한 것인데 그런 현상이 한동안 지속될 것이라고 전망하기도 했다.[27)]

1929년 숭실전문 교수직을 벗고 다시 교회로 돌아간 편하설은 계속하여 여러 일을 하는 일면 순회전도에 많은 시간과 노력을 기울였다. 1933년 5월에 그가 KMF에 기고한 글의 제목은 '그것에 맞서라'이다.

그가 이 글에서 강조하는 것은 모든 억압의 근본적 원인에 대해 '맞서'라는 것이고, 그것은 마귀의 권위, 악마, 아폴론, 또는 그와 같은 것들이라고 하였다. 그는 당시 한국사회에서 벌어지고 있는 사례들을 소개한다. 수안군[28)] 북서쪽 지역에 있는 교회의 어느 장로는 그 자신은 마치 이세벨로부터 쫓겨난 엘리야가 되었는데, 명학동이라는 마을에서 악령에 쫓겨 사는 사람들의 이야기를 전했다. 당시 시골에서는 예배에 참석하는 주민들 상당수가 그들의 집에서 우상 숭배를 버리지 못하고 있었다. 또 시골에 사는 교우들이 섬기는 우상에는 그들 집에 함께 살고 있는 것으로 생각되는 귀신들이나 부적, 부엌신 등이 있는 것을 깨달은 편하설은 이런 것들이 주는 공포에서 벗어나 과감하게 맞설 것을 요구한 것이다. 이것들을 일소하는 데는 전통적 사고에 젖어 있는 사람들로부터 많은 저항을 받게 마련이고, 실제로 그런 일들이 빈발하였지만, 과감히 맞서 싸워 이기라고 한 것이다. 그는 악령이 이 나라의 백성들에게 행사하는 엄청난 힘을 보았고, 사람들이 항시 마귀들에 대한 엄청난 공포 속에 살고 있음을 목격했다. 그는 동시에 복음이 사람들의 마음 속에 들어갔을 때 어떤 변화가 일어나는 지도 보았다. 기독교 복음 전도 사

27) In Journeying Often, Vol. 33 No. 2(1937.2)

28) 수안군(遂安郡)은 황해도 동북부에 위치한 군이다. 동쪽은 곡산군, 서쪽은 서흥군과 평안남도 중화군, 남쪽은 신계군, 북쪽은 평안남도 강동군과 성천군에 접하고 있다.

역자들이 참으로 그것에 제대로 맞서고 있음을 보여주고 있다고 생각했다. 죄와 절망의 사슬, 그리고 그들 자신을 얽매고 있는 굴레로부터 이 백성들을 지키려는 전도자들의 노력을 그는 매우 긍정적으로 칭송하였던 것이다.[29)]

---

29) KMF 29권-5호 1933년 5월 Up Against It(그것에 맞서라), C.F. Bernheisel D.D

5. 105인 사건, 3.1운동

편하설이 1912년에 선교본부에 보낸 보고서에서 말한 '최근 일어난 한국 사회의 기독교인이 영향을 미친 정치적 의미가 있는 사건'이라 했을 때[30] 핵심적인 사안이 바로 1911년의 이른바 105인 사건이다.

이 사건은 1911년 10월 평북 선천의 기독교계 학교 학생들 검거로 시작되었다. 1912년 1월에 선교사 대표가 데라우치 총독을 직접 면담하였고, 1912년 2월에는 YMCA 총무 질레트가 경무총감을 찾아가 체포된 사람들의 상황을 알아보고, 회장 저다인과 함께 이 사건에 대한 장문의 조사 보고서를 만들어 5월 22일 국제 YMCA 대표이자 에딘버러 세계 선교대회 계속위원회 위원장을 맡고 있던 모트에게 계속위원회에서 이 문제를 다루어 주도록 요청했다. 1912년 9월, 105명이 유죄판결을 받았고, 항소, 1913년 3월 그 가운데 99명이 무죄 석방되었으며, 최종 유죄판결을 받은 윤치호·양기탁·이승훈 등 6명도 일본 천황의 특별사면으로 1915년 2월 석방되었다. 이 일련의 과정에서 한국선교부 소속 선교사들과 미국 선교본부의 활발한 외교적 대응과 여론의 압력이 크게 작용하여 사건의 진실이 밝혀지고 더 큰 피해를 줄일 수 있었다. 이 사건으로 인하여 성장 일변도의 한국 교회는 상당수 사람들이 교회를 떠나게 되는 피해를 입었다.

105인 사건이 진행 되던 그 즈음 편하설 목사는 여전히 산정현교회 담임목사이면서 동시에 북장로회선교부 평양지부 선교사회 회장을 맡고 있었나.

1913년 편하설 목사는 산정현 교회 담임목사직을 한승곤 목사에게 넘겼다. 한승곤은 평양 출신으로 숭실중학을 1907년 제4회로, 평양신학교는 제

---

30) C. F. Bernheisel, "The Apostolic Church as Reproduced in Korea", (Presbyterian Board of Foreign Mission, 1912.

5회로 1912년에 졸업했다. 그는 1908년 산정현교회 장로가 되었고, 1913년 목사안수를 받았다. 그는 교회 설립 초기부터 조사(助師)로 편하설 목사를 도와 교회를 섬겼다. 즉 편하설 목사와 그는 교회에서는 담임목사와 조사의 관계였고 평양신학교에서는 교수와 학생의 관계였다.

한승곤을 이어 강규찬(1874-1945)목사가 1917년 6월에 산정현 교회 담임목사가 되었다. 그는 105인 사건에도 연루되어 2년간 복역을 하기도 했다. 1914년 평양신학교에 입학하여 1917년 졸업했고 그해 산정현교회의 청빙을 받았다. 강규찬 목사의 지도하에 산정현교회는 날로 성장했다.

평양지역의 학생들 특히 숭실대학의 학생들이 산정현교회로 몰려 들었다. 이는 편하설이 숭실대학의 철학과 논리학 교수였으면서 산정현교회의 협동목사였던 것, 그리고 강목사가 105인 사건에 직접 연루되어 옥고를 치를 만큼 민족 의식이 투철하였을 뿐만 아니라 그가 한학자로 해박한 지식의 소유자이기도 했고, 그의 설교가 매우 지적인 깊이가 있어 젊은이들이 선호했기 때문이었다.

1919년 3월 1일 평양지역의 6개교회는 연합하여 숭덕학교에서 3,000여명이 모인 가운데 고종황제서거 추모예배를 드렸다. 정일선이 독립선언서를 낭독하였고 강규찬 목사가 설교하였다. 3.1운동은 신앙적 교회적 행사는 아니었기에 선교사들이 처음부터 이에 깊숙이 관여하거나 후원할 성질은 아니었지만 충청권에서 토마스, 선천 신성중학교에서는 매큔, 서울의 세브란스의전에서는 스코필드, 감리교회에서는 노블과 빌링스, YMCA에서는 총무 질레트와 피셔 등이 이 민족적 거사에 깊은 동정과 이해를 지니고 은근한 후원을 한 대표적 선교사들이다.

1919년 3월 말 총독부 내무부장관 우사미가 대표급 선교사들을 초청했을 때 편하설도 그 가운데 한 명이었다. 그들은 게일, 에비슨, 하디, 노블, 샤록스, 밀러 등이다. 여기서 편하설은 최근 자신이 평양에서 목격한 한국인에 대한 잘못된 무력행사를 항의하였다. 그 후 3월 하순의 회합에는 편하설은 참여하지 않았으나 웰치, 저다인, 벙커 등이 참여하여 3.1운동 진압에 협력해 달라는 총독부의 요청을 단호히 거절했다. 소요의 책임이 일본에 있고, 선교사 신분으로 소요를 막을 수 없으며, 막는데 가담하면 교회와 선교사 사이에 적대감이 생기고, 그러면 선교가 불가능해진다는 점, 그리고 본국 정부가 선교사들에게 정치 문제에 가담하지 말라는 훈령이 있었다는 이유를 들고 있다.[31] 이것이 실제로 대부분의 선교사들이 지니고 있었던 태도였을 것이다. 그리고 적어도 3.1운동에 대부분의 선교사들은 표면적으로는 깊이 관여하지는 않았다.

그러나 한국인 기독교인과 그 지도자들의 입장과 태도는 다를 수밖에 없었다. 편하설이 협동목사로 있는 산정현교회의 강규찬 목사는 삼일운동 때 주도자의 한 사람이었고 그는 이 일로 서울의 감옥에 투옥되었다. 편하설은 감옥에 있는 강규찬 목사를 대신하여 교회 강단을 이끌어갔다. 그리고 옥중에서 전도한 강목사의 활동 내용을 상세하게 KMF에 기고하였다.[32] 강규찬 목사가 감방을 옮길 때마다 그 방에서 사람들에게 복음을 전했고 그들을 신앙으로 이끌어 냈으며 이러한 사실에 근거하여 강목사는 하나님께서 그를 그렇게 인도하셨다고 믿었다고 기술하였다.[33] 편하설은 "그들이 옥에서 주님을 증거하고 간절히 복음을 선포하고 이를 받아들였다고 말하는 이 이야기들은 참으로 놀라운 일이 아닐 수 없다"[34]고 하였다.

편하설은 강규찬 목사의 경우 뿐만 아니라 당시 한국인 기독교인으로서 가장 영향력이 강했던 길선주 목사의 삼일운동 관련 이야기도 전하고 있다.

---

31) 민경배 『기독교대백과사전』 삼일운동 교문사 1980년

32) C. F. Bernheisel "Mourning gives Places to Joy" The Korea Mission Field Dec, 1920, 250

33) C. F. Bernheisel "Annual reports of the Pyengyang Station of the Korea Mission 1919-1920" Mar. 31, 1921

34) T. Stanley Soltau, *Yin Yang Korea Voices* 70

그가 사망했을 때 그의 생애를 간단히 정리하여 KMF에 기고한 일이 있는데[35], 여기서 그는 3.1운동을 한국인들이 그들의 독립된 나라로서의 위치를 되찾기 위하여 독립선언을 행한 해라고 인식하고, 길선주 목사가 그 독립선언서에 서명한 33인 가운데 한 사람이라고 하였다. 길선주는 독립선언서 서명의 일로 인하여 이후 3년간 감옥에서 보냈다. 그런데 그 역시 다른 기독교 목사, 사역자들과 마찬가지로 감옥을 복음을 전파하는 좋은 기회의 하나로 활용하였으며, 그 결과 많은 개종자들이 생겨났다는 것을 말하고 있다. 그는 길선주 목사가 일생 매우 많이 성경을 읽고, 또 암기했는데 그 주된 장소가 바로 감옥이라고도 하였다. 이 일 말고도 길선주가 감옥에 갇힌 일이 있었는데 그때마다 그는 복음을 전하는 과정에서 바울의 경험을 잘 알고 있었고, 위대한 사도들의 정신에 너무나 고취되었기에 그의 백성들에게 복음을 전하는 노력을 포기할 수가 없었다고 기술하고 있다.

편하설은 당시의 분위기를 다음과 같이 기록하고 있다.

> "온 나라가 정치적인 불안으로 들끓었다. 교회는 자연히 똑같은 고통을 공유해야 했다. 많은 지도적 목회자들이 그리고 교회사역자들이 투옥되었고 그들 중 많은 이들이 실형을 받았다. 그러므로 교회는 이들 지도자들이 없는 동안 최대한 잘 지내야 했다."[36]
>
> "그러므로 나의 책임은 그 교회 유일의 목사로서 꽤 무거웠다"[37]

그동안의 교회 분위기와 자신의 심정을 잘 드러내주는 기록이라 할 수 있다.

---

35) Rev. Kil Sunju, Vol No2(1936.2)

36) C. F. Bernheisel "Mourning gives Places to Joy" The Korea Mission Field Dec, 1920, 249

37) C. F. Bernheisel "Annual reports of the Pyengyang Station of the Korea Mission 1919-1920" Mar. 31, 1921

1920년 12월 편하설은 '슬픔이 기쁨으로'라는 제목으로 KMF에 기고하였다. 이글에서 그가 지닌 3.1운동에 대한 시각과 1919년 1920년의 사회와 교회의 정황을 읽을 수 있다. 그는 우선 1년 전 나라 전체가 정치적 불안으로 끓는 가마솥 같았으며 교회는 자연히 같은 상황이었다고 하였다. 지도자급의 목사들과 사역자들이 다수 검거되고 그들 중의 상당수에게 징역형이 선고되었기에 교회는 이들 지도자가 없는 상황에서 최선을 다해야만 했다고 한다. 이들 가운데 상당수는 풀려나 다시 일터로 돌아왔지만 감옥에서 주를 만난 기회와 또 그 속에서 복음을 선포하고 이를 받아들인 사람들의 열정에 관한 이야기들이 매우 감동적이었다고 하였다. 한 목사는 14개월의 수감 기간 동안에 7차례나 감옥을 옮겼는데 그때마다. 반복적으로 새로운 감옥동료들에게 복음의 메시지를 전할 수 있게 되어 이를 하나님의 특별한 섭리로 받아들였다는 것을 소개한다. 즉 감옥에 있을 때 바울을 일으켜 세운 성령은 또한 이들 한국인 목사와 기독교인들을 감동시켰으며, 그로 인하여 많은 영혼들이 구원을 받았고 이들로 인하여 새로운 교회들이 생겨났다는 것이다. 감옥에서의 생활이 이 세상에 대하여 실망하고 나쁜 영향을 받은 상태로 출옥한 것이 아니라 기쁨과 주를 위한 봉사를 위하여 주의 제단에 그들 자신을 바치고자 하는 엄청난 열망을 갖고 출옥하는 놀라운 일이 생겼다는 것이다. 그가 쓴 글의 제목 '슬픔에서 기쁨으로'는 바로 이것을 말한다.

한편 편하설은 3.1운동이 한국을 더 이상 동면하고 있는 나라가 아니라 앞을 향하여 전진하고 있는, 현대의 진보와 보조를 맞추려고 몸부림치고 있는 나라가 되었다고 보고 있다. 젊은이들이 근대화 과정을 따라 잡으려고 할 뿐만 아니라 많은 일에서 그것을 추월하려고 한다고도 한다. 그런 예들로 편하설은 이미 남녀 성별을 가르는 커튼이 교회에서 걷혔으며, 소년 소녀들이 함께 같은 방에서 같은 선생에게 함께 배우고 있다는 것, 젊은 여성들이 사회를 개혁하는 일에 그들 자신을 내던지고 있으며, 대규모 남녀 혼성 종교 집회에서 여성들이 발언하고 있고 국가에 맞서고 있는데, 경찰서를 제외한 모든 곳에서 그들이 환영받고 있다고도 하였다. 뿐만 아니라 그들은 현대 문명 속에 널리 퍼져있는 사회적 도덕적인 악으로부터 깨끗이 벗어날 것을 역설하고 있다고도 하였다. 그리고 그 경향은 전향적이며, 그 결과는 의심의 여지없이 사회를 개선할 것인데, 거기에는 구원, 그리고 구원을 동반하는 일들이 있다고 하였다.

편하설은 3.1운동의 여파로 교회지도자들이 투옥되는 혼란이 있었지만 그가 아는 한 지도자가 없다고 하여 교회의 주일 예배를 포기한 경우는 없었으며, 오히려 필요한 곳에는 새로운 그리고 경험이 없는 사람이 들어와서 그 빈틈을 메꾸고, 그렇게 하여 지도자로 발전하였으며, 이것이 한국교회가 강화된 하나의 원천이라고 하였다. 그는 한국의 교회들과 사회가 전보다 훨씬 더 활기 있고 또 열정적으로 그리고 적극적인 자세를 갖게 되었다고 하였다.

그는 평양 대부흥 이후 105인 사건 등으로 침체되어 가던 기독교에 대한 사회적 관심이 되살아 났다는 것을 말한다. 그는 많은 교회에서 군중이 전에 없이 가득 차고 있는 이유를 누구도 정치적인 것인지 아닌지를 설명하지 못하고 있는데 의심의 여지가 없는 것은 정치적 고려가 있기는 하겠으나 그럼에도 엄청난 사람들이 교회로 오는 것은 지난 해의 시련 기간 동안 보여준 기독교인들의 행동이 그들에게 가혹한 적이었던 사람들에게 좋은 인상을 갖고 그것에 끌리게 만들었기 때문이라고 판단한다.

그러면서 선교사들은 지난 해의 사건들을 되풀이하기를 원하지 않는다고 한다. 그러나 교회가 파괴 또는 붕괴 되는 대신에 그것을 오히려 기뻐하고 즐기게 되었다는 것을 분명히 밝히고 있다. 3.1운동은 한국인의 삶에 신선함과 열정을 채웠고, 그것은 그 자체로서 위대한 일이며, 일반적 서민대중에게도 위대한 일이 되어갔다는 것이다.[38)]

그런데 이로부터 7년이 지난 1927년 편하설은 본국 선교부에 다음과 같

---

38) Mourning- Gives Place Joy Vol. 16 No. 12(1920.12)

은 보고를 하였다.

"정치적 사회적 그리고 교육적 상태는 지난 수년간 대단히 변했으며 이들 변화들은 아직도 급속하게 진행되고 있습니다. 교회는 이 같은 변화를 느껴야 하고 만약 교회가 이 같은 새로운 환경을 맞으려면 정면으로 맞서 하나님의 영원한 말씀이 인간의 삶에 충족하다는 사실을 보여 주어야 합니다. 이 나라 젊은이들은 많은 사상적 이념의 유혹을 받고 있습니다. 공산주의 및 볼세비키 사상이 이 나라 전역에 널리 만연하고 있으며 표출되던 않던 이들 현대 가르침에 상당히 동정적인 분위기가 진행되고 있습니다."[39)]

이전에 편하설의 글에서 보이지 않던 논조와 용어가 등장하고 있다. 1920년대 후반에 조선의 청년들은 일제에 의한 표현의 자유가 제한된 상태였지만 이미 상당수가 공산주의와 사회주의 사상을 접하고 그 운동에 젖어들고 있었다. 즉 1907년에 있었던 부흥운동도 그 이후에 지속되던 사경회에의 참여 열기도 1920년대에 들어서면서 시들해지고, 젊은 지성인들 사이에서는 새로운 이념적 돌파구를 찾고 있었는데 그 때 대안으로 등장한 것이 사회주의와 공산주의였던 것이다. 상대적으로 교인도 줄어드는 추세를 보였고 지성인들 가운데는 반기독교 성향도 드러나기 시작하였다. 이러한 추세는 어느 지역보다 평양에서 더욱 민감하게 일어났다.

39) Pyengyang Station Report 1927, Vol. l, 23, 756

6. 숭실대학 교수, 그의 철학교육

편하설은 1903년부터 평양신학교에서 도덕학, 성서지리, 수학 등을 가르쳤다. 비록 그는 그가 교수한 과목과 분야에 박사학위를 소지하지 않았지만 당시 형편에서는 석사학위 소지자도 흔치 않았고 또 신학교 학생들을 가르치기에 큰 문제는 없었던 것으로 보인다.

그는 복음전도 교육 의료선교가 하나의 트라이앵글처럼 조화와 균형을 이루어야 한다고 생각했다.[40] 이는 그가 학교 교육에 적극적인 태도를 가진 논리적 근거가 된다.

그는 1912년부터는 숭실대학에서 전임교수로 철학을 가르쳤다. 산정현교회 담임목사직을 한국인 목사에게 이양한 다음의 일이다. 그리고 이 일은 1929년까지 지속되었다. 그가 왜 담임 목사직에서 벗어나 숭실대학의 교수직을 맡게 되었는지는 분명하게 밝힌 곳이 없다. 다만 블레어가 기술한 바에 따르면, 그는 평양 동부 지역 산간 마을에 순회전도를 다닐 때 당나귀를 이용했는데, 당나귀 안장에 앉아서도 한문책을 놓고 공부할 만큼 학구적이었고, 그의 한문에 대한 많은 공부가 그를 목사직에서 교수직으로 전환하게 만들었다고 한다. 즉 블레어의 견해로는 그 스스로가 원했다기보다는 선교사들 가운데 숭실대학의 교수요원이 부족하여 그가 징발되었다는 뜻이 된다. 그는 한국에 도착하던 때부터 숭실학당과 신학교에서 교육을 맡았는데 이때 그는 무엇보다도 교육을 위해서는 한국인과의 소통 능력을 키워야 한다고 생각했고, 당시로서는 학문적 언어 문자는 한자였으므로 순회 전도 여행 때 타고 다닌 당나귀 등 위에서도 한문책을 꺼내 공부를 하였던 것이며, 이렇게 하여 높아진 그의 언어적 소통 능력은 그를 목회와 병행하여 숭실대학

---

40) C. F. Bernheisel "The Relation of the School Teacher to Christian Work" *The Korea Mission Field*, July, 1916

인문학 교수로 주임무를 옮기게 하였다고 할 수 있다.

숭실대학에서 그가 담당한 과목은 철학 윤리학 논리학 역사학 등이었다. 그는 대학에서 사용할 교재도 저술하였는데 『논리약해』와 『도덕학』이 그것이다.[41] 그는 이 책을 평양신학교에서도 교재로 사용하였다.

숭실대학의 교과과정(1912-1913)[42]

	1학년	2학년	3학년	4학년
성경	마태복음 이사야서 신학 Ⅰ, Ⅱ	요한복음 잠언 빌립보서	히브리서 야고보서 소예언서	로마서 시편 다니엘서
수학 및 천문학	대학대수	삼각법과 측량	해석학 이론천문학	실용천문학 선택수학
역사 및 경제학	영국사3	미국사3	근대경제사3 (구라파 및 동양) 경제학3 사회학3	교회사 2 민법3
자연과학	생물학3 화학2	고급식물학3 물리학3	농업3 물리3 화학2	임학3 생리학 지질학3 광물학3
인문과학	기초심리학 및 교육학	윤리학2	논리학 종교사 기독교사	심리학3 철학3
어학	고전2 고전1 영어 일본어 음악	작문 토론 영어 일본어 음악	논어 화법 영어 일본어 음악	화법 및 토론 영어 일본어 음악
실과	이론·실습 제도3	이론·실습	이론·실습	이론·실습

41) 현재 『논리약해』는 남아 있는데 『도덕학』은 찾을 수가 없다. 『논리약해』는 아래에서 다시 기술한다. 『도덕학』은 출판사에서 간행한 책인지 확인이 되지 않고 있다. 숭실대학에서 강의시 교재로 사용하는 프린트물로 있었을 것으로 짐작된다. 한편 평양신학교에서는 그레고리가 쓴 『도덕학』이 1919년 소안론에 의하여 번역 출간되어 교재로 사용되었다.

42) *Catalogue of the Union Christian College and Academy Pyeng Yang, Korea* 1913. p21

1910년대 평양 숭실대학에서는 인문학분야에서 1학년에서 윤리학 또는 철학을 3학점, 3학년에서는 논리학 3학점, 4학년에서는 심리학 3학점의 교과과정이 개설되어 있었다. 1912년 교과과정에서는 2학년에 윤리학 2, 3학년에 논리학 3학점, 4학년에 철학 3학점이 개설되어 있었다. 1910년 윤리학은 박사학위를 갖고 있는 베어드가 강의하였고, 1912년에는 석사학위를 갖고 있는 편하설이 철학과 논리학을 담당했으며, 역시 석사학위를 갖고 있던 스미스(W. E. Smith)가 윤리학을 담당했다.

당시 한국에 숭실대학 이외의 다른 근대적 의미의 대학이 없었으므로 이 무렵 숭실에서 이루어진 철학 윤리학 논리학 교육은 한국에서 근대적 대학 과정에서는 처음 이루어진 철학 교육이었다고 할 수 있다.

한편 1912년 교과과정에서 볼 수 있는 것은 3학년에서 『논어』가 교육되고 있었다는 사실이다. 어학분야로 분류되었지만 한문교육과 더불어 동양고전에 관한 1학년 과정에 고전 1,2로 개설되어 있었고, 그 가운데 특히 『논어』가 선택되어 있었다는 점에 주목할 필요가 있다.

1911년의 보고에 따르면 당시 한국인 교수는 6명, 조수는 12명이 있었다고 한다.[43] 한국인 교수들은 상당한 수준의 동양고전 한국고전을 해독할 수 있는 능력을 갖추고 있었다. 초기 숭실 교명을 지은 박자중을 비롯한 유학자 출신의 교수들은 당시 한국사회에서 언어 문화적 소통 뿐만 아니라 현실적으로 구입할 수 있는 교재도 한문으로 이루어진 것들이 많았기에, 특히 중국을 통해서 들어온 한역 서학서들이 많았기에, 이들을 통한 교육을 위해서도 동양고전, 한문, 나아가 일본어까지도 교수하기에 이르렀다. 당시 선교사들이 유학의 가장 기본적인 텍스트인 『논어』를 배타적으로 대하지 않았음을 짐작할 수 있다.

---

43) 숭실대학교 90년사 편찬위원회 『숭실대학교 90년사』 1987년 9월 30일 148쪽

편하설이 어떤 내용을 강의했는지 분명히 알 수 있는 것은 논리학이다. 왜냐하면 그가 이에 관한 교재를 저술 출간했기 때문이다. 그는 1920년 11월 『논리약해(論理略解)』, 영어로는 *The Elements of Logic*이라는 책을 저술, 12월에 출간하였다. 표지에는 문학사 편하설 저라고 되어있다. 간기에는 대정 9년 12월 6일에 인쇄, 10일 출간하였으며, 인쇄한 곳은 일본 요코하마의 복음인쇄합자회사(福音印刷合資會社)로 되어 있다. 영어로 된 표지에는 한국 평양 연합기독교 대학 철학 논리학 교수 편하설 목사(Rev, C. F. Bernheisel)라고 하였다. 평양연합기독교 대학은 말할 나위 없이 숭실대학이다.

『논리약해』의 한글 서문에 의하면 이 책은 그가 숭실대학에서 10년간 논리학을 가르치는 가운데 쌓인 자료가 모여서 이루어진 것이라고 한다. 그는 논리학은 지구상에서 가장 오래된 학문이며, 논리학 이외에는 완성된 학문이 없다고 한다. 그는 논리학자는 천문학자와 달리 새로 발견할 논리가 없고, 이전에 발견된 논리를 새로운 형태로 설명하는 것일 따름이라고 한다. 그러면서 자신이 쓴 이 책도 그러하다고 한다. 따라서 그 책에서 든 예들 가운데 새로 든 예가 일부 있지만 대부분 이전부터 사용해온 예들이라고 하였다. 실제로 그 책에서 그는 이전에 사용해온 예들을 활용하고 있다. 활용하고 있다는 것은 그것을 한국의 현황에 맞게 변용하여 사용하고 있다는 뜻이다. 아시아 사람, 한국 사람, 서울 사람의 예를 든다든가 제주도, 명동성당이라는 지명을 쓴다든가,김서방 등의 용어를 써서 학생들이 친근감을 갖고 논리를 배울 수 있도록 하였다.

그런데 책의 뒤에 붙어 있는 Introduction은 편하설이 아닌 다른 사람이 쓴 듯하다. 왜냐하면 편하설이 이 책을 쓰게 된 것을 객관적으로 기술하고 있고, 또 편하설을 He, His등으로 표기하고 있기 때문이다. 여러 다양한 책을 저자가 활용했다는 것과 특히 Hyslop의 *The Elements of Logic*을 가장 많이 활용했고 Jevons를 가장 폭넓게 활용했다고 하였다. 또한 그는 편하설이 논리의 원리들을 한국어로 표현하려고 애썼으며, 새로운 예들을 들기 위해 노력했다는 것 등을 들어 이 책이 편하설의 저서라고 할 수 있다고 하였다. 이 말은 이 책이 기본적으로는 번역한 것이지만 편하설 나름의 독특한 점들이 많이 담겨 있기 때문에 저술이라고 할 수 있다는 것이다. 이 무렵에는 아직 저술과 번역의 개념이 엄정하게 작동하지 않고 있었다.

편하설이 가장 많이 참고한 책 *The Elements of Logic : Theoretical and Practical*의 저자가 Hyslop, James Hervey(1854.8.18- 1920.7.17)이다. 하이슬롭은 미국의 컬럼비아대학의 논리학 윤리학 교수를 지냈다. 그는 이 책을 1892년에 출간했는데, 432쪽에 달하는 것으로 많은 원리와 실제 사례를 담고 있다. 이 책의 체제를 편하설이 많이 활용했다. 하이슬롭은 이밖에도 많은 책을 집필하였는데, 그 속에는 *The Elements of Ethics* (1895), 그리고 *The Problems of Philosophy* (1905)가 들어 있다.

또 편하설이 많이 참고하고 활용했다고 하는 지본스는 William Stanley Jevons(1835-1882)를 가리킨다. 그는 20세기의 여러 가지 발전에 영향을 미친 경제학자이자 철학자이다. 영국 한계효용 학파의 창시자로서 오스트리아 학파의 멩거(Menger, C.), 로잔느 학파의 왈라스(Walras, M.E.L.)와 비견할 만한 경제학자이다. 영국의 리버풀에서 출생하여 런던대학에서 수학하고 1866년 맨체스터의 오웬칼리지에서 논리학 및 윤리학 교수를 지낸 바 있으며, 1875년에서 80년까지는 런던대학 경제학 교수로 재직하였다. 그의 주저 『경제학의 이론』에 나타난 교환의 이론은 효용 함수의 분석을 기초로 삼고 있다. 재화 상호의 교환비율인 가치를 결정하는 것은 그 재화의 효용이고 이것은 재화 소유량과 더불어 변동하기 때문에 이 효용 변동의 법칙, 즉 효용 및 이기심의 역학의 확립이 이론경제학의 의무라고 말하고 있다. 그는 사고의 법칙(The Laws of Thought)에 대하여 깊이 생각하였다. 논리학에서 가장 근간이 되는 사고의 원리라고 할 수 있는 동일율 모순율 배중율 등은 그가 창안해 낸 용어이다. 그의 철학은 논리적 경험주의의 선구라고 할 수 있다. 그러나 그의 논리의 특이한 형식 때문에 많은 직계 제자들을 갖지 못했다. 그의 논리학에 관한 책은 강의실에서 널리 사용되고 있으며 판을 거듭하였다.

이 책이 편하설이 직접 한국말로 쓴 것인지 아니면 어떤 한국인의 도움이 있었는지 잘 드러나 있지 않다. 당시 선교사들 가운데는 상당수는 영어로 말한 것을 한국인이 기술한 형태로 낸 책들이 있다. 윤산온의 『인생문제와 그 해결』은 1934년 10월 평양 숭실전문학교에서 간행하였고, 한성에서 인쇄하였는데, 윤산온이 영문으로 저술한 것을 숭실전문 영문학과 교수 양주동에게 부탁하여 조선말로 옮긴 것이다. 윤산온의 preface(머릿말)이 있고 양주동의 서(序)가 있다. 그런데 『논리약해』는 그 체제가 다소 다르다. 한문에 해박한 누군가의 도움이 있었다고 할 수 있다.

아무튼 이 책은 현재까지 밝혀진 바로는 한국에서 나온 최초의 논리학 저술, 한국의 대학에서 이루어진 최초의 논리학 교재라고 할 수 있다.

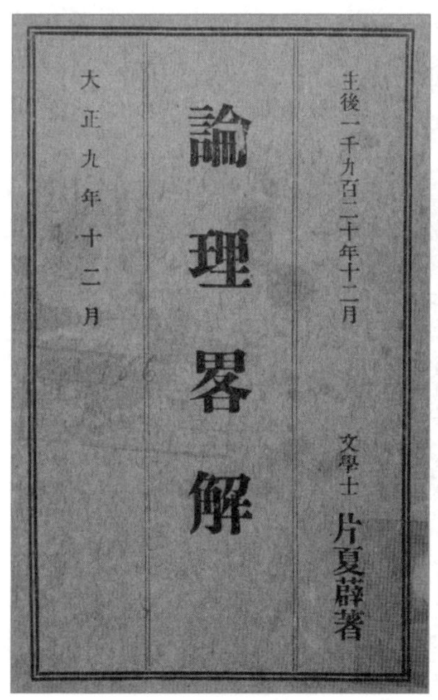

主後一千九百二十年十二月

論理畧解

文學士 片夏薛著

大正九年十二月

THE ELEMENTS OF LOGIC

BY

REV. C. F. BERNHEISEL, A.B. A.M.

Professor of Philoso,hy and Logic in Union Christian College, Pyengyang Korea.

1920

위의 논리학 외에 편하설이 가르친 철학의 내용은 무엇인지 살필 수 있는 자료는 충분하지 않다. 다만 그가 1906년 무렵 위의 하이슬롭이 저술한 『철학의 제문제 *Problems of Philosophy*』를 읽었다고 일기에 기술하고 있다.[44] 하이슬롭이 컬럼비아 대학에서 교수생활 중에 저술한 *Problems of Philosophy* (1905)가 간행된 바로 그 다음 해에 조선 땅에서 편하설이 그 책을 읽었다고 하는 것은 그가 철학에 특별한 관심을 가졌기 때문이 아닌가 생각된다. 이 책의 원제는 *Problems of Philosophy : or, Principles of Epistemology and Metaphysics* 이다. 주 토픽이 철학, 인식론, 형이상학이다. Boston의 Small, Maynard & Co.에서 출간했고, 13개의 chapter와 676쪽에 이르는 방대한 저술이다. 캘리포니아 대학 도서관에 소장되어있다.

그가 가르친 윤리학 역시 하이슬롭이 저술한 『윤리의 제문제』를 독본으로 하지 않았을까 추정해본다. *The elements of Ethics*라는 이 책은 10개의 장으로 구성되어 있고, 1895년에 간행되었으며 492쪽에 이른다. 출간한 곳은 New York의 Scribners이다. 토론토 대학에 소장되어 있다.

3.1운동 이후 1920년대 조선의 지성계는 변모했다. 3.1운동에 기독교인들이 주축이 되었다고 할 수 있지만 그들 가운데 훗날 상당수가 태도를 바꾸었고, 또한 당시 선교사들 모두가 다 적극적으로 이를 후원했다고 할 수는 없었다. 자연 청년들은 그리고 지성인들은 교회가 아닌 다른 방안을 찾았다. 그것은 대체로 사회주의 또는 공산주의였다.

한편 청년들이 교회를 중심으로 모여드는 현상도 없어진 것은 아니다 .오히려 이전보다 더 적극적이었다고 할 수 있다. 이 청년들이 모이는 중심지 역할을 한 곳이 바로 숭실대학이었다. 종종 있는 각종 행사에 숭실대학은 공간이 모자랄 정도로 전국에서 청년들이 모여 들었다. 1920년부터 21년까지

44) 김인수 역 『편하설의 선교 일기』 1906년 4월19일자 참조. 그런데 김인수는 Hyslop을 Hihor로 표기하고 있는데, 이는 수고를 해독하는 과정에서 빚어진 오류인 듯하다.

편하설은 숭실대학장 대행을 맡았다. 그가 교육에 대하여 지닌 관심은 1921년에 기고한 글에서 잘 나타난다.[45] 이 글에서 그는 평양의 교육 상황을 소개하고 있다.

서울 다음으로 한국에서 두 번째로 큰 도시이며 또 이 나라에서 두 번째로 큰 교육 중심지인 평양에 미북장로회선교부가 설립한 숭실중학과 숭의여학교 그리고 연합기독교대학의 상황을 소개하는 글이다. 그는 연합기독교대학에 대하여 집중적으로 그러나 객관적으로 소개하고 있다. 그는 한국에 있는 4개의 장로회 선교부 가운데 3개 선교부가 지난 몇 년 동안 이 학교의 운영과 지원에 협조하였음과 네 번째 선교회가 협력에 의향을 표시하였음을 먼저 밝히고 있다.[46] 그는 그해 봄학기에 132명의 등록했으며, 학생들은 나라 안의 13개 도 가운데 11개 도에서 왔고, 또 만주에서도 왔음과 그로 본다면 이 대학이 나라 전역을 대상으로 봉사하고 있음이 이 학교가 결코 지역학교가 아님을 입증한다고 하였다. 그동안 12차례의 졸업이 있었고 졸업생은 92명인데 그들 가운데 상당수는 목사가 되었고 한 사람은 한국장로회 총회 회장이라 하였다.

그는 그 당시 숭실대학에 자연과학 분야를 위한 새로운 건물이 필요함을 알린다. 늘어나는 학생 수요를 현재 상황에서는 감당할 수 없음과 세 건물과 장비를 갖추는데 필요한 비용은 대략 35,000달러임을 밝히고 있다.

그는 숭실대학의 교수로서 학교에서 일어나는 여러 가지 감동적인 사건이나 사연들을 종종 잡지에 기고하곤 하였다. 예를 늘면 참으로 어렵게 숭

45) C. F. Bernheisel "The Educational Situation in Pyengyang" *The Korea Mission Field*, Aug, 1921

46) 미국의 북장로회선교회 남장로교 선교부, 캐나다 장로교 선교회부가 참여하였다. 이 때는 감리회선교부는 이미 철수하고 서울의 연합조선기독교대학에 참여하고 있었다. 숭실대학 운영에 나중에 참여한 선교회는 호주장로회선교부이다.

실대학을 졸업한 사람이 가족들의 축하를 받을 수 없는 외로운 졸업식을 하게 된 것을 알고 평양선교지부로부터 멀리 떨어진 북쪽 지역에서 그 청년이 다니는 교회의 교우들이 스스로 비용을 마련하여 두 사람을 선정하여 졸업식에 참석하여 축하를 해주었다는 미담을 소개하면서 참으로 '사려 깊은 한국인'이라는 제목을 단 글을 기고한 일이 있다. 그 두 사람은 6일간의 도보 여행으로 산을 넘고 기차를 이용하여 생애 처음으로 집에서부터 그렇게 먼 곳을 그리고 처음으로 철길을 이용해 본, 또는 처음으로 평양과 같은 거대 도시를 보게 되었다는 것과 졸업생 이씨는 그들에게 보답하기 위하여 그리고 그들의 마음에 하나님의 왕국을 세우기 위한 일을 하기 위하여 그의 북쪽 시골 고향으로 돌아 갔으며 그곳의 장로가 되었고, 후에 목사가 되었다고 하였다. 그는 또 '3년간 매해 평양 숭실대학을 졸업한 3형제'라는 제목의 글에서는 김씨라는 성을 가진 사람이 평양에서 동쪽으로 30마일 떨어진 산간 작은 마을 출신인데 1894년 청일전쟁 때 그곳으로 숨어든 평양의 기독교인으로부터 복음을 받은 다음 그곳에 온가족이 협력하여 교회를 세웠다는 것과 그 이후 그 부모가 평양으로 와서 선교사집에서 일하면서 세 아들을 모두 숭실학당에 입학시키고 졸업시켜 그들의 길을 찾아가게 했다는 것을 기술하고 있다. 3년간 내리 한 사람 한 사람 차례로 졸업시킨 그 부모가 가졌을 거룩한 자부심과 정신적 만족감을 상상해 보라는 것이다. 그렇게 함으로써 세 아들 모두 그들 스스로가 매우 가치 있는 존재임을 입증했고, 지금은 여러 학교에서 교사로 일하고 있으며 많은 사람들로부터 그 부모가 칭찬받고 있음을 전하고 있다.

또 다른 이야기는 '금식해야 할 새로운 이유'이다. 이는 숭실대학에 다니는 한 학생이 겪은 난관과 역경의, 다소 슬픈 이야기이다. 그것은 한 학생의 가공스런 투쟁의 이야기이다. 그는 학교 다니는 동안 거의 매일 굶다시피 했는데 방학 때 집에 가서 세끼 밥을 먹다가 개학이 임박하자 앞으로 학교에 가서 굶주릴 것을 생각하고는 미리 적응하기 위해 집에서부터 굶는 연습을 했다는 이야기이다. 이는 학업에 대한 한국 젊은이의 열망을 알리기 위한 소재로 편하설이 채택한 사례이다. 이런 에피소드적 성격의 이야기가 실려 있는 글은 「프리즘 페이지들」이다.[47)]

1924년 편하설은 대학이 산출한 결과물로 졸업생들의 활동을 소개하는 글을 역시 KMF에 기고했다. 그는 여기서 어떤 기관이 계속 존재할 이유는 그 기관이 산출하는 것에 의하여 정당화될 수 있다는 논조를 펼치고 있다. 이 때는 조선총독부에서 교육령을 통하여 고등교육기관 정비를 표방하면서 총독부에서 정한 기준을 충족시켜야 할 것을 요구하고 있었고 또 총독부의 인가를 받은 학교는 종교교육을 교과에 포함할 수 없다는 규정을 두고 있었다. 따라서 선교를 위한 학교의 결과물이 어떤 성격을 가져야할 것인지에 대하여 고민하고 있었고, 숭실대학이 생산해 낸 것의 성격이 어떤지를 살펴보아 그 기관이 존속되어야 할 정당성을 확인하자는 취지를 갖고 있는 글이다.

그는 정부의 정규 교육정책에 의하여서는 생산할 수 없는 교회와 사회의 복지에 무엇을 기여하여야 하는가를 묻는다. 그리고 단순히 시작했기 때문에 또 멈출 자리를 찾지 못했기 때문에 학교를 운영하고 있는 것은 아닌지를 묻고 있다. 그러나 더 중요한 물음은 교과과정과 좋은 선생들이 있다는 것만으로는 교육제도에서 필수적인 모든 것을 갖추었다고 할 수 없으며, '분위기'와 같은 것이 필요하다고 한다. 마치 죽을 병에 걸린 사람에게 살 수 있다는 분위기 같은 것을 만들어야 한다고 강조한다. 공립학교는 지성과 신체적 능력을 발전시키는데 흥미를 갖지만 본성의 영적(靈的)인 측면에는 관여하지 않는다는 점을 지적하고 교회가 운영하는 학교는 영적인 측면에 관심을 가져야 하며, 그것이 교회 학교가 계속 존립해야 하는 이유라고 한다.

어떤 기관이나 공장에서 생산해 낸 것은 그 품질이 한결같지 않다. 따라서 그곳에서 생산할 수 있는 최상의 것으로 판단하는 것이 가장 좋다고 생각한

---

47) "Prism pages" KMF Vol. 21. No. 2, 1924. 2

다. 그런 관점에서 그는 숭실대학의 졸업생들 일부를 고찰하고 있다.

졸업생에 대한 그의 판단과 평가는 다음과 같다. 1908년에 배출된 숭실대학 첫 졸업생은 두 명인데 하나는 이내 학교의 선생이 되었고 오랫동안 수석교사였으며 얼마 후 그는 신학교를 졸업했을 때 조사로 일하던 교회의 협동목사가 되었고 그 이후 줄곧 그 교회에서 일했는데 사람들이 모두 그를 칭송하고 그를 존경하며, 그는 선을 위해, 최대의 영향을 미치기 위해 꾸준히 노력하고 있다. 공동체 모두는 그를 신뢰하고 있고, 그가 보다 많은 영역에서 활동하기를 요구한다고 평가하고 있다고 하였다.[48)]

2년 뒤에 있은 두 번째 졸업생 중의 하나로 김선두 목사를 꼽는다. 그는 김선두 목사를 한국교회에서 가장 훌륭하고 유능한 인물이라 평한다.[49)] 김선두 목사는 평양 서문교회 목사가 되었고, 한국장로회 총회장으로 선출되었으며 최초의 한국인 평양신학교의 교수의 일원이 되었다고 한다.

편하설은 다시 여러 해 동안, 그리고 최근까지, 평양의 지도자 목사 세 사

---

48) 변인서(1882-?) 목사를 가리킨다. 그는 평양 출신으로 숭실대학을 졸업하고 1911년 장대현교회에서 장로 겸 조사로 봉직했다. 105인 사건에 연루되어 옥고를 치렀고, 출옥 후에는 장로교신학교에 입학하였으며 이후 장대현교회에서 길선주 목사를 도와 시무했다. 1926년 장대현교회를 떠난 다음 대동 동대원교, 평북 철산 세평교회에서 시무하였다.

49) 김선두(金善斗 1876-1949) 목사를 가리킨다. 평안남도 대동 출신. 27세 늦은 나이에 평양 숭실중학에 입학하고, 이어서 평양 숭실전문학교에 진학, 졸업하였다. 이어 평양신학교에 진학하여 1913년에 졸업, 목사가 되었다. 신학교를 졸업한 지 5년 만인 1918년 조선예수교장로회 제7대 총회장에 피선되었다. 목사가 된 뒤 처음으로 목회한 평양 서문밖교회에서 약 10년간 목회를 한 뒤 신암교회(新巖敎會)로 전임하였다. 목회 중에서도 숭실중학과 숭실대학에서 성경과목을 교수하였다. 1926년 선천 신성중학교(信聖中學校)에 성경담당교사로 부임하여 당시 교장이었던 미국인 선교사 함가륜(咸嘉倫, Hoffman, C.)을 보좌하여 대리 시무를 하였고 그 뒤 함경북도성진교회(城津敎會)에서 수년간 목회하였다. 그는 1919년 3·1운동이 일어나자 평양을 중심으로 거사의 주동적 구실을 하여 투옥을 당하였다. 1938년 9월 조선예수교장로회 제27차 총회를 앞두고 일제의 탄압을 받자 그는 일본 기독교계의 협조를 얻어 탄압을 저지시키려고 일본으로 건너가 당시 궁내부대신·국회의원·일본육군대장 등을 찾아가 한국교회가 당면하고 있는 어려운 입장을 호소하였다. 일본의 기독교인들로부터 협조의 언약을 받고 평양으로 돌아오는 열차에서 체포되어 개성경찰서에 수감되었다. 석방된 후 만주로 망명하여 봉천신학교(奉天神學校)에서 신학교육에 전념하였다. 광복 후 만주에서 돌아와 월남하였다고 하나 그 이후의 일은 알려지지 않았다.

람과 두 사람의 부목사가 우리 숭실대학을 졸업하였다고 하였다. 또 미국에서 학업을 계속하는 사람, 조선신학교의 교수진이 된 사람, 또 선교사연합공의회(Federal Council of Mission)가 지원하는 주간지의 부편집장이 되어 있는 등 그들은 모두 유능하고 또 보배로운 사람들이고 지도자들이라고 하였다.

몇 년 전, 숭실중학의 교장을 찾고 있을 때에 나라 전역에서 가능한 최선의 사람을 찾았는데, 최종적으로 숭실대학의 교수가 되어 있는 숭실대학 졸업생으로 결정하였고 그는 여러 해 동안 가장 효율적이고 적합한 매너로 그 임무를 수행하였다고 기술하고 있다. 그는 미북장로회해외선교부에서 그와 같은 책무를 갖는 첫 번째 한국인이었다. 그리고 그 책무를 잘 수행했다.

그는 이어서 여러 해 동안 숭실학당의 대부분의 교사들은 숭실대학 졸업생들이고 또 그들이 찾을 수 있는 최고의 선생이었음을 말하고 있다. 1923년에 발생한 동맹휴업 사태에서 학생들의 요구는 선생 가운데 일부를 해고하라는 것이고, 정부가 인정하는 교사로, 즉 정부가 인정한 자격을 갖춘 선생을 쓰라는 것이었다.[50] 그래서 학교는 상당히 많은 재정을 들여 고액 봉급으로 여러 선생들을 계약하였다. 그런데 한 학기가 끝나기 전에 학생들은 이들 인정을 받은 선생들에게 실망했고, 그들은 가르치는 자격에 있어서 숭실대학 졸업생들과의 비교할 수 없다고 선언하였다. 편하설은 이러한 사실을 들어 숭실대학 졸업생들의 훌륭한 자질을 입증하는 자료로 삼았다. 그밖에도 그는 음악 분야의 인재를 말하고 있다.

그는 얼마든지 들 수 있을 이런 사례들이 숭실대학 운영의 정당성을 담보하는 것이라고 한다. 기독교 학교의 유지와 교회는 계속하여 앞으로 많은 기간 동안 그런 훈련과 성격을 시닌 사람을 필요로 하게 될 것이며, 그런 수요

50) 1924년 4월 7일자 동아일보는 숭실중학의 동맹휴업사태를 심각하게 논하고, 종교와 교육의 구별을 권장하는 기사를 실었다. 동맹휴업이 빈발하다가 이때에 이르러 학생들이 폭동수준의 동맹휴학을 한 것으로 신문은 학교당구게 대하여 비판적인 기사를 실었다. 교육을 빙자한 종교교육의 치중은 시대착오적이라는 비판이었다.

야 말로 그런 성격의 학교를 지속적으로 유지할 정당성을 갖게 할 것이라고 했다.[51] 이러한 기고의 배경이 무엇이었는지 분명하지 않다. 다만 이 무렵 지정학교가 아니라 총독부 인가를 받고 싶어하는 숭실중학과 숭실대학 학생들의 동맹 휴업에 이르는 저항, 그리고 사회적 압력등을 염두에 두고, 기독교 교육을 바탕에 둔 학교 운영의 정당성을 확보해야 하고 이를 주변 도움을 주는 사람들에게 설득헤야할 필요성이 있었던 것으로 보인다.

1925년 편하설은 KMF에 다음과 같이 기고했다. 여러 해 동안 숭실대학은 사실상 한 건물에서 여러 사역을 동시에 수행할 만큼 교육공간이 부족했다. 실험실이나 학과 공부를 따로 독립된 건물에서 행하여야 할 필요성이 생겼다. 그동안 건물 확장을 위한 노력을 하지 않은 것은 아니지만 재원이 턱없이 모자라서 착공을 못하고 있었다. 그런데 재원이 어느 정도 마련되자 착공 예배를 드리게 되었다.[52]

그가 이 해 9월에 KMF에 기고한 글 A New Coner Stone at Union Christian College 에서는 당시 숭실대학의 교사가 협소하여 어려움이 많았었는데 미국에서 많은 자금을 기부해주어서 새로운 교사를 신축하게 되었다는 것과 그 정초식 장면을 상세하게 기술하고 있다. 또한 숭실대학이 이제 총독부령에 의하여 전문대학으로 바뀌었다는 것과 이 학교 학생들이 얼마나 많은 활동을 하고 있는지도 소개하고 있다. 그때까지 숭실대학에서는 모든 일이 거의 한 건물에서 행하여졌다. 불편했을 뿐만 아니라 비효율도 적지 않았으며 무엇보다 등록 수요를 감당할 수 없는 한계 지경에 이르렀다. 이미 그 필요성을 인식하고 편하설은 미국의 독지가들에게 도움을 요청한 일이 있다. 무엇보다 시급하게 실험실을 독립된 곳으로 내보내야 할 필요가 있었고, 동시에 다른 부서들을 위한 공간도 마련되어야 한다고 생각은 했지만, 원하는 건

51) Some of the Output KMF 20권-10호 1924년 10월, 얼마간의 결과물- 몇 명의 졸업생.

52) C. F. Bernheisel "A new Corner Stone at Union Christian College" *The Korea Mission Field*, Sept *1925, 202*

물을 마련하는데 필요한 만큼 많은 돈이 준비되지 못했다.

그러다가 건물을 짓기 시작할 정도의 돈은 모였지만 완공하고 설비까지 다 갖출 정도는 못되었다. 나머지 필요한 비용은 적절한 때에 또 마련되리라는 믿음으로 우선 가능한 만큼만 진행하기로 하고서 그해 여름 계획된 대로 공사를 시작하였다. 제1회 졸업생이고 평양 장대현교회 부목사인 변인서 목사가 성경을 봉독하고, 2회 졸업생 김선두 목사가 대표기도를 하였다고 한다. 이어서 라이너(R. O. Reiner) 교수가 초석에 들어 있는 구리에 대해 설명하였고 마우리(E. M. Mowry) 목사가 초석을 놓았는데, 특히 건물을 세우는 데 그의 지칠 줄 모르는 헌신적 노력이 큰 힘이 되었다고 한다.

편하설은 1925년에 합성숭실대학은 이제 전문학교로 바뀌었고 정부의 승인을 받았다고 하였다. 그리고 이로써 정부의 교육 제도에 편입되었지만 동시에 기독교대학으로서의 정체성과 그동안 누려왔던 특권들을 유지할 수 있게 되었음을 밝히고 있다. 그는 한국인들은 대학이 새로운 지위를 얻게 된 것을 아주 좋아하고 있다는 것과 대학의 새로운 출발과 함께 앞으로 유용성이 계속 증진되는 장소가 될 것이라 자신 있게 전망하기도 했다.[53] 각종학교(Special school)에서 인정학교로 바뀜에 따라 졸업생들에게 공직에의 등용 배제 등 졸업생들에게 따라 다니던 은근한 차별이 해소되었기에 한국인이 좋아했다는 것이며, 이제 인정학교에 따라 학교의 제반 시설과 규정이 재정비되어야 하는데 그럼에도 기독교대학의 정체성을 잃지 않게 된 것을 다행스럽게 여기고 있음을 볼 수 있다.

이 무렵 편하설은 숭실대학의 칠학주임으로 활동하고 있었지만 선교사들 대부분이 그러하듯 그가 학교일에만 전념했던 것은 아니다. 동료 선교사 블레어가 1924년 아더 브라운 박사에게 보낸 평양의 선교지부 소속 선교사들

53) A New Corner Stone At Union Christian College, Vol. 21 No. 9(1925.9)

에 대한 보고서 중에 편하설 부부에 관한 부분이 있다. 여기에 그 무렵 편하설의 활동 면모가 잘 드러나 있다. 블레어는 편하설에 앞서 마펫을 소개하면서 그 해 마펫이 61회 생일잔치가 있었다는 것과 숭실대학 책임을 맡고 있음을 보고하면서 숭실의 교수진으로 참가 하고 있는 선교사로서 편하설 박사, 라이너, 로버트 맥머트리, 해밀튼, D.L 솔토, D.N 루츠, 그리고 남장로교 선교회의 W.P 파커를 들고 있다. 그리고 이어서 편하설 부부의 활동을 소개하고 있다.

"편하설 박사는 1900년에 한국에 왔다. 그는 마펫과 마찬가지로 그의 선교사 생활의 전반부를 직접 복음 전도 사역으로 보냈다. 그는 여전히 평양 동북부 광대한 산간 마을의 교회 설립자로 알려져 있다. 뿐만 아니라 그는 이 산간 지역을 당나귀를 타고 다니며 순회전도를 하는 동안 말 안장에 한자 책을 펴 놓고 공부를 한 것으로 사람들에게 기억되고 있다. 그는 그렇게 많은 공부를 하였기에 부득이 숭실대학에서의 교육 사역으로 옮길 수밖에 없게 되었다. 편하설 박사는 숭실대학에서 철학과장으로 있으면서 항상 해오던 복음전도사역의 중책을 계속 수행하고 있다. 18년 전에 설립된 산정현교회의 협동목사로 있고, 금년에는 멀리 떨어져 있는 곡산 지역을 돌볼 사람이 없어 그 일까지도 담당하고 있다. 뿐만 아니라 맥머트리씨가 안식년인 탓에 안나 데이비스 산업자조부 책임도 맡고 있다. 그는 금년 대부분의 시간을 들여 숭의학당의 부교장 역할도 하고 있다. 편하설 여사는 1903년 내한했는데 통상 매우 바쁘게 지낸다. 가사를 돌볼 뿐 아니라 평양선교지부 안에서 운영하고 있는 여성성경반과 여자성경학원 사역의 일을 하고 있다. 동부순회구역안의 여성사역 책임도 맡고 있고, 산정현교회의 여성사역에 많은 시간을 할당하고 있다. 편하설 여사는 유치원 사역에 많은 관심을 갖고 있다. 그는 평양의 유치원사역에서 어머니라고 불릴 만하다. 그는 평양지부 유치원센터를 건립하는데 있어서 선교회 안에서는 그들과 가장 친근한 관계를 맺고 있는 사람 중의 하나로서 산정현교회의 최장로가 기증한 아름다운 벽돌건물의 가장 모범적인 유치원 운영에 깊이 관여하고 있다. 또한 전적으로 한국인 기독교인들이 지원하는 평양의 네 개 구역 안에 있는 유치원이 있는데 이들 유치원과 그밖의 시골에 있는 유치원에 적절히 훈련된 교사들을 공급하기 위하여 정규 유치원교사 양성훈련 프로그램을 시작하였는데 이는 최장로가 설립한 이사회가 주도하고 있다. 편하설 부부에게는 두 아이가 있다. 큰 아이는 금년 16살로 챨스이고, 둘째는 10살의 헬렌이다. 둘 다 평양외국인학교에 다니고 있다. 편하설 목사는 오클라호마 제일장로교회의 후원을 받고 있고 그 부인은 켄터키주의 에벤에셀 장로회의 후원을 받고 있다." [54]

블레어의 기술에서 드러나듯 1924년 무렵 편하설은 대단히 많은 일을 맡고 있다. 숭실대학의 철학주임, 산정현교회 협동목사, 곡산 지역 순회, 숭의학당 부교장, 안나 데이비스 산업자조부 책임자 대리 등이 그가 그 해에 수행하고 있던 직책이었다. 1912년부터 편하설이 숭실대학 교수로 주 사역을 옮겼지만 그 이유는 그가 매우 학구적이었고 무엇보다도 한자를 잘 알고 있었기 때문이라고 블레어는 기술하였다. 그러면서도 그때까지 사람들의 뇌리에는 편하설이 여전히 평양 동북지역 산간 마을의 순회전도를 통하여 교회를 많이 설립한 선교사로 기억하고 있으며, 또한 순회전도 여행할 때 타고 다니는 당나귀 안장에 한문책을 펼쳐 놓고 한자를 공부할 만큼 학구적인 선교사로 인식되고 있음을 특별히 기술하고 있다.

54) Blair's report *Who's who in Pyengyang* 1924.

7. 신사참배 반대 견지

편하설이 초대 담임목사였고 1912년 이래 한국을 떠날 때까지 협동목사로 일한 곳이 산정현교회이다. 그런데 이 산정현교회가 신사 참배거부로 인한 논란의 중심에 있었다. 주기철(朱基徹, 1897.11.25.-1944.4.21.) 목사가 1936년 담임으로 부임했다.[55)] 이때는 이미 신사참배 문제가 기독교계 학교에 심각하게 다가오고 있었다. 숭실의 교장 윤산온은 이미 총독부에 의해서 교장직에서 해임되어 3월 21일 출국하였고, 총독부는 여러 방향에서 교회에 대한 압박을 지속적으로 강도 높게 진행하고 있었다.

주 목사가 신사참배로 인하여 순교하게 된 것은 그 자신의 신앙에 기인할 것이지만, 한편 산정현교회의 전통이 이를 뒷받침했다고 할 수 있다. 이 교회는 3.1운동 때에도 어느 교회보다 앞장 서 있었다. 표면적으로 선명하게 드러나지는 않으나 산정현 교회가 취하는 일련의 방향은 그 초대 목사요, 이후 협동목사로 있던 편하설의 영향이 없지 않을 것이다.

1938년에 들어 평양의 숭실전문, 숭실중학, 숭의여학교를 비롯한 기독교계 학교들이 폐교하였다. 9월 1일 개학하는 평양신학교도 문을 닫았다. 교회에 대한 압박이 점점 막바지 단계로 가중되고 있었다. 이 때의 상황을 편하설은 본국 교회에 다음과 같이 보고하였다.

> "전국 교회에 대한 신사참배 강요는 갈수록 심하였다. 몇 개 노회는 견디지 못하고 신사참배를 수용했으며 정부 당국자들은 총회가 신사참배를 결의

---

55) 당시 평양신학교 교수로 그 교회에 출석하던 박형룡 박사의 추천으로 마침 그 교회 장로 가운데 한 사람이던 조만식이 마산까지 찾아가서 청빙하자 선생은 그 청빙에 응하였던 것이다. 주기철은 조만식의 오산학교 제자였다. 1936년 7월 평양 산정현교회의 담임목사로 부임하게 되었다.

할 것으로 예상하고 있다. 단 몇 명만 제외하면 거의 모든 총대들이 총회에 참석하기 전에 이미 신사참배를 찬성하도록 강요받고 있었다. 거부 의사를 밝힌 총대들은 아예 총회에 참석하지 못하도록 조치가 이루어졌다. 따라서 이 안건은 투표를 하기도 전에 이미 결정이 난 상태였다. 사전에 동의할 사람과 재청할 사람도 정해져 있었다. 총회가 열리는 날 경찰 간부 두 사람과 정복을 입은 경관 10여명이 강단 위에 올라가 회중석을 바라보고 앉았고, 사복을 입은 형사들이 회중석을 둘러싸고 감시하고 있었다."[56)]

위와 같은 분위기에서 총회가 열리고 있었다. 결국 총회는 신사참배가 "종교가 아니요, 기독교교리에 어긋나지 않는다는 (총독부의) 본래 의도를 이해하며 신사참배가 애국적 국가의식임을 자각하고, 이를 앞장 서서 실행하고 황국신민으로서 붉은 정성을 다할 것을 기약한다"는 결의를 채택하였다. 블레어 선교사는 '신사참배는 우상숭배'라며 총회 결정에 이의를 제기하고 나섰다. 다른 선교사들도 총회가 신사참배를 결정한 조치에 불만이었다. 자신들은 학교를 폐쇄하면서까지 참배를 거부했는데 총회가 신사참배를 결정한 것은 선교사들이 추구한 방향과 반대였기 때문이기도 했다. 이후 그들은 교회 및 노회에서 맡았던 직책을 사임하였다.

주기철목사가 투옥된 기간 동안 산정현교회는 편하설 목사에게 강단을 의뢰했다. 일경은 선교사들이 교회강단을 맡지 못하도록 압박을 가했으나 편하설은 굴하지 않고 강단을 지켜나갔다.

"나는 경고를 받고도 산정현교회에 가서 설교를 하였는데 설교 식후 경찰서에 소환되었습니다. 그들은 내가 다시 한 번 설교를 하게 되면 나에게 형벌을 가하거나 추방하겠다고 하고 다른 선교사들의 사역에도 심각한 영향을 줄

---

56) C. F. Bernheisel's letter to the First presbyterian Church of Oklahoma City Nov.9, 1938년

것이라고 협박했습니다. 나는 이 문제를 평양 선교지부 동료들과 논의했고 마침 이곳에서 열리고 있는 장로회선교부 실행위원회에 나가 산정현교회 교인들을 버려둘 수 없다고 말했습니다. 특히 교회 전도사로서 함께 교회 일을 맡아 하던 방계성 장로가 경찰에 체포된 이후의 교회사정을 말하면서 호소했습니다. 선교지부 동료들과 마찬가지로 실행부원들도 교회 일에 대한 나의 결심을 지지해 주었습니다."[57)]

1939년 12월 경찰은 노회를 통하여 주기철 목사를 사임시키고, 산정현 교회를 폐쇄하려고 시도했다. 12월 19일에 남문밖 교회당에서 열린 노회에서 경찰은 신사참배를 하지 않은 것에 대해 더 이상 관용을 베풀 수 없다는 것을 선언했는데 이때 편하설은 모든 일은 교회법에 따라 처리해야 한다고 주장하면서, 교인들의 양심을 구속하는 어떤 재판도 할 수 없다는 것이 교회정치 제1장 7절에 있다고 하였다. 그리고 지난 총회가 많은 총대들의 양심을 억누른 것이라고 말했다. 그가 여기까지 말했을 때 경찰이 그를 끌어내 연행했다. 그해 12월 29일 편하설은 후퍼 목사에게 당시의 사정을 다음과 같이 정리하여 알렸다.

"경찰은 나에게 당분간 산정현교회에 관여하지 말라고 경고하고 있습니다. 그 말은 압력을 넣어서라도 교인들이 신사참배 목사를 받아들이기까지 손을 떼라는 뜻입니다. 나는 어제 1939년 12월 28일 밤 교회임원들을 내 집으로 초대하여 그들이 처한 상황을 다시 한 번 점검하였습니다. 그들은 계속하여 나와 함께 일하기를 원했습니다. 그 동안 나는 주일 아침 예배를 인도했고 다른 예배는 당회원들이 인도했습니다. 내가 좀 더 많은 일을 할 수 있는 날이 오기를 기대합니다만 전혀 일을 하지 못하게 제한받을 지도 모릅니다. 저는 교회

57) C. F. Bernheisel's letter to Dr. J. I. Hooper. Dec, 20, 1939.

에 대한 책임감을 느끼고 있습니다. 곤경에 처한 교회, 특히 목사와 전도사가 모두 감옥에 가 있는 상태여서 교인들을 버려둘 수는 없습니다. 저들은 어떻게든 나와 교회 관계를 떼어 놓으려고 하고 있는데 그렇게 된다면 교회는 경찰의 뜻대로 되고 말 것입니다."[58)]

1940년 3월 4일 평양노회장과 노회서기는 편하설 목사에게 노회 공문을 보내어 특별위원회가 전권을 갖고 있으므로 이후로는 산정현교회와의 관계를 끊으라고 요구하였다.

미일 관계가 악화되자 미국정부는 한국에 주재하고 있는 자국의 선교사들에게 한국에서의 완전 철수를 권고했다. 이 때 160여명의 선교사와 49명의 자녀들 포함 모두 219명이 1940년 11월 29일 한국을 떠났다. 감리교 선교사들도 1941년 본국의 선교본부로부터 만장일치로 모든 선교사들의 즉각적인 철수를 명령했다. 평양에는 아직 장로교 선교사 편하설 부부, 비거, 클라크, 킨슬러, 힐, 루즈, 마우리, 감리교 선교사인 무어, 버츠, 버그만 등이 남아있었지만 그들의 활동은 지극히 제한적이었다. 장로교 선교사들인 클라크, 편하설, 킨슬러는 총회 표준 번역 성경 집필에 몰두하고 있었고 편하설은 역대기 번역에 힘을 쏟고 있었다.

그러나 더 이상 신변의 위기 때문에 남아 있을 수 없어 1941년 9월 6일 편하설 부부는 만국부인기도회 사건으로 강제 귀국길에 오른 힐 버츠와 함께 한국 땅을 떠났다. 27세에 발 디딘 한국을 떠나는 그의 나이는 67세였다.

"우리는 한국을 위한 봉사 기간에 3년만 더 채우고 한국을 떠나기를 원했습니다. 그러나 일본 정부 압력으로 우리 꿈은 좌절되었습니다. 우리는 아직 건

58) C. F. Bernheisel's letter to Dr. J. I. Hooper. Jan, 27, 1940

강한 상태이며 선교 본부에서 다른 곳을 지정해주면 기꺼이 가서 봉사하겠습니다. 우리는 나이가 있기 때문에 한국에 다시 돌아와 봉사하게 될 것으로 기대하지는 않지만 이 나라를 위해 어떤 일이든 할 수만 있다면 할 생각입니다."

8. 부인과 자녀

편하설의 부인 컥우드 여사는 1903년 내한했다. 그는 편하설과의 교제 끝에 1905년에 결혼하였다. 그녀는 통상 매우 바쁘게 지냈다. 가사를 돌볼 뿐 아니라 평양선교지부 안에서 운영하고 있는 여성성경반과 여자성경학원의 일을 하고 있다. 동부 순회구역 안의 여성 사역 책임도 맡았으며 산정현교회의 여성 사역에 많은 시간을 할당하였다.

여사는 유치원 사역에 많은 관심과 애정을 기울였다. 그는 평양의 유치원 사역에서 어머니라고 불릴 만 하다는 것이 선교사들의 평판이다.[59] 평양지부 유치원센터를 건립하는데 있어서 가장 열성적으로 후원하고 지도하였다. 편하설 목사가 목회하고 있던 산정현교회의 최 장로가 아름다운 벽돌 건물의 유치원을 기증하였는데, 이는 당시 평양에서 가장 모범적인 유치원이었다. 이 유치원 운영에 편하설 부인이 깊이 관여하였다. 또한 전적으로 한국인 기독교인들이 지원하는 평양시 안에 있는 유치원이 있는데 이들 유치원운영이사를 담당했고, 그밖의 시골에 있는 유치원에 적절히 훈련된 교사들을 공급하기 위하여 유치원 정규 교사 양성 프로그램에도 관여하였다.

그녀는 KMF와 『신학지남』에도 적극적으로 투고하였다. 여선교사 가운데 비교적 활발하게 기고활동을 한 것이다. 그녀가 KMF에 투고한 것은 모두 8편이다.

헬렌 컥우드 편하설 부인의 KMF 투고문

1. Letter from Pyeng Yang 10-3(1914. 3)

---

59) William N. Blair, *Who's Who in Pyuengyang*, 1924

2. Workers' Class of Pyeng Yang 10-5(1914. 5)

3. School for Missionaries' Children 11-5(1915. 5)

4. Women's Missionary Society of Pyeng Yang City Presbyterian Churches 11-7.(1915. 7)

5. What are you doing in your Staion for the help of mothers, Especially in the Home and with Little Children?- Ⅰ.PyengYang 12-4(1916. 4)

6. The Layman's Home 24-10(1933. 10)

7. Methods of Work in Andong, Korea, 2. Introducing Christian Literature to Bible Institute Students. 33-6(1937. 6)

8 Early Days of Kindergarten Work in Pyengyang 35-12(1939. 12)

1914년 3월에 처음 기고한 글의 제목은 '평양에서 보내는 편지'이다. 그는 평이한 문체로 평양선교지부에서 일어난 일들을 보고하고 있다. 마우리(Mowry) 목사가 성탄절 프로그램을 잘 정리해 내어 모든 교회에 제공한다는 것, 성탄절 전야는 교회들이 군중으로 넘쳐 난다는 사실, 한국인 목사들이 그들의 아내들을 위한 특별 교육 프로그램을 원하고 있어 5일간의 대회를 준비했다는 것 등의 내용을 보고하고 있다. 두 번째 기고는 그로부터 두 달 뒤에 있었다. 제목은 '평양의 사역자 성경공부반'이다. 사역자들을 위한 성경학습반을 개설 운영했다는 것, 또 앞의 기고에서도 제기했지만 목사 아내들의 여신도상담을 위한 프로그램을 운영하고 있다는 소식들을 전하고 있다.

헬렌은 평양유치원의 어머니라고 불린다고 블레어가 소개했는데, 그 말은 근거없는 것이 아니다. 헬렌은 선교사들의 아이들을 위한 학교를 세웠다.

애초에 이 일은 베어드 부인 애니 로라에게서 시작되었다. 베어드 부부가 1899년에 휴가를 떠나기 전에 외국인학교협회가 결성되었다. 애니 베어드 부인은 인디애나 찰스타운의 미스 해리에트 영(Harriette Young)에게 미국의 유치원 교사들이 한국에 갈 수 있는 기금을 신청했고, 그로부터 450달러를 기부받아 미스 로니즈 오길비(Lonise Ogilvie)가 베어드 부부와 함께 들어옴으로써 다섯 가정에 의하여 학교가 운영되었다. 이것이 점차 성장하여 평양의 다른 가정의 아이들뿐만 아니라 다른 지부의 아이들도 수용할 수 있는 규모가 되었다. 미스 메어리 암스트롱(Mary Amstrong)이 오길비 양의 뒤를 이어 교사가 되었고, 스타일(Styles) 씨도 아이들을 교육하였으며, 미스 루이지 스트랭(Louise Strang)이 와서 3년간 머물렀고, 이어서 미스 마우드 트리셀(Maud Trissel)이 뒤를 이어 3년간 학교를 책임지는 형태로 이어져 나갔다. 다른 선교지부의 아이들도 평양에 있는 이 학교에 다니고 싶어 했다. 그래서 운영재단은 이 아이들의 숙식을 위한 기숙사를 짓기도 하였다. 기금의 부족 때문에 새 건물을 세우고자 하는 계획은 1914년 여름까지는 끝나지 못했는데, 블레어(Blair), 맥머트리(Mcmurtrie), 그리고 편하설이 위원으로 수고하였고, 오레곤주 포틀랜드에 있는 웨스트(West) 부인이 선물한 피아노, 미스 루시아 피쉬(Licia Fish)의 자원봉사 교사로 부임한 것 등의 내용을 그녀는 보고하고 있다. 헬렌은 아이를 양육하고 있는 엄마로서 너무나 당연한 문제의식이겠으나 선교사 아이들을 위한 교육을 매우 가치 있는 것으로 판단하였고, 그를 위한 봉사에 나섰던 것이다.[60)]

한편 헬렌은 평양 장로교회의 여전도회의 사역도 도왔다. 그녀는 여전도회가 1900년 쯤 전에 사창골의 낡은 건물에서 만난 사람들 가운데 몇몇 선한 여성들이 어려운 사람들에게 베풀고자 하는 열망을, 필요로 하는 사람들에게 돕기로 하는 마음을 지녔고, 그로인하여 여전도회가 설립되었다고 보고한다.[61)] 그런데 초기에 그 여성들은 무엇을 해야 할 지 어떻게 해야 할 지 전혀 몰랐지만 그저 각자는 한 달에 1전을 내기로 결의하고는 우선 이미 사망한 가난한 사람, 간단한 장례 비용을 도와줄 친구조차도 없는 사람들에게 이 돈을 사용하였다고 한다. 그러다가 그들은 "왜 죽은 사람을 도와야 하는가

---

60) School for missionaries' children. KMF 11-5(1915. 5)

61) Woman's Missionary Society of Pyeng Yang City Preshyterion charches. KMF 11-7(1915. 7)

차라리 영생을 얻을 사람을 도와야 하지 않는가" 하는 생각이 들었고 그 결과 평양 원근의 장소에서 복음을 전하는 일을 하기로 결의했다. 그래서 처음으로 김씨 부인과 고씨 부인을 전도하러 내보내게 되었다. 그러다가 약 1909년 경 평양지역 교회들을 대표하는 모임에서 부인전도회가 결성되었고, 두 명의 외국인 선교사가 이 회의에 참가하게 되었다.

헬렌의 보고에 따르면 여성들은 모두 자발적으로 헌금을 하였으며 그들은 언제나 전도를 위한 출발에 기도로 뒷받침하곤 했다.

헬렌은 어머니교실을 열기도 했다.[62] 그는 엄마들을 돕기 위하여 당신의 지부에서는 무엇을 하고 있는가? - 특별히 가정에서 그리고 어린 아이들과 함께-라는 제목으로 된 글에서 평양지부의 사정을 보고하고 있다.

헬렌은 우선 한국여성들에게 갓 태어난 아기들을 돌보는 방식 등에 대하여 도움말을 준다고 했다. 좋은 이상적인 이야기를 해주었을 때 한국여성들이 보인 반응은 "그것은 매우 좋은 이야기이다. 그러나 우리는 우리 집에서 그렇게 할 수 없다"가 대부분이었다고 한다. 헬렌은 숭의여학교 졸업생들이 시골의 엄마들의 아기돌보기교육을 돕고 있으며 복음전파와 더불어 아이와 집 돌보기 교육이 병행되고 있음을 언급하고 있다.

헬렌은 한국교회의 평신도 가정에 관하여 보고하고 있다. 1933년 10월에 KMF에 기고한 글이다. 이글에서 그는 당시 성경공부반을 이끌기 위해서 시골에 가보면 돼지 소 닭 당나귀 같은 가축들이 마치 매우 가까운 이웃들인 것처럼 한 집에서 머물고 있음을 말한다. 그의 눈에 보인 방들은 어둡고 환기 수단이 없으며, 사생활이 보장될 수 있는 공간도 없었다. 이따금 도시의 선교사집을 방문한 여성들이 그 깨끗하고 안락한 환경을 보고는 "천국이 이와 같은 것인가요?" 라는 질문을 하곤 했다. 이것은 근래 동남아권에서 온 사

---

62) What are you doing in your station for the help of mothers especially in the Home and with Little children. *KMF* 12-4(1916. 4)

람들이 한국의 사회시설이나 가옥이나 이른바 한류 등을 보고는 '천국같다'고 말하는 것과 같을 것이다. 헬렌은 그런 말을 하는 여성에게 그들이 살아갈 보다 안락한 가정을 만들 수 있도록 도와야 할 간절함이 있다고 하였다.

헬렌은 한국인들의 가정이 기독교인으로서 마땅히 가져야 할 환경에 대하여 언급한다. 그는 진흙으로 벽을 쌓고 볏집으로 지붕을 만든 집 보다 더 안락한 방식으로 바뀔 수 있는지에 대한 고민을 하지만 그보다 더 우선적인 것은 신성함이라 한다. 즉 그는 '깨끗함은 우리가 들은 '신성함' 다음 순서이다'라고 하였다. 그는 한국 친구들이 '깨끗한 마음은 깨끗한 삶의 양식으로부터 온다'는 것을 알도록 도와야 한다고 믿었다. 그래서 그는 초가지붕을 한 깨끗한 진흙 집은 가능하다고 믿는다. 공기순환의 수단과 보다 밝게 하는 것은 가능할 수 있고, 마당도 가축들을 집안에 두지 않음으로 보다 위생적으로 만들 수 있으며, 다른 거추장스런 물건들을 옮기고, 여기저기에 꽃을 심을 수 있으며, 부엌을 개조해야 한다고 하였다. 엄마들도 아이들, 특히 병이난 아이들을 어떻게 더 잘 보살펴야 하는지를 알아야 한다고 했다. 그러나 더 중요한 것은 물질적인 것 보다 정신적 태도에 있다고 그는 주장했다. 참으로 행복하고 도움이 되는 가정은 부모와 아이들이 가족을 위한 기도를 위하여 만나는 장소여야 한다고 믿었기 때문이다. 그녀는 "아이들은 찬송하고 기도하고 말씀을 기억하는 것을 배우고 성경이야기를 들을 수 있어야 한다. 나이든 어린이와 어른들은 매일 성경읽기 계획을 따라야 한다. 읽을 수 있는 사람들은 읽지 못하는 가족들을 도울 용기를 가져야 한다. 만일 주머니 휴대용 성경이 허락된다면 지금 그리고 그때 구입한 어린이용과 어른용의 새 책을 구입해야 한다"고 하였다. 그는 악기도 있어야 한다고 하였다. 당시 한국인들 대부분은 극단적 빈곤상태에 있어서 앞에서 말한 모든 것이 다소간 환상처럼 보이겠지만 그들이 지금 갖고 있는 것을 개선함으로써 가능하다고 하였다. 무엇보다 그는 주일 아이들에게 반드시 가르쳐야 한다고 주장한다.

헬렌은 당시 한국의 상황에서 남자와 여자는 마땅히 함께 일해야 한다고 주장했다. 그녀는 당시 한국인 가정에서 일이 여자에게 많이 주어지는 것을 목격했다. 매우 열성적이고 현명한 한 여성이 일어나 소여물을 주고 돼지먹이를 주고, 잘 차려입는 것 외에는 아무 일도 하지 않는 것처럼 보이는 남편 시중을 들고 있는 것을 보았다. 더구나 그녀는 또한 성경공부반에서 배우고 있고, 주일학교에서 가르치며, 게다가 부인전도회장직을 수행하고 있었다. 헬렌은 교회장로라면 이웃들에게 기독교 가정에서 남자가 하는 역할을 보여주어야 한다고 강조했다. 헬렌은 KMF 1933년 8월호에 실린 헬렌 김 박사[63]의 「이화학생들의 역할 증대기사」를 인용하였다.[64]

헬렌은 숭실전문의 국내학술부에 주어진 교과는 의심할 여지없이 한국인 가정을 개선하는데 도움을 준다고 하였다. 또한 선천에 있는 여학교의 교육도 그러하다고 믿고 있었다. 더불어 그는 소아치료 사업이 시골교회에도 확

---

63) 김활란金活蘭(1899-1970)을 지칭한다. 그는 1899년 1월 18일 인천 출생이다. 헬렌(Helen)은 세례명이다. 부친은 평안북도 철산에서 농업에 종사하다가 개항 후 제물포로 이주해 창고업을 했다. 기독교 신앙이 깊었던 모친의 영향으로 7세 때 전 가족이 세례를 받았으며, 학교에 입학하면서 헬렌이라는 세례명을 한자식으로 고쳐 '활란'이라 했다. 이화학당(梨花學堂)에서 초등·중등·고등과를 졸업했다. 1918년 3월 이화학당 대학과를 졸업해, 여성으로는 최초로 대학 졸업자가 되었다. 대학 졸업 후 바로 이화학당 고등보통과 교사가 되었으며, 재직 중인 1919년 3·1운동이 일어나자 비밀결사에 참여했다. 1922년 조선감리교 감독이었던 웰치(H. Welch) 선교사의 추천을 받아 미국 오하이오주 웨슬리언대학교에 편입, 1924년 6월 졸업했고, 10월 매사추세츠주 보스턴대학교 대학원 철학과에 입학해, 1925년 6월 석사 학위를 받았다. 1927년 2월 개최된 신간회 창립대회에 여성대표 간사로 참석했으며, 5월 근우회 회장으로 선출되었다. 1930년 컬럼비아대학교 대학원 철학연구과에 입학, 1931년 10월 학위논문 『한국의 부흥을 위한 농촌교육(Rural Education for the Regeneration of Korea)』으로 우리나라 여성 최초로 철학박사 학위를 받았으며, 1937년 7월 7일 중일전쟁이 일어나자, 8월 20일 애국금차회(愛國金釵會)의 발기인과 간사를 맡았으며, 제3차 조선교육령 공포 후인 1938년 6월 20일 이화여자전문학교와 이화보육학교 학생 400여 명을 동원, 이화애국자녀단을 결성하고 단장을 맡았다. 1939년 4월 11일 기독교계 학교의 서양인 교장을 조선인으로 교체하려는 조선총독부의 정책에 따라 아펜젤러(Appenzeller,H.G.)의 뒤를 이어 이화여자전문학교와 이화보육학교의 교장에 취임했다. 1942년 11월에는 조선교화단체연합회의 전위여성격려대에 참여했다. 1945년 해방 후 9월 16일 미군정청(美軍政廳)이 조직한 한국교육위원회 위원에 임명되었고, 그해 10월 이화여자전문학교를 복구하여 총장을 맡았다.

64) Helen K. Kim, "Bring the Chasm" KMF 29-8(1933. 8) pp155-156

대되어야 하며, 농부들을 위하여 설립된 기관은 농촌지역 사람들의 생활 개선에 도움을 줄 것이고, 평양신학교, 숭실전문, 숭실중학과 숭의여학교에서 가정에서 행할 제반 교육프르그램이 제공되어야 한다고 하였다. 남자들도 가정을 이루는데 있어서 여성이 어떤 역할을 맡아야 하는지에 관하여 필요한 만큼 이야기를 나누는 것이 필요하다. 결론적으로 그는 기독교 가정은 엄마 아빠와 아이들이 서로 사랑하고, 함께 성경을 공부하고, 서로 도우려고 노력하며, 이웃들에게 말씀을 전도하고, 설교하며, 말로만이 아니라 실례로써 가르치는 곳으로서, 마치 언덕위에 서 있는 도시가 숨기우지 않듯이 많은 사람들에게 도움이 된다고 하였다.

한편 그녀는 선교사 가정으로서의 자신들에 대한 성찰도 놓치지 않는다. 즉 선교사로서 그들의 가정을 바람직한 실례로 만들자는 것이다고 하면서 다음과 같이 묻고 있다.

> "가족 기도를 하고 있는가? 하인들과 함께 기도하는가? 한국인 친구들에게 우리의 가정을 공개하는가? 하인들과 우리들과 가까이 있는 사람들의 가정에 관심을 갖고 있는가? 그들이 좀 더 안락할 수 있도록 돕고 있는가? 우리는 한국인 친구들과 우리가 갖고 있는 한글이나 영어로 된 책이나 신문 잡지들을 나누고 있는가? 우리는 우리들의 가정을 아름답게 하기 위하여 우리의 정원에 씨를 뿌리고 모종을 하고 있는가?"

결론적인 언급에서 헬렌은 "말씀 전하기와 가르치기, 병원에서의 일과 학교에서의 가르치기가 선교사들의 대부분의 시간을 차지한다. 그러나 우리는 이 일과 관련하여 기독교 가정에 대하여 더 많이 생각할 수밖에 없다. 그들의 개선이 그들 자신의 공동체 안에서 그들을 보다 유용한 도구와 사례로

만드는 데 도울 수 있는 모든 것을 할 수 있다"고 하였다.[65)]

헬렌은 성경학교 학생들에게 기독교문학 소개 사역을 개제하기도 하였다.[66)] KMF 1937년 6월호에서이다.

이는 그가 학생들이 기독교문학협회가 준비한 책들을 읽게 하는 방법에 대한 고민에서 나온 결과를 서술한 것이다. 그는 도움이 되는 지도와 구할 수 있는 흥미로운 책들이 있는데 그 책들을 이해하거나 읽을 수 있는 기회를 갖지 않을 사람이 없다는 생각을 하고 있다. 그러면서 그는 어떤 학교든 도서관을 많이 설립하여 학생들이 좋은 책을 선택하여 읽는데 흥미를 가질 수 있는 계획들을 수립해야 할 것을 강조하고 있다.

헬렌은 1939년 2월, 그의 남편 편하설이 지난 40여 년간을 회고하듯 그의 선교사 생활 초기에 이루어진 '평양에서의 초기 유치원사역'을 정리하여 KMF에 기고하였다.

1903년 헬렌이 처음 평양에 왔을 때 그는 선교사들 모두가 어른들에게 전도하고 교육하느라고 바빠서 어린 아이들을 위한 시간을 갖지 못하는 것처럼 보이는 사실이 매우 인상적이었다고 하였다. 그녀는 그해 11월에 도착하고 얼마 지나지 않아 첫 번째 크리스마스 직전에 만나 본 선교사가 그에게 한 집단의 어린 아이들에게 성탄절 찬양을 가르쳐달라고 요청하였다. 나이 많은 선교사가 번역한 루터의 요람 찬양[67)]을 갖고 헬렌은 율동과 함께 이것을 아이들에게 가르쳤고 이는 크리스마스 예배의 한 순서가 되었으며 이것은 그해 성탄절에 모든 사람을 매우 기쁘게 했다고 한다.

1910년 안식년 휴가로부터 돌아온 다음 헬렌의 오빠를 통하여 한 독지가

---

65) The Layman's Home, KMF 1933. 10

66) 이 주제 아래 세 개의 기사가 있는데 첫째는 비선교지역에서의 부름(The Call of the unevangelized) 이고 두 번째는 아래의 기사이며 세 번째는 비특권층 여학생들을 위한 학교(A School for under-priviliged Girls)이다.

67) 루터의 요람찬양이라 하지만 사실은 작자미상이라 한다. "그 어린 주 예수 눌 자리 없어..."

가 어린이 사역을 위하여 쓰라고 기금을 보냈다. 학생은 있는데 선생이 없었기에 평양의 네 개의 교회에 있는 친구들이 자문을 해주었고 네 개의 학교를 위하여 교실을 마련하였고 학비를 보태고자 노력하는 젊은 여성들을 교사로 선발하여 유치원을 시작했다고 한다.

그녀는 젊은 여성들에게 유치원 학교운영에 관한 지침을 제공하였다. 성경이야기, 게임, 종이접기 교육, 그리고 다른 물질적 재료 활용하기 등이었다. 물론 아이들이 부를 찬송과, 찬송 때 사용될 율동도 제시하였다.

당시 유치원 사역은 아직 일반화되지 못했지만 점차 관심이 증대되고 있었고 후원자들이 늘어났다. 헬렌은 미국에서 온 기부금이 모두 소진되어 더 이상의 활동을 할 수 없게 되자 한 동안 사역을 멈추었지만 몇몇 독지가들이 유치원을 계속 운영하겠다고 했고, 그들이 유치원 선생들에게 봉급을 주고, 교재들을 마련하며, 연료를 공급해야 하는 이런 물질적인 것을 담당하겠다는 조건 아래 헬렌은 감독직을 수용하였다. 게다가 미국으로부터 또 다른 헌금이 블레어(Blair)부인에 의하여 칸사스주 토피카에 있는 친구로부터 확보되었다. 또 미스 마가렛 베스트(Magarette Best)가 미국 등으로부터의 기부금 모금의 창구 역할을 잘 감당하였다. 그래서 교육 자재를 확보하고, 여성들이 유치원 운영에 대하여 배우는 일을 돕는 데 크게 도움이 되었다. 당시 유치원장은 루츠(Lutz) 부인[68]이었는데 그녀는 매우 진실하고 유능했다고 한다. 그녀는 남편과 함께 1921년에 한국에 왔다. 어느 부유한 장로가 유치원 사역을 위한 건물을 기증하였고 유치원 교사 강습반을 시작하였다. 이 사업은 나중에 숭의여학교가 이어 받았다.[69]

편하설 부부는 두 아이를 두었다. 큰 아이 챨스는 1908년에 평양에서 태어

68) 루츠는 미국에서 농학을 전공하고 숭실의 농학을 가르치기 위해 부임한 선교사이다. 한국 이름은 류소(柳韶)이다.

69) Early Days of kindergarten Work in Pyengyang, *KMF* 35-12 1939년 12월

났고 둘째 헬렌 역시 그곳에서 1914년에 태어났다. 어려서 둘 다 평양 외국인학교를 다녔고 후에 미국으로 건너가 생활하였다. 챨스는 자녀가 없이 죽었고, 헬렌은 어려서부터 몸이 건강하지 못했고 일생 혼인하지 않고 지내다가 죽었다. 결국 편하설은 그 후대가 이어지지 못했다.[70]

70) 김인수 「편하설 (Charles F. Bernheisel)목사의 한국선교와 신학사상」 장신논단 23권(2005년) pp 100-101

9. 맺는 말

편하설은 특히 숭실인이 그 행적과 은공을 결코 잊어서는 안 될 선교사 가운데 한 사람이다.

그는 1900년에 한국에 왔다. 그 해는 중국에서 일어난 의화단 사건이 지속되고 있었고, 만주뿐만 아니라 한국 북부 지방에도 영향을 미치고 있는 상황이었다. 이어서 1904년에는 러일전쟁이 일어나 그가 있던 평양을 비롯한 한반도 북부가 그 전쟁터가 되었다. 그런 위험하고 어수선한 상황임에도 그는 한국에 도착한지 일주일 만에 시작한 순회 전도 여행은 1941년 그가 한국을 떠날 때까지 40여년 계속되었다. 그는 북한 곳곳, 크고 작은 도시는 물론 평양의 동북지역과 황해도 지역의 외지고 깊은 산골 마을 마을마다 주로 당나귀를 타고 다니며 복음을 전하고 교회를 설립했다. 당시 평양의 기독교인들은 그를 당나귀 타고 한문책을 읽으며 외진 산골 마을 찾아 순회 전도하는 이방인 선교사로 기억하였다.

1907년에는 평양 장대현 교회를 중심으로 하여 대부흥운동이 있었다. 다른 선교사들도 그러하지만 그는 평양대부흥을 오순절 성령강림의 일과 같은 것으로 인식하고 한국의 교회는 초대 사도교회와 류(類)는 같고 종(種)은 다른 것과 같은 관계라고 인식하였다. 그는 이후 줄곧 한국인에 임한 성령의 강한 역사를 안팎에 증언하는 역할에 충실하였다.

1912년 그가 숭실대학 전임교수가 되고 난 다음에는 1919년의 3.1운동, 조선교육령에 따른 1925년의 숭실대학의 전문학교 시정에 따른 행정적 제도적 규정 완비와 시설 확충에 노력하였다. 그의 숭실대학 교수직은 1929년까지였다. 이 기간에 편하설은 숭실대학에서 철학과 논리학을 교수하였다. 애초에 그는 철학 전공자도 논리학 연구자도 아니었지만 그는 매우 집중적이고 성실한 자세로 연구하여 이 직무를 감당해 냈다. 그래서 그는 한국에서 근대적 의미의 대학교육과정의 최초 철학과 논리학을 강의한 교수로 자리매김 된다. 그의 성실한 연구와 교수의 결과는 『논리약해』의 저술이 입증한다.

편하설이 한국에 체재하는 동안 가장 본질적이고 중점을 둔 사역은 선교였고 복음 전도였다. '전세계적인 구원'을 비전으로 안고 왔던 그가 1906년 산정현교회 초대 목회자로 부임한 이후 1941년 한국을 떠날 때까지 그는 이 교회를 중심으로 선교사회와 한국의 교회와 교회의 학교들과 교우들을 섬긴 선한 목자였다. 특히 1919년 3.1운동과 1930년 이후 신사참배 문제의 와중에서 교회의 분열과 혼란이 심할 때에 산정현교회 강단을 지키며 신앙의 지조를 지켜 나간 신실한 의인임을 잊어서는 안 될 것이다. 그는 선교 현장을 중심으로 우리 민족의 아프고도 의미 있는 일련의 사건들을 직접 목격한 사람이었고, 의로운 지도자들의 후원자였으며, 중심적 위치의 교회와 학교 행정의 추동(推動)자였고, 그리고 성실하고도 따뜻한 방향의 기록자였다. 따라서 그가 남긴 일기와 기고문 논문 등의 기록들은 오늘의 우리가 읽고 새겨야 할 가치가 있다.

II부

편하설의 기고문

KMF와 신학지남(神學指南) 및 잡지에 투고한 글

人 地 天

THE KOREA
MISSION FIELD

Withdrawal Number

THE BASIS
THE PRESENT SITUATION
A SURVEY

Report of 1940-41 Christmas
Seal Campaign
Mrs. A. A. Pieters

The Folks from Korea

MARCH, 1941 SEOUL, KOREA.

水 金

土 火 木

1. KOREA MISSION FIELD에 기고한 29편

2. 논문 1편 – The Apostolic Church as Reproduced in Korea(1912)

3. 『신학지남』에 기고한 15편

4. 부인 헬렌 컥우드의 KMF 기고문 8편

Ⅰ. KMF에 기고한 글 (29편)

1. 순회전도경험 Itinerating Experiences, Vol 2, No. 8 (1906.6)
2. 한국의 선교사역의 열매들 Some Gleaning from the Harvest in Korea, Vol. 5, No. 11(1909.11)
3. 평양연합어학원 Union Language School in Pyengyang, Vol 8, No. 8(1912.8)
4. 미북장로회 선교부 제29주년 연례회 보고서 Report of the Twenty-ninth Annual Meeting of the Mission of the Presbyterian Church USA, Vol 9, No. 11(1913,11)
5. 다른 종교 그리고 이단과의 만남 Meeting other Religions and Heresies, Vol. 10, No. 4(1914.4)
6. 대동강의 집배 House-Boating on the Taidong, Vol. 10, No. 8(1914.8)
7. 평양의 보고 Notes from PyeongYang , Vol. 10, No.8(1914,8)
8. 순회전도 Itineration Vol. 11, No. 5(1915.5)
9. 숭실대학의 전도회 Missionary Society of Union Christian College, Pyengyang Vol. 11, No. 7(1915.7)
10. 학교교사와 복음사역의 관계 The Relation of the school Teacher to Christian Work, Vol. 12, No. 7(1916.7)
11. 조선에서의 주말 방문 A Weekend visit in the Land of Choson, Vol. 12, No. 3(1917.3)
12. 교회 돌보기 The Care of the Churches, Vol. 13, No. 8(1917.8)
13. 커틀러씨의 25주년 Another Twenty fifth Anniversary, Dr. Cutler's, Vol. 13, No 8(1918.8)
14. 한 한국인의 환갑 A Korean Hankap, Vol. 14, No. 2(1919.2)
15. 슬픔이 기쁨으로 Mourning- Gives Place Joy, Vol. 16, No. 12(1920.12)

16. 평양의 교육상황 The Educational Situational in Pyengyang, Vol. 17, No. 8(1921. 8)

17. 이런저런 이야기 Prism pages, Vol. 20, No. 2(1924.2)

18. 얼마간의 결과물 Some of the Output, Vol. 20, No. 10(1924.10)

19. 숭실대학의 새로운 초석A New Corner Stone At Union Christian College, Vol. 21, No. 9(1925.9)

20. 소래에서의 40주년 A Fortieth Anniversary At Sorai, Vol. 21, No. 12 (1925.12)

21. 한 교육자가 순회전도를 떠나다, A Pedagogue Goes Itinerating, Vol. 22, No. 6(1926.6)

22. 선교사연합공의회 The Federal Council of Mission, Vol. 22, No. 12 (1926.6)

23. 그것에 맞서라 Up Against It, Vol. 29, No. 2(1933.5)

24. 길선주 목사 Rev. Kil Sunju, Vol. 32, No. 2(1936.2)

25. 여행 중에 종종 일어난 일 In Journeying Often, Vol. 33, No. 2(1937.2)

26. 성탄 찬양 A Christmas Hymn, Vol. 34, No. 12(1938,12)

27. 지난 40년전 회고1 Forty years Agone, Vol. 36. No. 7(1940.7)

28. 지난 40년전 회고2 Forty years Agone Part 2, Vol. 36, No. 8(1940.8)

29. 지난 40년전 회고3 Forty years Agone part 3, Vol. 36, No. 9(1940.9)

1. 순회전도 경험

KMF 2권 8호(1906. 4)

한국에서 시골 전도여행을 하기로 결심했다면 가장 먼저 말(馬)을 구해야 한다. 이 일은 매우 쉬울 것 같지만 그렇지 않다. 미국에서는 누구든지 마차를 임대하는 집에 전화해서 마차를 지정된 시각에 집 앞으로 보내달라고 하면 된다. 비용은 이미 정해져 있기 때문에 굳이 얘기할 필요가 없다. 하지만 한국에서는 그렇지 않다. 여기서는 말이 필요할 때 먼저 마부들의 우두머리에게 알린다. 그러면 그가 임대하다 남은 말 몇 필을 가지고 온다. 만약 그가 가져온 말이 적절하지 않으면(이것이 일반적인 경우이다), 더 좋은 말을 얻기 위해 실랑이를 벌여야 한다. 결국 더 좋은 말이 오게 되면 이번에는 지불할 비용을 두고 긴 흥정이 이어진다. 그는 마부의 임금으로 가능한 한 많은 돈을 받으려고 하기 때문에 그가 처음 요구한 비용과 지불해야 할 비용이 좀처럼 일치하는 법이 없다.

결국 합의가 이루어지면 마부는 아침 7시에 지정하여 약속한 바로 그 말을 이용할 수 있다고 굳게 약속한다. 그래서 우리는 저녁에 짐을 싸고 아침에 일어나서 일찍 아침 식사를 하고 7시에 출발하도록 모든 준비를 마친다. 하지만 말은 시간이 되어도 오지 않는다. 우리는 8시까지 기다리다가 마부를 찾으러 사람을 보낸다. 마부는 8시 반이나 9시쯤 느긋하게 야윈 말을 데리고 나타나는데, 흥정했던 그 말이 아니라 전혀 다른 말이다. 그 말은 밤 사이에 죽었다거나 병들었다거나 팔렸다거나 그나마 좀 그럴듯하기로는 좀 더 많은 비용을 받게 되었기 때문에 다른 여행에 보냈다고 한다.

마침내 출발하게 되지만 일단 출발하면 여행 중에는 별일 없이 순조롭다.

최근에 다녀온 여행은 여정이 길어질 예정이었기 때문에 말에 실은 짐 말고도 나는 적은 양의 짐을 당나귀에 싣고서 사동(使童)에게 도시를 통과할 때까지 몰도록 했다. 그 애는 짐 실은 짐승을 몰고 도시를 지나가는 것에 자존심이 몹시 상했는지 아주 부주의했다. 공관을 나설 때 그는 문을 충분히 열지 않아서 짐의 한 쪽이 여닫이문에 부딪쳐 내 새 우산의 손잡이가 부서졌다. 도시로 들어가는 작은 수문(水門)[71]을 지날 때는 반대편에서 오는 짐과 부딪쳤다. 그 결과 짐 상자가 부서졌다. 우리가 복잡한 시장을 빠른 속도로 지나갈 때 우리의 짐이 잘 차려 입은 한국인과 부딪쳤다. 우리 쪽으로 등을 돌리고 있었던 그는 상품이 진열되어 있는 길바닥 한 중간에 있던 등유 상자에 엎어졌다. 그러나 그는 기품 있게 몸을 일으키고서 그에게 무슨 일이 일어났는지 주위를 둘러보았고, 이미 멀어져 가고 있는 당나귀를 보고서 감탄하여 "나귀조타 Nakui chota"라고 소리쳤는데, 이는 "좋은 나귀이다"라는 뜻이다. 그가 화를 냈을까? 그의 깔끔한 옷이 더럽혀졌고 그의 품위가 심하게 손상되었지만 노여움의 기색이 그의 평화로운 표정을 방해하지 않았다. 나라면 화를 냈을까? 나는 당연하게 분개했을 것이다. 참을성과 감정을 조절하는 것은 우리 서양인들이 동양인들에게서 배워야 할 부분이다.

오후에 우리는 강동[72]에 도착했다. 그곳에는 8년 된 교회가 있는데 교인들의 수는 몇 안 된다. 몇 년 전 이곳에서는 심한 가뭄 탓에 농작물이 거의 다 말라 죽게 되었는데, 화가 난 마을 사람들이 모여서 교회를 부수고 교인들을 마을에서 쫓아냈다. 그 이유는 비를 주관하는 신들이 기독교인들 때문에 기분이 상하여 비를 내려주지 않았다는 것이다. 하지만 하나님의 사랑의 섭리가 교인들을 지켜 주셨기 때문에 마을 사람들은 결국 더 이상의 해를 가하지 않고 흩어졌다.

교인들은 이처럼 자주 심한 박해를 받았기 때문에 한 사람씩 교회를 떠나

---

71) 고구려는 427년에 평양으로 천도하고, 552년부터 586년에 걸쳐서 도성을 축조했다. 평양성은 주위가 약 16km, 성벽의 총연장은 23km에 달하는데 성 안은 성벽에서 4개의 구역-내성,중성,외성,북성- 으로 나뉘어졌다. 내성, 외성, 중성에 각각 동서남북 4개의 성문과 대소성문을 설치하고 비밀문, 수문 등을 두었다. 여기서의 수문(水門)을 이것을 말한다. (역주, 이후 별도 표기가 없는 것은 모두 역자주이다.)

72) 평양 강동군(江東郡)

갔고, 작년에는 겨우 남자 두 명과 여자 한 명만이 남게 되었다. 그때 성령 충만하고 기쁨 넘치는 한 부부가 율배(Yul Pai)로부터 교회의 사찰이 되기 위해 이사를 왔고, 만나는 모든 사람들에게 밤낮으로 복음을 전했다. 젊은 사람들 몇 명이 관심을 갖게 되었고 예배드리러 나왔다. 지금은 그곳에 35명의 신자들이 교회에 등록하고 예배하고 있다. 이곳에서 특별하다고 할 수 있는 것 한 가지는 불신자들이 찬송가를 부른다는 것인데 나는 다른 어디에서도 그런 경우를 본 적이 없다. 지난 번에 도시에 들어갔을 때 나는 몇몇 집에서 노래 부르는 소리를 들었는데 찬송가가 아니라고 생각했다. 물어 보니 많은 불신자들이 찬송가를 배워서 부른다고 했다. 이렇게 찬송가를 부르는 것이 지금은 그들이 입술로만 찬양하고 있는 하나님을 마음으로부터 찬양하도록 이끄시려는 하나님의 섭리가 아닌지 누가 알겠는가.

며칠이 지나 인적이 드문 길을 따라 여행하던 중 나는 어떤 사람이 '할렐루야'를 외치는 것을 듣고서 깜짝 놀랐다. 나는 어떤 감리교인 형제가 이 외딴 곳으로 길을 잘못 들어섰다고 생각하고는 그를 만나기 위해 발길을 돌렸는데, 만나고 보니 그는 감리교인이 아니라 훌륭한 장로교인이었다. 우리는 전에 만난 적이 없었지만 그는 목사가 곧 이 길을 따라 지나갈 것이라는 이야기를 듣고 내가 그 사람인지 다른 외국인인지 알지 못해서 확인해 보기 위해 이 방법을 사용했다. 나는 누구에게나 그가 복음을 알고 있는지 알아볼 수 있는 세 가지 말이 있음을 알게 되었는데, 예수, 할렐루야, 아멘 이 세 가지이다. 이 말들은 한국어로 번역되지 않고 그대로 쓰이고 있다. 다른 말들은 번역되었지만 이 세 가지는 영원히 그대로일 것이고, 이들 셋 중에 가장 위대한 것은 예수이다.

지난 가을 내가 자산군에 있는 기탄(岐灘)[73]을 방문하였을 때, 교회 옆집에 사는 사람이 술에 취해서 오후 내내 마을을 돌아다니면서 나와 기독교인들

73) 평안남도 순천군 기탄리.

을 큰 소리로 욕하고 다녔다. 저녁 예배 시간이 되었을 때 그는 바깥에 서서 여전히 욕설을 내뱉고 있었는데 마을 사람들은 이 구경거리를 보기 위해 몰려왔고 너무 시끄러워서 우리가 예배를 계속하는 데 큰 방해가 되었다. 그는 문으로 머리를 들이밀고서 '지금 저들이 기도 드리고 있다', '아직도 안 끝내고 있느냐'고 소리쳤다. 또 바깥에 있는 사람들이 재미를 느낄만한 여러 가지 다른 말들을 외쳤고, 몇몇 사람이 안으로 들어왔다. 나는 참을 만큼 참고 있다가 그가 뒷문으로 들여다보고 있을 때 무심코 앞문으로 튀어나가 그의 뒤에서 목을 잡고 강제로 그를 교회 안으로 밀어 넣어 내 옆에 앉힌 후에 남은 예배 시간 동안 조용히 있도록 했다. 그러자 바깥에서 시끄럽게 굴던 사람들은 돌아갔고, 우리는 편안하게 예배드릴 수 있었다.

이것이 아주 잘한 일인지 어떤지는 모르겠지만, 분명한 것은 내가 올 봄에 그들을 방문했을 때 그는 모임에서 가장 행복한 사람 중 한 명이었고 나에 대한 그의 태도가 지난 가을과는 완전히 달랐다.

사람의 마음을 변화시키는 능력이야말로 우리가 전하려는 복음의 신성에 대한 가장 위대한 증거들 중 하나이다.[74)]

74) 이글은 임지훈이 초역을 했고 곽신환이 수정했다.

2. 한국 선교 사역의 열매들

KMF 4권 11호(1909. 11)

개신교 선교부는 25년 전 한국에서 사역을 시작했다.[75] 북장로회 선교부에서만 올해 세례교인이 25,057명으로 보고됐고, 매년 1,000명 이상의 세례교인이 늘고 있다.

새로 등록한 사람이 거의 24,000명이고, 전체 신도 수가 96,668명이다.

장로교 선교부에 107명의 선교사들이 있다.

지난 해 교회의 헌금은 금화 81,075 달러에 이르렀는데, 하루 일당이 20~40센트 정도인데도 세례교인 일인당 3달러 25센트 정도를 낸 것이다.

57개의 교회가 있고 900곳 이상의 정기모임 장소가 있다.

지난 해 138명의 학생들이 신학교에 등록하고 출석했다. 2년 전 제1회 졸업생 7명이었는데 그 중 한명은 제주도에 선교사로 파송되었고, 그가 거기서 충실하게 헌신한 결과로 사역이 풍성해지기 시작했다.[76] 1909년 올해, 8명의 학생들이 졸업하고 목사가 되었는데, 그들 중 한명이 시베리아에 거주하는 한국인들의 선교사로 파송되었다.

평양에는 500명의 중학생들과 45명의 대학생들이 있다. 선교부에서 세운 중학교가 세 곳이 있는데 서울, 대구, 선천에 하나씩 있다. 선교부에는 여학생들을 위한 고등학교도 세 곳이 있는데 지난 해 230명의 학생들이 등록하였다.

현재 8개의 선교부가 있는데 2개의 선교지부를 새로 만들 계획이다.

---

75) 1884 개신교 선교사의 입국을 기점으로 삼는다.

76) 이기풍(李基豊 1865년-1942년 6월) 목사를 말한다. 그는 평양 출생이고, 1883년까지 한학을 수학, 1907년 평양장로회신학교를 제1회로 졸업한 7명 중 한 사람으로, 한국인 최초로 목사 안수를 받고 곧 독로회(獨老會)의 파송으로 제주도에 파송되었다. 이후 광주의 북문내교회(北門內敎會), 1923년 전라남도 순천교회, 다음해 고흥교회, 1927년 제주도 성내교회, 1934년에는 여수의 남면 우학리 교회에서 목회활동을 하였다. 1938년 신사참배 강요에 맞서 호남지방의 교회지도자들과 결속하여 싸우다가 검속되었고 그때 고문으로 졸도, 병 보석되었다가 1942년 6월에 세상을 떠났다.

선교부와 관계된 589개의 초등학교가 있는데, 19,016명의 남자 아이들과 2,511명의 여자 아이들이 등록했다.

유아세례를 받은 3,163명 아기들의 명부가 있다.

지난 해 6개의 병원에서 50,000명 이상의 환자들을 치료하였다.

평양시에 5개의 장로교회가 있고 서울에 4개가 있다.

평양 선교지부에서 성경공부반(사경회)이 열렸는데 176개 남자반에 8,018명이 참석했고 107개 여자반에 4,513명이 참석했다. 성경공부반은 5~10일 동안 모였는데 참석자들은 모두 수강료를 지불하였다.

평양에서 시각장애인들을 위한 학교가 열렸는데, 지난 해 5개 도(道)에서 11명의 사람들이 참석했다.

북쪽 끝에 있는 강계[77]의 새 선교지부는 올해 새로 시작하였는데 지금은 두 채의 건물이 세워졌다. 그곳에는 이미 900명 이상의 기독교인들이 있다. 그들은 큰 교회를 짓고 있는데 모든 비용을 전적으로 그들이 부담하고 있다.

한국에 있는 모든 선교부가 통합으로 찬송가를 발행하였다. 발행 1년 만에 처음 두 판의 120,000부 전체가 모두 팔렸다.

여러 선교부가 한국 전체에서 각자 사역할 지역을 나누었는데, 큰 도시를 제외하고는 서로 겹치는 지역이 없고, 시골이라고 해서 방치하지도 않았다.

성경번역자회(聖經飜譯者會, The Board of Translators)는 1909년이 끝나기 전에 한국어로 번역된 성경을 완성하기로 약속했다. 신약성경과 구약성경 중 일부는 오래 전에 번역되었지만, 나머지는 한국인들이 중국어 번역본에 의존하고 있다.[78]

---

77) 강계군(江界郡)은 평안도 북동부에 있었던 군. 1895년(고종 32) 강계부(江界府)는 자성·후창·강계 등 3군을 관할하였고, 1914년 군과 면을 폐합할 때 강계군이 되었다. 현재 강계읍과 문옥면 만포진(滿浦鎭)은 각각 강계시·만포시로 승격하였다.

78) 이글은 임지훈이 초역한 것을 수정한 것이다.

3. 평양연합어학원

KMF 7권 8호(1912. 8)

2년 전 북장로회 선교부는 신입 선교사들을 위하여 한 달 동안 대구와 평양에 하나씩 두 개의 한국어 수업을 열기로 하였다. 어떤 이유에서인지 대구에서는 수업이 열리지 못했지만 평양에서는 한 달 동안 베어드 부인이 교사를 맡고, 여러 선교지부들에서 학생들이 모여 수업을 했다.

작년에도 다시 시도하기로 하고 감리회평양선교지부와 협력하여, 교사 한 명과 여러 명의 학생들에게 수업이 제공되었다. 수업은 성공적이었고, 성공만큼 성공을 보장하는 것도 없기 때문에 더 많은 학생들에게 유익이 되기를 바라면서 수업을 확장하기로 했다.

확장 계획에 대한 아이디어는 중국 상하이에서 개설된 어학원에 관한 이야기를 읽으면서 얻게 되었는데, 내륙의 불안정한 정세 때문에 어쩔 수 없이 모이게 된 여러 선교사들을 위하여 개설된 그곳의 어학원은 아주 성공적이었고, 매우 유용하였다. 장로회선교부와 감리회선교부의 대표들로 구성된 평양 지역의 위원회는 그렇게 함으로써 오고 싶어 하는 사람들 누구에게나 초청장을 발행할 수 있게 되었다. 지원자가 20명이 되었을 때 우리는 어학원이 성공적이라고 확신하게 되었다. 40명이 되었을 때 우리는 깜짝 놀랐고, 70명이 되었을 때 교사를 맡기로 했던 우리들 2-3명은 눈 앞이 캄캄해졌고 그들이 너무 욕심을 부리는 것이 아닌가 싶었다. 그렇기는 하지만 반응은 흐뭇하기보다 놀라웠는데, 신입 선교사들과 선배 선교사들 중 일부가 한국어를 알고자 하는 큰 열망을 보여 주었기 때문이다. 교사들이 학생들의 마음을 끈 것은 명성 때문이 아니었다. 선생님들의 이름은 공표되지도 않았다. 학생들이 교사들에게 마음이 끌린 것은 단지 어려운 발음을 극복하기 위한 도움을 받고 싶었기 때문이다. 교사들 또한 한국어를 탁월하게 가르치는 한국어 전문가인 체 하지 않았고 초청장에도 단지 "와서 함께 배워요"라고 썼다.

학생들이 상당히 많이 모였다. 학생들의 연령대는 16살부터 있었는데 사실 우리는 그들의 나이를 물어 보지 않았다. 학생들은 한국에 있는 거의 모든 선교부를 대표하게 되었는데 북장로회 28명, 남장로회 10명, 북감리회 19명, 남감리회 3명, 호주장로회 3명, 캐나다장로회 1명, 구세군 2명, 성결교 2명, 재림교 1명, 성서공회 2명이 있었다.

예상보다 지원자들의 수가 많아 놀라게 된 3명의 정규 교사들은 전국으로 전보를 보내서 도움을 요청하기 위해 목소리를 높였고, 결국 교수진은 다음과 같이 구성되었으니, 장로교인들을 위해서는 베어드 부인, 시릴 로스 (Cyril Ross) 목사, 편하설 목사가; 북감리교인들을 위해서는 베커(A. L. Becker) 목사와 버스커크(Dr. Van Buskirk) 의사가; 남감리교인들을 위해서는 스톡스(BM Stockes) 목사였다.

세 개 반이 있었는데, 첫째 반은 처음 배우는 사람들, 둘째 반은 2년째 배우는 사람들, 그 이상은 셋째 반에 들어갔다. 첫째 반과 둘째 반은 각각 다시 두 그룹으로 나누어 학급이 너무 크지 않게 하여 수업의 능률을 높이고 개개인에게 관심을 가질 수 있도록 했다.

교육과정은 『코리아 미션 필드』 5월호에 실려 있기 때문에 여기서 재차 언급할 필요는 없을 것이다.

여기서는 한국어를 배우는 것 이외에도 더욱 즐겁고 유익한 여러 활동들이 있다. 매주 한 두 번씩 여러 강사들의 강연이 있는데, 한국어와 관련된 주제들도 있고 다른 주제들도 있다. 맥워터(McWaters) 4중주 연주회가 두 번 열렸는데 모두가 기분 좋게 감상하였다. 테니스 시합과 야구 경기로 신체를 단련하기도 했다.

학원에서는 신앙적인 면에도 특별한 관심을 기울이고 있다. 주일 예배, 채플, 여러 기도 모임을 통해 영적으로 충만해졌고 그렇게 유익을 얻은 몇몇 학생들이 따로 월례회 모임을 만들었다. 영적, 지적, 육적인 필요가 모두 채워졌고 모두에게 유익했음이 틀림 없다.

학원총회에서 다음의 결의안이 채택되었다 :

선교사연합공의회에 속하는 각 선교부에 어학원이 계속 성공적인 기관이 되도록 협조해줄 것을 요청하기로 하고, 다음 연례회의나 다른 모임에서 2명의 이사회 임원을 선출하여 어학원을 상설기관으로 만들 계획을 세우고 학원을 운영하는 권한을 갖도록 요청하기로 한다.

또한 이사회에 이사회 구성을 위한 회의를 열고 9월 말 이전까지 어학원의 향후 계획을 세우도록 요청하기로 한다.

또한 모든 선교사들 특히 처음 한국어를 배우는 사람들이 참석할 한국어 수업의 큰 유익을 자각하면서, 우리는 이사회가 매년 6개월 단위로 초보자들을 위한 초급반 개설 계획을 세울 것과 모든 신입 선교사들이 참석하도록 할 것을 권고한다. 그리고 어학원이 앞서 언급한 두 개의 결의안과 더불어 6월이나 다른 적절한 기간에 한 달 동안 고급반 학생들을 위한 수업을 개설하도록 권고한다.

모든 참석자들이 이 결의안을 만장일치로 채택하였다.[79)]

79) 이 글은 임지훈이 초역한 것을 곽신환이 수정보완하였다.

4. 미북장로회 선교부 제29회 연례회의 보고서

KMF 8권 11호(1913. 11)

북장로회선교부 제29회 연례회의가 9월 16일부터 25일까지 평양에서 열렸다. 회의 전날 언어 시험이 있었는데 이 때문에 직접 참석한 상당수의 사람들 대부분이 시련을 겪었다. 올해 시험은 길고 어려웠기 때문에 많은 비난을 받았다. 아주 많은 사람들이 성공적으로 시험에 통과했다는 사실은 크게 칭찬할 일이다. 그들은 이 어려운 발음을 숙달했기 때문이다. 매년 눈물을 흘리고 심장이 떨리는 것을 줄이기 위해서 분기별로 시험을 보고 이것으로 연례시험의 50%를 대체하자는 요구가 나왔다.

올 해 회의에서 논의되고 결정되었던 문제들은 그 어느 때보다 많고 심각하고 복잡했다. 일부 위원들은 권고안을 결정하는데 이렇게 힘든 시간을 보내본 적이 없었고 그들이 선교회에서 이미 선정했던 것을 이렇게 바꾸었던 적이 없었다.

가장 중요한 조치는 부산선교지부가 있는 경상남도에서 우리의 모든 사역을 호주장로회선교부에 넘겨 주기로 결정한 것이다. 호주장로회선교부는 최근에 사역자들의 영향력을 크게 늘렸고, 그래서 다른 사역자들이 속히 호주장로회선교부가 현재 사역하는 지역보다 더 많은 지역을 감당할 수 있다고 생각해 주기를 기대하고 있다. 그래서 그들은 우리 선교부에 대표단을 보내서 우리 부산선교지부의 모든 사역을 그들에게 넘겨주고, 경상남도에서 철수해 줄 것을 요청했다. 선교부는 심사숙고하고 얼마동안 논의한 후에 뉴욕 선교본부에서 승인한다면 요청에 응하기로 결정하였다. 그렇게 되면 우리 선교부는 호주선교회에 101개의 모임들과 교회들 그리고 그곳에 소속된 1,887명의 세례교인을 포함한 전체 3,816명의 신자들을 넘겨 주게 된다.

이 결정이 이루어지고 난 다음 부산선교지부의 회원이었던 선교사 부부 세 가정과 미혼의 여선교사 한 명을 어떻게 배치할 것인지가 큰 문제가 되었다. 이는 선교부에서 가장 난처한 문제였는데, 그들이 갈 곳이 없어서가 아니라 그들이 갈 수 있는 곳보다 더 많은 곳에서 그들을 원했기 때문이다. 선교부는 3년 동안 미혼 사역자들 몇 명을 잃어버렸지만 사람을 더 받지 않았다. 이 때문에 부산에서의 사역을 중단하게 된 사역자들에 대한 경쟁이 길고 치열했지만 지나치게 격렬해지지는 않았다. 결국 방혜법(H. E. Blair) 선교사 부부는 대구로, 인노절(Roger E. Winn) 선교사 부부는 안동으로, 위철치(G. H. Winn) 선교사 부부와 도신녀(Miss Doriss) 선교사는 평양으로 배치되었다.

밀의두(E. H. Miller) 목사는 서울의 경신학교(John D. Wells Training School)의 교장직을 사임했고, 재령의 군예빈(E. W. Koons) 목사가 그 뒤를 이었다. 밀의두 목사 부부는 서울에 남기로 했지만 서울의 피득(A.A.Pieters) 선교사 부부는 군예빈 목사의 빈자리를 대신하기 위해 재령으로 옮겨 가게 되었다. 강계에서는 미혼의 여사역자를 보내 달라고 간곡히 요청했지만 올 해는 보내 주지 못해서 강계 선교지부와 선교부의 많은 회원들이 크게 실망했다. 선교부의 훌륭한 미혼 여선교사들 중 4명이 그 멀리 강계 선교지부까지 가겠다고 자원했고, 심지어 한 명은 강계의 필요를 채울 수 있다면 정기 휴가까지 기꺼이 포기하겠다고 했다. 그럼에도 불구하고 선교부는 이 문제를 해결하지 못했는데 미혼의 여사역자 수가 선교부의 필요에 비해 턱없이 부족했기 때문이다.

다음으로 선교부에서 중요하게 다뤄진 문제는 만주 지역 곳곳에 정착하고 있는 20~30만 명의 한국인들 속에서 사역할 사람들을 배정하는 일이었다. 사역자에 대한 요청이 강렬했고 선교부는 이 문제를 고려하면서 많은 시간을 보냈다. 지난 몇 년 동안 한국에서 만주로 이주한 사람들이 아주 많았는데 이주민들 중 대부분이 기독교인들이었다. 특히 우리 남쪽 지역의 선교지부들에서는 많은 신자들을 잃어 버렸는데, 때로는 신자들 전부가 만주로 이주하기도 했다. 이들 뿐만이 아니라 이미 여러 해 동안 만주에 살고 있는 한국인들 중에서도 많은 수의 기독교인들이 있었다. 현재 선천과 강계지부의 선교단이 최선을 다해 이 사역을 감당해오고 있다. 그러나 그들은 이미 최대한의 시간과 관심을 기울여 그들이 맡은 지역에서 충분히 사역하고 있고 만주 사역은 거리가 너무 멀어서 그 사역에 필요한 만큼 충분한 관심을 기울일 수가 없다. 그래서 선교회는 그 사역을 담당할 사람을 선임하기 위해 필사의 노력을 기울여야했다. 선교회는 상황을 충분히 알고 있고, 필요에 깊이 공감하고, 그것이 충족되기를 원하지만 여러 선교지부들에서 인력 충원을 위한 요구가 너무 컸기 때문에 애석하게도 올 해는 이 긴급한 요구를 충족시키기 위해 아무 것도 할 수가 없었다. 문제가 이사회에 상정될 것이고 선교회로 충원될 사람들이 그 먼 곳에서 돌봐 줄 사람이 없어서 그들을 도와 달라고 끈질기게 요청하는 교회의 자녀들을 충분히 돌볼 수 있기를 바라고 있다.

선교부는 선교부 역사상 처음으로 일본 장로회선교부 우호사절의 혜택을 제대로 받았다. 의사인 하일(J. B. Hail) 목사와 커티스(F. S. Curtis) 목사가 사절단으로 왔다. 선교부는 그분들을 큰 기쁨으로 영접하였고 내년 여름에 일본 선교부에 돌려 보내기로 했다. 이렇게 해서 두 선교부가 각자의 특유한 문제들을 이해함으로써 서로를 더 잘 알게 되고, 서로 그들의 문제를 해결하는데 도움이 될 수 있기를 바란다.

선교부는 여행자들의 유익을 위해 태평양을 횡단하는 배들과 다른 장소들에 관한 내용을 담은 팸플릿을 발행하기로 결정하였는데, 여행자들에게 각 선교부의 위치 및 관련 사항들에 대한 정보를 주기 위한 것이다.

올해를 되돌아보면 한국교회는 거친 파도를 지나왔지만 교회가 그 시련들을 아주 잘 이겨낸 것은 교회로서의 본질적 특성에 대한 훌륭한 증거이다. 어떤 점에서는 손실이 있었지만 수치(數値)는 올해가 전체적으로 급격히 성장한 한 해였음을 보여준다. 현재 세례교인 수가 42,913명이 되있는데, 지난해보다 거의 10% 증가하였다. 전체 신도 수는 지난 해보다 적어도 약 4천 명 정도 줄었는데, 올해 겪었던 많은 시련들로 인해 새 신자들의 수가 많이 줄어들었고, 새로 믿기로 결단하는 사람들의 수가 평소만큼 늘지 못했다. 2년 동안 현지인 목사의 수가 23명에서 53명으로 늘었고, 조직된 교회가 78개에서 135개로 늘었는데 거의 80% 증가한 것이다. 초등학교 수는 51개로 감소하였지만 학교 학생들의 숫자는 정확히 100명이 늘었다. 학교 기부금 또한 작년보다 20% 증가하였다. 건축과 보수를 위한 비용은 감소하였지만 교회와 집회를 위한 비용은 1/3인 33% 증가하여 전체 금액이 56,000엔이 되었고, 국내외 선교부(Home and Foreign Missions)를 위해 10,400엔이 기부되었는데 작년보다 85% 증가하였다.

올해 시련으로 인한 손실들이 여러 가지 증가한 것들을 통해 그 이상으로 채워졌기에 선교부는 용기를 낼 수 있고 희망과 기쁨으로 장래를 기대할 수 있다.[80)]

---

80) 이글은 임지훈이 초역하고 곽신환이 수정 보완하였다.

5. 다른 종교 및 이단에 대응하기

KMF 10권 4호(1914. 4)

이단은 "어떤 공인된 제도, 교회, 학파 또는 당파에서 인정되는 견해와 일치하지 않는 교리관이나 신념"으로 정의된다. 따라서 폭넓게 해석하면 칼빈주의자는 알미니안[81]에 의해 이단자로 간주되고, 알미니안은 칼빈주의자에 의해 이단자로 간주되는데, 이들은 둘 다 성공회나 다른 교단들에 대해서는 이단이다. 그러나 이 글의 목적을 위해 우리는 그런 구분들을 무시하고 개신교가 인정하는 교리들과 충돌되는 교리를 가진 사람들만을 이단으로 보아야 한다. 우리는 세부 사항에 있어서는 많이 다르지만 대다수의 개신교가 인정하고 있는 성경의 주요한 핵심적 교리들에 있어서는 하나이다.

교회사는 교회에서 이단의 분열로 인해 야기된 다툼, 심지어 전쟁으로 얼룩져 있다. 우리의 유산은 많은 논쟁과 논의를 통해 우리에게까지 이어졌는데, 초대교회를 괴롭혔던 이단들이 아직도 존속하며 활동하고 있다. 우리는 양떼가 늑대에게 찢겨지지 않도록 경계하며 지켜야 할 것이다. 우리는 지혜롭고 충직한 양치기가 되어 하나님의 힘으로 양떼를 지키는 일에 전념해야 한다.

---

81) 알미니안주의(arminianism). 네덜란드 개혁교회의 신학자였던 야곱 알미니우스(Jacob Arminius, 1560-1609년)가 칼빈의 예정론에 반대하는 학설을 표방했는데 이를 따르는 것을 말한다. 그는 하나님의 구원은 모든 인류에게 보편적으로 주어진 것이며 이를 거부하는 것은 인간의 '자유의지'에 따른 것이라고 했다. 그는 인간은 영적 선(善)을 행할 수 없을 만큼 타락한 것이 아니며, 복음을 받아들여 구원을 얻고자 한다면 인간의 자력(自力)으로 하나님을 믿을 수 있다고 주장했다. 그의 사후 그의 주장을 추종하는 46명의 목사들이 1610년 '5개조 항의문'(Remonstrance)이라는 형태의 탄원문을 의회에 제출하여 신앙고백 및 요리문답을 수정해 줄 것을 요청했는데, 이것이 알미니안주의의 주요 신조다. 그것은 조건적 선택, 보편적 대속, 인간의 무능력, 항력적 은혜, 은총으로부터의 타락 가능성이다. 이상의 주장은 네덜란드 의회에 의해 소집된 도르트 회의(Synod of Dort, 1618년)에서 검토되어 칼빈 파에 의해 배척되고 추방되었다. 그러나 이런 주장은 계속 전파되어 '자유주의화 된 알미니안주의'와 '복음주의적 알미니안주의'로 발전해갔다. 18세기에 존 웨슬리에 의해 설립된 감리교회는 복음주의적 알미니안주의를 채택하여 오늘에 이르고 있다.

나는 가끔 한국교회가 이런 긴장과 혼란의 시기를 겪게 될 것인지 궁금할 때가 있다. 다행히도 지금까지는 교회가 대체로 이단들로부터 벗어날 수 있었는데, 이들은 파괴적으로 교회의 영적 생명력을 약화시키고 모든 힘을 교회를 지키는데 다 쓰도록 만든다. 나는 '대체로'라고 말했는데 몇몇 이단들이 이미 출현하여 다소간 방해를 일으키고 있기 때문이다. 갈라디아 교회는 바울이 설득력 있는 서신을 보내어 율법주의가 복음의 자유와 은혜와는 완전히 반대된다는 것을 보여줌으로써 교인들을 바로 잡아주기 전까지 유대적 기독교인들의 율법주의로 인해 많은 혼란을 겪었다. 유대인들의 율법주의를 계승한 자들이 한국에서 몇 년 동안 활동하였는데, 그들은 이곳에서 복음적인 기독교인들을 찾고 또 찾아서 그들을 큰 불안에 빠뜨렸고 그동안 잠시 성공하였다. 그들은 아직도 기독교인들을 찾아서 개종시키려 하고 있다. 안식일주의는 할례와 마찬가지로 율법주의의 흔적이다.

근래에 교회에는 여러 권의 인쇄물이 대량으로 유포되고 있는데 이는 브루클린의 러셀[82]이 출판한 것이다. 그는 우리가 지금 천년왕국[83] 시기에 있으며, 서기(西紀)로 올해에 세상이 끝나게 될 것이라고 선포하고 있다. 그렇지 않으면 그는 그 무서운 재앙을 한 해 더 연기하게 될까? 그가 발행하는 다량의 인쇄물은 많은 한국인들의 집에 좋은 벽지로 쓰이고 있다. 한국인들은 전에 그렇게 좋은 벽지를 쓸 여유가 없었다. 지난 한두 해 동안 몇몇 사람들이 우리가 대환란의 시기에 이르렀는지도 모른다고 생각하였고, 그러

---

82) 여호와의 증인의 설립자인 찰스 테이즈 러셀(Charles Taze Russell). 뉴욕 브루클린에 본부가 있다.

83) 천년왕국(millennium). 기독교에서 말하는 천년왕국은 요한계시록에 1천 년 동안 성인들이 지상을 다스린다는 예언에 근거한다. 즉 묶여 있던 사탄은 1천 년이 끝날 즈음 풀려난다(요한계시록 20:1~10)는 것에 토대를 두고 있다. 성서학자들은 대체로 '1천 년'이란 말은 실제로 1천 년이 아니라 상징 또는 은유라고 해석한다. 그러나 많은 기독교인들은 이 말을 문자적으로 믿기도 한다. 천년왕국설은 여호와의증인과 제7일 안식일예수재림교 등이다. 신학자와 성서학자들은 요한계시록 20장에 예언된 1천 년이 이미 지났다고 가르쳤는데, 물질을 좇는 주교들, 육욕에 물든 사제들로 부패해가는 교회를 비판적으로 바라보고, 이런 상태를 요한계시록에 예언된 성인들이 다스리는 시대로 볼 수는 없다고 생각했다.

므로 이미 천년왕국이 시작된 것은 아니지만 곧 시작될지도 모른다고 생각했다. 하지만 한국 기독교인들은 우리가 지금 천년왕국 시기에 있다고 믿어서는 안 된다.

이들 두 이단은 고대와 근대에 서양 교회를 다소간 괴롭혔는데, 이들 외에도 조선 땅 밖으로는 알려지지 않은 이곳만의 독특한 이단이 있다. 이는 몇십 년 전에 생겨나서 카멜레온과 같이 몇 차례 그 특색을 바꾼 후 지금은 "천도교", "하늘의 도(Heavenly Way, 天道)에 대한 교의"로 알려져 있다. 사도들의 가르침과 아주 유사한 것 같다. 그렇지 않은가? "예수께서 몇 년 전에 천도교의 비조(鼻祖)로 환생하셨다! 그래서 기독교인들은 죽은 예수를 예배하지만, 자신들은 살아있는 예수를 예배한다"고 주장한다. 그들은 모르몬교와 유사하게 땅으로부터 파낸 돌에서 영감을 얻었다. 양변(Yangbyen) 근처에서 특별한 표시가 있는 돌들이 발굴되었는데 이 돌의 모양을 따서 깃발을 만들었는데, 그들의 교리도 거기서 나왔을 것이다. 어쨌든 비록 이후에 땅에서 파낸 것이기는 하지만 원래 하늘로부터 떨어졌던 것을 소유하게 된 것이 위안이 되었을 것이다. 또 모르몬교와 유사한 점은, 그들이 자신들의 경전을 위해 성경을 아주 많이 이용하고 있으며, 세속인들이 하는 만큼은 아니지만 현세에 대한 욕심을 숨김없이 경전 안에다 보완하고 있다는 것이다. 서울에 있는 그들의 대성당을 중심으로 많은 교회들이 시골 곳곳에서 눈에 띄는데 안식일을 아주 즐겁게 지킨다. 그들이 우리 성경에서 도용한 부분들은 조상숭배나 제사를 금지하지 않고, 그들이 하고자 하는 어떤 것도 금지하지 않는다. 이는 양심의 가책 없이 교회와 세상 중도에서 편안하게 쉬고 있는 것이다. 그들은 세상으로부터 완전히 떨어져 나가기를 바라지 않고, 천국에 대한 소망을 부인하거나 포기하기를 원하지도 않는다. 그들은 설교할 때 우리가 말하는 모든 것을 인정하지만 그들이 진리에 있어서 우리를 넘어섰다고 주장한다. 그러므로 기독교인이 되려면 이들로부터 한 걸음 물러서야 할 것이다. 사탄은 이런 수단을 사용해서 많은 사람들이 교회 안으로 들어오지 못하게 한다. 그렇지 않으면 그들의 영적인 갈망이 채워지게 될 것이기 때문이다.

우리는 이단들에 대해 어떻게 대응할 것인가? 어떻게 그들에게 맞서서 교회를 굳게 지킬 것인가? 바울은 방해자들에 대해 다소 무례한 말을 했다. 하지만 결국 공격에 대응하는 그의 방법은 방해자들을 '욕 하는' 것이 아니라 그들을 가르치는 것이었다. 그러므로 우리는 가르치는 것이 영적인 질병에 면역력을 키우는 가장 좋은 방법이라고 결론지을 수 있다. 지금까지 이 약이 가장 효과적이라는 사실이 입증되어 왔고 우리는 끝까지 계속 그럴 것이라고 믿는다. 한국에서 겨울과 여름 내내 수많은 성경공부반(사경회)이 열리고 있는 것은 모두 이 때문이다. 만약 한국 기독교인들이 말씀으로 충만하게 된다면, 우리는 그들이 세상의 유혹에 취하지 않게 되고, 그런 엉터리 약에 대한 완전한 절제가 북에서 남까지 동에서 서까지 교회에 급속히 퍼지게 될 것이라는데 만족을 느낀다. 바울은 그가 「갈라디아교인들에게 쓴 편지」가 진실한 것이고 그들이 성경이 이와 같이 선포하고 있음을 알게 되면, 그들은 다른 마음을 갖지 않을 것이라고 생각했다. 그래서 그는 다음과 같은 말로 결론짓는다. "이후로는 누구든지 나를 괴롭게 하지 말라."[84] 이것이 우리의 희망이고 믿음이며 소망이다.[85]

---

84) 갈라디아서 6장 17절

85) 이글은 임지훈이 초역하고 곽신환이 수정보완하였다.

6. 대동강에서의 하우스 보트(집배)놀이

KMF 10권 8호 (1914. 8)

평양의 선교사들은 이곳 특유의 여름 휴가 방법이 있다. 평양시 앞을 흐르는 멋진 강, 대동강[86]이 있다. 이 강은 평양의 10마일 상부 지점에서 두 개의 강이 합류하는데[87] 그 동쪽 지류는 거기서부터 멀지 않은 산들에서 빠르고 가파르게 쏟아져 내린다. 그 흐름은 참으로 여울에 의하여 연결된 일련의 작은 호수들보다 작다. 산맥이 끝나는 지점의 경치는 참 아름답다. 산맥은 중간에 자주 끊기곤 하는데, 산과 산 사이에 100피트(약 30미터) 이상의 높이가 있는 절벽이 있다. 한 곳에는 강의 가장 큰 배 몇 척이 한꺼번에 들어갈 수 있는 동굴이 강변에 있다. 그 절벽 앞에는 물보라가 일어나는 샘이 있는데, 그 샘은 가장 순수하고 생기 넘치는 신선한 물을 공급하고 있다. 만일 너무 건조하지 않은 계절이라면 우리는 절벽에 부딪히는 폭포들과 아름답게 펼쳐져 있는 풍경에서도 많은 것들을 볼 수 있다.

이 강은 10년도 더 전에 평양에 있는 선교사들에게 알려졌다. 선교사들은 건강증진을 위하여 또 그 강 속에 사는 예쁜 송어들을 잡기 위하여 그곳에서

---

86) 대동강(大同江)은 열수(洌水), 패수(浿水), 패강(浿江), 왕성강(王城江) 등으로도 불린다. 평안남도, 평양시, 남포시, 황해도에 걸쳐 흐른다. 낭림산맥의 서쪽에서 발원하여 남서류하다가 남포시 부근에서 황해로 흘러든다. 길이는 438㎞이고, 유역면적은 1만 6673㎢이다. 한반도에서 다섯 번째로 긴 강이다. 총 443개의 지류가 있으며 그중에서 길이 15㎞ 이상 되는 지류가 26개이다. 주요 지류로는 좌안에 마탄강, 비류강, 곤양강, 황주천, 재령강 등이, 우안에 보통강, 송화강 등이 있다. 고려시대 이래로 대동강이라 부르게 되었다. 고려 고종 때의 문신 최자(崔滋, 1188~1260)는 그의 시구에 "여러 물이 모여서 돌아 흐르므로 이름이 대동강이 되었다(衆水所匯名爲大同)."라고 그 이름의 유래를 밝혔나. 상류 지역에는 골짜기 폭이 좁고 곳곳에 급류와 협곡이 많으나 영원·맹산·양덕·곡산 등에 산간 분지가 있다. 중류는 덕천·순천·성천·중화·서흥·봉산·평산·재령 등에 걸친 지역으로 석회암이 넓게 분포하고 있어 전체가 석회암 구릉지이다. 덕천·순천·성천·강동 등은 석회암의 용식분지(溶蝕盆地)가 발달하였다. 하류 유역은 20~50m 높이의 낮은 기복을 가진 침식된 석회암 대지(karst) 준평원이다. 대체로 대동강을 경계로 북쪽의 평양 평원과 남쪽 황주강 유역의 황주 평원으로 나눌 수 있다.

87) 발원지에서 흘러드는 강과 남강이 합류한다.

얼마간의 시간을 보내는 것이 좋다고 결정했다. 이 두 가지 이유는 어떤 대가도 치를 만한 것이었다. 그러므로 배를 세낸 믿음의 형제들 한 쌍이 그곳에 오두막집을 지었고 그 모험을 하였다. 그 모험은 처음부터 성공적이었다. 그때부터 매 여름마다 그와 같이 몇 척의 배들을 계약하였다.

이들 강을 여행하는 배들은 그 강의 특수한 조건에 맞도록 만들어졌다. 배들의 바닥은 길고 넓고 평평하다. 매우 얕은 흐름들을 저어나가기 위하여 그리한 것이다. 그렇지 않으면 좁은 여울을 빠져나갈 수 없을 것이다. 배의 길이는 어떤 것은 70피트이고 넓이는 15피트이다. 그들은 폭이 좁고 측면은 물 위에 겨우 2피트 남짓 남는다. 배의 뒤 끝은 넓이가 좁고 맨 끝은 위로 올라가서 물에서 6-10피트 정도 되었다. 사공은 여기 배 끝에 있는 상자의 꼭대기에 서서 긴 노로 배를 조정하는데, 그 노는 물속에서 배를 앞으로 밀어낸다. 다른 한 사람은 배의 이물 곧 뱃머리에 서서 긴 장대로 배가 앞으로 나아가게 도울 뿐만 아니라 동시에 배가 강변 쪽으로 쏠릴 때 그것을 막는다. 왜냐하면 언덕에는 세 사람이 있는데 그들은 운하용 배와 같이 긴 밧줄을 사용하여 배를 끌어 당긴다. 때때로 그들은 강 언덕으로부터 줄을 당기고, 때로는 물속으로 걸어 들어가고, 때로는 이물과 고물에 앉아 있다. 이물과 고물에 앉아 있는 것은 흐름을 따라 내려갈 때의 방법이다. 바람이 불어 강을 거슬러 올라 갈 수 있는 매우 좋은 조건이 되는 경우가 아니라면 단단히 끌어 당기는 방법을 쓴다.

우리는 작은 집을 배 위에 지었는데 12피트×15피트 정도 되는 방이 만들어졌다. 그 외에 뒤편에 주방도 둘 수 있었다. 집들은 매우 값싸게 지었다. 기대할 정도의 커튼이나 판자를 가진 바닥과 지붕 이상은 아니었다. 여기서 몇 사람의 가족들이, 관심을 가진 사람들의 성향에 따라, 그리고 때때로 장마철이 오고 안 오고에 따라 다소간 안락하게 지낼 수 있다. 독서하며 잠자며 게임을 하고 목욕하고 낚시하고 공부하는 등등으로 시간을 보낸다.

그 여행을 어른들이 즐기는 만큼 아이들도 즐긴다. 매일 저녁 우리는 강가 모래톱에서 지낸다. 아이들도 맘껏 모래놀이를 즐긴다. 그들은 모두 수영을 배우는데 이곳에의 여행이 그들에게 주어지는 잇점은 분명하다. 여기서 이렇게 수영을 배운 여자 아이가 나중에 미국으로 갔는데, 그곳에서 보트놀이를 하다가 그만 보트가 전복되었을 때 그 여자아이는 자신의 생명을 구했을 뿐만 아니라 동행했던 두 친구의 생명도 구한 일이 있었기 때문이다.

그 여행의 가장 흥미로운 부분의 하나는 돌아오는 길에 여울에서 총으로 사냥하는 것이다. 이것은 때때로 위험이 없을 수 없다. 그러나 어떤 사고도 아직 일어나지 않았다. 이런 사격으로 인하여 갖게 되는 전율과 흥분은 확실히 피곤한 영혼에 활력을 준다.

거의 매주 목사들은 교회 근처 어딘가를 방문하고, 그와 같이 휴식을 취함으로써 또한 어떤 선교사역이든 잘 수행할 수 있는 기회를 갖게 된다.

7. 평양의 보고

KMF 10권-8호 (1914. 8)

평양은 바로 선교사들의 교육사역의 중심지가 되었다. 현재 네 개의 교육기관이 있는데 그들의 관심은 이 선교지부 단독의 사역뿐이 아니라 상당수의 장로회 선교부의 다른 지부들이 수행하는 사역에 관련된다.

첫째는 한국 전역에서 모여드는 200여 명의 학생들을 가진 신학교이다. 이 학교에는 해마다 6주에서 3개월간 손님으로 와서 우리와 함께 가르치는, 다른 지부로부터 온 많은 선교사 교수들이 있다. 학생들과 교수들은 다양한 형태의 여러 교회에서 이루어지는 주례 모임을 인도하는데, 아주 감동적인 봉사를 하고 있다. 상당수의 신학생들은 주일학교에서 가르치거나 노방(路傍) 설교나 호별 방문 설교, 심방 등의 특정한 사역을 위하여 시내의 각 교회들에 할당되었다. 그들은 그들의 수업시간에 받은 교육으로 배운 이론들을 즉각 실천할 수 있게 되었다. 지난 석달 동안의 교육에서 한 과정이 신학교 졸업생들을 위하여 준비되었고 활동적인 목회를 하고 있는 그들 다수가 이런 기회를 이용하여 그들의 수업을 계속할 수 있게 됨을 기뻐하였다. 성경공부를 위하여 오랜 시간 수업에 참가한 적이 있었기에 그들은 목회자가 된 다음에 갑자기 그만 두는 것이 어렵다는 것과 바람직하지 않다는 것을 알고 있다.

두 번째 기관은 여자성경학원이다. 평양지역의 여성들은 다른 지부에서 온 독신 여성 몇몇으로부터 이 일에 도움을 얻었다. 학기는 두 달 반 기간이고 금년에는 수강생이 2백 명 가량이나 되었다. 그들 가운데 다수가 먼 시골에서 왔다. 오직 선택받은 여자들만이 이 과정을 공부할 수 있다. 그들 가운데 대부분은 전도부인이고 복음전도자이다. 더 많은 사람들은 주일학교 교사들이다. 사실상 교회 사역에 어떤 형태로든 종사하고 있는 사람들만이 또는 그와 같은 일을 하고자 하는 사람들만이 학생으로 받아 들여졌다. 여자들 상당수는 여자신학교와 같은 기관을 언급하곤 했다. 훌륭한 장로교인으로서 우리는 그런 명칭을 권장하지 않음은 말할 나위 없다.

세 번째 기관은 연합대학(숭실대학)이고 학당(숭실중학교)이다. 최근 우리 감리교 형제들이 그들의 학생들과 함께 철수했기에 연합(유니온)이라는 용어는 제목에서 떨어진 것으로 보이지만 그러나 그 건물의 입구 코너스톤 곧 머릿돌에 여전히 새겨져 있다. 비록 그 연합의 한쪽 파트너가 바뀌겠지만 우리들 다수는 그 기관은 그 현재의 명칭을 지속할 것이라고 기대한다. 그것은 지금 그 역사에 있어서 가장 큰 기록문자이다. 현재 등록된 수강생은 71명이다. 남장로회선교부의 파커(W.P. Parker) 목사는 최근 대학 교수진에 합류하였다. 8명의 멋진 젊은 기독교인이 이번 6월에 졸업하게 될 것이다.

네 번째 기관은 연합여자학당(숭의여학교)이다. 이 기관의 수강생은 현재 185명으로 현재 감리교와 장로교 지부를 대표하고 있다. 12명의 상급학생이 최근 졸업했고 다른 5명의 학생이 수료증을 받았다. 졸업 직전, 졸업반은 외국인 공동체와 제한된 숫자의 한국교회의 지도자를 초청하여 저녁식사를 대접하였다. 참석한 몇 사람이 그것은 그들이 그동안 경험해 본 최고의 한국 만찬이라고 했다. 그 기관의 국내 학술부는 그와 같은 요리가를 산출하는 고도의 효율성 있는 상태임에 틀림없다. 졸업반 가운데 몇몇이 곧 결혼하리라는 것은 놀랄 일도 아니다.

평양선교지부에 속한 지역에 있는 몇 곳의 교회는 지난 몇 달간 새로운 삶과 활력을 가졌다. 지난 2,3년간 교회가 지나왔던 특별히 강조된 기간동안에 항상 한국교회의 특성처럼 되어온 적극적인 전도의 노력이 일단락되었다. 다행스럽게도 그 기간은 지나갔고 다시 한 번 교회는 그들의 믿지 않는 이웃들에 대한 전도의 책임을 느끼기 시작하였다. 이 정신은 사경회에서 다시 일어났다. 이 사경회는 지난 겨울 거의 모든 모임에서 개최되었다. 거기서 점화된 불꽃은 곧 타올라서 조직화되고 제도화되었으며 교인들은 축복받은 복음을 가르칠 불타는 열정을 가졌다. 반응은 매우 놀라울 정도였다. 많은 개종자들이 생겨났고 여전히 그런 일이 벌어지고 있다. 어느 곳에서나 교회가 있는 곳에서는 희망과 승리와 기쁨의 정신이 널리 퍼지고 확산되고 있었다.

몇 주일 전 한 전도사회가 이곳 평양의 제4장로교회(산정현교회)에서 결성되었다. 많은 회원들이 거기에 참여하였고 주일 오후예배 후에 교회 인접 지역으로 나가서 길거리나 집이나 그 어디든 청중이 있는 곳에서 복음을 전했다. 그들의 노력은 크게 복을 받았다. 그 후 모든 예배가 있는 곳에서는 믿음의 고백이 있었고, 때로는 한 주일에 20명이나 신앙 고백을 하는 일이 있었다.

최근 한 지역 선교사회 재정 지원과 업무 지시에 따라 전도자로 지난 수년간 그들의 생애를 바친 두 나이 많은 여성이 여기로부터 170마일이나 떨어진 먼 곳으로 6개월이 소요될 전도 여행을 떠났다. 그 지역은 너무 멀고 접근하기가 어려워서 그동안 소홀히 다루어져 왔는데 최근 그곳에서 한 모임이 결성되었고, 이제 이 두 헌신적 자매가 그곳에 있는 그들의 믿지 않는 자매들에게 복음을 전하고 그들과 함께 살기 위하여 그들의 삶 가운데 6개월을 바치려고 간 것이다.

큰 지역 교회 중 하나에 속하는 어느 장로는 벽지 전도에 대한 부름을 강렬하게 느끼고, 가족을 위한 대책을 마련한 다음 멀리 맹산군[88]으로 떠났는데 그는 거기서 일 년을 보낼 것이다. 그는 일체를 그 자신이 책임지는 형태, 곧 자비량(自備糧)으로 갔다. 그의 뒤에서 재정적 지원을 해줄 후원자가 없었기 때문이다. 그러나 그는 바울 사도와 같이 그 자신의 손으로 벌어 그 자신의 생계를 해결할 것이다. 그는 그의 가장 중요한 시간을 바치고 복음을 전

---

88) 평안남도 동부에 위치한 군. 동쪽은 함경남도 영흥군에 접하고, 서쪽은 덕천군, 서남쪽은 순천군, 북동쪽은 영원군과 접하고 있다. 동북부는 높은 산악지대이나 서남쪽으로 가면서 점점 낮아지는 지세이다. 즉, 동북부는 낭림산맥이 대체로 남북으로 뻗어 횡천령(橫川嶺)을 이룬다. 그 중에 두미산(頭尾山)·철옹산(鐵甕山)·병풍산(屛風山)·약태산(藥苔山) 등의 높은 산이 솟아 있고, 그 지맥이 점차로 낮게 군내(郡內)로 뻗어 내린다. 동북부의 산악지대에서 발원하는 북쪽의 애전천(藹田川)과 남쪽의 맹산강(孟山江)은 용덕(龍德) 부근에서 합쳐져 마탄강(馬灘江)이 되어 북쪽으로 흘러 덕천군을 지나 본류인 대동강으로 들어간다. 비교적 넓은 평야가 전개되어 이 군의 주요 쌀생산지대를 이루며, 거주지역이기도 하다.

하는 일에 집중하는 동안 그에게 필요한 것을 마련할 수 있는 어떤 일이든지 하면서 지낼 것이다.

그와 같이 믿음이 전파되고 확산되었다. 그와 같이 믿는 자들이 승리하였다. 그와 같이 교회가 세워졌다. 그와 같이 한국은 어둠속에서 빛으로, 무지와 미신으로부터 영광의 하나님의 자녀들이 누리는 자유에로 회복되어 가고 있다.

8. 순회전도(전도자 총회에서 읽은 논문)

KMF 11권-5호(1915. 5)

순회전도는 때로는 의료선교 만큼이나 전도자의 생활에서 매우 중요한 부분이다. 복음서와 사도행전을 대충 읽어보더라도 사실 우리 주 예수와 바울 사도가 둘 다 모두 그들의 많은 시간을 길에서 보냈다는 것을 보여주고 있다. 그것은 우리 주님에게서 뚜렷하게 드러나는 부분이다. 한 번은 우리 주님이 "인자는 머리 둘 곳이 없다"고 말했다고 한다. 나는 그것이 단순히 그가 물러나 쉴 곳이 없다는 것을 의미한다고 생각하지 않는다. 오히려 그의 생애의 대부분의 시간을 집에서 그리고 사랑하는 사람들에게서 떠나서 다른 방법으로는 접근할 수 없는 그들의 마음에 큰 복음을 전하기 위하여 보냈다는 것을 의미한다고 본다. 그의 평판은 의심할 여지없이 그가 떠나던지 머물던지 엄청난 청중을 그에게 몰고 왔지만 그는 만족하지 않았다. 그는 그의 목소리 권역 안으로, 복음을 들을 수 있는 권역 안으로 들어올 수 없는 그 나라의 방방곡곡을 찾아갔다.

그것은 선교사들에게도 마찬가지이다. 낯선 곳에서 이방인은 우선 그의 집이나 그가 있게 되는 곳에서는 어디서든지 그가 유익하게 가르칠 수 있는 가장 많은 사람을 끌어들이게 된다. 그러나 그의 신선함이 사라져 버리고, 만일 복음이 사람들의 마음에 전해져야 한다면 그는 찾아가거나 그들을 찾아내야 한다. 달리 말하면 그는 순회하여야 하는 것이다.

순회를 요구하는 두 개의 환경이 있다. 첫째는 이미 언급했다. 그것 중에 일부가 싹이 나고 구원에 이르는 열매를 맺을 것을 기대하면서 모든 종류의 흙에다가 복음의 씨앗을 멀리 넓게 뿌릴 필요성이다. 다른 환경은 이미 뿌려진 씨앗이 영적인 통찰력을 요구하는 신자 집단의 형성 속에서 열매를 맺을 때 일어난다. 이러한 통찰은 다만 인격적 방문에서만 주어질 수 있다. 이 목회적 통찰은 선교사들에게 한 해에 수천 마일의 여행을 요구하고 생애의 대부분을 집과 사랑하는 가족을 떠나 지낼 것을 요구한다. 영적인 어둠과 죄의 한 가운데서 사람들을 위하여 마음 속의 신성한 사랑에 의하여 강요되지 않은 사람에게는 극단적 염증이 될 불결함과 오염물들에 둘러싸이게 된다.

이제 다양한 표제 아래 이 주제를 검토해보기로 하자.

1) 순회전도에 필요한 장비

순회전도에서의 두 개의 "Sine qua nons" 곧 '필요 불가결한 것'은 준비된 마음과 건강한 몸이다. 둘 중에 하나가 또는 둘 다 없으면 시도하지 않는 것이 더 낫다. 사실상 이 둘이 없으면 그의 모국을 떠나지 않는 것이 차라리 더 좋다. 첫 번째 조건이 없다면 그는 전할 내용이 없는 것이다. 두 번째 조건이 없다면 그는 그가 가진 어떤 메시지를 전달할 충분한 강한 힘을 갖지 못한 것이다. 그러나 순회전도여행을 계획한 선교사가 이들 두 조건을 소유했다는 것을 당연하게 여긴다면 순회전도자가 가져가야 할 물질적인 장비들이 무엇인지를 살펴보자! 여기에는 매우 다양한 의견과 과정들이 있다.

시골에는 의자도 없고 침대도 없으며, 우리를 지켜줄 침구도 없고 난로나 탁자도 없으며 어떤 안락한 장비도 없거나 또는 순회전도자가 그의 집에서 길들여지고 익숙해져 있는 최소한의 필수품도 없는 것이 대부분이다. 그러나 시골 사역을 위한 장비를 꾸릴 세 가지 가능한 방법이 있다.

첫째, 당신이 가진 것 그리고 당신의 지갑에 약간의 돈 외에는 아무 것도 갖지 마라. 시골에서 사는 것이다. 한국 음식을 먹고 그들의 따끈한 온돌에서 자고, 오직 양심에 맡기고 주는 대로 의심 없이, 뭐냐고 묻지 말고 먹는 것이다. 음식값을 지불하라. 아니면 당신이 머무는 곳의 사람들의 성향에 따르지 말라. 한국의 어느 지역에서는 나는 이런 방식을 추구한 한 사람의 무덤을 방문한 일이 있다. 그는 그런 방법을 충분히 시도할 만큼 오래 살지 못한 것은 사실이다. 그러나 그의 무덤과 그의 기억은 그가 목회하고 또 그의 영향력이 그가 몇 달 사역한 곳에서보다 몇 년간 더 그 지역에서 살았던 사람보다 더 위대했다는 것을 그 사람들은 기억하고 있었을 것이다. 나는 그 방법을 추천하지 않는다.

두 번째 방법은 모든 것, 의자 탁자 오리털 매트리스까지 모든 것을 갖고 가는 것이다. 최근의 신위생규제 따라 준비되지 않는 것은 어떤 것도 먹지도 말고 마시지도 말라. 이런 방식을 택하는 사람이 있다. 내 마음에 그 같은 과정을 정당화시키는 것은 오직 불편한 위장(胃腸)일 뿐이다. 나의 충고는, 새로운 위장을 얻든지 아니면 순회전도를 하지 말라는 것이다. 이렇게 하면 그렇지 않는 것보다는 좀 더 오래 버틸 것이다. 그러나 당신의 무덤은 당신이 기여했다고 믿는 사람들의 기억 속에 오래 남아 있지 않을 것이다.

세 번째 방법은 위에 기술한 두 가지 방법을 지혜롭게 조합하는 것이다. 건강을 돌보는 것은 가장 우선적으로 고려할 사항이다. 병든 사람도 복음을 전할 수는 있다. 사도 바울이 했던 것처럼 갈라디아 교회로 출발할 수 있다. 통상적으로는 육체가 견고하지 못하면 현장 봉사를 하는데 있어서 결격이라는 판정을 내리기에 충분하다. 순회 전도자뿐만 아니라 모든 전도자들도 똑같이 가능한 한 우리 주께서 일 시키려고 부르신 분들의 생활과 마음에 접근하는 것을 목표로 삼아야 한다. 나는 연회의 방법, 함께 즐기는 방법 이상의 것이 없다고 믿는다. 함께 앉아 한 사람 혹은 여러 사람과 함께 먹는 것은 언제나 친근함의 표시이고 그들의 세상을 넘어서는 것으로 인식된다. 종족 관습 선입견 등의 인위적 장벽이나 함께 식사하는 행위와 같은 다른 제약이나 금기를 제거할 수 있는 것들은 없다. 그리고 순회전도자가 이런 특권으로부터 그 자신을 제외시킨다면 그는, 내가 믿기로는, 사람들의 마음을 얻을 수 있거나 가까이 다가갈 수 있는 기회를 얻는 데 실패하고 만다. 그러므로 시골 여행을 위한 장비들을 준비할 때, 집에 돌아올 때까지의 하루 세끼분의 식사를 위한 넉넉한 외국식품을 가져가면 안 된다. 한국인들은 친절한 사람들이다. 나의 경험은 그들이 우리 앞에 차려 놓기를 두려워 한 그 음식을 나누어 먹을 때 그들이 기뻐한다는 것이다. 나는 이제 주일을 넘길 때만 시골에 갈 수 있게 되었다. 사람들은 나에게 이제 음식 상자를 집에 두고 떠날 것이며, 한 두 끼가 아니라 모든 끼니마다 한국 음식을 먹으라고 요구한다. 나는 그들의 요청을 수용한 적이 없다. 그 이유는 대체로 나의 아내가 나로 하여금 그렇게 하기를 원치 않기 때문이다. 의심할 여지없이, 갑작스런 음식의 변화로 인한 긴장이 건강에 유익하지 않기 때문이다. 나는 두 종류를 잘 조합하면 우리의 육체와 정신 모두에게 유익하다고 믿는다. 나는 가끔 그들의 온돌방에서 밤새 자려고 노력한 일도 있다. 그러나 성공한 적은 한 번도 없다. 그래서 여러 가지 이유로 나는 접이식 간이침대가 필수적이라고 생각한다. 하루 이틀 이상 지속되는 여행에는 나는 요리사를 대동한다. 그것은 보다 잘 준비된 음식을 보장할 뿐 아니라 사역에 사용되어야 할 시간을 확보하는 일이 되기 때문이다. 시간은 언제나 쫒기게 마련이다. 다른 장비에 대해서는 달리 말할 것이 없다. 각자가 자기 자신을 위해 결정해야 할 것이다.

2) 여행 방법

순회전도는 여행 방법에 있어서 지난 몇 년 동안에 엄청난 변화가 있었다. 전에 소들이 다니던 길은 이제 철도가 되었고 잘 만들어진 대로가 되었는데 10년이나 20년 전의 터벅터벅 걸어 다니던 순회 전도자로서는 상상할 수 없는 정도로 나라 안의 서로 다른 지역 간의 소통이 가능하게 되었다. 전에는 며칠씩 걸리던 곳까지 이제는 대중교통용 자동차들이 승객들을 시간을 단축하여 운송하고 있다. 나는 한국에 있는 선교사들이 나라 안의 순회전도를 위하여 자가용을 사용한다는 이야기를 듣지 못했지만 동양의 다른 나라에서는 이미 통용되고 있는 이 일이 머잖아 이곳에서도 실현될 것이라고 믿는다. 오토바이가 있고 이것은 순회전도에서 매우 탁월한 수단으로 인정되어 그 수요와 선호도가 점차 증가하고 있다. 의심할 여지없이 그것은 그 효용성을 갖고 있다. 다양한 날씨와 도로 조건에서 시골교회들을 순회하는 선교사의 훌륭한 일상 동료가 되고 있다. 최소한의 시간 안에 매우 먼 거리를 가야하는 것보다 더 선교사에게 필요한 무엇이 있다. 그것은 길가 노변에서 설교에 도움이 되는 것은 아니다. 그것은 군중을 빨리 모으는 데 도움이 된다. 군중들의 관심은 그들에게 전달되는 메시지보다는 그 이상한 기계에 더 집중되곤 한다. 자전거도 많이 사용되고 있으며 큰 장점이 있다.

그러나 사람이 만든 이 기계들은 너무나 많이 날씨와 도로의 상태에 의존적이어서 신뢰할 수가 없다. 당신이 그것을 간절히 원할 때 그들은 당신의 시도를 실패하게 할 수 있다. 나는 10년간 순회전도를 하였고, 해마다 수천 마일 이상을 여행하였는데, 나의 통상적인, 믿음직한, 한 번도 불평하지 않은, 언제나 신뢰할 수 있는, 느리고, 안전하고, 성실하고, 쉽게 돌보고, 도로나 날씨 상태와 상관없는 동료는 바로 당나귀이다. 내가 이렇게 당나귀에게 찬사를 늘어놓은 것은 당나귀가 지니고 있는 놀라운 기억력 때문이다. 내가 정규 순회전도로부터 돌아오게 되는 경우 나의 첫 번째 투자는 또 다른 좋은 당나귀를 구하는데 있을 것이다. 걷는 것과 몇 번의 배 여행 말고 이것은 우리 주님이 세상에 계실 때 사용하신 여행 방법 가운데 유일하게 기록되어 있는 방법이다. 선교사들이 가는 곳, 그가 가지 않는 곳까지 이 나라의 방방곡곡에 좋은 도로가 뚫릴 때까지 나는 더 이상 이것보다 더 만족스런 여행 방법을 알지 못한다.

지난 시절 선교사들이 사용한 다양한 여행 방법을 여기서 하나하나 나열하는 것은 흥미로운 일이겠으나 시간이 허락하질 않는다. 오랜 방법 중의 몇몇은 여전히 때때로 필수적으로 사용되고 있다.

3) 여행에서 보낸 날 수

시골 순회전도에 쓸 수 있는 또는 쓴 시간의 양은 매우 다양하고 그가 사역에 할당한 분량에 거의 달려있다. 그의 사역이 다만 순회전도에만 부과된 선교사는 이 나라에는 별로 없다. 그들은 대부분 그들이 머무는 지부 지역교회의 목사들이다. 그들은 대부분 그들의 시간을 성경공부반(사경회)이나 성경학원에서 가르치는 데 사용하거나 또는 학교들을 돌보고 선교지부의 재산을 관리하고 건물을 설계하거나 세우는 일, 셀수 없이 많은 각종 위원회에서 봉사하는데 보낸다. 이 모든 일들은 그렇지 않으면 시골에서 보내게 될 많은 시간을 소요하게 된다. 나는 집에서 떠나 6개월 이상을 시골에서 보내는 선교사는 그리 많지 않다고 생각한다. 4-5개월이 적절한 평균치일 것이다. 가족이 있다면 그렇게 많은 시간을 집에서 떠나 지낸다는 것이 힘들다. 그는 자기 지역의 업무를 담당해야할 것이다. 그래야만 그가 언젠가 집에 있을 때 그의 일을 대수롭지 않게 또는 가볍게 다룬다는 느낌을 갖지 않을 것이다. 결혼하여 가족이 있는 남자는 가족들에 대한 의무를 무시해서는 안 된다. 한 선교사의 아이에 대한 이야기를 들은 일이 있다. 어린 그 딸은 엄마가 말했던 어떤 날자를 기억해 내지 못하더라는 것이다. “왜 너는 엄마의 말을 기억하지 않니? 그것은 아빠가 집에 왔을 때야.” 그 이야기는 순회전도자의 한 어린 딸 아이가 울면서 그의 엄마에게 “엄마! 일요일에만 여기에 머무는 저 사람이 나를 때렸어”라고 말했다는 것을 생각나게 한다. 우리는 우리들의 아이들에게 의무가 있다. 그런 의무들 가운데 하나는 그들이 우리와 사귀게 하는 것이고 그들을 하나님과 교회를 섬기도록 훈련하는 일이다. 요컨대, 순회전도자는 그가 할 수 있는 만큼 많은 시간을 시골에서 보내고, 또 그의 다른 의무들도 충족시켜야 한다.

4) 한 교회에 주어진 시간

한 순회전도 여행에서 어느 특정의 교회에 주어질 수 있는 시간은 여행목적에 따라 다양하다. 특정 시간에 방문해야 할 교회의 숫자 그리고 회중의 크기에 따라서 달라진다. 어떤 선교사들은 다만 한 작은 모임 집단에 대한 통찰력을 갖는다. 그러므로 자주 그곳을 방문하고 교회와 긴 시간을 보낸다. 그렇지 않으면 가능할 수 있는 것보다 더 많은 시간을 보내는 것이다. 많은 선교사들은 한편 많은 수의 모임이나 교회를 책임지기도 하는데, 50에서 75 또는 심지어 더 이상의 장소를 담당하고 있다. 이런 경우에는 많은 시간을 어느 특정 교회에 할당할 수 없다. 한 교회에 통상적으로 하루를 쓰는 대신에 하루에 두 세군데 교회를 다녀야만 한다. 이것은 참으로 후회스런 일이었다. 적어도 보통의 교회에 하루 종일을 할당해야 한다. 집회 규모가 크면 거기에는 해야 할 많은 분과별 일들이 있다. 이를테면 학습이나 세례를 받고자 하는 많은 수의 신자들에 대한 문답 등이 있기 때문이다. 이런 경우 하루로서는 부족하다. 충분한 시간이 그 일을 완전히 끝내는데 허용되어야 한다. 느슨한 방식은 안 된다. 만일 방문의 목적이 사경회를 열기 위한 것이라면 그 때는 물론 한 주일 또는 그 이상의 그 일에 시간을 할당해야 한다. 이것은 사람들과 사귐을 갖는데 탁월한 기회를 가능하게 하며 그들에게 진정한 도움이 된다.

5) 교회방문 때 해야 할 일

교회를 방문할 때 해야 할 일은 집회의 규모에 따라 달라지지 않는다. 큰 규모의 집회에서 해야 할 일을 하는데 시간이 많이 걸린다. 그러나 해야 할 일의 숫자는 꽤나 통상적인 요소이다. 남들을 위한 규칙들을 입안하려고 노력하는 것이 아니라면 내가 어느 특정의 교회를 방문했을 때 완성하려고 노력하는 약간의 일들을 간략하게 제시해보겠다. 먼저, 나는 사무원들을 만나서 그들과 함께 그 교회의 여러 조건 환경들, 영적인 것과 재정적인 것 둘 다에 대하여 이야기를 나눈다. 나는 등록 명부를 가지고 한 사람 한 사람 이름을 부르고 가능한 한 많이 그 집회에 나오는 모든 회원들의 현재 상태를 확인한다. 만일 누군가 이사 간 사람이 있으면 우리는 그들을 이명처리 한다. 만일 기독교인이 다른 교회로부터 이주해 들어오면 우리는 그들의 이름을 기록하고 공적인 예배 때에 그 사실을 공표한다. 이 등록명부에 대한 조사는 누가 태만한지 누가 누가 교회의 훈련을 필요로 하는지를 알게 한다. 그러면 우리는 나태한 사람에게 가서 그들을 권면한다. 필요한 훈련이 무엇인지를 여기서 결정한다. 학습이나 세례를 위한 문답을 해야 할 사람이 있으면 그들을 불러들여 문답을 한다. 우리는 다음 해를 위해 일할 사람을 지명하거나 선출하거나 세우는 일을 위해 정리한다. 그리고 나는 형제들 가운데 한 두 사람을 취하여 병자와 낙심한 사람 어떤 이유로든 나태한 사람들에게 찾아간다. 만일 시간이 허락한다면 나는 교회의 모든 가정을 방문하는 것보다 더 좋은 것은 없다고 생각한다. 이것이 사람들과 잘 사귀는 가장 좋은 기회이고 방법이다. 주일 오후는 교인들을 교회에 나오지 않는 불신자들에게 복음을 전하게 하는 데로 끌어갈 수 있는 가장 좋은 시간이다. 교회에 나오지 않으려는 사람들이 많은 사람들이 그렇게 해서 결심을 하고 주일 오후저녁예배에 나오곤 했다. 위에서 언급한 일들은 공적인 예배 또는 개최될 예배를 위하여 준비할 모든 것이다. 주중 방문에는 대체로 저녁에 오직 한 번의 예배를 인도한다. 주일에 우리는 아침, 오후, 저녁, 이렇게 세 번 예배를 드리는데, 가능한 한 이른 저녁에는 기도회를 갖는다.

만일 교회와 연결된 학교가 있다면 학교 운영위원들을 만날 필요가 있다. 학교 관련 문제를 상의해야 한다. 이것에 더하여, 조사들 또는 전도자나 다른 주요 인사들을 위한 봉급 책정의 필요성도 종종 생긴다.

항상 할 수 있고 또 더 많이 성취될 수 있었다고 생각되는 것들이 많이 있다.

순회전도자의 삶은 쉽지 않다. 그의 일정 계획은 종종 몇 달 전에 이루어져야 한다. 그 일정을 지킨다는 것은 형언할 수 없는 힘든 길을 걸어야 하고 모든 종류의 날씨 속에서 밤낮으로 여행을 해야 한다는 것을 의미한다. 그러나 그것은 그것 나름의 보상이 있다. 그 보상은 (가) 누군가 주의 발자취를 따르고 있다는 것, 선을 행하기 위하여 갔다는 것을 아는 지식에서, (나) 우리가 노력한 그 사람들이 보이는 감사에서, (다) 그리스도가 그들 속에서 그들의 삶이 악의 세력에 굴복하던 데서 믿음에 순종하는 삶으로 바뀌도록 역사하심을 보는 데서, (라) 우리가 주께서 기쁘게 그 자신의 것을 요구하러 오시도록 마치 신랑을 기다리는 신부들의 준비 속에 우리가 한 부분을 차지한다는 것을 의식하는 데서 찾을 수 있다.

9. 평양 숭실대학의 전도회

KMF 10권 7호(1915. 7)

여러 해 동안 평양 합성숭실대학에는 전도회가 있었다. 이 전도회는 본래 구성원 중 일부 학생들에게 한국 사람을 대상으로 복음을 전하는 일에 관심을 촉진시키기 위해, 또 복음전파에 있어서 실천적인 지침을 주기 위해 조직된 것이다.

초창기부터 지금까지 전도회의 회의와 사역에 눈에 띄게 큰 관심이 지속되고 있다. 학생들 중 자원하는 사람만이 전도회의 회원이 되었지만 학생들 거의 대부분이 협회의 구성원이었다. 정기 월례회가 있었는데, 보통 그 주의 주간 기도 모임을 대신하여 모였다. 월례회에서는 전도회가 진행하고 있는 사역들 중 관심 있는 사항들에 대한 보고가 있었고, 그 사역을 위해서 기도하였다.

전도회는 여러 방면에서 활동을 계속해왔다. 몇 년 동안 협회는 한국의 남서쪽 제주도에서 사역하는 전도사 한 명을 후원해왔는데, 그는 전도회에서 활동했던 사람이었다. 그는 주로 외국인 선교지역에서 사역했는데 매우 잘 하였다. 그는 한국장로회총회로부터 후원을 받는 전도사들과 함께 일했다. 이후에 그는 고향으로 돌아왔고 전도회에서는 그를 복음이 전파되지 않은 제주도의 한 지역으로 멀리 파송하였는데, 지금도 계속 그 지역의 목사로 사역하고 있다.

비록 그는 바다 건너 먼 지역으로 복음을 전하기 위해 떠났지만, 학생들은 먼 거리에 구애받지 않고 자신들을 대신하여 복음을 전하고 있는 그 전도사에게 계속해서 후원금을 보내고 있다. 또한 학생들은 이곳 평양과 주변 지역에 복음을 전할 기회를 늘리기 위한 방안을 모색하고 있다. 주일 오후가 되면 으레 학생들은 무리를 지어서 사람들이 모여 있는 도시의 거리로 가서 복음을 전한다. 그들은 주일학교에서 가르치고, 인근에 있는 시골교회로 가서 예배를 드리면서 그곳 신자들의 교화와 영적 성장을 돕는다.

올 겨울과 봄에 전도회의 회원들은 단체로 도시에 있는 각 교회들을 방문하여 예배에 참석했다. 그들은 예배가 시작되기 전 이른 아침에 교회가 있는 지역으로 가서 거리에서 복음을 전하였고 집집마다 돌아다니며 불신자들을 그날 예배에 참석하도록 초청하였다. 그러고 나서 그들은 그날 예배의 주일 설교를 맡아 한 명 혹은 몇 명의 남학생들이 설교를 하였고, 나머지 학생들은 찬양을 인도하거나 개인별로 맡은 역할을 보조해 주었다. 이런 방식으로 그들은 자신들의 영향력이 아주 크다는 것을 느끼게 되었고 각 교회들은 큰 도움과 많은 감화를 받게 되었다.

또 그들은 돈을 모아서 겨울방학 동안에 시골 마을을 두루 다니며 전도여행을 떠날 지원자들을 파송하였다. 전도여행은 보통 두 사람씩 짝을 지어 함께 다녔는데 전도회는 그들에게 필요한 여행 경비만큼의 돈을 지급해주었다. 이러한 학생들의 노력을 통해 시골 교회에는 많은 새 신자들이 늘어나게 되었다.[89]

89) 이상은 임지훈이 초역하였고 곽신환이 수정 보완하였다.

10. 학교교사와 복음사역의 관계

KMF 12권 7호(1916. 7)

선교사역을 전도·교육·의료 이 세 가지로 분류하는 것은 오래된 것이며 트라이앵글의 세면을 강조하는 편리한 방법이다. 트라이앵글의 모양에 대하여 언제나 상이한 의견이 있다. 어떤 사람은 세 면이 똑 같아야 한다고 주장하고 어떤 사람은 똑같은 길이의 다리를 갖고 하나의 긴 밑변을 가진 것이 올바른 트라이앵글이라고 주장한다. 여전히 다른 사람들은 세변이 모두 달라야 하고, 그들의 특별한 노력 분야에 의하여 대변되는 면이 긴 변을 나타낸다고 하며, 그것이 전도이든 교육이든 의료이든 상관없다고 한다. 개인적으로 나는 두 번째 의견을 지지한다. 같은 각을 지닌 두 개의 같은 다리를 가진 트라이앵글이 의료와 교육을 나타내고, 직각삼각형의 빗변은 마땅히 복음전도를 대변하여야 한다는 것이다. 두 다리는 트라이앵글을 형성하는데 필수적이다. 밑변의 길이는 다리의 길이에 달려 있다. 그들 사이에 특정의 비율이 있다. 그러나 동시에 의료와 교육의 다리들을 가치 있는 조력자로 보는 것에 대하여 나는 항상 그들이 절대적으로 필수적인 것은 아니라는 의견을 갖고 있다. 나는 그들이 교회가 지속되고 세계를 복음화한다면 그들은 폐기될 수 있다고 믿는다.

물론 대답은 세 기관은 복음 전파를 위한 대리인들이고 가장 핵심적이고 지배적인 것은 복음 전파라는 목적에 의하여 설립되었다는 것이다. 그것은 사실이다. 교회 기관으로서 그 존재에 대한 유일한 정당성이다. 정부는 의료와 교육 사업을 할 수 있다. 그것이 이 사역이 이루어져야 하는 장소이다. 만일 이들 공적인 기관을 지배하는 정신이 기독교적이라면 그때 그곳에는 교회가 더 이상 그 일을 하는데 노력과 재정을 들일 필요가 없을 것이다.

서론으로서 이정도하면 기독교 사역에 대한 교사의 관계가 보다 분명해진다. 그것은 돕는 일이다. 리더십을 훈련하거나 육성하는 일이다. 그의 사역은 감성보다는 지성에 더 관련을 가져야 한다. 전도자의 사역은 사람들로 하여금 그리스도를 받아 들이도록 그들의 의지를 움직이는 것이다. 그들로 하여금 살아 계시는 구주와 의식적인 관련을 갖게 하는 것인데 그리하면 그들이 새로운 영적인 생활에 참여하게 될 것이다. 이러한 자료를 취하여 지성적인 기초에 제공하는 것은 교사의 일이다. 만일 그 수용된 신앙이 항구적인 것이 되게 하려면 의지의 결단은 지성적이고 합리적인 이해에 의하여 보완되어야 한다. 그런 노선을 따라 가는 것이, 내가 생각하기로는, 교사의 역할이다. 그렇기에 교사는 현재보다는 미래를 위하여 일한다. 그의 사역의 결과는 따라서 언제나 즉각 외형적으로 드러나는 것이 아니라 그가 가르치고 있는 사람들의 삶의 전반을 통하여 훗날 드러나게 될 것이다.

왕국(하나님 나라)에서 일할 미래의 사역자들에 대한 훈련은 중요하지 않은 일이 아니다. 예수는 그것의 필요성을 인정했다. 만일 그의 사역이 세상에 항구적으로 유용한 것이 된다면, 그와 그의 메시지와 그의 정신을 이해하고 그가 부여했을 지성적인 방식으로 그 일을 수행할 수 있는 작은 일꾼들의 모임을 훈련시키는 일은 필수적인 것이 될 것이다. 그러므로 그가 그의 선교를 시작한 이후 행한 첫 번째 일은 그와 함께 그의 모든 사역에서 함께 일할 사람들을 하나의 사도라는 작은 그룹 밴드 아래 불러 모으는 일이었다. 3년 동안 그들에게 그의 정신을 심는 일 뿐만 아니라 그가 선포하는 원리들과 그의 삶, 사역, 죽음이 구속의 계획과의 관련성 등에 대한 지성적 이해를 제공하는 각종 기회를 활용하였다. 인간의 관점에서 보면 그 훈련이 없다면 그의 선교는 아무런 열매를 거두지 못했을 것이며, 기독교는 세상에서 거의 기억되지 못했을 것이다. 그러므로 그같이 훈련된 사람들은 어디든지 가서 복음을 전했고, 세상 많은 나라 여러 곳에 나가. 그곳에서 그리도 빨리 교회를 세울 만한, 안정되고 단단한 기초를 세웠다. 바울은 이 멤버에 속할 것이다. 왜냐하면 그가 비록 예수의 발 아래 앉았던 12사도에 속하지는 않았지만 그는 많이 배운 큰 학자이고, 그의 배움에 신성한 계시가 더해졌을 때 그는 전적으로 그에게 부과된 일을 하기에 충분한 지성적이고 또 영적으로 완전하게 갖추어진 사람이다.

많은 기독교인들은 신앙이 좋다. 그러나 매우 좁고 얕은 근거에 의존한다. 그들의 신앙을 방어할 필요가 있거나 그러한 신념을 지닌 이유를 대라고 하면 그들이 말할 수 있는 대부분은 그들 아버지의 믿음이다. 많은 사람들의 믿음은 마치 그들의 재산과 같이 유산으로 그들에게 온다. 그것에 대한 그들의 유일한 요청은 합법적이다. 그 자신의 의로운 노력에 의하여 재산을 축적한 사람들은 모든 사람에게 칭찬받는다. 그래서 기독교인들은 그의 믿음에 대한 지성적 사상을 부여할 수 있는 기독교인들, 또 기독교의 큰 근본에 있어서 그가 믿는 이유를 말할 수 있는 기독교인들은 그의 믿음에 대한 적절한 권리를 갖고 있으며, 그들은 단지 당연한 일처럼 여기거나 또는 그것이 더 적절하고 그렇게 하는 것이 더 멋있다는 이유 때문에 이를 진리로 받아들이는 많은 사람들보다 교회에 더 큰 재산이며 믿음의 이유가 된다.

만일 이와 같이 신앙의 근거를 제시할 수 있도록 훈련시킬 수 있다면 그는 행복하다. 그의 목소리는 거리에서 들리지 않을지라도 세대를 거치면서 계속하여 들릴 것이다. 그는 죽어서도 말할 것이다. 그의 현재의 영향력은 한계가 있겠지만 그것은 교회의 미래 지도자들에게서 다시 산출될 것이며 확장된 데로 나아갈 것이다.

교실에서 학문의 이론을 배우는 것은 학생들에게 필수적이다. 뿐만 아니라 학생들은 실험실로 가야할 것이며 또한 배운 이론을 실제적 실험 속에서 수행하여야 한다. 실험실에서의 작업은 그의 훈련에 있어서 가장 기본적인 부분이다. 기독교적 일꾼이 되기를 준비하는 데 있어서 교실에서의 이론적 교육뿐만 아니라 거기서 배운 이론들을 실제적으로 테스트 하는 것이 필요하다.

여기에 다시 선생들을 위한 넓은 영역이 있다. 그는 이론을 가르치는 것만큼이나 실험을 지도하고 이끌 수 있어야 한다. 그러므로 선생은 그의 보호 아래 있는 학생들이 실제적으로 어떤 형태든 기독교적인 노력을 하고 있음을 보아야 한다. 사실상 그런 노력을 할 수 있는 많은 기회가 있다.

이러한 노선에 따라 가능한 예로 평양의 숭실대학과 숭실중학의 학생들에 의하여 수행된 일을 얼마간 간략하게 말하는 것을 달가와 하지 않을 필요는 없을 것이다. 그들의 활동은 여러 방향이다. 학생회의 상당한 비중을 차지하는 학교 안에 전도회가 있다. 그들은 주일에는 거리로 나가 지나가는 많은 사람들에게 전도를 한다. 그들은 도시 안에 있는 그리고 인근 도시에 있는 교회의 주일학교에서 가르친다. 어떤 경우에는 강단에서 설교를 하기도 한다. 그것을 매우 힘 있게 행한다. 그들은 다양한 교회에서 노래한다. 보통 그들은 교회에서 가장 잘 훈련된 성악가들이다. 휴일에는 그들은 둘씩둘씩 주 말을 보내기 위해서 밖으로 나간다. 또는 불신자들에게 전도하기 위하여 또는 교회에서 부흥회를 인도하기 위하여 나간다. 최근의 휴가 동안에는 많은 둘씩 묶은 팀들이 여러 다양한 시골교회로 가서 한주 이상의 모임을 개최하기도 하였다. 어느 날 시골 사람을 위한 겨울사경회 기간 동안 우리 시골 경내에 있는 모든 곳에서 모여든 100여명 이상의 수강생이 있었는데, 한 시간은 이들 학생들의 보고를 들었다. 그것은 매우 도움이 되었고 고무적인 시간이었다. 그들이 가는 곳마다 교회는 부흥되었고, 새로운 많은 새신자들이 주께 헌신하기로 결심하였다. 나는 그 모임은 청중들에게 많은 감동을 주었고, 그들로 하여금 팀을 이루어 수행하는 교육이 홀로 버티는 이들 요소들의 어느 것보다 훨씬 우월하다고 여기게 하였다. 그런 학생들을 훈련시킬 수 있는 선생들은 그들의 상급을 받기 위하여 여러 해를 기다릴 필요가 없다. 오히려 그들 스스로가 씨를 뿌리는 사람과 수확하는 사람이 될지 모른다. 그러면 그들은교회를 돕는 자로서 그들의 기능을 충족하게 된다.

11. 조선에서의 주말 방문

KMF 13권 3호(1917. 3)

미국과 그밖의 지역의 세련된 사람들은 주일을 보내기 위하여 시골을 방문하였다가 월요일 일과를 시작하기 위하여 시간 맞춰 돌아오는 일이 매우 적절한 일이라는 것을 알고 있다. 나는 멋진 사교집단에 속하는 긴장감은 없다. 자주 주말 방문을 하는데, 비록 일반적인 말이지만 나는 보통 그것을 '주일을 낀 여행'이라고 말한다.

한 주간의 나의 일은 매일 같이 많은 시간을 대학교에서 강의하는 것이다. 만일 내가 미국에서 살고 있다면 나는 교수라는 칭호를 받을 것이지만 우리는 여기서는 그냥 평범한 시민이며, 그냥 오래된 좋은 칭호인 미스터 곧 선생으로 불리는 것을 더 좋아한다. 한국인들은 '씨'라는 호칭보다는 다소 다른 칭호로 불리길 원하는데 그것은 그가 사무실을 얻었을 때 주어지며 그 때 그 신분이 확정된다.

우리의 주제인 주말로 돌아가자. 나의 이러한 여행에 당신은 나와 동참할 의사가 있는가? 우리가 함께 이런 여행을 하고 있다고 가정해 보자! 그리고 만일 당신이 꺼리지 않는다면, 나는 모든 것을 다 말하겠다.

주말을 낀 여행에서 준비해야 할 것들 중에 첫 번째로 필요한 것은 음식 상자와 침구이다. 나는 한국 음식을 좋아한다. 내가 방문하고자 하는 한국인 교우들의 환대를 받는 것을 기쁘게 생각한다. 그러나 나는 아내가 있고 그녀는 내가 한국 음식에만 의존해서는 안 되며 서양 음식을 얼마간은 가져가야 한다고 주장한다. 그러므로 음식 상자를 준비해야 한다. 한국인들은 침대를 사용하지 않고 바로 방 바닥에서 잔다. 그래서 우리는 접이식 간이 침대를 가져야 한다고 생각한다. 계절이 그것을 권하게 된다. 우리 집으로부터 2

마일 정도 떨어진 곳에 있는 역까지 이 모든 짐들을 한 사람이 운반해 준다. 만일 날씨가 좋다면 나는 자전거를 타고 간다. 급행열차는 오후 1시 50분에 평양서 출발한다. 우리가 가고자 하는 황주까지는 한 시간 정도 걸린다. 열차 체계는 미국과 달리 유럽식이다. 말하자면 1,2,3등 칸이 있다. 여행하는 사람들의 주머니 사정에 따라 다양한 계층의 신분에 따라 다른 것이다. 3등칸은 항상 한국인과 일본인들, 그리고 담배 연기로 꽉 찬다. 그래서 나는 3등칸을 피한다. 왜냐하면 나는 다른 사람들의 담배 연기를 마시는 것을 원치 않을 뿐만 아니라 안락한 좌석을 좋아 하기 때문이다. 일등석은 비싸다. 대체로 비어 있는 이등석의 칸막이 방을 사용한다. 거기는 썩 괜찮은, 그리고 안락한 의자에 앉을 수 있을 뿐 아니라 담배 연기가 거의 없다.

황주에 도착하면 우리가 가려는 긴골교회[90]에서 나온 교우들 두세 사람을 열차역에서 만난다. 그들의 교회건물은 평지로부터 5마일 떨어진 언덕의 능선 꼭대기에 서 있다. 마을은 그 건너편에 있는데 기차역에서는 보이지 않는다. 그러나 교회당은 몇 마일 떨어진 곳에서도 보이도록 뚜렷한 랜드 마크처럼 서있다.

이들 형제를 소개하겠다. 이 작고 몸집이 빈약한 남자는 긴 갈색 코트를 입고 있는데 그가 안목사이다. 그는 지난 봄 신학교를 졸업하고 나와 협동목사의 자격을 얻어 긴골교회를 사역하고 있다. 다음 형제는 박장로이고 세 번째는 김집사이다. 몇몇 형제들은 항상 역까지 나를 마중 나온다. 그리고 내 짐을 등에 지고 교회까지 운반한다.

우리는 자전거를 타고 앞서 간다. 왜냐하면 가야 할 길의 앞 절반 부분은 일본인들이 닦아 놓은 좋은 상태의 길이지만 그 나머지는 전적으로 날씨에 달려있기 때문이다. 지난 번 이곳 여행 때, 발목까지 빠지는 진창길에서 헤매다가 결국 자전거를 내 등에 지고 2마일을 걸어 가기도 했다.

---

90) 황주군 영풍면 장천리에 있는 교회이다.

우리가 도착했을 때는 저녁이었고 맨 앞에 그들의 선생들과 함께 학교 학생들이 멀리까지 나와 맞았다. 그들은 줄을 서서 내가 지나갈 때 군인식으로 경례를 하였다. 그들 너머에 많은 형제들이 있는데 모두 나를 환영하기 위하여 나왔다. 그들은 예의 바르고 진중하게 나의 안부를 물었다.

나는 다다미 매트가 깔린 8×15 피트의 방으로 안내된다. 바닥은 부엌의 아궁이로부터 나오는 연기가 방 밑에 있는 구들 고래를 통과하면서 덥혀지는데, 연기는 방 바닥의 빈틈을 통하여 방으로 들어오기도 한다. 남은 연기는 건물의 가장 끝 땅 속에 있는 구멍인 굴뚝을 통하여 밖으로 배출된다.

나는 이내 교인등록부를 살펴보면서 지난 번 내가 방문한 이래 그 모임에 생긴 여건들을 살펴 보느라 바쁘다. 세례 후보자들을 불러 들이는데 한 번에 두 사람씩이다. 그들을 신앙과 윤리의 두 측면에서 세례 받기에 적합한지의 여부를 철저히 시험한다. 이 일 이전에 저녁식사가 있을 것이다. 나는 한국 음식을 나누기 위한 그들의 초대를 받아들인다. 1 피트 가량의 높이, 직경 15인치 정도 되는 작은 식탁이 내 앞에 놓인다. 그 식탁에는 내가 먹을 수 있는 분량의 두 배 내지 세 배 정도의 음식이 있다. 엄청나게 큰 쌀밥 그릇이 있고, 그 양은 보통 노동자가 충분히 배불리 먹을 수 있을 만큼이다. 그것 외에도 그 옆에 크고 평평한 수저과 함께 닭죽을 담은 그릇이 있다. 다른 작은 접시들 위에는 삶은 닭, 삶은 계란, 소금간을 한 생선, 김치, 약간의 새우, 그리고 두 세 개의 토속적인 음식들이 있다. 나는 숟가락으로 밥을 먹는다. 젓가락으로 나머지 음식을 먹는다. 나는 젓가락을 다루는데 있어서 외국인으로서는 전문가 수준이다. 초대한 주인이 잘 준비한 만큼이나 한국 음식에 강렬한 인상을 주기 위해서는 평소보다 많이 먹는 것이 주인을 위해서 좋다. 그런 트릭을 배운 사람에게는 그 식사는 즐길 만하다. 주인은 음식을 차린 것이 별것 없다고 양해를 구한다. 그리고 내가 그렇게 조금 먹은 것을 비통해 한다. 비록 한 주일 이상 버틸 만큼 내가 충분히 먹었을지라도 주인은 그리한다.

주일 아침이 되었다. 미국산 종 소리가 사람들을 교회로 불러 모은다. 그들의 요청에 따라 나는 주일학교에서 가르친다. 통상 분반으로 공부하던 것이 그날은 합반으로 운영된다. 교회 예배는 오후 2시경에 끝난다. 나는 설교를 하고 어른과 아이들에게 세례를 베풀고 안 목사는 다른 사람들에게 그리한다. 공동예배가 행하여지고 나면 모든 예배가 끝난다. 외국인 선교사를 구경하기 위하여 인근 교회에서 온 사람들을 포함해서 약 300명이 참석했다.

예배 후에는 한두 명의 장로들과 나는 병자나 다른 집회 참석자들을 방문하거나 또는 불신자들에게 전도를 하러 간다. 저녁에는 또 다른 예배가 있다. 나는 다시 말씀을 전한다. 그 후에는 교회 책임자들과 논의할 것들이 있다. 그들은 자리에서 일어날 것을 결코 서두르지 않기에 매우 늦은 시간에 모임이 파한다. 최종적으로 내 간이침대를 펼칠 때, 내가 잠을 잘 것인지 말 것인지는 낮 시간에 내 잠옷에 빈대 벼룩들이 침투했느냐 않았느냐에 달려 있다. 이 물것들은 통상적으로 출현한다. 나는 아침을 기다리며 안식 없는 밤을 보낸다. 내일은 내 집으로 돌아가 내 침대에서 일찍 잠을 잘 것이고, 다음 날 아침 아기가 일찍 나를 깨우지 않은 한 아침 6시까지는 푹 잘 것이라는 기대로 나를 위로한다.

먼동이 트자 나는 일어나 준비하고 아침식사를 하고 기차역으로 돌아가 화물과 승객을 함께 나르는 열차를 탄다. 이 기차는 3등칸 밖에 없는데 이 차를 타야 제 시간에 숭실대학의 강의시간에 댈 수 있다.

우리의 주말 방문 이야기는 이제 종점에 왔다. 나는 내가 즐긴 만큼 여러분들이 주말 교회 방문을 즐기기를 기대한다. 그것은 힘들지만 즐겁다. 사람들에 대한 감사, 은혜와 지식 속에서 성장하는 신자들과 왕국(하나님 나라)에로 태어난 죄인들을 보는 특권, 이 같은 것들이 그 노동에 대한 충분한 보상이 된다.

12. 교회 돌보기

KMF 13권 8호(1917. 8)

승실대학에서 내가 맡은 일은 나를 주중에 집에 꽁꽁 묶어 둔다. 그러나 토요일에 나는 종종 시골에 가서 나의 교회들 중의 하나와 함께 주일을 보내고 월요일 아침 일찍 기차를 타고 내 수업 시간에 맞추어 돌아 온다. 그리고 또 학교가 방학을 하면 나는 대체로 한 주일 또는 그 이상의 기간을, 주말 여행 때는 갈 수 없는 보다 먼 곳의 모임들을 방문하는 여행을 하곤 하였다.

최근 대학의 봄 휴가 기간 동안 금년 나의 관할 아래 있는 시골에 있는 25개의 교회 가운데 다섯 교회를 방문하여 한 주간을 보내는 특권을 누렸다. 이것은 평소 내가 했던 것의 두 배나 되는 숫자인데, 금년에는 그럴 필요성이 생겨 그렇게 하였다. 왜냐하면 지부 회원들 가운데 한 사람의 휴가 때문이었다.

이번에 내가 방문하는 이들 다섯 군데의 모임은 규모가 작고 약하며 황주군의 동쪽에 있다. 그곳은 나의 처음 여행이다. 이는 선교사가 그들 모임의 하나를 방문한 첫 번째가 된다. 이 특별한 모임은, 그 이름이 폭쿠비(Pok-koo-bi)[91] 인데 황주의 교회들이 결성하고 지원하는 선교회의 노력에 의하여 출범하였다. 그들은 성실한 전도자를 1년 또는 2년 전에 그 지역에 파송했다. 이 모임은 20명 또는 그 이상의 기독교인으로 구성되어 있는데, 이는 그가 노력한 결과이다. 전도자는 그의 가족과 함께 그곳으로 이사했다. 그는 그곳과 인근 지역에서 복음을 전하는 것에 그의 모든 시간을 바쳤다. 그는 아주 어려운 명제를 발견했다. 그 지역의 사람들이 그들의 보수성으로, 또 오랜 전통적인 의식과 미신에 매우 헌신적인 것으로 소문이 나 있었다. 그러나 그 형제가 전하는 순수한 복음의 빛은 그 장벽을 뚫고 점차로 그들의 어

91) 편하설이 Pok-koo-bi로 표기한 이 단체의 한글이름이 혹 복구비(復舊費)가 아닌지 모르겠다.

두운 마음에 침투하였다.

우리는 주일을 보내기 위하여 덕모루[92)]로 갔다. 이곳은 매우 중요한 시장이다. 이 군에서 장이 서는 날은 국가가 정한 것이다. 장 마당은 5일마다 열리는데, 상품을 교환하기 위하여 주변의 많은 사람들이 상당히 많이 몰려든다. 많은 상인들이 이 시장에 참석하는 것을 그들의 정규 사업으로 삼는다. 어떤 사람들은 짐을 등에 지고 온다. 어떤 사람들은 당나귀로 짐을 운반한다. 그들은 한두 장의 돗자리를 땅바닥에 깔고 이 돗자리에 그들의 상품을 진열하고, 그 상품들 한 가운데 다리를 교차하여 앉아서(양반다리) 대체로 그들의 입에 긴 담뱃대를 물고 있다. 그것은 대단히 활기찬 풍경이고, 또 참으로 아시아적이다.

매 다섯 번째 되는 날이 장이 서는 날이기에 대체로 한 달에 한 번은 주일날 장이 서게 된다. 장날 기독교인들은 상점문을 닫고 주일을 지켜야 한다는 것은 한국교회의 매우 엄격한 규칙이다. 우리는 30명 이상의 회원들이 있는 이 모임의 대부분의 회원들이 주일에 시장을 엶으로써 얻을 수 있는 이익의 유혹을 이기지 못했다는 것을 알았다. 그들은 그들이 처음 믿기 시작했을 때 출발을 잘못하였던 것이다. 그리고 관습이 그들에게 깊은 뿌리를 내리고 있었다. 많은 사람들의 양심이 그런 행위를 정죄하고 있었고, 그들은 평안하지 못했다.

이번이 그들에 대한 나의 첫 번째 방문이다. 이 사실을 들었을 때 깊은 관심을 가졌다. 거기에는 오직 한 가지 일이 있을 뿐이다. 그것은 이런 관습을 깨뜨리는 것이며 어떤 망서림도 없이 사람들이 그들의 하나님에 대한 의무를 이행하도록 노력하게 하는 것이다. 그래서 토요일 오후에 우리가 도착한 다음 조사와 나는 사람들을 불러 들였는데 어떤 경우는 가족 단위로 어떤 경우는 개인적으로 불러서 그들에게 우리가 그들의 행위에 대하여 생각하는

92) 황주군 구락면 덕우리(德隅里)이다. 1910년에 교회가 설립되었고, 1918부터 편하설 선교사가 시무하였다.

것, 또 그들의 죄를 회개할 필요성과 주님께서 거룩하게 하신 주일을 거룩하게 지킬 것을 말했다. 한 사람 한 사람 그들은 모두 주일을 지킬 것을 동의하였으며, 물질적 손실을 감수하겠다고 했다. 그러나 두 젊은이가 이런 결정을 하기까지 매우 힘들었다. 나는 그들과 오래 동안 씨름했지만 결심을 이끌어 내지 못했다. 그들은 모두 젊고 총명한 상인이었다. 두 사람의 집은 모두 시장을 바라보는 목 좋은 곳이었다. 그들 중의 하나는 그 교회의 집사였다. 나는 그들에게 집으로 가서 그 문제에 대하여 생각하고 진실하게 기도하라고 했다. 다음날 아침 그들이 어떤 결론에 도달했는지 알려달라고 했다. 나의 조사는 나에게 만일 그들이 승복하지 않으면 어떻게 할 것인지를 물었다. 나는 그의 집사직을 박탈하고 둘 다 훈련 과정에 두겠다고 했다. 우리는 밤새 그들에 대하여 깊은 관심을 가졌다. 그들을 위하여 특별 기도를 하였다.

아침에 나는 그들을 내 앞으로 오게 하고 그 문제를 어떻게 결정했는지를 물었다. 우리가 그 두 사람으로부터 이제까지의 죄된 관습을 버리고 주일을 거룩하게 지키기로 결심했다는 말을 들었을 때 우리가 얼마나 행복했을 지를 상상해 보라! 나는 만일 그들이 그들의 결심에 신실하다면 그들은 참으로 위대한 도덕적 승리를 거둔 것이라고 느꼈다. 다음 주일은 시장이 서는 날인데 곧 그들의 결심을 시험할 기회를 갖게 될 것이다. 우리가 그곳을 떠난 다음 두 주일이 지났고 나는 지난 주일 덕모루에서 온 조사를 만났고 그에게 그곳 상황에 대하여 묻기까지는 그곳으로부터 아무런 소식도 듣지 못했다. 그가 최근 그곳을 다시 방문했는데 이 두 젊은이를 제외하면 모든 기독교인들이 그들의 결심에 신실하게 주일을 지켰다. 두 젊은이는 나에게 약속했음에도 불구하고 그 다음 주일날 상점을 열었다고 한다. 이와 같이 어떤 좋은 견고한 훈련을 하는 것은 필요하다. 이 두 젊은이가 빛의 세계로 나아오기를 그리고 그들이 옳다고 믿는 것을 기꺼이 실행하기를 나는 소망하고 기도한다.

위에서 언급한 곳에서 나는 지난 일 년 동안 조사를 위한 지원에 얼마나 기부했는지를 물었다. 그들은 겨우 1달러를 주었다고 했다. 물론 미국 돈 1달러는 한국인에게는 미국인의 10달러 정도 되는 것임을 기억해야 한다. 왜냐하면 한국 노동자의 통상 임금은 하루에 20센트이기 때문이다. 그러나 나는 그들이 그보다 더 많이 기부해야 한다고 생각한다. 토요일 저녁에 나는 회중에게 주일에 관한 두 주제 곧 거룩하게 지키는 것과 헌금을 하는 것, 특별히 십일조에 대하여 그들에게 말했다. 그 다음 날 아침 주일학교가 끝난 다음 나는 조사의 봉급에 대한 대책을 요구했다. 10달러 이상을 결정했다. 이것은 노동자의 한 달 봉급의 두 배이다. 그것은 아직도 그들이 헌금해야 할 것보다 아래이다. 그러나 그것은 전년도에 비하면 엄청 인상된 것이다. 내년에는 조사의 그 봉급액수가 크게 인상될 것을 나는 기대한다.

이것들은 우리가 방문하는 교회들에서 부딪히게 되는 문제들 가운데 일부이다. 순회전도하는 선교사들은 사도 바울이 "모든 교회를 돌보라"는 것에 대하여 말했을 때 그의 마음 상태를 꽤 잘 평가할 수 있다. 우리가 이 사람들을 그리스도에게 가까이 다가 가도록 돕는 데 기여할 수 있는 것은 무엇이든지, 그리고 그리스도 안에 있는 그들의 의무와 특권을 구현하는 일에 우리는 기쁘게 공헌한다.

13. 또 다른 25주년

KMF 14권 8호(1918. 8)

근래 조선에서 선교사들의 사역 25주년 기념행사가 점점 일반화되어 가고 있다. 지난 몇 년 동안 KMF는 25주년에 대하여 꽤 많이 언급하였다. 이 행사들은 앞으로 몇 년간 더 자주 계속될 것이다. 행사가 빈번해지자 식장의 축하객들은 귀빈이 되기 힘들어졌고, 따라서 행사가 인기가 없거나 관심을 덜 갖게 될 것이다. 우리들은 몇 분의 손님을 초청할 것이다. 우리 자신들이 부른 노래와 같이 우리들의 찬사를 듣게 할 것이다.

하지만 아직 그럴 정도는 아니다. 꼭 그렇게 되리라는 보장도 없다. 위에서 개괄한 바와 같은 예측되는 현상들이 가끔 빗나가는 경우가 있을 것이다.

기록될 만한 가치가 있는 최근의 25주년 기념 행사 가운데 또 하나가 평양에서 있었다. 광혜여원[93]의 책임을 맡고 있는 메리 커틀러 의사가 그 명예

---

93) 廣惠女院은 평양부인병원, 평양보구여관으로 불리기도 했다. 1894년에 설립되어 1923년에 폐원했다. 홀 부인(Rosetta Sherwood Hall) 이 설립자이며 감리교 여성병원이다. 평양의 의료선교는 미국 북감리회 선교사 홀(W. J. Hall) 부부에 의해 시작되었다. 홀은 1894년 봄에 부인과 어린 아들을 평양으로 이주시켰는데, 홀 부인은 여성 의료사업을 시작했다. 마침 일어난 청일전쟁에 그는 남편을 잃었다. 홀 부인은 미국으로 돌아가 친지, 동료, 독지가들의 협조를 얻어 남편을 기리는 병원의 설립을 추진하였다. 홀의 후임으로 평양에 부임한 폴웰(E. D. Follwell)이 1897년 '기홀병원(記忽病院, The Hall Memorial Hospital)'을 설립하였다. 홀을 기념하는 병원이라는 뜻이다. 홀 부인은 어린 두 자녀를 데리고 다시 평양으로 돌아와 1898년 6월 18일 해외여선교부 건물 한 편에 '광혜여원(廣惠女院, Women's Hospital of Extended Grace)'이라는 이름을 걸고 여성들을 위한 진료활동을 개시하였다. 광혜여원 개원과 함께 홀 부인은 그의 유복녀로 평양 정착 과정에서 병사한 어린 딸을 기리는 '에디스 마가렛 어린이 병동(Edith Margaret Children Wards)'을 1899년 신축하였다. 이 병동이 어린이 진료사업과 함께 한국 최초의 맹인학교가 시작되었다. 광혜여원은 1900년 박에스더가 합류하자 활기를 띠게 되었다. 박에스더는 활발한 의료선교와 전도 사업을 하다가 과중한 업무로 결핵을 앓다가 1910년 35세의 나이에 사망했다. 커틀러(M. M. Cutler)는 1893년 내한하여 서울의 여성병원 보구여관(保救女館)의 책임자로 20년간 활동하다가 평양으로 부임하였는데, 홀 부인과 함께 한국인 여의사 양성반을 개설하여 한국 여성이 한국 여성을 치료하는 길을 열기 위한 첫걸음을 내딛었다. 1918년 커틀러는 자신의 한국 선교 25주년을 기념하여 답지하는 후원성금으로 독립병동을 신축하였는데, 1층은 결핵환자를 위하여, 2층은 일반 입원환자용으로 사용되었다. 홀 부인은 1922년 커틀러에게 광혜여원을

를 받을 만한 사람이다.

의사 커틀러는 그녀의 조선에서의 처음 19년을 서울에서 보냈다. 거기서 그녀는 병든 여인들을 대상으로 하는 의료사역에 열정적이고 헌신적으로 일했다. 그곳에 있는 동안 그녀는 상당수의 졸업생을 배출한 간호사훈련학교 설립에 도움을 주었다. 그러나 졸업생들은 수백 년 동안 그렇게 많은 잘못된 치료 또는 오진에 굴복했던 그들의 자매들에게 필요한 많은 일을 한 그들의 선생들의 정신에서 벗어났다. 그 같은 기관을 설립하는데 주요 역할을 담당하는 것은 위대한 일이다. 여의사들과 간호사들은 이 땅에 그들 스스로 왔다. 올 해 광혜여원[The Hospital of Extended Grace]에는 관립의과대학 졸업생이 3명 있는데 그들은 이미 졸업했을 뿐만 아니라 이제 더 이상의 어떤 시험도 없이 임상 자격증을 딴 젊은 여성들이었다. 이들 세 명의 새 의사들은 커틀러 의사의 지도하에 훈련을 받았다. 하나는 커틀러 의사가 서울에 있을 때 간호훈련학교의 학생이었고, 다른 두 사람은 홀 의사의 부인과 커틀러 의사의 교육 아래서 평양에 있는 병원에서 의료 과정을 시작한 사람이다.

광혜여원은 평양에서 여성들만을 돌보는 유일한 병원이다. 서양에서 온 자매들의 헌신적 치료와 봉사에 한국여성들이 깊이 감사하고 있는 사실을 매일 병원 문 앞에 환자들이 몰려들어 길게 늘어선 줄이 증명하고 있다. 매년 200-300명의 입원환자들이 이 병원에서 치료를 받고 있으며, 약국에서는 매달 평균 500명 보다 적지 않은 사람이 처방을 받고 있다. 평균보다 12배에서 25배에 이른다. 그리고 의사 커틀러에게 진료를 받은 전체 환자 수는 참으로 감동적인 수치에 달한다.

이 도시의 한국인 기독교인이 소속 교파와 상관 없이 커틀러 의사의 도착 25주년 행사에 걸맞는 형식으로 축하하고자 한 것은 이런 정황에서이다. 축하행사는 감리교회에서 4월 30일에 개최되었다. 많은 군중이 몰려들었다.

인계하고 서울로 옮겨왔다. 1919년 북장로회선교부가 운영하던 제중병원은 기홀병원에 합병되었고, 1923년에는 광혜여원도 기홀연합병원에 연합하여 평양연합기독병원이 되었다.

도지사가 커틀러 의사의 명예와 이 나라에서 행한 그의 봉사에 대한 감사를 표하는 축사를 보내었다. 다른 관리들도 참석하여 하객들의 정서에 맞는 연설들을 하였다.

그런 경우 한국인들은 항상 감사를 표하는 데에서 일반적인 경우보다 더 관대하다. 그러나 커틀러 의사는 미리 계획한 선물들에 대하여 듣고는 그의 진정한 겸손에 맞게 그녀에게 어떤 선물도 하지 말고 다만 그녀가 오랫동안 마음에 품었던 병동 건설에 쓰일 기금을 내고자 한다면 어떤 것이든 받겠다고 하였다. 새 병동의 아랫층은 결핵환자들을 위하여 쓰일 것이고, 윗층은 일반 환자를 위해 쓸 것이라고 했다. 한국인들은 그 제안을 받아들였고, 그들의 낸 선물은 다른 외국인 친구들 것과 합하여 총액 375엔에 달했다. 이 병동이 완성되었을 때 이 병원을 찾아온 환자들에게 또 하나의 치료와 축복의 수단이 될 것이다.

외국인 공동체의 여성들과 아이들은 커틀러 의사에게 감사해야 할 이유들이 많다. 왜냐하면 많은 가치 있는 의료봉사들이 이루어졌기 때문이다. 그녀의 모든 친구들은 그녀의 50주년 기념 행사가 이곳에서 성대하게 열리기를 기대한다.

14. 한 한국인의 환갑

KMF 15권2호(1919. 2)

모든 민족은 다른 나라와 민족들과 대조를 이루게 되는 그들 특유의 삶의 제도와 관습과 양식을 갖고 있다. 모든 동양인들의 삶은 많은 관점에서 비슷하지만 각각 그 특유의 관습을 갖고 있다. 중국여행으로부터 돌아온 한국인들은 그의 친구들에게 잘 차린 음식을 대접하면서 거기서 목격한 중국인의 이상한 관습들을 몇 시간씩 이야기하곤 한다.

동양의 제도 가운데 서양인들에게 낯선 것의 하나는 시간을 인식하는 방식이다. 사실상 시간을 인식하는 두 가지 방식이 있다. 둘 다 현재 사용되고 있다. 하나의 방식은 통치하는 왕조의 연대에 따라 시간을 인식하는 것이다. 그래서 새로운 통치에 들어 간다는 것은 카렌다가 바뀌는 것을 뜻한다. 모든 이어지는 시간은 그의 죽음 때까지 또는 그렇고 그런 통치자 가문의 연도를 제거할 때까지이다. 예를 들면 올 해 1918년은 대정(大正) 7년 째 해이다. 대정이란 말은 일본 황실의 현재 통치자의 이름이다. 동양인들이 그 같은 시스템으로 지난 시간을 계산하고 있는데 이 방식을 이해할 수 있는 외국인은 거의 없다.

또 다른 방법은 시간을 60년을 한 사이클로 나누는 것인데, 하나의 사이클에서 각각의 해는 그 고유한 이름을 갖는다. 이 사이클의 첫 번째 해는 갑자(甲子)라고 불리며 전체 사이클은 환갑(還甲)이라고 불리거나 또는 한 사이클이 끝난다고 한다. 올 해는 무오(戊午)년이다. 한 사이클의 55번째 해이다. 그러므로 1923년에 이 사이클이 끝나게 된다.

한 사람이 61번째 생일이 되면 그는 환갑을 지났다고 한다. 환갑이 지났다고 하는 것은 한국인의 삶에서 매우 중요한 사건이다. 그의 삶에는 세 가지 중요한 사건이 있는데, 이 때에는 특별한 축하를 해야 하고 성대한 잔치를 벌이거나 많은 돈을 지출하거나 또는 둘 다 해야 한다. 이들 사건은 결혼, 환갑과 죽음이다. 이런 사건들에 대한 전통적인 그리고 고유한 준수가 많은 한국인을 빈곤하게 만들었다. 관습은 이런 경우 냉혹하다. 이런 일들은 주변 사람들의 갈채와 좋은 평판 속에 제대로 이루어져야 한다. 그렇지 않으면 거기에 씻을 수 없는 불명예나 치욕이 따라 붙는다.

위의 글을 쓰는데 필자에게 한 한국인이 찾아왔는데 그의 방문 목적은 그의 아들 결혼식 잔치 비용에 사용할 돈을 빌려 달라는 것이었다. 그 아들은 몇 년 전에 약혼을 하였고 신부의 부모는 혼인 약속의 이행, 곧 결혼을 요구하고 있었다. 신랑의 아버지는 가난한 일용 노동자였다. 힘든 시기였으므로 그는 이 다가오는 일에 대한 아무런 대비를 하지 못하고 있었다. 꾸어 달라는 50엔을 어떻게 갚을 것인지에 대하여 그는 아무런 말이 없었다. 일반 한국인들은 성경의 맥락을 따라서 '내일 일을 염려하지 말라! 한 날의 괴로움은 그 날에 족하니라'를 따른다. 그의 해석은 잘못이다. 적절한 해석을 하는 것은 근심스런 일을 만들지 않는 또 하나의 일이다. 위에 언급한 50엔은 노동자의 통상 100일간의 임금에 해당한다. 그 가난한 사람은 관습에 대한 항구적 의무로부터 벗어나기 위하여 그 만한 액수를 마련하기 위하여 그의 미래를 기꺼이 저당하고 담보할 의향이 있는 것이다. 그렇게 해서 그는 관습적으로 요구되는 표준적인 수준에 미치지 못하는 결혼잔치라는 불명예를 피하려고 한다. 필자는 그 남자에게 결혼의 필요성에 관하여, 방법과 관습에 따르는 결혼식의 필요성에 관한 이름을 숨긴 강의를 하고 싶은 유혹에 굴복하고 말았다. 많은 오래된 관습들은 오늘날 이미 무너졌다. 한국인들은, 특별히 기독교인인 한국인들은,지난 시대 수많은 사람들을 파멸시켰던 그런 간악하고 불합리한 관습들을 개혁하기에 충분한 은혜와 지혜를 지녔다고 생각한다.

이러한 결혼예식과 다른 관습들을 개혁하는 데에, 그리고 또 이러한 개혁에 앞장 서는 것에 열정적인 기독교인들이 있다. 얼마 전에 있었던 한 사례를 필자가 알게 되었다. 그 일은 그를 즐겁게 했다. 한 기독교인 남자가 그의 아이 중 하나를 결혼시키려고 했다. 그런데 빚을 지지 않고는 전통적인 결혼 잔치를 할 수 없었다. 그래서 그는 감연히 대처하기로 하고 그 나름의 방식에 따라 연회를 베풀기로 결심하였다. 잔칫날이 되자 한 상 배불리 얻어 먹을 것을 기대하고 그의 집에 모여든 하객들은 단지 차와 케익만 제공되는 것에 놀랐다. 주인은 그의 행위 때문에 그의 마을 동료들로부터 엄청난 비난을 받았다. 그는 그럴 줄 알았다. 그러나 관습을 따르다가 빚더미 속에 빠지는 것보다는 그것이 오히려 작은 불명예라고 생각했다. 그의 태도에 찬성하는 사람들이 늘어나길 바란다. 그 지역을 담당하는 일본인 관리가 그 상황을 듣고는 그를 불러 들여 그의 행위를 크게 칭찬했다고 하는 소식이 들렸다. 그런 관리들 또한 늘어날 것이다. 그들은 그런 개혁을 크게 도울 수 있는 권력을 갖고 있다.

물론 우리의 이야기는 가난한 사람들에게 적용된다. 그와 같은 기념할 만한 일에 사정이 허락하는 대로 돈을 쓰는 것은 그들의 특권이다. 어느 누구도 그들이 그렇게 하는 것을 비난할 수 없다.

필자는 최근 소개하고 싶은 한 환갑잔치에 초대를 받았다. 소래 해변으로부터 2마일 떨어진 곳에 있는 작은 마을에서이다. 이 해변의 이름은 이 마을 이름을 취한 것이다. 그 마을은 한국에서 가장 오래된 교회들의 하나가 있는 곳으로 유명하다. 서목사와 그의 형은 이 나라에서 가장 먼저 기독교로 개종한 사람들에 속한다. 그 후로 그들은 소래라는 이 외진 시골에 정착하였고, 거기서 복음을 전했으며, 그리고 얼마 안 되어 교회가 설립되었다. 서씨는 곧 그 지역을 책임지고 있는 선교사 언더우드의 조사가 되었다. 1901년 가을에 필자는 영광스럽게도 다른 새로운 선교사와 동료가 되어 이 지역의 교회들을 방문하는 여행을 하게 되었는데, 우리는 둘 다 그의 순수하고 열정적 태도에 깊은 인상을 받았다. 그 후에 그는 신학교를 졸업하였는데 영광스럽게도 필자는 그 신학교에서 한 동안 그를 가르쳤다. 그는 깊은 신앙으로 교회를 섬겼다. 목사로서 그는 소래에 있는 그의 고향 교회와 그밖의 모든 교회를 충성으로 섬긴 것이다. 이제는 일년 내내 활동적인 봉사로부터 은퇴하고, 그의 남은 생애를 그의 고향 마을에서 조용히 보내고 있다. 그는 한참 전에 그의 환갑을 맞았다. 의심할 여지없이 그 환갑 잔치를 적절하게 치렀다.

내가 여기서 소개하고자 하는 것은 그 아내의 환갑잔치이다. 그녀는 내내 그의 신심 깊은 동료였고, 그의 나이에도 불구하고 잘 갖추어진 그리고 세련된 모습을 갖춘 노인인데, 머리조차 세지 않았다. 가족들은 적절하게 환갑잔치를 하기로 했다. 수백 장의 초청장을 보냈다. 소래를 방문했던 많은 선교사들이 초청자 명단에 들어있었다. 운 좋게도 가족들은 꽤 잘 살고 있었다. 그러므로 이 행사의 비용은 그들에게 큰 부담이 되지 않았다.

소래라는 마을이 있는 계곡은 필자가 한국에서 본 곳 가운데 가장 아름다운 곳이다. 필자는 한국에서 많은 곳을 여행한 일이 있다. 소래의 풍경은 어디서나 나무들로 덮여 있고 그래서 이 나라의 통상적인 불모의 벌거벗은 산의 모습과 좋은 대조를 이룬다. 그 마을로 접근하는 길 양쪽에 큰 키 나무들과 관목들이 아름답게 줄을 이루고 있었기에 그것은 나로 하여금 영국 시골의 풍경을 생각나게 하였다.

우리가 도착했을 때에는 집 근처 과수원에 마을 사람들이 이미 모여 있었다. 과수원으로 들어가는 입구마다 꽃다발으로 만든 아취가 펼쳐져 있었다. 먼 쪽에는 서목사와 서목사 부인이 앉을 단상이 세워졌다. 한 쪽에는 잔치에 합당한 음악이 연주될 풍금이 놓여 있었다. 그 행사의 명예를 위한 프로그램이 정리되어 있었다. 둘째 아들이 그 행복한 행사를 위한 감사와 축사의 멋진 연설을 하였다. 한 외국인 여성이 독창을 하였다. 두 명의 선교사와 한 명의 한국인이 연설을 하고, 가족들이 둘씩둘씩 들어와 진중하게 이미 현직에서 은퇴한 그들의 부모에게 절을 하고는 장남이 자손들을 대표하여 연설을 하고 그 어머니에게 순금의 반지를 선물하였다.

그러고 나자 많은 하객들은 긴 테이블이 펼쳐져 있고 그 위에 다양한 음식이 차려져 있는 과수원으로 옮겨 갔다. 우리는 먹을 수 있는 한국 음식을 먹었다. 어떤 것은 더 많이 어떤 것은 조금 먹었다. 잔치는 참으로 매우 멋있었다. 거기에는 과시하려는 어떤 시도도 없었다. 그들의 선한 감각이 그것을 통하여 잘 드러났다.

가족들의 구성이 흥미로왔다. 서목사 부부에게는 세 아이가 있다. 장남은 몇 년 전에 세브란스 의대를 졸업하고 그 마을 가까운 곳에서 진료를 하고 있다. 참으로 잘 살고 있다. 둘째 아들은 몇 년 전에 기독교 학교를 졸업하고 몇 년 째 그 학교에서 가르쳤으며, 지금은 중국의 남경대학의 학생이다. 셋째는 딸인데, 몇 년 전에 서울에 있는 기독교 여학교를 졸업하였다. 그 후 그녀는 몇 년간 교사생활을 하다가 지금은 집에서 부모를 위하여 가정사를 돌보고 있다. 그러면서 지역의 교회를 돕고 있는데 그녀는 그 교회의 아주 유능한 조사이다. 그녀는 키가 크고 멋진 용모를 지녔다. 이 환갑잔치가 있기 이틀 전에 그녀는 한국인 젊은이와 결혼하였는데, 그의 신랑은 토목공학을 공부하고 지금은 중국 상하이에서 사업을 한다. 한국 여성들은 16세에서 17세경에 결혼을 하는데 그녀는 24번째 여름을 맞은 올드미스가 되어 있었다. 이런 일은 거의 한국에서는 들어본 적 없지만 그러나 기독교 교회에서는 점점 빈번해지는 일이다. 그녀의 신랑은 아주 잘 생겼고, 성공적인 사업을 하고 있다. 성숙과 방향이 정해질 때까지 기다림으로써 그들은 큰 축복을 받았다.

그와 같이 세 아이들은 잘 되고 있었고 그들의 부모에게 자랑거리였다. 그와 같이 두 행사가 시기적으로 아주 가까워서 교회 공동체와 가족들의 삶에서 아주 중요한 행사가 되었다. 그것은 한국인들에게 기독교가 하는 일이 무엇이며 기독교가 할 수 있는 일이 무엇인지를 잘 보여 주었다. 그것은 부모를 유용한 사람으로 만든다. 아이들을 교육시키고 사회의 유익한 인재로 만든다. 이 가정은 기독교의 힘이 그 가족을 끌어 올린, 그들이 무엇이 되어야 하는 지를 잘 구현해낸 좋은 사례이다. 필자는 이 행사를 기록할 수 있게 된 것이 매우 기쁘다. 그것은 기독교가 맺은 열매가 참으로 이 나라에 널리 알려지고 우리는 더욱 더 많이 그런 가정이 나타나고 그들의 은혜로운 빛을 이 땅 사방 곳곳에 비추기를 소망하고 기도한다.

15. 슬픔이 기쁨으로

KMF 16-12호(1920. 12)

한국에서의 선교사역은 규모가 크든 작든 가을에 그 새 해를 시작한다고 할 수 있다. 여름에는 통상 대부분의 선교활동은 휴식을 취한다. 방학 때 학교는 문을 닫는다. 시골의 전도 사역은 대체로 유보된다. 왜냐하면 여름에는 힘들고 때로는 시골에서의 여행이 불가능하기 때문이다. 또한 통상적인 열정적인 활동으로부터 그 기간 동안에 노동자들이 휴식을 취하여야 하는 절실한 필요성이 생긴다. 다가올 해의 사역을 위해 새로운 힘과 활력을 비축해야 하기 때문이다.

여름은 따라서 회고와 전망에 매우 좋은 때이다. 지난 해를 돌아볼 수 있다. 우리는 시골 전체의 지배적인 조건을 요약하려는 것이 아니다. 오히려 제한된 반경에서 주요 조건만을 다룰 것이다. 이것은 시골 전체의 특징이 될 수도 있고 안 될 수도 있다.

그같은 회고는 쾌락과 고통을 동반한다. 지난 해에는 이들 감정의 하나를 충분히 불러 일으킬 수 있는 일들이 있었다. 구름의 태양빛을 받는 부분은 언제나 밝게 빛나지만 지구 쪽은 어둡듯이 한국교회가 천국으로 향하는 얼굴을 볼 때에는 모두가 밝고 활기차 있는데, 다른 면을 보게 되면 거기에는 그림자를 드리우는 일들이 많다. 우리는 색깔의 조화가 보다 멋있는 조화를 이루어 낸다는 기대를 갖고 이들 빛과 그림자를 그려낼 뿐이다.

1년 전 나라 전체가 정치적 불안으로 끓는 가마솥 같았다. 교회도 자연히 같은 상황이 되었다. 많은 수의 지도적 목사들과 기독교인 사역자들이 검거되고 그들 중의 상당수에게 징역형이 선고되었다. 그러므로 교회는 통상적 지도자들 없이 최선을 다해야만 했다. 감형 조치에 따라 이들 가운데 상당수는 풀려났고 다시 일터로 돌아왔다. 감옥에서 주를 만난 기회와 또 그 속에서 복음을 선포하고 이를 받아들인 열정적인 이야기들은 얼마나 감격적인

지!! 많은 개종자들이 감옥으로부터 그들의 마음속에 우리 주의 기쁨을 안고 출옥하였으며, 복음에 대한 증거를 갖고서 그들의 집으로 돌아갔다. 목사들은 감옥 안에서 학습을 하고 세례를 베풀었다고 말한다. 우리 목사들 가운데 한 사람은 감옥 교회로부터 그의 고향 마을의 교회로 이명을 요청하는 편지를 많이 받았다고 말했다. 이 목사는 14개월의 수감 기간 동안에 감옥에서 감옥으로 7 차례나 옮겼다고 한다. 매번 그는 그에게 많은 동료가 있음을 발견하였다. 그는 결론적으로 그의 잦은 이감은 주님의 계획이었고 그것은 반복적으로 새로운 그리고 많은 동료들에게 복음의 메시지를 전할 수 있게 하려는 것이었다. 감옥에 있는 바울을 일으켜 세운 성령은 또한 이들 한국인 목사와 기독교인들을 감동시켰고 얼마나 많은 영혼들이 구원을 받고 얼마나 많은 새 교회들이 이러한 투옥의 결과로 시작되었는지를 우리는 이 세상에서는 결코 알 수가 없을 것이다. 위에서 언급한 목사는 그가 감옥에서 돌아왔을 때 첫 번째 설교 텍스트로 디모데 후서 2장 9절의 바울의 편지를 선택하였다. 그 말씀은 다음과 같다.

"복음으로 말미암아 내가 죄인과 같이 매이는 데까지 고난을 받았으나 하나님의 말씀은 매이지 아니하니라"

감옥에 있는 동안 세상에 대하여 실망하고 나쁜 영향을 받은 상태로 출옥한 것이 아니라 그들은 기쁨과 또한 주를 위한 봉사를 위하여 주의 제단에 그들 자신을 바치고자 하는 엄청난 열망을 갖고 나왔다.

이제 한국은 더 이상 동면(冬眠)하고 있는 나라가 아니다. 한국은 여러 세대 동안 과거로 향해 있었으나 이제는 돌아섰고 전진하고 있다. 한국은 모든 방면에서 현대의 진보와 보조를 맞추려고 몸부림치고 있다. 그러므로 지난 몇 년 동안 나라 전체에 엄청난 변화가 있었다. 보수주의는 장년 세대의 지도자들에게서 유지되고 있지만 젊은 세대에게서는 적용되지 않는다. 그들에게서 길게 기른 손톱이나 상투는 없다. 즉 특권층이나 귀족은 그들에게 보이지 않는다는 말이다. 그들은 근대화 과정을 따라 잡으려고 할 뿐만 아니라 많은 일에서 그것을 추월하려고 한다. 그 결과는 때로 우리들 보수적인 서구인들에게 매우 충격적이다. 남녀를 구분하는 커튼은 교회에서 이미 사라졌다. 소년 소녀들이 함께 같은 방에서 같은 선생에게 배운다. 젊은 여성들이 사회를 개혁하는 일에 그들 자신을 내몰고 있다. 남녀 혼성 대규모 종교집회에서 그들은 발언하며 당당히 국가에 맞서고 있다. 경찰서를 제외하곤 어디서나 그들을 환영한다. 그들은 심지어 그들이 강연한 도시에 있는 경찰서를 방문해 달라는 초대를 받기도 하였다. 어떤 사상들은 그들이 손님으로 남아 있기를 요청할 만큼 재미있어 했지만 이것은 적절하지 않은 것으로 여겨져서 그들은 순회강연을 계속 할 수 있었다. 그들은 돌아왔고 많은 청중들에게 열정적인 보고를 하였다. 그들의 방법에 대하여 우리가 무엇을 생각하든 그들은 진정성 있게 복음의 원리들을 실제적으로 적용하려고 노력하였으며, 그와 같이 하여 오래 전부터 전승되어 내려오는 폐습, 말하자면 곧 현대문명 속에 그렇게 널리 퍼져 있는 사회적 도덕적인 악으로부터 깨끗이 벗어나라고 외쳤다. 판단이나 비판은 우리 몫이 아니다. 이 사람들은 새 삶에 눈을 뜨고 있다. 탄생 과정은 고통이 수반되지만 그 경향은 전향적이고 그 결과는 의심의 여지없이 대체로 사회를 개선할 것이다. 거기에는 구원과 구원을 동반하는 일들이 있다.

물질적 진보는 매우 현저하다. 한국인들은 그 어느 때보다 많은 돈을 갖고 있다. 목사와 조사들의 봉급은 매우 많이 올랐다. 어떤 요구를 하여도 너그럽게 수용한다. 젊은 여성들의 사회 개혁이 어떤 도시에서 처음으로 시행되었을 때에 전국적으로 캠페인을 벌이고자 하는 그들의 뜻을 말하고 그 기금모금을 시작하자 그 일을 돕기 위한 기금이 250달러나 걷혔다. 이미 성공적인 순회연주를 마친 한 젊은이들의 밴드가 다음날 밤 같은 장소에서 공연을 하고 남부 지역을 여행하고 싶다는 뜻을 발표하였다. 그들은 이를 위한 기부를 요청하였는데, 1,500달러 정도가 모금되었다. 한 교회의 신도가 그의 죽은 아내 추모 명분으로 250달러를 가져왔다. 이런 사례들은 지면이 허락한다면 얼마든지 들 수 있을 것이다. 그러나 이것만으로도 한국인들이 전보다 돈이 많아졌다는 것뿐만 아니라 그 돈을 사용하는데 너그러워졌다는 것을 보여주기에 충분할 것이다.

이 해 전도 사역은 많은 난관 속에서 수행되었다. 이들 가운데 상당수는 바로 전 해에 있었던 정치적 혼란의 결과 때문이다. 많은 기독교지도자들이 투옥되거나 피신하고 있기에 교회들은 지도자들 없이 지내야 했다. 다른 기독교인들이 교회에 들어 오고 교회 일을 수행하는 것을 보게 된 것에 우리는 큰 감사를 드려야 할 것이다. 그들은 주일예배를 인도하고 또 사실상 목회자들이 할 일을 했다. 목사의 명칭도 그런 공적인 임명의 절차도 없이 그렇게 했던 것이다. 우리가 아는 한, 지도자가 없다고 하여 교회의 정규 예배를 포기한 경우는 없다. 필요한 곳에는 새로운 그리고 경험이 없는 사람이 들어와서 그 빈틈을 메꾸고 그렇게 하여 지도자로 성장하였다. 이것이 한국교회가 강화된 하나의 원천이다. 지도자를 양성하는 것은 항상 그 나름의 성격이 있는데, 지난 해보다 더 한 경우는 없었다.

필자가 목사로 있는 도시 교회의 장로들에 대하여 존경을 표하고 싶다. 한국인 협동목사는 금년에도 감옥에 갇혀 있어서 이는 필자에게 또 다른 짐을 안겨 주었다. 다행스럽게도 이 교회의 다섯 명으로 구성된 장로들 모두가 체포를 면했는데 그들이 비록 종종 그들 개인 사업에 엄청난 희생이 있었음에도 불구하고 교회 일에 기탄없이 헌신하였다. 각자는 한 주간씩 필자와 함께 교회 일과 공적인 예배 인도를 책임졌다. 그들의 매우 효율적인 도움이 없었다면 교회는 큰 고통을 겪었을 것이다. 그들 가운데 두 사람은 신학교 학생이었는데, 다른 세 사람은 역시 설교할 수 있는 능력이 있었고, 해야 하는 필수적인 일들을 하였다. 그들은 모든 장례예배를 수행하였고, 거기에 그들 가운데 누구도 빠지지 않았다. 그것은 그들의 시간과 에너지를 크게 빼앗는 일이었다. 왜냐하면 한국인들은 슬픔을 당한 가족들을 위로하고 존경하는 표시로 상가에서 많은 사람이 밤을 꼬박 새우는 것이 필수적이라고 생각하고 있었기 때문이다. 장례예배와 매장식은 대체로 그 다음 날 하루 종일 걸린다. 왜냐하면 묘소가 몇 마일 떨어져 있기 때문이고, 장로들이 끝까지 지켜 봐야 하기 때문이다.

시골의 교회들이 지난 해의 공황적 충격으로부터 회복된 방법에 대한 설명으로써 다음의 예들을 들 수 있다. 어느 순회 권역 안에 있는 교회들이 회복되기 시작했고 오래지 않아 주의 사역에 새로운 관심을 표명하였다. 가을에는 모든 조건들이 거의 정상화되었다. 일본군에 의하여 심하게 손상된 교회 몇몇은 예배를 드릴 수 있을 만큼 수리되었으며, 어떤 경우는 엄청난 희생을 치르기도 했다. 예외 없이 그 지역의 교회들은 예배 참석자가 늘었고, 몇 년 동안 그 일을 구성하기 위한 모든 노력이 허사였던 곳에 네 개의 새로운 교회가 설립되었다.

다른 순회구역 안에 10명의 목사 가운데 6명이 투옥되었고 많은 교회 직분자들이 체포되었으며 그로 인하여 예배 참석자가 여러 곳에서 줄어 들었다. 여섯 개의 교회건물이 일본 군인들에 의하여 파괴되었다. 그 해가 끝나기 전에 이들 교회 대부분은 이전만큼 튼튼하게 복구되었으며 전년도 보다 예배참석자는 4분의 1이 늘었다. 가을에 선교사가 그와 같은 교회 하나를 방문했을 때 약 100명의 예배 참석자가 예배를 드렸다. 새로운 영감을 갖고 그 일을 재구성하는 계획들이 수립되었다. `다음 봄에 400명이 정규적으로 예배에 참석하였다.

다른 순회전도에서, 선교사는 그가 봄에 방문할 수 없었던 교회들을 방문하는데 시골에서 3개월간 매주 1주일에 6일을 보냈다. 그는 주민들로부터 환대를 받았다. 23일간 그에게 매일 닭 한 마리씩 제공되었으며 어떤 교회들은 그에게 두 마리의 닭(꿩)을 제공하기도 했다. 이 이야기의 가장 주요한 의미는 산간 지역에 있는 모든 교회들은 지난 해의 혼란에서 벗어나 매우 활기 있고 또 열정적으로 그리고 적극적인 사역을 위한 준비가 되었다는 것이다.

다른 선교사는 높은 산 꼭대기에서 휴식을 취하고 있다가 기독교인이 아니고 가족이 멀리 떨어져 있는 동료 여행자와 대화를 나누었다. 복음의 이야기를 들은 다음 그는 믿기로 작정하고 그 약속은 함께 기도하는 것으로 확증하였다. 먼 산간 지역으로부터 12명의 남자들이 서명한 편지가 왔는데, 그 편지에는 그들이 기독교인이 되기로 결심하였다는 것을 쓰고, 그들을 가르칠 사람을 그 지역으로 파송시켜 줄 것을 요청하였다. 그 까닭은 그 지역에 기독교를 배우기를 원하는 많은 사람들이 있기 때문이라 했다.

이 지역의 많은 곳에서 지난 해 큰 기근이 휩쓸었다. 평양의 겨울철 사경회 때에 풀뿌리 외에는 먹고 살 것이 없는 지역의 교인을 위한 헌금을 요청하였다. 그 호소가 참석자를 깊이 감동시켜 700달러 이상이 몇 분 만에 약정되었다. 이것은 한국인들이 고통의 제거를 위하여 자선을 베푸는 관대함의 다른 설명이 될 것이다.

기독교에 대한 되살아난 관심이 모든 영역으로부터 드러났고, 많은 교회들이 전에 없이 가득 찬다. 누구도 그렇게 많은 사람이 기독교에 이렇게 관심을 갖게 된 이유를 설명하지 못한다. 그것은 정치적인 것인가 아니면 다른 무엇인가? 의심의 여지없이 어떤 사람들의 생각이나 마음은 정치적 고려에 의하여 움직였을 것이다. 그러나 우리는 엄청난 사람들이 교회로 오는 것은 다른 것, 보다 좋은 동기 때문이라고 믿는다. 지난 해의 시련 기간 동안 보여준 기독교인들의 행동은 전에는 그들에게 가혹한 적이었던 사람들에게 기독교에 대하여 좋은 인상을 갖고 그것에 끌리게 만들었다. 많은 종류의 박해와 시련은 신앙생활에 대한 불가피한 노력을 쏟아 내게 했다. 그 삶은 증인들을 낳았고 그렇게 해서 교회는 영적인 삶과 양적인 두 면에서 모두 성장하게 되었다.

우리는 지난 해의 사건들을 되풀이 하기를 원하지 않는다. 다만 우리는 교회의 존재가 파괴 또는 붕괴 되는 대신에 그것을 오히려 기뻐하고 즐기게 되었다는 것을 말하고자 한다. 그것은 삶의 신선함과 열정으로 일으켜 세웠고 그것은 그 자체로서 위대한 일이며 일반적 서민대중에게도 위대한 일이 되어갔다. 위기가 기회라는 말은 전도에도 적용된다. 주 하나님은 이 사람들의 마음을 움직이셨고, 앞으로 있을 추수에서 우리들이 일꾼이 될 사역에 더욱 더 헌신적이게 하셨다.

16. 평양의 교육 상황

KMF 17권 8호(1921. 8)

평양은 서울 다음으로 한국에서 두 번째로 큰 도시이다. 그리고 또한 이 나라에서 두 번째로 큰 교육 중심지이다. 미국장로회선교부는 하나의 남학생 학당과 하나의 여학생 학당을 평양에 설립하였고, 이곳에 위치한 연합기독교대학에 가장 많은 관심을 갖고 있다. 이 지역의 교회들은 그들이 설립한 소년 소녀들을 위한 학교를 지원하고 있다. 유치원 단계에서 시작하고 있는데 6개 학교이다. 낮은 단계에서부터 기본 입문 단계까지 합하여 그렇다. 선교지부는 이 학교들과는 상관이 없다. 그러나 학교 책임자들의 요청에 따라 부분적으로 감독을 할 뿐이다.

선교지부는 그 힘과 재정을 위에 언급한 세 학교에 바친다. 이 세 학교를 각각 나누어 말하겠다.

연합기독교대학-숭실대학

이 나라에 있는 4개의 장로회선교부 가운데 3개 선교회가 지난 몇 년 동안 이 학교의 운영과 지원에 협조하였다. 네 번째 선교부가 협력에 의향을 표시하였다.[94] 새 학년도의 첫 학기는 132명의 등록으로 막 문을 열었다. 이것은 이 학교의 역사에서 가장 많은 인원이다. 학생들은 13개 도 가운데 11개 도에서 왔고 또 만주에서도 왔다. 이 대학이 나라 전역을 대상으로 봉사하고 있음과 결코 이 학교가 지역학교가 아님을 보여 준다. 12개의 학급이 졸업을 하였고, 졸업생은 92명이다. 그들 가운데 상당수는 목사가 되었고 한 사람은 한국장로교 총회 회장이다.

---

94) 미국의 북장로회선교부 남장로회 선교부, 캐나다 장로회 선교부가 참여하였다. 이 때는 감리회선교부는 이미 철수하고 서울의 대학에 참여하고 있었다. 나중에 참여한 선교부는 호주장로회선교부이다.

대학은 자연과학 분야를 위한 새로운 건물이 필요하다. 하나의 건물로는 이제 현재의 일을 수행하는데 필요한 부분을 충족시키지 못한다. 우리의 수용 능력이 한계에 이르러 학생들을 숫적으로 더 확대하는 것을 허용할 수가 없다. 빠른 시간 안에 새 건물을 짓지 않으면 우리에게 와서 공부하기를 원하는 점점 늘어나는 많은 학생들에게 기독교 고등교육을 제공할 수 있는 기회의 잇점을 충분히 취할 수 없게 될 것이다. 새 건물과 장비를 갖추는데 필요한 비용은 대략 35,000달러이다. 이것은 그 일이 완공되었을 때를 고려한 적절한 액수이다.

남학생 학당–숭실중학

이것은 우리 선교부에서 가장 큰 학당이다. 현재 등록인원은 634명이다. 16명의 정규교사가 있고 6명의 준전임 교사가 있다. 올 해까지 학교장 대행은 항상 선교사였다. 그러나 올 해 그 일을 할 선교사가 없다는 사실 때문에 우리는 한국인을 이 자리에 임명하기로 하였다. 그것은 매우 흥미로운 실험이다. 우리는 잘 되리라 믿는다. 교직원과 학생회가 이런 조치에 기뻐하고 있고, 이 모험의 성공을 위하여 최선을 다하려고 한다.

학당에는 한반도의 여러 먼 지역에서 온 놀랄 만큼 많은 학생들이 있다. 졸업생들 역시 나라 전역에 흩어져 있으며 이 나라의 많은 학교들이 이 학교 출신들로 교사진을 구성하고 있다.

학당에서 가장 필요로 하는 것은 새로운 기숙사를 위한 15,000달러의 기금이고 현재의 건물을 보수하거나 장비를 구입하기 위한 5,000달러의 기금이다.

'안나 데이비스 산업부(자조부)'는 학당과의 관련 속에 운영되고 있다. 많은 가난한 학생들에게 학비의 일부를 벌 수 있는 기회를 제공할 뿐만 아니라 동시에 이후의 삶에서 그들에게 도움이 될 거래를 배우는 기회를 제공한다. 우리는 산업농장으로 쓸 수 있는 많은 토지를 갖고 있으며, 최근에 그 분야

일에 전문가인 선교사가 도착하였다. 이제 우리는 장비 구입과 사업 자본으로 사용할 15,000달러의 기금이 필요하다. 선교부는 이 항목을 지난 여러 해 동안 재산 목록에 넣었는데 아직까지 기금은 확보되지 않았다. 기금의 부족으로 인한 큰 낭비 요인이 여기 있다.

여학생학당–숭의여학교

이 학교는 1903년에 설립되었다. 여러 해 동안 연합기관이었는데 연합을 했던 한 편이 분립을 요구하고 기숙사만을 갖고 떠났다. 어떻게 90명의 여학생이 겨우 50명을 수용하도록 지어진 한 기숙사에 수용되었는지, 강당과 채플과 그밖의 것을 위해 이 방이 어떻게 쓰여졌는지는 오직 스눅(Snook) 선교사만 대답할 수 있다. 큰 방과 지하실은 강당으로 사용되었다. 책임자인 외국인 숙녀들의 사적인 거주 공간까지 학생들로 넘쳐 났다. 지난 학기 132명이 등록하였다. 선교부나 정부는 이 나라의 다른 많은 학교에서 학생동맹휴교가 영향을 주었을 때 시설 등의 부족 때문에 물건들을 이 학교로 조용히 옮겨 놓았었다. 학생들과 선생들은 엄청난 불편을 참아냈다. 확실히 이것은 학교에 성행하고 있는 정신을 잘 말해준다. 그들은 현재의 불편을 잘 감수하고 있다. 훗날 예상되는 기쁨을 위해서 즉 국내 학문 분야 건물이 건축 중에 있고, 복습용 건물이 현실적으로 드러날 때의 기쁨을 위해서 말이다. 한국의 젊은 남녀들을 위한 교육에 대한 열정이 있을 때, 입학 지원자에게 '안된다'라고 말하는 것은 어렵다. 그러나 교육 받을 기회를 찾고자 하는 앞길 창창한 젊은 여학생들에게 지난 몇 달 동안 수백 번이나 그 말을 해야만 했다. 새로운 건물이 준공되면 300명 이상의 학생을 받아들일 수 있을 것이다. 확실히 이것은 새로운 강당 건물을 짓는데 필요한 적정 기금을 확보하기 위한 노력을 서둘러야 하는 상황이고 기회이다. 5,000달러는 현상 유지와 보다 효과적인 교육을 할 수 있는 장비 구입을 위하여 필요한 최소 액수이다. 여학생들은 멀지 않은 곳에 굶주리고 있는 중국인들에게 보낼 42달러를 모금했고, 더불어 필요한 사람에게 줄 옷보따리를 함께 냈다. 어떻게 그렇게 하였는가? 주간에 공급되는 고기 음식과 쌀밥을 먹지 않고, 또 내다 팔 것을 만들어서 마련했다. 그들은 기숙사에 한 학기 동안 빈곤 여학생을 위한 기금을 만들었다. 학교에 풍금 살 돈을 기부하였다. 모두 한국의 기독교 여학생들이 만든 재료로 이루어졌다.

확실히 그들의 교육은 이 나라의 하나님 왕국을 촉진하게 될 것이다. 이 편지를 읽는 미국의 젊은 여성들이 이곳에 나와서 이들에게 음악과 영어를 가르치고 유치원 교육을 담당하고 이 도시의 교회와 연관된 6개의 유치원을 감독하지 않겠는가? 우리는 그와 같은 일꾼 두 명을 찾고 있다. 누가 "내가 여기 있나이다. 주여 ! 나를 보내소서!"라고 말할 것인가?

17. 프리즘(prism) 페이지들 -이런 저런 이야기

KMF 20권 2호(1924. 2)

사려 깊은 한국인들

이씨는 평양에 있는 숭실대학을 막 졸업했다. 그의 어머니는 훨씬 이전에 죽었고 바로 전년도에 아버지의 병환 기간 동안 아버지를 돌보기 위해 한 학기를 학교를 떠나 있을 수밖에 없었다.

그의 소년 시절의 집은 우리의 가장 먼 선교지부 너머 한국의 북쪽 지역에 떨어져 있었다. 그곳에 그를 기억하는 친구들이 산다. 그곳에서 그는 후에 활동적인 장로, 영향력 있는 일꾼이 되었다. 이제 그 교회 교인들 사이에 그들의 아들 가운데 하나가 먼 도시에 있는 대학을 졸업한다는 사실이 알려졌다. 그 지역사회에서 누군가가 그와 같은 특별한 학위를 얻는다는 것은 처음 있는 일이다. 그래서 그들은 어떻게 해서든 축하하기 위해 안달이었다. 이씨의 친척 가운데는 그의 졸업식을 보기 위해 평양에 올 사람이 전혀 없다. 그래서 이 작은 교회는 교인들 가운데 두 사람을 뽑아 평양에 보내 졸업식에 참석하여 그의 친구에게 그들의 우정을 표현하기로 결정하였다.

그러므로 이 두 사람은 6일간의 도보 여행으로 산을 넘고 기차를 이용했다. 그들이 생애 처음으로 집에서부터 그렇게 먼 곳에 가본, 또는 철길을 이용해 본, 또는 평양과 같은 거대 도시를 본 경험이었다.

졸업생들의 친구들은 젊은 졸업생을 보기 위하여 나라 곳곳에서 와서 참석했다. 그러나 한국의 북쪽 멀리 떨어진 마을에서 온 이 시골청년 두 사람처럼 우정을 표하기 위하여 또는 그렇게 멀리서 온 사람은 없었다. 졸업생 만찬에서 그들은 특별한 주목과 칭송을 받았다. 의심할 여지 없이 그들은 이번 여행이 할 만한 것이었다는 느낌을 갖고 집으로 돌아갔다. 이씨는 살기 위하여 그리고 그에게 감사한 사람들을 위해 그들의 마음에 하나님의 왕국을 세우기 위한 일을 하기 위하여 그의 북쪽 시골로 돌아갔다는 것을 덧붙여야겠다.

3년간 매해 평양 숭실대학을 졸업한 3형제

그들의 성씨가 김씨라는 것을 말하는 것은 우리 이야기를 이해하는데 충분한지 모르겠다. 그들의 고향은 평양에서 동쪽으로 30마일 떨어진 산간 작은 마을이다. 그 골짜기는 삼 면이 높은 산으로 둘러 싸여 있고 한 면은 큰 강이 앞에 흐르고 있다. 전쟁 중에 안전을 위해 숨어 있기 얼마나 좋은 곳인지!! 실제 1894년 청일전쟁이 일어나 평양시민들이 공격을 당하게 되자 숨을 만한 안전한 곳을 찾아서 이곳에 온 일이 실제로 있었다. 이들 피난민들 가운데 기독교인이 있었다. 그들은 이 작은 마을 강진에 대하여 그들 스스로가 깊이 생각하였다. 그들은 그들이 피난 나올 때 그들의 뒤에 그들의 신앙을 버려 두고 오지 않았다. 오히려 그곳에 갔을 때 그들은 복음을 전했다. 그것이 기독교가 거의 접근 불가한 이 산간 계곡 마을에 뚫고 들어갈 길을 찾은 방식이다. 그것은 선교사가 그 마을을 순회전도 여행 때에 방문할 이유가 되었다. 교회가 설립 되었는데 설립한 교인들 가운데 김씨와 그의 아내 그리고 세 아들이 있었다.

아이들이 학교에 다닐 나이가 되자 아버지는 그들에게 기독교 교육을 시키고 싶어 했고 그래서 평양으로 이사하기로 결심했다. 그는 선교사 집에서 집사의 자리를 얻었고 여러 해 동안 그곳에서 계속하여 근무했다. 소년들은 결국 숭실학당에 입학했고 절차와 과정에 따라 졸업하였다. 그들의 아버지는 아이들의 학비를 댈 수 없었다. 그래서 그들 각자는 학비를 마련할 수 있는 일이라면 어떤 일이든 했다. 그들은 때때로 산업자조부에서 일했다. 때로는 선교사의 비서노릇을 했다. 그들 중의 하나는 수도 배관 공사를 배운 기계 분야 전문 숙련공이 되었다.

그와 같이 학당 또는 대학을 통하여 이렇게 저렇게 그들은 길을 찾아 나갔다. 그렇게 해서 3년간 내리 한 사람 한 사람 차례로 졸업하였다. 사람들은 그 아버지 어머니가 가졌을 거룩한 자부심과 정신적 만족감을 상상할 수 있을 것이다. 그들의 아버지 어머니는 해마다 아들중의 하나가 졸업반에 있는 것을 보았다. 세 아들 모두 그들 스스로가 매우 가치 있는 존재임을 입증했고, 지금은 여러 학교에서 교사로 일하고 있으며, 많은 사람들이 그를 칭찬하고 있다.

금식해야 할 새로운 이유

교육받고자 하는 열망은 지난 몇 년 동안 한국의 젊은이들 사이에서 매우 강력하였다. 이런 목적을 얻기 위한 노력과 희생이 있었고 난관과 역경을 견뎌야만 했다는 것을 알고 있었다면, 우리가 지금 갖고 있는 것보다 더 많은 동정심을 이 젊은이들에게 가졌을 것이다. 그들 가운데 상당수가 입고 있는 누추한 옷들은 그들이 견디는 빈곤이 겉으로 드러난 부분이지만, 그들 상당수가 학교에 다니기 위한 노력 속에 굶고 있다는 것은 알기 쉬운 것은 아니다.

이 학교에는 지금 학업을 계속하기 위하여 가공할 투쟁을 하는 젊은이가 있다. 그의 부모는 불신자이고 그가 기독교 학교에 다니는 것을 전혀 이해하지 못했으며 매우 가난하여 설령 원한다고 해도 그 학생을 도울 수가 없었다. 필자는 한 번 기정 교회의 관리자에게 이 학생에 대하여 편지를 썼다. 학비를 벌기 위한 그의 노력을 보완하기 위하여 기부를 할 수 있는지를, 그리고 기독교 시역자로 훈련시킬 수 있는지를 물었던 것이다. 왜냐하면 그것이 그 젊은이가 가져야 할 목표였기 때문이다. 그들은 현재 그들 자신의 교회를 유지하기도 힘에 겨우며, 그들 신자 중에 누가 이 사람을 돕는다면 모를가 그들이 그렇게 할 수는 없다고 하였다. 그러나 그들은 젊은이를 칭찬하였다. 지난 여름 그들이 집에 있을 때 방학이 끝나갈 무렵 그의 부모가 알려 오기를 그가 잘 먹지 않는다고 하고 그가 어디 아픈지를 물었더니 그는 아니라고 대답했으나 더 이상의 이유를 대지 않았다고 했다. 하루하루 지나갔고 소년은 아주 조금만 먹기를 계속하였는데 그의 부모는 점점 놀랐고 그가 그렇게 하는 행동의 이유를 알고 싶어 했다. 결국 그는 그 부모에게 말했다. 학교로 돌아가야 할 때이고 학비가 이미 고갈되어 아주 적은 량의 음식으로 살아야만 한다고 했던 것이다. 만일 그가 갑자기 학교로 돌아와 학업 과정을 시작한다면 그것이 그를 병들게 할지 몰라 두려워서 상황 변화에 적응하기 위해 적게 먹기 시작한 것이라고 하였다.

한 젊은 여인의 유산 증여

평양에는 일용 노동자들로 구성된 한 전도회가 있다. 그들은 가족과 친지들에게 복음을 전하는 일에 있어서 그들 독자적인 몫을 갖고 싶어 한다. 그들은 최근 연례 모임을 가졌는데, 우리 선교사 일부가 적은 무리가 모일 것이라고 생각하고 그 모임에 갔다. 그러나 한 번 상상해 보라! 교회 문 앞에 몰려든 군중을 보고 우리가 얼마나 놀랬을지를! 그들의 활동 보고서는 매우 흥미로왔고 고무적이었다. 회계 담당자가 한 해 동안 받은 흥미로운 선물들을 보고했다. 한 젊은 여성이 13, 14세 경에 바느질을 하고, 또 다른 일을 하여 80달러를 모았다. 그녀는 치유불가한 병에 결렸고, 그것을 발견했을 때는 이미 회복될 가능성이 없었다. 그래서 그녀는 자기가 그 동안 저축한 모든 돈을 그녀가 죽은 다음 위에 언급한 모임, 곧 노동자전도회에 기증하겠다고 약속하였다. 그 모임이 있을 때는 그녀가 이미 죽었고, 그 돈은 기부되었으며, 그것에 대한 보고를 들은 모든 청중들은 깊은 감동을 받았다.

효성스런 헌신

한국의 역사에는 아들과 딸들이 부모의 질병을 일으키는 것으로 추정되는 정령들을 달래기 위해 스스로 자기 신체의 일부를 절단하는 사례로 가득 차 있다. 최근 어떤 자료를 본 일이 있다. 김씨는 기독교인이 아니지만 그녀의 어머니는 기독교인으로서 출석하는 교회에 매우 헌신적이었으며, 매주 받는 용돈을 주의 일을 위한 사역에 헌금으로 바쳤다. 그의 어머니가 매우 아팠고 그 나라의 오랜 관습에 따라 그녀의 딸은 어머니의 회복을 위하여 자신의 손가락을 잘라 악령에게 바치는 희생의 제물에 그 피를 섞었다. 그러나 그것은 말짱 허사였다. 그의 어머니는 죽었다. 그녀의 기독교적인 죽음과 유언은 그의 딸로 하여금 어머니의 신앙을 받아 들이도록 하였다. 장례식 다음 주일에 딸은 왼손가락을 헝겊으로 감싼 채 오른 손에는 그녀의 어머니가 그 주간에 헌금할 돈을 들고 교회에 나타났다. 그 돈은 그의 어머니가 임종 전 몇 주 동안 계속된 질병 기간에 모아둔 돈이었다. 그녀는 그 어머니가 살아 있을 때 효도를 극진히 했으며, 어머니는 임종할 때 딸의 효성을 기억하고 있었고, 딸 자신도 참으로 어머니가 섬기던 신에게 그리고 주님께 충성했다.

18. 얼마간의 결과물

KMF20권 10호(1924. 10)

어떤 기관이 생산해낸 것이 그 사업의 계속을 정당화하는지 어떤 지를 묻는 것은 공정한 질문이다. 시장은 때로는 생산되지 않는 것이 더 나았을 것 같은 상품으로 넘쳐 난다. 만일 모든 생산물이 그런 종류들이라면 차라리 그 사업은 문 닫는 것이 더 낫고 그 에너지는 보다 더 유용한 형태의 노력으로 사용되어야 한다.

그러므로 선교를 위한 학교의 결과물의 성격에 대하여 질문을 하는 것은 충분히 정당화될 수 있다.

당신이 생산해 낸 것의 성격이 계속하여 그 기관이 독자적 형태로 존립하는 것을 정당화하기에 충분한가?

일반적으로 정부의 정규 교육정책에 의하여서는 생산되지 않는, 교회와 사회의 복지에 당신은 무엇을 기여하여야 하는가?

당신은 단순히 시작했기 때문에 그리고 적절하게 멈출 자리를 찾지 못했기 때문에, 아니면 그것을 생산해내지 않으면 사회는 그런 것을 가질 수 없다고 보기 때문에 운영하고 있는가?

이러한 질문에 대한 답을 제공하는데 충분한 지면을 할애할 수는 있다. 그러나 그것은 이 글에서 우리가 바라는 것이 아니다. 나중의 두 개의 질문에 아주 짧게 답하는 것은 미래가 가져올 것이 무엇이든, 교회의 관점에서 볼 때 매우 중요한 장소를 우리가 갖고 있고, 선교와 교회를 위한 공간이 있다는 것을 말하는 데 필수적이다. 교과과정과 좋은 선생들이 있다는 것만으로는 교육제도에서 필수적인 모든 것을 갖추었다고 할 수 없다. '분위기'와 같은 것이 있다. 어떤 사람이 결핵에 걸렸을 때, 중요한 일은 그런 질병을 치유하는데 도움이 되는 분위기를 찾는 일이다. 건강을 지속시킬 수 있으려면 회복될 수 있는 분위기를 갖게 하는 것이 필수적이고, 그가 살고 싶은 종류의 삶을 유지하는데 적용될 수 있는 그런 분위기를 호흡하는 것이 필요하다. 그러므로 우리는 기독청년들이 그런 삶을 살 수 있도록 지원하는 분위기 속에서 양육될 때에 기독교인의 삶으로써 가장 잘 훈련될 수 있다고 믿는다. 공립학교는 지성과 신체적 능력을 발전시키는데 흥미를 갖지만 그의 본성의 영적(靈的)인 측면에는 관여하지 않는다. 교회가 운영하는 학교는 영적인 측면에 관심을 갖는다. 그것이 기독교 학교가 계속 존립해야 하는 이유이다.

"마땅히 가야할 길로 아이를 훈련 시켜라. 그러면 그가 성장했을 때 그는 그것으로부터 벗어나지 않는다."

이 말은 역사적으로 실존했던 인물 중에 가장 지혜로운 사람이라는 솔로몬의 격언인데, 그가 말했을 때와 같이 오늘날에도 타당하다. 그 반대 명제도 옳다.

- 네가 그에게 원하는 방향으로 가도록 그를 훈련시키지 말라. 그가 거기로 갈 가능성이 거의 없다. -

모든 규칙들에 예외가 있듯이 여기에도 예외가 있다. 그러나 그들은 달리기의 경험들을 언급한다. 그러므로 의심할 여지없이 오랜 세월 동안 한국의 교회가 그 일꾼들, 즉 교회의 일꾼들과 교육의 일꾼들의 공급을 위하여 선교부와 기독교 학교들을 지켜 보아야 했다는 것은 사실이다. 수요가 충족될 때까지 우리의 기독교 학교들을 유지해야 할 필요성이 우리에게는 있을 것이다.

이제 첫 번째 질문에 대하여 생각해보자. 당신이 이루어낸 결과의 성격이 그 기관의 계속적인 분리 존립을 정당화하는가?

어떤 기관이나 공장에서 생산해낸 것은 그 품질이 한결같지 않다. 어떤 것은 우수하고 어떤 것은 열악하다. 그러므로 생산할 수 있는 최상의 것으로 그것을 판단하는 것이 가장 좋다. 그것이 우리가 교회를 판단하는 방식이다.

만일 우리의 판단이 일반적인 평균적인 것에 근거한다면 또는 가장 열악한 것에 근거하고 있다면 그것은 교회에 공정하지 않다. 우리가 알고자 하는 것은 교회 또는 기독교가 각 개인에게 충분한 기회를 주었을 때 각자 개인에게 무엇을 하는가 이다. 그 최상의 결과물은 무엇인가? 다른 방식으로 교회를 판단하는 것은 많은 곳에서 그것을 아주 가볍게 평가하는 것이 될 것이다. 왜냐하면 기독교인들의 성격은 언제나 가능성으로 측정하지 않는다. 그들은 그리스도의 몸을 낮게 평가한다. 그래서 우리는 집어낸 몇 개의 최상의 사례들이 그 사업을 정당화 한다고 생각한다. "여기에 우리가 완성한 결과물 일부가 있다"고 말한다. 그것은 우리가 하고 있고, 또 할 수 있는 것이다. 이러한 사례들이 우리의 노력을 정당화시키는가?

이 경우 개별 기관을 다루는 것이 좋다. 나는 평양의 연합대학 곧 숭실대학의 졸업생들 일부를 고찰해 보겠다. 왜냐하면 나는 이 나라에 있는 어느 다른 학교보다 숭실대학에 대하여 상대적으로 많은 것을 알고 있기 때문이다.

숭실대학 첫 졸업생은 1908년에 배출되었다. 두 명이었다. 하나는 이내 학교의 선생이 되었고 오랫동안 수석교사였다.[95] 얼마 후 그는 신학교에 입학하기 위하여 그 일을 끝냈다. 신학교에서 학업을 하는 동안 그는 지역 교회들 가운데 가장 큰 교회의 목사를 돕는 역할을 수행하였다. 그가 신학교를 졸업했을 때 그는 그 교회의 협동목사로 불림을 받았고, 그 이후 줄곧 그 교회에서 일했다. 사람들이 모두 그를 칭송하고 그를 존경한다. 그는 선을 위해, 최대의 영향을 미치기 위해 꾸준히 노력하고 있다. 그는 공동체 모두에게 신뢰를 받고 있다. 공동체는 그에게 보다 많은 영역에서 활동하기를 요구한다. 학교는 그를 자랑스러워 한다.

---

95) 변인서(1882-?) 목사를 가리킨다. 그는 평양 출신으로 숭실대학을 졸업하고 1911년 장대현교회에서 장로 겸 조사로 봉직했다. 105인 사건에 연루되어 옥고를 치렀고, 출옥 후에는 장로교신학교에 입학하였으며 이후 장대현교회에서 길선주 목사를 도와 시무했다. 1926년 박윤근 등 청년층에서 길선주 목사 배척운동 때 대표인물로 나서서 장대현교회를 떠났고 이후 대동 동대원교, 평북 철산 세평교회에서 시무하였다.

두 번째 졸업식은 2년 후에 있었는데 그 졸업생 중의 하나는 한국교회에서 가장 훌륭하고 유능한 인물이다.[96] 그 역시 신학교에 입학하기 전에 여러 해 동안 학당에서 가르쳤다. 그는 평양시 서문교회 목사가 되었다. 그 교회에서 그는 여러 해 동안 탁월한 성과를 이루어냈다. 이 나라의 많은 큰 교회들은 그를 데려 가려고 노력하였다. 그러나 그는 최근까지 그곳에 남아 있다. 몇 년 전 그는 한국장로회 총회장으로 선출되었다. 이 자리는 교회가 주는 선물 중에서 최고의 영예이다. 이제 그는 평양신학교 교수의 일원이 되었다. 한국인으로서는 처음으로 그 자리를 얻은 것이다. 그는 틈틈이 숭실중학에서 성경을 가르치기도 하였고 여자성경학원에서 가르치기도 했다. 그는 유능한 설교가였다. 신앙이 충만한, 하나님의 말씀에 진실한, 교회의 참되고, 신앙이 깊고, 노력하는 지도자였다. 한국교회는 교회 구성원들 중에 저러한 사람을 보다 많이 가져야 할 것이다.

여러 해 동안, 그리고 최근까지, 평양의 지도자 목사 세 사람과 두 사람의 부목사가 우리 숭실대학을 졸업하였다. 최근 약간의 변화가 생겨서 이 진술은 현재로서는 유효하지 않다. 그것은 대학의 산출물이 이 도시와 도시 주변 시골에 있어서 기독교인의 삶에 있어서 중요한 요소가 되고 있다는 것을 보여준다. 왜냐하면 이들은 기독교 전파의 노력을 이 도시에 한정하고 있지 않기 때문이다.

또 다른 졸업생은 미국에서 그의 학업을 계속하였고, 이제는 이 도시에 있는 다른 신학교의 교수진이 되었다. 또 한 사람은 선교사연합공의회(Federal Council of Mission)가 지원하는 주간지의 부편집장이 되어 있다. 그들은 모두 유능하고 또 보배로운 사람들이고 지도자들이다.

몇 년 전, 평양에 있는 숭실중학의 교장을 찾고 있을 때에 우리는 나라 전역에서 가능한 최선의 사람을 찾았다. 최종적으로 숭실대학의 교수가 되어

---

96) 김선두 목사를 가리킨다.

있는 숭실대학 졸업생으로 결정하였다. 그가 그 교장으로 선정되었고, 여러 해 동안 가장 효율적이고 적합한 매너로 그 임무를 수행하였다. 그는 미국 북장로회해외선교부에서 그와 같은 책무를 갖는 첫 번째 한국인이었다. 그리고 그 책무를 잘 수행했다. 선교사가 그의 모든 시간을 그와 같은 일에 쏟아 붓는 것의 필요성은 명백하여졌다.

여러 해 동안 학당의 대부분의 선생들은 우리 대학을 졸업한 사람들이고, 또 우리가 찾을 수 있는 최고의 선생이었다. 지난 해, 학교에 동맹휴업 사태가 발생했는데, 학생들의 요구는 선생 가운데 일부를 해고하라는 것이고, 정부가 인정하는 교사로 대체하라는 것이었다. 말하자면 정부가 인정한 자격을 갖춘 선생을 쓰라는 것이었다. 이런 선생들 가운데 몇몇은 정부의 인정을 받기 위한 학교를 준비해야 한다는 관점에서 많은 봉급으로 계약이 되었다. 한 학기가 끝나기 전에 학생들은 이들 인정을 받은 선생들에게 실망했고, 그들은 가르치는 자격에 있어서 숭실대학 졸업생들과는 비교가 안 된다고 선언하였다. 우리들 일부는 오랫동안 그런 생각을 갖고 있었다. 그러나 그것이 시험을 거친 것을 기뻐했고, 효율적으로 학생회의 만족을 입증하였다.

대학의 또 다른 졸업생은 그의 학업 과정에서 음악 분야에서 특별한 사회적 재능을 보여주었다. 그는 선교사들로부터 가능한 한 많은 도움을 받았다. 졸업 후에 그는 미국으로 가서 여러 해 동안 음악을 전공하였다. 그리고 귀국하여 여러 해 동안 대학의 음악부를 책임졌고, 음악 분야의 젊은이들을 훈련시키는데 놀라울 정도의 성과를 이루어냈다. 그는 또한 영어실력이 탁월하여 매우 유능하게 해석해 냈다.[97)]

이러한 사례들을 얼마든지 들 수 있을 것이다. 우리는 한 기관의 결과물로서 적정하고 공정한 사례들을 뽑은 것이다. 학생들을 그런 사람들로 길러내

---

97) 숭대 5회 졸업생 박윤근(朴潤根)을 말한다. 박윤근은 1891년 생으로 1915년 숭실중학 교사로 있다가 1916~1919까지 우스터칼리지에 유학을 다녀온 후 1921년부터 숭실대학에서 교수로 활동했다. 유학중에 그는 화학과 함께 파이프 오르간을 부전공했다한다.

는 것은 이 나라에서 기독교 학교의 유지를 정당화하는 것이라고 우리는 믿는다. 교회는 계속하여 앞으로 많은 기간 동안 그런 훈련과 성격을 지닌 사람을 필요로 하게 될 것이다. 그런 것을 위한 수요는 그런 학교의 유지를 지속적으로 정당화할 것이다.

19. 숭실대학의 새로운 초석(礎石)

KMF 21권 9호(1925. 9)

평양 합성숭실대학에서는 오랫동안 모든 일이 거의 한 건물에서 행하여졌기 때문에 좁은 공간에 많은 학생들이 모여 있었다. 실험실을 독립된 곳으로 내보내야 할 필요가 있었고, 동시에 다른 부서들을 위한 공간도 마련되어야 한다고 생각은 했지만, 원하는 건물을 마련하는데 필요한 만큼 많은 돈이 준비되지 못했다.

하나님의 섭리로 건물을 짓기 시작할 정도의 돈은 모였지만 완공하고 설비까지 다 갖출 정도는 못되었다. 나머지 필요한 돈은 적절한 때에 또 채워 주시리라 믿고 우선 가능한 만큼만 진행하기로 하고서 계획된 대로 올 여름에 공사를 시작하기로 했다. 그래서 6월 16일에 계약이 이루어졌고, 교수단과 학생단, 많은 방문객들이 모여서 초석을 놓는 기념식을 가졌다.

대학합창단이 특송을 부른 후, 평양 장대현교회 부목사인 변인서 목사가 성경을 봉독하였는데, 그는 제1회 졸업반이었던 두 명의 학생 중 한 명이었다. 대표기도는 김선두 목사가 맡았는데 그 역시 합성숭실의 졸업생이었다. 다음으로 라이너(R. O. Reiner) 교수가 초석에 들어 있는 구리 함량에 대해 설명하였다. 합성숭실대학의 학장인 마우리 목사(Rev. E. M. Mowry)가 초석을 놓았는데, 건물을 세우는데 그의 지칠 줄 모르는 헌신적 노력이 큰 힘이 되었다.

합성숭실대학은 이제 '전문' 즉 전문학교로 바뀌었고 정부의 승인을 받았다. 이로써 정부의 교육 제도에 편입되었지만 동시에 기독교대학으로서의 정체성과 그동안 누려왔던 특권들을 유지할 수 있게 되었다. 한국인들은 대학이 새로운 지위를 얻게 된 것을 아주 좋게 받아들이고 있다. 대학의 새로

운 출발과 함께 앞으로 유용성이 계속 증진되는 장소가 될 것이라 자신 있게 전망해 본다.[98)]

98) 이글은 임지훈이 초역하였다.

20. 소래에서의 40주년

KMF 21권 12호(1925. 12)

40주년 행사는 어떤 선교지에서는 드믄 일이 아니다. 그러나 한국에서는 매우 드문, 별로 없는 일이다. 지난 해 곧 1924년에 선교사연합공의회는 장로교의 알렌 박사가 한국의 최초 선교사로 도착한 해를 기념하는 40주년 기념식을 열었다.

내가 여기서 기술하고자 하는 40주년 기념식은 선교에 관한 것이 아니라 교회에 관한 것이다. 그 교회의 이름은 소래이다. 그 교회는 소래해변 근처에 있다. 한국의 수도 서울에서 200마일이나 멀리 벗어난 곳, 황해도 서쪽 끝 작은 마을에서 처음으로 한국의 장로교회가 세워진 것은 참으로 이상한 일이다.

동양의 시간을 재는 방식은 서양과 조금 다르다. 동양에서는 사람이 살았던 각각의 해를 한 해로 계산한다. 위에서 말한 40년은 우리 서양식으로 계산하면 39년이다. 이 소래 교회, 소래 집단이 세워진 날은 1886년이다. 그러니까 처음 선교사가 도착한 다음 두 해만이다. 이 교회는 앞으로 널리 퍼질 한국 교회의 선구가 될 것이다.

이 소래교회가 세워진 이야기는 매우 흥미롭다. 그 마을의 두 형제가 한국과 중국의 국경 근처로 여행을 하였다. 거기서 그들은 만주에서 사역하는 선교사로부터 복음을 들었다. 이 복음은 그들에게 매우 강렬한 자극을 주었고 그들의 순복(順服)과 충성을 얻었다. 고향에 돌아왔을 때 그들 중 하나는 서울로 갔고 거기서 다시 복음을 들었다. 신약성서를 구입하는 데까지 나아갔다. 그는 그것을 구입하여 은밀하게 숨겨 집으로 돌아왔다. 거기서 그는 그것들을 연구하기 시작하였다. 그 결과 그는 전적으로 믿고 개종하고 그의 마을의 동료들에게 복음을 선포하기 시작하였다. 서울의 호레이스 언더우드는 소식을 듣고 1886년에 그들을 방문하였으며, 그때 개종자들에게 세례를 주고 첫 번째 공동예배를 드렸다. 그래서 지난 여름에 경축 행사를 가졌다.

해변에 있는 모든 선교사들에게 기념 예배에 초청장이 보내졌다. 60명 가량이 그 초청장을 받고 참석하였다. 행사는 교회 건물의 뒤에 있는 아름다운 숲에서 개최되었다. 바닥은 갈대 매트, 멍석으로 덮여 있었다. 한편에는 선교사와 방문객들이 앉을 의자들이 놓여 있었다. 남은 삼면에는 백년이 넘는 숲의 크고 아름다운 나무들이 있었다. 목사는 그 숲이 그 주민들의 조상신을 숭배하기 위하여 조성되었고 해마다 그 마을의 수호신들을 위한 희생의 제사를 드리던 곳이라고 설명했다.

마을 사람들은 음력 9월 9일에 모이곤 했다. 그날 아침 일찍 소를 희생의 제물로 드리고 난 다음 하루 종일 떠들썩한 분위기 속에 축제를 즐기고 술에 취한 흥분 상태에서 끝낸다.

복음이 전파되기 시작한 다음에 이 마을 사람들은 개종하였고, 더 이상 그와 같은 연례 희생제에 돈을 내는 것을 거부하였다. 기독교인의 숫자가 증가하면서, 그것도 매우 빠르게 증가하였는데, 비기독교인이 희생 제물의 비용을 감당하는 것이 더욱 더 힘들어졌다. 그러자 그들은 만일 기독교인들이 희생제에 기부하지 않는다면 그들 역시 하지 않을 것이라고 말했고, 결국 단 두 가정만이 전승된 전통에 충실한 채로 남았다. 그렇게 되자 그들은 더 이상 황소를 바칠 수 없었다. 그 대신 각자 닭을 가져 와서 노여워하는 신을 달래기 위한 제물로 바쳤다. 몇 년이 지나자 두 가정마저도 그들의 신을 숭배하는 의식을 멈추고 말았다. 그 숲은 바로 그 숲 앞에 교회를 세운 기독교인들의 수중에 넘어갔다. 숭배는 여전히 같은 장소에서 계속되고 있지만 이제는 이교도의 신에게 드리는 것이 아니다. 오직 살아 계신 참 하나님께 드리는 예배이다. 이제 예배는 일 년에 한 번이 아니라 매주일 이루어지고 있고, 때로는 한 주에 여러 차례 이루어지고 있다.

그렇게 결성된 기독교인 모임은 계속 번창하고 성장하였다. 그들은 복음전도자를 부러워 하고 황해도의 서부 지역으로 두루두루 둘씩둘씩 복음을 전하려고 나아갔다. 실제적으로 그 지역의 모든 오래된 교회조직은 이들 소래 기독교인의 복음전도의 노력에 그들의 기원을 두고 있다.

그들은 그들의 첫 교회 건물을 1895년에 설립했다. 처음에 그들은 작은 초가지붕의 건물을 계획했다. 그러나 기부된 돈이 기와 지붕의 건물을 짓기에 충분하였다. 그들은 열성적으로 헌금했다. 외부나 해외로부터 아무런 도움이 없이 그들 자신이 그렇게 할 수 있음을 매우 기뻐하였다. 건물이 완성되었을 때 오히려 돈이 조금 남았다. 몇 년 안 되어 기존의 건물의 가로 지른 부분에 새 건물을 확장하여 늘여내고 그 입구에 현관을 설치하였다. 결과는 교회 건물이, 의도했던 것은 아니나, 십자가 모양이 되었다. 목사는 그의 말에서 이러한 사실을 언급하면서 그날 "십자가를 향하여 서 있는 교회가 십자가 형상으로 서 있다는 것이 얼마나 잘 어울리는지"라고 하였다.

교회 건축을 마치고 나서 그들은 그들의 아이들을 교육하기 위한 학교 건물을 세웠다. 그것은 아직도 본래의 목적대로 사용되고 잇다.

서울로 갔던 사람은 그리고 처음으로 기독교 책을 갖고 온 사람은 서씨이다.[99)] 교육을 잘 받은 그는 곧 새로운 모임의 지도자가 되었다. 그는 이 축하연에 참석하였고 중요한 순서를 맡았다. 소래교회가 설립된 다음 곧 서씨

---

99) 서경조(徐景祚 1852.12.14.-1938.7.27.). 평안북도 의주 출생이다. 본명은 상우(相佑), 서상륜의 동생이다. 경조는 그의 자(字)이다. 일찍 부모를 잃고 만주에서 형과 함께 인삼 밀무역으로 하였다. 한국장로교회 최초 7명의 목사 가운데 한 사람이다. 일찍 부모를 여의고 독학으로 한학을 공부하였다. 1878년 처음으로 그리스도교를 접하였다. 1884년 황해도 장연의 솔내[松川]로 가, 형 상륜(相崙)과 함께 한국 최초의 교회를 건립하였다. 1900년 솔내교회에서 목사와 장로의 회합을 조직하고 한국 최초의 장로가 되어 해서지방의 교회 설립을 위해 노력하였다. 1907년 평양 장로회신학교를 제1회로 졸업하였다. 조선예수교장로회 독노회(獨老會)가 신학교 졸업생들을 한국 최초의 목사로 안수할 때 다른 6명과 함께 목사가 되었다. 황해도 지역에서 C.E.샤프 선교사와 함께 활동하다가 1910년 H.G.언더우드가 세운 새문안교회에서 협동목사로 있었다. 1913년 새문안교회를 사임하고 솔내로 내려갔다. 이후 상하이로 망명하여 독립운동에 투신한 아들 병호(丙浩)와 함께 지냈다.

는 선교사의 조사가 되었고 그 지역의 기독교 모임들을 책임지게 되었다. 필자가 처음으로 그를 만난 곳도 거기였다. 1901년 가을에 그 목사와 다른 선교사가 황해도 지역의 모든 교회들을 순회하게 되었는데, 서씨가 수행하였다. 그들은 그의 진실함과 깊은 신앙심에 강렬한 인상을 받았고 한국에서의 복음의 진리를 위하여 그와 같은 사람이 더 많이 있기를 바랬다. 그는 나중에 소래교회 장로가 되었다. 그리고 신학을 공부하기 위하여 평양에 왔다. 그는 신학교에서 처음으로 졸업한 사람들 가운데 하나가 되었다. 그와 그의 여섯 명의 급우들은 1907년 가을 성직을 받았다. 한국 장로교회에서 처음으로 임직한 목사가 된 것이다. 그는 소래 교회의 위임목사가 되었다. 몇 년 전까지 정년으로 은퇴할 때까지 그 규모와 능력을 유지하였다. 그는 이제 70세가 넘었다. 그러나 여전히 살아 있으며 그의 건강이 허락하는 한 활동적이다. 다른 사람이 최근 서씨가 그 교회에 축복하고 영향력을 끼치는 동안에 목사로 임명되었다. 큰 집회장소가 세워졌고 이제는 매 주일 수백 명의 사람들이 전에는 악한 영(靈)에게 드렸던 예배를 하나님께 드리기 위하여 이 교회에 모인다.

21. 한 교육자가 순회전도를 떠나다

KMF 22권 6호(1926. 6)

나는 최근 12일간 황주군의 교회들을 방문하였다. 이 여행은 12일간의 학교 방학이 있었기에 가능하였다. 그 기간 동안 나는 그 군의 남부 10개의 교회를 돌아보았다. 다시 또 밖으로 나가 정규적인 순회 전도 여행을 한다는 것은 참으로 즐거운 일이다. 지난 몇 년간 내가 할 수 있었던 최선의 것은 겨우 철로 근처에 있는 몇몇 기독교인의 모임을 주일을 끼고 방문하는 것이 고작이었다. 이번에 나는 더 멀리 가볼 수 있게 되었고, 내가 전에 방문했던 교우들을 보다 직접적으로 접촉할 수 있게 되었다. 최근에 생겨난 기독교인 새 모임들과 더불어 그리고 선교사가 전에 한 번도 방문하지 않은 지역도 찾아갈 수 있게 되었다.

이와 같은 여행에는 명암이 있다. 어떤 사람이 집에서 나와 시골로 접어들어 상황을 살피게 될 때 먼저 드러나는 것이 사람들의 경제적인 고통이다. 나는 지나는 곳 가까이 어디에서나 토지들이 더욱 더 동양척식회사의 수중에 떨어지는 것을 발견하였다. 어떤 사람이 내게 말하기를 그곳 농지의 16분의 15가 이미 그 회사의 수중에 들어 갔다고 한다. 그의 평가가 얼마나 정확한지 나는 모른다. 황주는 황해도의 곡창지대로 알려져 있는데, 거기에는 좋은 땅이 광활하게 펼쳐져 있다. 그러나 어디에서 나는 그곳이 모두 위에서 언급한 회사에 소속하게 되었다고 하는 말을 들었다. 다른 곳에서 황주에 사는 부자들이 넓은 땅을 소유했기에 많은 농부들이 그들 자신이 소유한 땅이 몹시 적다고 한다. 대부분의 경우 땅은 정부의 소유였다. 경작하는 사람들은 약간의 세금을 정부에 냈다. 경작권은 대를 이어 가족의 소유였다. 그런데 개발회사의 소유가 된 다음에 많은 가족들이 그들의 토지에 대한 권리를 빼앗겼다. 다른 경우에는 그리고 최근 몇 년간에 동양척식회사는 토지를 현금으로 구입했는데 나는 종종 그들이 실제로는 농민들이 원하든 않든 간에 그들의 땅을 팔도록 강요당했다는 말을 들었다. 일반적인 규칙에 따르면 수확의 45%는 회사에 바쳐야 하고 농부에게는 씨앗과 농사짓는 방식이 제공된다.

그러므로 그곳에는 미래에 대한 전망이 매우 어둡게 펴져 있다. 토지를 빼앗긴 사람들은 경제적으로 그들의 장래에 희망이 없다고 느낀다. 일반적 평균적으로 농부의 손을 거쳐 가는 돈은 아주 적고, 이것은 교회의 생활에 영향을 미치게 되어 있다. 적어도 목사와 조사들 그리고 교회의 학교들을 지원하는 능력에 영향을 미친다. 그래서 교회들은 전과 같은 급여를 지불하는데 대단히 어려워졌다. 몇몇 경우에 봉급이 부분적으로만 지급되었다. 이것은 물론 생활이 급여에 매여 있는 목사와 조사들에게 실망스런 일이다. 한 목사는 최근 그러한 이유로 그 지역을 떠났다. 다른 사람이 그 일을 하려고 한다. 어떤 조사 역시 그 위기를 매우 심각하게 여기고 있다.

나는 토요일에 출발하여 마노리교회에서 주일을 보냈다. 이것은 그 지역에서 가장 건강하고 가장 발전적인 교회이다. 최근에 그들은 매우 멋진 교회 건물을 지었는데, 높은 지점에 서있어서 주변 아주 먼 곳에서도 볼 수 있었다. 그 주일의 예배에 180명이 참석하였다. 조사는 그의 책임 하에 두 개의 모임을 관리하고 있었다. 그는 내년 두 번째 반으로 신학교를 마치게 될 훌륭한 사람이었다. 그는 이곳 교회의 위임목사가 될 것이다. 장로는 박씨인데 그는 아주 흥미로운 이력을 지니고 있다. 그는 아주 큰 집에서 살았다. 사람들은 그는 바로 부자가 된다고 생각했다. 그러나 그는 탕자의 경우에 해당하였다. 그의 아버지는 여러 해 동안 지방관리였다. 그는 상당한 재산을 모았다. 그가 죽었을 때 그의 아들은 매우 방탕한 생활을 시작했다. 그는 두 세 명의 아내를 두었고, 멀고 가까운 곳에서 그의 친구들을 초대하였으며, 주변에 멋진 나무들을 심어놓은 연못 한 가운데 지어놓은 아름다운 정자에서 먹고 마시고 하였다. 몇 년 안 가 그는 유산을 탕진했으며, 그 오래된 집 외에는 남은 것이 없었다. 그때 그는 복음을 들었으며 기독교인이 되었고, 방탕생활에서 벗어나 신앙적 삶을 계속하였다. 그는 이전의 느슨한 삶과 효성스럽지 못한 삶을 깊이 뉘우쳤고 타락한 삶에서 벗어난 안락이 그를 그리스도에게로 이끌었다. 그리스도 안에서 이제 그는 안식을 찾게 되었다. 그는 매우 힘써 노력했다. 그리고 그 공동체에 선한 영향력을 행하고 있다.

편천에 도달한 다음 날 우리는 그 지역의 낡은 교회를 발견하였다. 그것은 여러 해 동안 아무런 발전이 없었던 곳인데 그 출석하는 교우들을 잃어버렸다. 그들은 다른 교회에서 전도자를 고용했다. 전도자는 가족과 함께 이곳으로 이사하여 그 공동체에서 그 말씀을 선포하는데 전력을 쏟고 있었으며, 이탈한 사람들을 다시 불러 모으려고 애쓰고 있었다. 그것은 확실히 칭찬할 만한 노력이다. 여기서 우리는 아주 병이 깊은 젊은 여인을 발견했다. 그녀는 일 년 전 학습을 받았는데, 죽기 전에 세례를 받고자 했다. 그래서 우리는 그녀 곁에서 예배를 드렸고, 세례를 거행하였다. 그는 분명히 주님 앞에 서기 전에 남아 있는 시간이 얼마 되지 않음을 알았다. 우리는 또한 교회 지도자 가운데 한 사람이 이웃 마을에 사는 이교도에게 그의 딸을 첩으로 팔았다는 사실을 발견하였다. 물론 그는 훈계와 치리를 받아야 했다. 그것이 우리가 교회 생활에서 그들에게 던지는 그림자들의 하나이다. 예쁜 딸이 있는 아버지가 돈이 쪼달리게 되면 딸 아이를 비싼 값에 팔아버리고자 하는 심한 유혹을 받는다. 이 나라의 기독교 1세대가 다른 사람들 보다 먼저 그런 생각을 없애야 할 것이다. 그것은 수천 년 내려온 관습이다. 그것을 없앨 것을 기대하지 않는한 한 동안 계속될 것이다.

그 다음날 우리는 소매장에 갔는데 그곳은 황주군의 남동쪽에 위치하였다. 이 지역에는 많은 마을들이 있다. 그러나 기독교인이 있었던 적이 없다. 그 구역은 금산리교회의 김장로[100)]의 마음에 매우 무거운 짐을 떠안기고 있

100) 금산리 교회로서, 1920년 황주군 주남면에 설립된 교회이다. 당시 김익진(金益鎭)이 영수로 있었고, 80여명의 교인이 출석하였다.(평양노회 지경 각 교회사기, 1925년 7월 7일. 마펫 발행)

었다. 지난 해 그는 그곳에 자주 갔었으며 그 몽매한 상태에 있는 주민들에게 복음을 전하고 있었다. 그 지역에는 도박이 성행하였다. 노인과 젊은이 부자와 가난한 사람 할 것 없이 지난 날 몇몇 사람은 돈을 따고 다른 사람들은 가진 모든 것을 잃는 그런 결과를 초래하는 도박에 얽혀 있었다. 그들이 어떤 돈을 얻게 될 때마다 바로 도박을 하게 했고 결국 그 돈을 모두 잃게 되었다. 빈곤은 사람들을 비루하게 한다. 만일 그 공동체에 복음이 필요하다면 바로 이 사람들에 복음이 필요할 것이다. 김장로는 깊은 신앙심으로 이들에게 설교하였고 많은 사람이 복음을 들었다. 다른 사람들은 복음의 내용에 흥미를 가졌다. 최근 그곳의 지도적 가정은 공개적으로 그들의 우상과 조상의 신주를 모두 불살랐다. 이것은 매우 깊은 인상을 주었다.

또 다른 사람은 수령의 서기였는데 기독교인이 되기로 결심하고 그의 이웃들 앞에 담대하게 맞섰다. 그는 그곳 도박꾼들의 우두머리들 가운데 한 사람이었다. 약 60명 가량이 그날 오후와 저녁 예배에 모였다. 그들은 진정으로 흥미를 가지는 듯하였고 우리는 그 곳에 좋은 교회가 설립될 것에 대한 기대를 갖게 되었다. 한 집이 안전하게 수리되고 난 다음 교회 건물로 바뀌었다. 전직 수령의 서기이고 도박꾼이었던 사람이 말하기를 만일 어떤 나이 든 기독교인이 그 마을에 이사를 오게 된다면 그는 그와 더불어 복음을 전하는데 그의 남은 모든 시간을 바칠 것이라고 하였다. 김장로와 다른 교회에서 온 세 명의 선한 사람들은 일년 동안 각자 한 달에 한 주일씩 이 곳에 와서 예배를 인도하기로 합의하였다. 그와 같이 주일에는 적어도 그들은 좋은 지도자를 갖게 될 것이고 이런 방식으로 지역의 지도자들이 발전하게 될 것이며 그럼으로써 일년 후에는 또는 얼마가 지나면 그들은 그들 자신을 돌보게 될 것이라는 희망을 갖게 되었다. 한 명의 복음전도자 또는 권서(勸書)가 이곳 많은 주민들을 돌보아야 한다. 복음에 흥미가 있다고 하는 것을 밝히는 사람이 있다면 말이다. 그러나 그러한 목적을 위한 기금은 없는 것 같다.

거기 있는 동안 나는 그 곳에서 또 다른 간악한 관습에 대하여 들었다. 한 집안의 어른이 죽으면 모든 친척이, 먼 곳의 있는 친척도 그 집에 모여 유산이 남아 있는 한 오래 그 집에서 먹여줄 것을 요구한다는 것이다. 그리되면 상속자는 유산의 어떤 혜택도 받을 수가 없게 된다. 그저 그 친척들을 충분히 먹이는데 그것을 사용해야만 한다.

우리는 덕모루[101]에서 주일을 보냈다. 이곳은 황주군의 외진 곳에 있다. 몇 년 전 내가 마지막으로 방문한 이래 그들은 매우 멋진 좋은 규모의 교회당을 지었다. 지도자 들 가운데 몇몇은 멀리 이사를 갔고 교회는 몇 년 전보다 약해져 있었다. 전체 회중의 절반 정도가 5리 내지 10리 떨어진 시골마을에서 왔다. 그 군에서 부유한 사람 가운데 한 사람이 여기서 살고 있는데 시장 한 가운데 큰 건물을 갖고 있었다. 그의 아내와 딸이 교회에 출석한다. 거기에는 세례를 받을 남자와 여자가 있었다. 이름만으로는 누가 남자이고 누가 여자인지를 알 수가 없다. 그래서 나는 여자의 이름으로 남자에게 세례를 주었고 남자의 이름으로 여자에게 세례를 주었을 때 몇몇 소년들이 킥킥거리는 소리를 들었다. 나는 순간 무엇인가 잘못 되었다고 생각하고 망서렸다. 그때 집사 가운데 하나가 나를 바로 잡았다. 분명하게 젊은 남자 하나가 세례를 받으려고 하는 것을 구제하였다. 그 여인이 자신을 남자로 생각했는지 않았는지 나는 알지 못한다. 한국에서는 남자와 여자의 이름 사이에 명확한 구분이 없다.

교회의 뒤편 산 쪽으로 황주군의 불신자들이 여름철에 술과 무희들을 데리고 와서 그들이 섬기는 신을 기쁘게 하고 또 그들이 즐겁게 놀기 위한 좋은 집이 있다. 우리는 그 사람들 모두가 더 좋은 선생 곧 예수 그리스도를 만나게 될 때를 고대했다.[102]

돌아오는 길에 우리는 세군데 교회를 방문하였다. 마지막 한 곳은 구로기

---

101) 덕모루는 덕우리(德隅里)이다. 1910년황주군 구락면 덕우리에 교회가 설립되었다. 1918년부터 편하설이, 1922년부터 소안론 선교사가 시무했다.

102) 이 말은 편하설이 사탄을 숭배하는 자들이 그리스도를 따르게 될 날을 기다린다는 뜻이다.

이다.[103] 거기서 우리는 기독교인이 된 아름다운 젊은 여인을 만났다. 그의 이교도 아버지와 오빠들은 그녀를 다른 불신자에게 팔아 버리기로 결정하였다. 그녀는 집에서 빠져 나와 신실한 기독교인인 숙모집으로 갔다. 숙모는 그녀를 그 잘못된 결혼으로부터 보호하려고 노력했다. 거의 매일 그녀의 아버지와 오빠들이 그 집에 와서 그녀를 빼내어 결혼시켜 버리려고 소란을 피웠다. 그녀는 오직 기독교인과만 결혼하겠다고 선언하였는데 나는 그녀가 그것을 견지하리라고 기대한다. 그는 학습 문답 과정을 놀라운 성적으로 통과했다. 우리는 그녀를 학습교인으로 받아 들이는 것이 매우 기뻤다. 그녀의 부모는 사실 그 인근 지역에서 매우 부유한 사람이었다.

모든 순회 전도가 항상 부딪히는 새로운 경험과 문제들이 있다. 하나는 불신앙인들이 지니고 있는 무시무시한 어두움에 대한 느낌이며 다른 하나는 복음이 그에 대한 유일한 치료제라는 것이다. 우리는 그들이 직면해야 할 문제들, 그리고 깊이 배어 있는 이교도 관습의 무시무시한 실정을 알아낼 수가 없다. 우리는 단지 성취된 승리에 감사할 따름이며, 빛이 성행하고 어둠이 사라져 갈 때를 기다릴 따름이다.

마지막으로 나는 황주군은 훌륭한 사과 생산지라는 점을 말하고 싶다. 거기에는 많은 과수원이 있고 내가 지나간 곳마다 새로운 과수가 심겨져 있었다. 기독교인들은 그들이 필요로 하는 땅을 갖고 있는 곳에서는 모두 유실수를 심었다. 몇 년 안에 그들은 그 자원으로부터 그 군에 큰 소득을 가져다 줄 것이며 나는 기독교인들이 그들의 수확한 것의 넉넉한 나눔을 통하여 현재 백성들에게 그토록 질식시킬 듯한 부담을 주는 경제적인 걱정으로부터 벗어나게 되는데 도움을 주리라고 기대한다.

---

103) 구로리(九老里)교회를 이렇게 표기한 듯 하다. 황주군 청룡면에 있고 1913년에 설립되었다.

22. 선교사연합공의회

KMF 22권 12호(1926. 12)

선교사연합공의회의 15차 연회가 9월 18일부터 22일까지 서울의 피어슨 기념관에서 열렸다. 재한선교부들과, 성서공회 그리고 YMCA에서 파견된 대표들의 이다. 전체 회원은 해마다 100명이 조금 넘는다.

이 공의회는 협력 단체 상호간의 이익을 고려하고 다양한 선교부의 구성원들 상호간의 친선과 우의를 도모한다. 조선예수교연합공의회가 구성되자 선교사연합공의회가 다루던 많은 문제들을 선교사와 한국인들로 구성된 조선예수교연합공의회로 이관하고 선교사연합공의회는 다양한 교회들을 대표한다. 그래서 선교사연합공의회가 점점 더 많이 일반적인 주제들에 시간을 쏟았고 특정의 문제를 다루는 데서 점차 벗어나게 되었다. 지난 몇 년간 그날의 주제를 위한 핵심적 사안을 하루 종일 다루기 위한 회의가 배정되었다. 올 해 그 주제는 국제적 그리고 종족간의 우의였다. 유능한 발제자가 선정되었는데 다음과 같은 하위 주제를 고려하여 주도할 사람이다.

- 현재 세계의 상황, 위험과 기회
- 인종을 대하는 태도의 심리학
- 선 의지를 증진시키기 위한 오늘날의 운동
- 예수의 형제애에 대한 가르침
- 한국인과 일본인 교회 간의 우의
- 한국에서 선교사들이 무엇을 할 수 있는가? 실행 제안

수많은 한국과 일본의 지도적인 사역자들이 초청을 받아 참석하였다. 그들은 매우 유익하고 빛을 던지는 토론에 많은 것을 보탰다.

일본에 있는 일본기독교선교연합회로부터 파견된 우애 있는 대표자는 스

티어 월트 목사였다. 일요일 아침 연회에 앞서 있었던 그의 설교와 우애로운 협력 기관의 대표자로서의 연설은 매우 훌륭했다. 금년 우리가 일본에 파견한 대표는 로즈 박사인데 그는 일본 방문을 매우 행복하고 친근하게 설명하였는데, 그의 공식적인 보고서는 KMF에 게재될 것이다. 두 선교회의 사이에 있는 이런 우호적인 협력 관계의 교환 프로그램은 매우 행복하게 진행되어 왔으며, 연결 고리로 작용했고 두 협의체 간의 소통 수단이 되었다.

교회를 통한 국제적 친선의 증진을 위한 주제는 위원회에서 다루는데, 이는 앞서 언급한 회의에서 우선적이고 주도적인 프로그램으로 준비되었다. 거기서 제시된 아이디어들을 따라가는 과정에 그들은 우리가 여기서 옮겨 쓰려고 하는 해결책들을 가져왔다. 그러나 공간의 부족으로 우리는 단지 다음과 같은 한 문단만을 인용한다.

> "이민과 토착화법에 관하여 우리는 그와 같은 법령들, 곧 관여된 국가의 경제적 교육적 정치적 도덕적 표준들을 보호해야 함에도 그리스도의 황금률에 의하여 통제되이야 하고, 상호성에 근서를 두어야 한다. 모든 제약들은 인종차별이 아니라 개인의 인격적 자질에 토대를 두어야 한다는 법령들을 유지하여야 한다. 이것은 홀로 우리 시대의 계몽된 기독교적 양심을 만족시킨다."

연회는 총독부 정무총감 유아사 탕천창평(湯淺倉平)의 방문으로 고무되었다. 그는 환영사를 읽었고 연회에 축사를 하였다. 유아사씨는 그의 현재의 직위에 오래 있지는 않았지만 이미 한국을 광범위하게 여행하였다. 여기서 일하고 있는 기독교 교회에 관하여 그가 발견한 것을 알아보는 것은 흥미로운 일이다. 한 문단을 인용한다.

> "당신들의 사역에 대하여 내가 알고 있는 것은 나의 지방 여행을 통하여 내가 조사한 것에 의하여 얻은 것에 제한되어 있습니다. 이것에서 다양한 기독

교 교단에 의하여 수행된 전도의 힘이 크게 이 나라의 여러 지역에 영향을 미쳤다는 사실을 발견하게 합니다. 나는 또한 당신들의 교회와 교육기관, 그리고 사회적이며 의료적 실천들이 견고한 초석을 놓으며 또한 꾸준히 터전을 얻고 있음을 관찰하였습니다."

총독인 사이토 자작과 그의 존경할 만한 부인은 매우 친절하게 연회회원들을 서울에 있는 다른 외국인 선교사들과 함께 총독관저 티 파티에 초대하였다. 그것은 우리 모두를 사회적인 방식으로 만나게 하였다. 총독과 총독부인만이 아니라 또한 다른 많은 고위관리들과 참석자들의 아내들과의 만남이다. 맛있는 다과들이 손님들에게 제공되었다.

연회에 사회 사역에 관한 위원회가 있다. 그들은 그들 자신에게 좋은 평가를 내리고 있었다. 그들의 지도력 아래서 회의는 지난 해 구세군 창설을 돕는 기금 모집을 하기로 했고, 몰락한 여성들을 구제하는데 사용될 건물을 갖추기로 하였다. 그 기관은 "여성 산업의 집"으로 완곡하게 표현되었다. 그러나 문제는 사역만큼 오래 그 이름이 사용되었는가이다. 연회는 그 사업을 위하여 3,000 달러를 기부했고, 매년 2,700엔을 유지 관리를 위하여 제공하기로 약속하였다. 구세군은 거룩하고 그 기관을 책임질 경쟁력 갖춘 여성 일꾼을 세웠다. 우리는 많은 선한 일들이 하나님의 영광을 위하여 또 몰락한 이브의 딸들을 위한 도움을 위하여 수행될 것으로 기대하고 믿었다.

연회활동의 '빈곤자 원조'를 위한 다른 방법은 일본과 중국에 거주하는 한국인 가운데 복음 전도자를 후원하는 일에서 이루어진다. 일본에서 일하고 있는 두 명의 목사에게 전액 생활비 지원이 이루어졌고, 중국 북경에 있는 목사에게 부대비용이 결정되었다. 사역은 몇 년 동안 위원회의 책임 아래 활발하게 그리고 효율적으로 수행되었으며, 위대한 선이 성취되고 있다. 이 사역은 그것에 책임을 느끼고 있는 조선예수교연합공의회에 곧 이관될 것이다.

두 명의 스코틀랜드 북부 고지대 사람인 맥켄지와 맥도널드 씨가 연회의 의장과 부의장으로 올 해 일했는데, 그 중 하나가 런던 방문에서 돌아온 한 분에게 영국에 대한 생각이 어떤지를 물었을 때 그의 답변에서 스코틀랜드 사람 같은 기분을 느꼈다. "아무도 만나지 않았다. 오직 스코틀랜드 사람만 만났다"가 그의 답이었다. "뭐라고? 런던에 갔다가 어떤 영국인도 만나지 않았다고?" "그래 아무도 만나지 않았다." 그는 말하기를 "나의 일은 오직 위원회의 수장과 관련된 것이었다."

23. 그것에 맞서라

KMF 29권 5호(1933. 5)

이 제목에서 강조하는 단어는 '그것'이다. 이 특별한 경우에 그것은 경제적인 억압이나 정신적인 어려움을 뜻하지 않는다. 그 두 가지는 현재의 세계에서 매우 큰 비중으로 영향을 주는 것이며, 개인들로 구성된 집단이 모일 때마다 토론의 주제로 삼는 것이다. 여기서 말하는 특별한 그것은 이러한 모든 억압의 근본적 원인에 관한 것이며 마귀의 권위, 악마, 아폴론, 또는 그와 같은 것들로 알려진 것들이다. 그와 그의 다수의 수하들은 한국어에서 매우 다양한 이름을 가졌는데, 이런 이름들은 그들이 서양에서 온 우리들과 이야기할 때보다는 이곳 사람들과 대화할 때 더 자주 사용되곤 한다. 예수의 시대에 그들의 활약을 의심할 여지가 없다. 왜냐하면 예수는 그들과 부딪히기 위해서 왔으며 실제적인 것으로 그들에게 말했고 자연의 힘으로서 단순히 인격화된 것으로서가 아니었다. 이들 어둠의 지배자들의 힘과 이들에 대하여 관심을 갖지 않고 제껴둘 수 없다는 확신이 없이는 이 동양 땅에서 오래 살아갈 수는 없다.

이 글의 제목은 공격당하기 쉬울 것이다. '그것'은 중성 명사이다. 여기서 '그것'이 함의하는 것은 중성도 중립도 아니다. 사탄은 성별이 없겠지만 그들은 비인격적인 것이 아니다. 우리는 이 글의 제목에 악마라는 단어를 사용하지 않는다. 왜냐하면 그것은 너무 세속적인 것처럼 들릴 수 있기 때문인데 우리는 그렇게 들리는 것을 원치 않는다. 그러나 이처럼 애매한 화면으로부터 벗어나 언제 어디서 무엇을 맞서야 하는 지를 찾아보자!

수안군[104] 북서쪽 지역에 있는 교회의 한 장로는 지난 가을 나에게 와서 그의 가정 교회로부터 멀지 않은 곳에 있는 사람들의 딱한 영적 조건에 대하여

---

104) 수안군(遂安郡)은 황해도 동북부에 위치한 군이다. 동쪽은 곡산군, 서쪽은 서흥군과 평안남도 중화군, 남쪽은 신계군, 북쪽은 평안남도 강동군과 성천군에 접하고 있다.

말했다. 3년 전 그곳에 갔는데 그 군의 교회들의 전도부에서 파송한 전도사 신분이었다. 그리고 거기서 복음을 설교하며 8개월을 보냈다. 또한 우상 섬기는 죄, 사탄 숭배, 도박, 술취함, 분쟁으로부터 돌아오게 하기 위하여 적극적으로 노력했다. 그는 그 자신이 이세벨로부터 쫓겨난 엘리야기 되었다고 느꼈다. 어느 누구도 그의 메시지에 아무런 반응을 보이지 않았다. 그곳의 이름은 명학동인데 곧 밝은 배움의 마을이다. 사람들은 학식이 있는 조상들이 있었고 따라서 자신감이 넘쳐나는 긍지가 있었다. 아무런 결실이 없는 것처럼 보이는 8개월을 보내고 난 다음 그는 철수하였고 그의 집으로 돌아 왔다. 그러나 그 사람들에 대한 부담이 그의 마음에 컸기 때문에 그는 나에게 와서 그 지역의 전도사의 봉급 절반을 줄 수 있는지를, 그리고 그 사람들을 깨울 수 있는 다른 시도를 해볼 수 있는지를, 또 그의 교회가 나머지 절반을 부담할 수 있다는 등의 논의를 하러 왔다. 나는 그와 같은 제안에 트집을 잡고 싶지 않았다. 나는 그 제안에 동의했고 한 사람의 열성적인 전도사를 선발하여 이내 그곳에 파송했다.

전도사가 그 마을에 들어갔을 때 그 사람들이 매우 불안해 하고 있는 것을 발견했다. 그 이유를 찾나가 사람이 아니라 그 지역 사람들이 다른 무엇보다 두려워하는 왕신(王神)이 최근 사람들에게 많은 골치 아픈 일을 일으키고 손해를 입혔다는 것을 알게 되었다. 다섯 명이 죽었고 여러 집이 불탔다. 다섯 명 중의 세 사람은 11칸이나 되는 큰 집 근처의 작은 집에서 죽었다. 이 큰 집의 주인은 매우 놀라서 그 집을 폐쇄하고 그 마을의 다른 곳으로 이사했다. 전 주민이 다음에 그들에게 어떤 일이 일어날지 모르는 공포 속에 있었다. 사실 어떤 일은 일어나고 있었는데 그들은 그것이 무엇인지 모르고 있었다.

이 전도사가 후에 나에게 그 일에 대하여 보고했을 때 나는 그에게 이 불이 악령이 아니라 나쁜 사람에 의하여 일어 났는지 생각해 보았는지를 물어보았다. 그는 아니라고 대답했다. 귀신은 그런 힘을 지니고 있고 그 자신도 여러 곳에서 그것과 부딪혔다고 했다. 이 사람은 기독교 장로이며 여러 해 동안 믿은 기독교인이지만 귀신이 참으로 그와 같은 힘을 갖고 있으며 실제로 그런 힘을 그들에게 행사한다고 믿고 있었다.

전도사는 주께서 그를 심리적으로 위기의 시점에 그곳에 보냈다고 느꼈다. 그는 그 경우를 사람들에게 복음을 전파하는 기회로 사용하였다. 그들 생활의 큰 죄악을 보여주고 그들의 적이 아니라 친구인 예수께로 돌아와야 할 필요성에 대하여 가르쳤으며, 예수께서 그들에게 선을 베푸시고 해를 주지 않는다고 하였다. 예수는 그들의 마음을 공포 대신에 기쁨으로 충만하게 한다고 가르쳤다. 그 메시지는 사람들의 마음을 집처럼 아늑하고 편안하게 하였으며, 그 때 그들 가운데 많은 사람들이 복음을 받아 들이고 교인이 되기로 결심하였다. 다른 사람들은 만일 교회가 그곳에 설립된다면 그들도 교회에 출석하겠다고 하였다.

거기에 큰 폐가가 있었는데 복음전도자는 그것을 매입할 수 있다면 교회로 사용하고 싶다고 제안하였다. 이들 새로운 신자들 가운데 헌금자가 있었고 다른 기금과 보태어 이 집을 아주 싼 값에 구입할 수 있게 되었다. 왜냐하면 어느 누구도 그 집을 구입하여 살려고 하지 않았기 때문이다. 집주인은 싼값에 팔려고 했고 그 집의 처분을 기뻐하였다.

나는 며칠 전에 이곳을 방문하였고 예수를 믿기로 작정한 남자 여자 어린이들 65명의 명단을 건네 받았다. 그곳에는 저녁 예배에 참석하기를 원하는 사람들이 모일 수 있는 큰 건물이 없었다. 그래서 우리는 두 번에 나누어 예배를 드렸는데 한 번은 성인 남자와 소년들을 위한 예배였고, 다른 한 번은 성인 여자와 소녀들을 위한 예배였다. 100명 이상이나 되는 사람들이 이 두 번의 모임에 참석하였고 여러 명이 예수를 믿기로 서약하였다. 최종적 결정이 이 건물을 교회당용으로 구입하기로 하였고 다음날 우리가 떠나기 전에 건물에서 회의를 하였는데, 그동안 멀찍이 떨어져 관망하던 몇 사람이 이제 그 이웃들에 동참하기로 결심하고 기독교인이 되었다. 한 주일 후 내가 이 글을 쓸 때에 8명의 여인들이 시골 여인들을 위한 사경회에 참석하기 위하여 평양에 왔다. 확실히 사탄과 그 졸개들은 그들 자신이 그곳에서 영역을 넘어서는 짓을 했고 이제 그들의 얼뜨기 추종자들 상당수를 잃어 버리게 되었다.

나의 시골 사역의 다른 부분에서도 다소 유사한 사례가 있다. 평양으로부터 한 기독교 여성이 황주군으로 이사를 왔는데 그곳은 기독교인이 없었으나 그의 열성에 의하여 꽤나 많은 사람들이 기독교에 관심과 흥미를 갖고 그녀가 그의 집에서 개최한 모임에 참석하기 시작하였다. 나는 그 소식을 듣고 새 신자들을 가르치고 그들 가운데 교회를 세우기 위하여 전도사를 석달 간 그 곳에 파송하였다. 석 달 뒤에 그 전도사에 대한 재정 지원은 그 군의 전도부로 넘어갔고 그 사역은 일년 가까이 지속되었다. 지난 가을 나는 그곳을 방문했다가 50명 이상의 신도들이 정규적으로 예배에 참석하는 것을 보았다. 집을 한 채 구하여 교회 건물로 개조하였고 그 지역의 많은 사람들이 그 운동에 흥미를 갖게 되었다.

이번 봄에 우리는 그곳에 성서를 가르칠 여성, 곧 전도부인을 두 주간 파송하였다. 그녀는 권능이 있는 여성이고 성령이 충만하였다. 그녀는 예배에 참석하는 주민들 상당수가 그들의 집에서 우상 숭배를 버리지 못했다는 것을 알았다. 이들이 섬기는 우상은 그들 집에 함께 살고 있는 것으로 생각되는 귀신의 종류나 작은 고리짝에 담긴 낡은 천 쪼가리 뭉치[105] 들이다. 그들은 라틴어의 찬장의 신(penates, 부엌신, 조왕신)이다. 말하자면 라반(Laban)의 신[106] 들이다. 그녀는 그것들이 얼마나 죄악스런 일인지를 말하고 모두 마당으로 내놓아 불살라 버리도록 설득하였다. 이것은 그 지역에 엄청난 공포를 가져

---

105) 부적을 가리키는 듯함

106) 라반의 신이란 고대 메소포타미아에서 섬기던 우상이다. 성경에 나오는 드라빔은 일종의 가족 수호신으로 가정의 행운과 번영과 관련되어 있다. 대부분의 드라빔은 주머니에 넣고 다닐 수 있을 정도로 작은 것이지만 큰 것도 있었다. 창세기 31장에는 리헬이 드라빔을 훔쳐 안장밑에 숨긴 것이 나온다. 크기가 작은 것임을 짐작할 수 있다. 그러나 사람의 크기만한 것[(삼상19:13-16)이 있다. 재료는 주로 나무나 은(銀) 등으로 만들어 졌다. 드라빔은 단순한 가족 수호신 역할만이 아니라 한 세대에서 다음세대로의 유산으로 전해졌다. 라반의 딸 라헬이 아버지의 집을 나올 때 드라빔을 몰래 가지고 나온 것은 바로 유산에 대한 욕심 때문인 것을 알 수 있고(창31:19), 라반이 이 드라빔을 필사적으로 돌려받으려 한 것도 바로 그런 연유에서였다. (창31:30-37)

왔다. 기독교인이 이들 귀신들을 그들의 집에 간직하고 있다는 것이 알려진 동안은 비신자들은 조용했다. 그러나 그들이 이것들을 파괴하자마자 공포가 비신자들을 사로 잡았고, 그들은 마침내 행동해야 할 때라고 결심하였다.

그날 저녁 기도회가 있었다. 많은 비신자들이 교회에 모여 들었다. 그들은 집회를 방해하고 몇 개의 문을 밀치고 창을 부수었을 뿐 아니라 모임에 온 사람들 가운데 몇을 두들겨 팼다. 맞은 사람들 가운데는 심각하게 부상당한 노인도 있었다. 그 다음날 밤 이들 난폭한 군중들은 몽둥이를 들고 성경을 가르치는 여성이 머무는 집으로 몰려가서 그녀를 나오라고 했다.

나중에 우리들에게 그 일에 관하여 말하면서 그녀는 도움을 요청하는 기도를 하나님께 드리고 새로운 용기가 그에게 생기는 것을 느끼며 담대하게 성난 군중들 앞으로 나아갔다고 말했다. 그들은 그녀가 왜 이들 집의 신주들을 불 살르고 파괴했는지의 이유를 알고 싶다고 하였다. 그리고 그 결과 귀신들이 화가 나서 그들의 아이들을 죽일 것이며, 그들의 집에 불이 날 것이고, 또는 그들의 몸에 심각한 손상을 끼칠 것이라고 말했다. 그녀는 그녀가 그렇게 한 것은 오직 집 주인의 전적인 동의하에 한 것이고, 하나님은 그런 것을 싫어 하시며 그녀가 할 수 있는 한 그러한 사탄의 역사를 가능한 한 많이 파괴하기 위해서 그곳에 왔노라고 대답하였다. 그는 담대하게 그들에게 복음을 전했다. 우상과 마귀 숭배의 죄악을 말하고, 그들이 회개하고 그리스도를 믿음으로 참 하나님께 돌아올 것을 간곡히 권면하였다. 노인들 가운데 화가 난 몇몇은 그들의 손으로 귀를 막고 더 이상 듣기를 거부하였다. 점차 한 사람 한 사람씩 빠져 나갔고 기독교인들만이 남았다. 만일 이 전도자가 여자가 아니라 남자였다면 그들은 그 때 거기서 그를 죽였을 것이다. 그들은 여인을 공격하려고 하지 않았으며 또 그의 논증에 대답할 수도 없었기에 그냥 슬며시 흩어져 버린 것이었다.

폭력배들은 이웃들에게 그들이 전도부인에게 50엔의 벌금을 매겼고 그들이 이후에 누구든지 교회에 갈 때마다 각자에게 5센트씩 벌금을 부과할 것이라고 말했다. 이것은 전적으로 공갈이었다. 전도부인과 그 젊은 남자 전도사는 집집으로 돌아다니며 기독교인들로 하여금 견고히 서고, 돌아다니는 거짓말에 귀를 기울이지 말라고 하였다. 그들은 다음 주일 그곳에서 폭력이 재발될 것을 두려워하였다. 그래서 그들은 많이 기도하고, 그 상황을 설명하는 편지를 내게 보냈다. 그리고 내가 그들에게 용기를 불어 넣어주어서 다음 주일에 교회에 나오도록 해줄 것을 요청하였다. 그 편지는 월요일 나에게 도착하였다. 그래서 나는 그곳에 갈 수가 없었다. 나는 그들에게 위로의 편지를 썼다. 그들이 그리스도를 위한 고난에 동참하는 가치로 평가 받는다는 것을, 그 사실을 기뻐할 것을 간곡히 권유하였다.

주일이 되었고 기독교인들은 통상시처럼 만났다. 박해자들은 나타나지 않았다. 그러나 많은 비신자들 가운데 20여명이 기독교인들과 함께 그들의 운명을 맡기기로 결심하였다. 기독교인들에게는 행복한 날이었다. 그들은 시험에서 승리하였다.

이것들은 가장 최근에 나에게 다가온 두 경우이다. 악령이 이 나라의 백성들에게 행사하는 엄청난 힘을 보여 주었으며 사람들이 항시 마귀들에 대한 엄청난 공포 속에 살고 있음을 보여 준다. 그들은 복음이 사람들의 마음 속에 들어갔을 때 어떻게 되는 지를 보여 준다. 기독교 복음 전도 사역자들이 참으로 그것에 맞서고 있음을 그들은 느꼈다. 죄와 절망의 사슬, 그리고 그들 자신을 얽매고 있는 굴레로부터 이 백성들을 지키려는 전도자들의 노력에서 거의 드잡이 하듯 하는 갈등에 바르게 맞서려고 발버둥치고 있다.

그들의 유일한 소망은 복음에 있다. 왜냐하면 주의 성령이 있는 곳에, 또 오직 그곳에만 자유가 있기 때문이다. 기독교 국가의 특정 집단이 지지하는 것과 같은 기독교는 이것을 전할 수 없을 것이나. 또는 그들이 살고 있는 곳에 영적이 어둠이 있는 사람들에게도 이것을 전하기는 어렵다. 그것을 하려면 복음의 모든 힘이 필요하다. 복음은 그것을 할 수 있다. 그러므로 우리는 소망 중에, 확신 중에 일하고 있다.

24. 길선주 목사

KMF 32권 2호(1936. 2)

최근 길선주 목사의 죽음으로 한국개신교회는 그들의 가장 빛나는 보석과 위대한 사람 하나를 잃었다. 설교가로서 또 복음전도자로서 그는 교회에서 최상일 것이다. 그의 생애에 대한 완전한 기록이 언젠가는 이루어질 것이라고 믿는다. 그러나 현재 우리가 할 수 있는 모든 것은 그의 매우 비범한 삶의 측면들 가운데 일부만을 제공하는 것이다. 이 기술들은 그의 장례식에서 볼 수 있었던 역사적 자료들에 기초하고 있다.

길선주 목사는 1869년 평안남도 안주에서 태어났다. 그의 교육은 당시 일반 한국인이 받는 것과 같았다. 그것은 다른 실천적 주제들에 대한 지식들과 함께 중국의 경전들을 배우는 것이었다. 그는 1877년부터 8년간 중국 경전들을 배웠다. 동시에 지역 관청의 낮은 지위에 고용되었다. 그는 그때의 정치적 삶을 보고 겪었다. 그 다음 4년은 상인이었다. 그때 그는 매우 흥미를 느꼈던 도가에 대하여 공부하였다. 한 때 혼자서 여러 날 기도한 일이 있다. 신령들 또는 귀신들과 소통하기 위하여 산 속에서 홀로 외딴 곳에서 차가운 물을 몸에 끼얹어가며 잠들지 않고 깨어 있으면서 기도를 했다. 이는 그의 종교적 성향을 알려주는 것이 될 것이다. 일단 그가 기독교인이 되었을 때에 그의 기독교인으로서의 삶에 그가 쏟았던 열정과 관심을 설명해주는 것이다.

후에 그는 의학공부를 하였고 최종적으로 약방을 개설하였으며 그 일을 그의 일생 생업으로 삼았다. 그 무렵 그는 평양으로 이사하였고, 약국을 열었다. 이것은 1890년대 후반이다. 그 때 기독교가 그 도시에 열정적으로 선포되었는데, 길선주가 김종섭이라는 친구의 방문을 받아 기독교 신앙을 권유받은 것은 그로부터 얼마 지나지 않아서이다. 길선주는 새로운 종교의 진리에 대하여 설득되었고 온 맘으로 그것을 받아들였다. 그가 한 첫 번째 일은 안주로 돌아가 그가 새로 발견한 신념을 그의 부모와 친척과 친구들에게 전하는 것이었다. 그의 부모와 그의 친구들은 그의 열정적 노력을 통하여 기독교를 받아 들였다. 그의 삶에서 나타난 위대한 그리고 축복된 변화가 그들을 뒷받침하였다.

그는 1897년 장로회선교부의 그레엄 리 목사로부터 세례를 받았다. 그 다음 해 그 때 그 도시의 유일한 장로교회에서 영수가 되었다. 이 교회는 옛 동문교회(장대현교회)이다. 분명히 그는 새로운 신앙에서 좋은 발전을 보이고 있었다. 교회에서는 그에게 영수로서의 임무를 맡길만한 가치가 있는 것으로 생각하였다.

길선주의 약국 사업은 번창했고 그는 매달 70에서 80엔을 벌었는데, 이는 그 시절에는 꽤 많은 수입이었다. 그러나 그는 선교사들과 교회지도자들의 간청에 따라 그의 사업을 포기하고 그 자신을 그때부터 주께 헌신하기로 결심하였다. 1902년에 그는 이 길에 들어섰다. 전도사(조사)로서의 그의 봉급은 한 달에 6엔이었다. 그 당시 일반 노동자의 임금이었다. 그 해 동안 그는 시골사람들에게 복음을 전하기 위하여 평안도의 남과 북을 그리고 황해도 지방을 여행하였다.

1903년 그는 평양신학교에 입학하였다. 1907년에 그 학교의 첫 번째 졸업생이 되었다. 9월에 그는 새로 구성된 장로회 노회에서 목사 안수를 받았고, 10월말에 평양 중앙교회, 즉 장대현 교회의 목사로 임명되었다. 그때부터 그는 지역의 사역뿐만 아니라 한국장로회의 지도자로서의 위상을 갖게 되었다. 그는 복음전도자를 파송하기 위하여 최근 구성된 전도국의 국장이 되었다. 장로교는 한국의 남서해안으로부터 떨어진 큰 섬 곧 제주도에 선교사역을 하기로 결심하였다. 노회에서의 길목사의 연례보고 연설과 나중에 장로회 총회에서의 연설은 여전히 그 전도국의 사업에 대한 그의 감동적이고 설득력 있는 강력한 제안서를 기억나게 한다. 그 사업의 성공은 의심할 여지없이 그 사업에 대한 그의 열정적 옹호에 달려 있었다.

20년 동안 길선주 목사는 담임목사로 장대현교회를 섬겼다. 그것은 매우 유명한 목회였고 교회와 목사가 둘 다 이 나라와 해외에서 폭넓은 명성을 얻었다. 평양에서 1907년에 일어난 대부흥은 이 교회에서 시작되었고 길선주 목사의 가르침과 설교는 그 운동의 중요한 모습이었다. 그는 이내 나라 안 여러 곳에서 그 사역에 대해서 말하고 그 지역의 부흥운동을 이끌어 달라는 요청을 받았다. 그와 같이 그는 그 부흥의 해에 가장 넓게 사역한 사람 가운데 하나였다.

길선주 목사는 기도의 효율성에 대한 열렬한 신봉자였다. 그는 아침 일찍 일어나 남들과의 사이와 하루 사역에 대한 인도를 위한 경건의 시간을 가졌다. 그는 그의 형이 그리스도에게 돌아 오도록 20년간 기도하였다. 그의 친구 박치록 장로는 이른 아침 시간에 기도를 하기 위해 그와 만났다. 그들은 그렇게 은혜를 받아서 그 은혜를 교회로 가져왔고 그 시간에 참여하기를 원하는 모든 사람들에게 참여하도록 하였다. 많은 사람이 교회로 왔는데 이것은 새벽기도회의 모임의 시작이었고 이는 한국교회의 특징이 되었다. 이는 특히 부흥회 때와 그리고 다른 종교적 집회 때에 그렇게 하였다.

그는 하나님 말씀을 배우려는 훌륭한 학생이었다. 그는 구약성서를 창세기에서 말라기까지 30번을 읽었으며, 창세기에서 에스더까지는 500번 이상을 읽었다. 그는 신약성경 전체를 100번 이상 읽었고 계시록을 암송했으며 그것을 수천 번 암송하였다.

길선주 목사의 생애 대부분 기간은 맹인이었다. 1900년에 그는 시력을 잃었고 이후 4년간 맹인이었다. 선교사 휫팅 박사가 그의 눈을 수술하였고, 부분적으로 그의 시력이 회복되었다. 그는 밝은 빛이 있다면 무거운 안경을 쓰고 읽을 수 있었다. 그의 말년에 그는 항상 어디를 가든지 그를 위해 읽어 줄 사람을 대동하였다. 이런 제약에서 그가 성경을 그렇게 많이 읽었다는 것은 놀라운 일이다.

1919년은 한국인들이 그들의 독립된 나라로서의 위치를 되찾기 위하여 독립선언을 행한 해이다. 이 글은 그 운동을 기술하는 것이 아니지만 길선주 목사는 그 문서에 서명한 33인 가운데 한 사람이다. 결과로 그는 3년을 감옥에서 보냈다. 그러나 그와 다른 기독교 목사들과 사역자들은 감옥을 복음을 전파하는 좋은 기회의 하나로 활용하였고, 많은 개종자들이 생겨났다.

길선주 목사가 그렇게 많은 시간을 성경을 읽고, 또 성경을 암기하는 데 보낸 것은 바로 그곳에서였다.

그는 후에도 감옥에서 다른 짧은 경험을 한다. 1929년 안동에서 전도집회를 개최하고, 종말과 관련된 성경을 가르치면서 그 때 세상에 오게 될 고통을 말했다. 그는 이 일로 경찰에 체포되었고 사람들의 마음을 혼란시켰다는 죄목으로 20일간 갇혔다. 원산에서도 한 차례 대부흥회의 도중에 30명의 깡패들이 난입하여 집회를 망치고, 그중 한 명이 길선주 목사를 거칠게 다루어 한 동안 거동을 못하게 하였다.

이러한 경험들이 길선주 목사를 실망하게 하거나 그의 설교를 멈추게 하지는 못했다. 그는 복음을 전하는 과정에서의 바울의 경험을 잘 알고 있었고, 위대한 사도들의 정신에 너무나 고취되었기에 그의 백성들에게 복음을 전하는 노력을 포기할 수가 없었다.

1927년 길선주 목사는 그의 목사직을 사임하였다. 그 이후로는 죽을 때까지 한국 곳곳을 여행하며 심지어는 만주까지 여행하며 부흥 집회를 이끌었다. 그는 이 일로 해마다 30주를 밖에서 보냈다. 그는 위대하고 강력한 설교가였으며, 열정적인 복음전도자였다. 그가 영적인 선을 따라서 한국교회에 끼친 그의 영향은 영원성의 이러한 측면을 충분히 이해할 수 없을 것이다. 사역자로서의 35년 동안에 그는 13,360번 설교하였다. 매일 회의 시간에 두 시간 동안의 성경 가르치는 것을 제외하고도 그는 적어도 세 번 매일 설교하였다. 겨울과 여름에도 그렇게 했다. 임종 때에 그는 한국의 전역에서 35번의 회합이 예정되어 있었다.

그는 한 때 그의 가족에게 전도집회 중에 죽고 싶다고 말했다고 한다. 그의 소망은 이루어졌다. 평서노회는 지난 11월 20일 시작하는 노회 주관의 일련의 집회에 그를 초청했다. 25일 아침 그가 낮 예배에서 설교하는 사이에 그는 쓰러졌고, 그 예배를 끝낼 수 없게 되었다. 그는 방으로 옮겨졌다. 말을 할 수 없음에도 그의 마음은 매우 맑았다. 글씨를 써서 그의 요구를 전달할 수 있었다. 다음날 오전 그의 아들과 많은 동정심을 갖고 슬퍼하는 친구들에 둘러 싸여 그의 영혼은 그의 싸움을 거두었다.

그의 장례식은 숭실전문학교 강당에서 오랫동안 그를 알고 그를 사랑했던 수천 명의 사람들이 참석한 가운데 치러졌다. 우리는 한국에서 그와 같이 헌신적이고 유능한 주의 제자들이 많이 일어나 한국교회를 이끌고 훈도(訓導)할 수 있기를 기도했다.

25. 여행 중에 종종 일어난 일

KMF 33권 2호(1937. 2)

위대한 사도 바울은 타고난 순회전도자이다. 그는 여러 나라를 여행하였고 많은 종족들에게 복음을 전했다. 그는 위대한 어학자이고 많은 종족에게 그들의 말로 설교했으며, 사람들에게 직접적으로 다가갔다. 그것은 한두 언어 밖에는 할 수 없는 대부분의 우리들로서는 가능하지 않다.

그는 전도여행 중에 부딪혔던 많은 재앙들 가운데 특이한 것들에 대해서 말한다. 오늘날 몇몇 지역의 선교사들은 이러한 위험에 직면하고 있지만 그런 것들이 이 조선 땅에는 거의 없으므로 널리 사람들 눈에 띄게 된다. 그러나 날마다 그에게 요구되는 것 곧 모든 교회를 돌보는 것은 여전히 순회전도자가 감당하여야 하는 짐이다.

바울 사도의 여행법은 많은 부분이 이미 개선되었다. 바울은 여러 차례 그가 탄 배가 파선했음을 말한다. 그래서 우리는 그가 배로 전도여행을 다녔음을 안다. 그것 말고는 그는 그의 여행 수단을 발하지 않았다. 걸어서 다녔을 것이고 그것이 그의 피로와 병의 원인이었을 것이다. 기차, 자전거, 자동차는 훨씬 나중에 만들어졌다. 확실한 것은 바울이 만일 기차 자전거 자동차를 사용할 수 있었다면, 활용했을 것이다.

필자가 시골에 있는 교회들을 순회할 때에 바울이 가장 자주 활용했던 여행방법을 채택할 수밖에 없었다. 네 개의 바퀴가 달린 자동차가 가지 못하는 많은 곳을 두 다리로는 갈 수 있다. 네 바퀴는 이제는 모든 방향으로 좋은 길이 방사선형으로 나있는 이 나라에서도 매우 도움이 된다.

나는 9월말에 시골로 출발했다. 황주군 동쪽 끝에 있는 몇 개의 교회들을 10일간 방문하기 위해서이다. 나는 의동교회에서 행복한 주일을 맞았다. 100여명 가량이 그날 예배에 참석하였다. 그들은 마을 뒤 언덕 쪽에 서 있는, 그래서 멀리 마을 건너 탁월한 풍광을 전망할 수 있는, 매우 멋진 교회당을 갖고 있었다. 자동차는 마을 앞에 있는 강변에서 멀리 떨어진 곳에 주차해 놓았다. 왜냐하면 강물이 범람할 정도로 수위가 높아서 건널 수 없었기 때문이다. 지난 번 내가 이곳을 자동차로 건너려고 했는데 자동차가 그만 강물 한 가운데 있는 모래톱에 걸렸다. 두 마리의 황소와 많은 사람들의 힘을 빌려 겨우 끌어 낸 일이 있었다. 그런 경험을 하도 많이 했음에도 나는 그 일이 시골 여행에는 통상 있는 일쯤으로 생각한다. 그리고 어떤 일이 닥치든 인내심으로 이겨내야 하며 최선을 다해야 한다는 것을 배웠다.

그 일은 자동차가 돌파해야만 하는 많은 난관 가운데 하나이다. 그것은 자동차를 쉬 망가지게 했고, 그래서 수리센터에 가야만 했다. 그것은 사도바울이 결코 겪어보지 못한 경험들 가운데 하나이다.

불행하게도 나는 주일에 병이 났다. 그래서 월요일 아침 여행을 포기하고 집으로 돌아 가야 했다. 나는 이번에 방문하기로 예정 했던 다른 교회들에게 내가 이미 세웠던 순회전도를 마친 다음 12월에 방문하겠다고 편지를 썼다.

두 주일 쯤 지난 후에 나는 다른 여행을 위한 준비가 되었다. 이번에 나는 황주군 서쪽에 있는 네 개의 교회를 방문하기로 했다. 그곳은 수레나 자동차 길이 없는 벼농사 지역이다. 그래서 나는 자동차를 집에 두고 바울의 방법 즉 걸어서 가기로 했다. 나는 항상 요리사를 대동했고, 간이침대와 침구와 음식물 상자를 갖고 다녔다. 나는 한국 음식을 좋아한다. 그러나 통상적인 다이어트가 아닌 경우 또 순전히 내 건강을 위하여 나는 항상 내가 평소 집에서 익숙해 있는 음식을 먹을 수 있는 준비를 한다. 토요일 오후 요리사와 나, 그리고 우리의 짐이 창춘리 역에 도착하였다. 거기서 토직동교회에서 나온 두 사람과 만났다. 그곳은 우리가 주일예배를 드리기로 한 교회이다. 이들 두 사람과 요리사는 우리가 가야 할 4 마일의 길을 우리의 짐을 등에 지고 운반했다. 벼 수확이 시작되고 있었다. 남자 여자 그리고 아이들이 손에 낫을 들고 들에 나와 마치 그들의 선조들이 말하지 않은 헤아릴 수 없이 많은 세대를 위하여 해왔던 것처럼 벼 곡식을 거두고 있었다. 그들이 그렇게 일하는 모습을 보는 것은 매우 흥미로운 광경이다. 나는 전도용 소책자를 많이 갖고 있어서 길에서 만나는 모든 사람에게 하나씩 주었다. 때때로 논에서 나와 있는 사람들은 지나가는 외국인을 보려고 멈춰서 있었다. 나는 그들을 불러내어 전도 책자를 받아 가라고 했다. 가장 먼저 나에게 접근하려고 다투어 몰려나오는 젊은이들을 보는 것은 흥미로웠다. 이제 그들은 돌아가서 그들의 동료들에게 그 전도 책자를 읽어 줄 것이다. 그와 같이 주의 말씀과 기독교의 진리는 전파되고 있으며 씨가 뿌려지고 있으며 우리는 어디서 언제 그 씨앗이 싹이 터서 어떤 영혼을 주께로 인도하고 생명의 주께로 이끌어 올지 아무도 모른다.

우리가 가는 길에 건너야할 조수(潮水)의 흐름이 있었다. 조류는 작은 연락선으로 쉽게 건널 수 있었다. 배에서 많은 전도용 소책자를 나누어 줬다. 뱃사공에게 권면의 말을 할 기회도 있었으며, 우리와 함께 승객이 된 몇 여인들이 바닷물을 건넜다. 해가 질 때 우리는 중간에 짐을 진 사람들이 잠깐 쉬기 위해 머문 시간을 포함하여 한 시간 반쯤 걸은 다음 목적지에 도착하였다. 토직동에 도착하여 나는 전도부인[107]과 그녀의 젊은 두 딸이 살고 있는 집을 배당 받았다. 내가 거기 있을 때 그들은 사복음서와 그밖의 것을 판 다음 나의 소유인 그 집을 출발했다. 방은 대략 16피트, 약 5미터의 길이와 8피트 약 2.5미터의 넓이이다. 한 쪽 끝에는 문이 있는 벽으로 분리된 부엌이 있다. 부엌은 바닥이 흙이다. 방 쪽으로 아궁이가 있고 그 위에 철로 된 세 개의 솥이 걸려 있으며 그것으로 가족을 위한 밥을 짓는다. 가장 큰 가마솥에는 소나 돼지가 있는 경우 그들 각축을 위한 먹이를 끓인다. 불을 피워 솥 안에 든 것을 요리한다. 그 불은 인접한 방의 마루 밑에 있는 몇 개의 고래를 통과하여 마루를 덥게 하고 마침내 그 건물 가장 먼 끝까지 땅 밑에 있는 구

107) Bible Woman은 전도부인(傳道婦人)이라고 불렀다. 선교 초창기에 외국인 남자 선교사들이 여성에게 전도하는 것이 어려웠을 때 복음전도사역을 수행한 여성들을 가리킨다. 이들은 개인전도 차원을 넘어 매서(賣書) 또는 권서 활동에도 적극 참여하였다.

멍을 통하여 지나가게 한다. 때때로 마루에는 갈라진 틈이 있어 연기가 새어 나와 방으로 스며들어 방에 있는 사람들을 매우 불편하게 하기도 한다. 내가 있었던 마지막 장소에서 우리는 아궁이에서 불을 땔 때에 모든 문, 방의 창문까지 모두 열어야 했다. 그렇게 함으로써 우리는 밖에 나가지 않고서도 연기를 몰아낼 수 있었다. 불이 꺼지고 연기가 멈춘 다음 우리는 방에 편히 앉아 쉴 수 있었다. 방에는 의자가 없다. 왜냐하면 한국인들은 모두 바닥에 앉는다. 그곳에서 그들은 먹고 잔다. 그것이 우리가 간이침대를 갖고 다녀야할 필요를 발견한 이유이다. 나는 딱딱한 방에서 많은 밤을 보냈다. 그러나 나는 간이침대를 사용했을 때 아침에 더 쾌적함을 느꼈다. 아니다. 나는 용서를 구한다. 나는 내가 딱딱한 방바닥에서 잤다는 것이 아니다. 다만 그렇게 많은 밤을 보냈다는 것을 말할 뿐이다.

조금 있다가 교회의 전임 목사의 미망인이 훌륭한 사과를 담은 접시를 갖고 들어왔다. 이것은 이 황주군에서 나는 좋은 사과이다. 목사가 죽기 전에 그는 그가 죽은 다음 그의 가족들을 위하여 대비하느라 꽤 큰 규모의 과수원을 조성하여 과수를 심었다. 이제 그녀는 과수원에서 꽤 괜찮은 수익을 얻고 있었으며, 그의 가족들을 안락하게 부양할 수 있었다. 목사들의 남은 가족들을 위한 연금이나 급여제도가 아직은 마련되지 않았다. 그래서 그들 가운데 대부분은 어느 정도 위에 언급한 것과 같은 방식으로 그들의 만년 노후와 그들 가족을 위한 대책을 마련하곤 했다.

주일 아침 나는 당회원들과 만났고 함께 세례와 학습을 받고자 하는 사람들을 점검하고 시험을 치렀다. 이들은 공개적으로 예배 때에 교인으로 받아들여졌다. 아이들의 주일학교는 어른들 학교 뒤에 이어졌다. 그들은 항상 통상적인 정규 선생들보다는 선교사들이 교과를 가르치는 것을 원했다. 나는 언제나 그렇게 하는 것을 기뻐했는데 왜냐하면 내가 그들에게 성경을 가르칠 수 있는 여분의 기회를 갖기 때문이며, 교회가 필요로 하는 것으로 보이는 것을 특별한 교훈의 형식으로 슬그머니 끼여 넣을 수 있기 때문이다. 오후 예배에 100명 이상이 참석했는데, 이는 아이들 숫자를 제외한 것이다. 이 교회 출신 두 젊은이가 우리의 남자성경학원에 겨울에 참석하였다. 다른 한 사람은 이미 졸업하였고 이제는 이 교회의 장로가 되어 있다. 현재 교회는 정규 담임목사가 없다. 그러나 이 교회와 다른 두 교회를 책임지고 있는 지도자가 있다. 그는 신학대학의 학생이고 그가 졸업하면 의심할 나위 없이 이 교회들의 목사가 될 것이다.

한 장로는 몇 년 전에 나쁜 길로 갔다. 그는 첩을 얻었다. 그는 물론 장로도 내놓고 경건한 삶에서도 옮겨갔다. 그러던 그가 우연한 기회에 다시 교회에 나왔다. 그 첩도 나왔다. 그 아내는 그녀의 비참한 이야기를 내 귀에 쏟아냈다. 이는 모든 회중에게 매우 큰 고통이고 지금도 그러하다. 이는 한국의 과거 오랜 전통으로부터 내려오는 것이다. 그리고 특별히 아내가 아들을 갖지 못한 경우에는 한동안 계속될 것이다. 한국인들은 그들에게 일어날 수 있는 가장 큰 파국은 가문을 이어갈 아들을 갖지 못하는 것이라고 생각한다. 한동안 기독교인이라도 그런 생각에서 벗어나기 어려울 것이다. 신앙이 약한 사람은 그의 믿음을 희생시키고 차라리 자식 없이 죽는 것보다는 교회 앞에 당당히 서는 것을 택한다.

월요일 우리는 철도[108]라는 곳까지 논이 있는 벌판을 두 시간이나 걸어서 갔다. 철도라는 곳은 한국의 문명을 일으킨 기자(箕子)가 중국에서 출발하여 한국에 처음으로 상륙한 곳이다. 이곳의 작은 모임은 여러 해 동안 매우 취약했는데 최근 지도자가 선발되었다. 토직동으로부터 한 집사가 지난 여러 해 동안 돌보아왔다. 매주일 비가오거나 날이 좋거나 상관없이 건너와서 그들을 위한 예배를 지도하였다. 확실히 그의 신앙심은 많은 보상을 받을 만하다. 그날 밤 많은 회중이 모였고 특별히 어린이들이 많이 모였다. 그것은 그 공동체의 모든 어린이들이 이곳에 모인 것 같았다. 만일 그들이 교회를 위

---

108) 철도(鐵島)교회는 1914년 황주군 삼전면에서 시작되었다. 1924년에는 세례교인 28명 포함 교인 총수가 70여인이었다고 한다.(평양노회지경 각교회사기 135쪽)

해서 모였다면 몇 년 후면 이 지역공동체에 복음화를 위한 좋은 희망이 있을 것이다. 그들의 낡은 관습으로부터 시골사람들이 벗어나는 것은 어려워 보인다. 어린이들은 그렇게 관습과 미신에 묶여 있지도 않고, 보다 많이 복음에 도달할 준비가 되어 있다.

화요일 아침 우리는 두 시간을 더 걸어서 충골에 갔다. 거기에는 많은 수의 아이들과 함께 오래 동안 유지하고 있는 훌륭한 교회가 있다. 수요일 아침에 우리는 2마일 떨어진 신정(新井) 골 곧 새우물 마을로 갔다. 이곳은 사과 과수원 지역의 중심지이다. 나는 교회 뒷편 언덕에 서서 30개 가량의 사과 과수원을 셀 수 있었다. 내가 서있는 지점으로부터 보이지 않는 과수원도 많이 있었다. 이 과수원들은 많은 수익을 그 지역에 가져도 주며 적어도 일반 보통 농사보다는 100% 이상의 수익을 가져다 준다. 이 과수원들 상당수가 기독교인의 소유이며 그 결과 그들의 교회에 대한 기여가 상당하였다. 사람들의 생활수준이 지난 몇 년 동안 상당히 상승하였다.

목요일 아침 우리는 한 시간 반 걸어서 집으로 돌아갈 기차를 타기 위하여 기차역으로 갔다. 가을 날씨는 시골에서 여행하기에 참 좋았다. 순회전도자는 시골의 믿음의 형제들에게서 얻는 기회들, 곧 그들과 상담하고 기독교인이든 아니든 상관없이 그들 모두에게 복음의 메시지를 전하는 기회를 즐긴다.

26. 성탄 찬양(Tune, Bradford)

KMF 34권 12호(1938. 12)

In Judah's town of Bethelhem 베들레헴 유다 마을에
Was born the Christ our Lord 우리 주 구주가 나셨네
Who came to ransom sinful men 죄인을 구하려 오셨네
As promises in the Word 말씀에 약속하신 대로

The angels sang a welcome song 천사들이 환영의 노래를 불렀네
Of goodwill to the race 그 민족에게 임할 하나님의 선한 뜻을
The shepherds heard and went to see 목자가 듣고 가서 보았네
The child of wondrous grace 놀라운 은총의 아이를

The wise men from the east who saw 동방에서 현자들이
The scintillating star 그 반짝이는 별을 보았네
That stood o'er where the Christ child lay 구주 아기가 누운 곳 위에 있는 것을
Brought gifts from homes a far 멀리 그들의 집에서 선물을 가져왔네

Since then have men of every age 그때부터 모든 세대의 남자들이,
And men from every shore 모든 지역의 남자들이
Brought in their very choicest gifts 그들의 최상의 선물을 가져다
To Him whom they adore.그들이 경배하는 분에게 드렸네

While he was clothed in human form 그가 인간의 형상을 가진 동안에는
For Him no bells did ring 아무도 그를 위하여 종을 울리지 않네

But when He comes again to earth 그러나 그가 다시 이 땅에 오실 때

Twill be as Lord and King 주로 또 왕으로 오실 것이네

27. 지나간 40년 전 회고, 1.

KMF 36권 7호(1940. 7)

얼마 전에 나는 지난 사건의 자료들을 검증해야 할 일이 있었다. 그래서 나는 자주 예전에 쓴 내 일기를 들여다 보았다. 일기가 그 일에 관하여 말할 내용이 있는지를 확인해 보았다. 또 신자들 가운데 젊은 사람들 일부는 이 나라에서 이루어진 초기 선교 사역의 이야기를 들려줄 것을 우리 머리 희끗한 지도부에 요청하였다. 일기장의 내용은 그 젊은이들을 흥미롭게 할 수 도 있는 자료들을 제공할 수도 있고 못할 수도 있다. 적어도 그러한 오래된 일기들을 읽는 것은 그것을 쓴 우리들에게는 흥미로운 것이다. 나는 초기의 충분한 자료들을 갖고 있지 못함을 후회하고 있다.

필자는 이 나라에서 선교한 제 1세대가 아니다. 잘해야 2세대라고 할 수 있다. 19세기가 끝나기 얼마 전에 이 나라에 도달했던 2세대 말이다. 오랜 기록들의 사본을 제작하여 사람들에게 제공하는 것이 옳을까? 이는 정답이 없는 질문이지만 적어도 그것에 흥미를 가질 사람은 있을 것이다. 그래서 쓴다.

필자가 한국에 올 때 함께 온 일행은 1900년 10월 18일 제물포에 상륙했다. 미국에서의 우리의 출발은 한 달이 지연되었는데 중국에서의 의화단사건[권비(拳匪, Boxer troubles)] 때문이었다. 우리의 사랑하는 부모와 친척들은 두려움을 갖고 있었는데 분별력보다는 열정에 더 사로잡힌 이들 천진난만한 젊은이들에게 어떤 일도 일어나지 않기를 바랬다. 그러나 의화단의 활동 영역이 중국대륙 안에 제한되어 있었기에 우리는 그들의 멸살(滅殺) 위험으로부터 벗어날 수 있었다.

미국 영사관에 등록하기 위하여, 또 선배 선교사들에게 인사하기 위하여 서울에서 하룻밤을 지낸 다음 한국에 있는 유일한 철도를 이용하여 다시 제물포로 돌아 갔다. 다시 우리는 작은 연안 증기선을 타고 넓은 바다로 나아갔다. 스크랜튼 박사, 폴웰 박사, 박에스터 박사, 그리고 감리회 선교부의 케이블 씨는 그 여행에서 우리와 함께 고통 받은 동료들이다. 우리는 10월 19일에 출발하여 한국의 서해안 진남포로 가기 위하여 뱃머리를 돌렸다. 진남포는 평양으로 가는 길목에 있다. 다음날 토요일 저녁, 순조롭게 불던 바람이 점점 강풍으로 변했고, 따라서 우리의 작은 배는 섬 뒤로 숨어 정박했고, 거기서 일요일 저녁까지 머물렀다. 우리는 일요일에 여행하지 않으려는 배 한 척을 구하는데 한국을 다 찾아야 한다는 것이 이상하다고 생각했다.

진남포에서 우리를 대동강까지 데려다 줄 증기선으로 옮겨 탔다. 우리는 밤 열시 경 평양에 도착했는데, 우리를 환영하기 위하여 선교사들이 강둑에 준비해놓은 연회장을 발견하였다. 24일에 나는 내 짐들을 풀기 시작했는데 그 짐들은 나보다 먼저 도착해 있었다. 내가 이곳에서 쓸 생활용품들을 시카고의 몽고메리 후원 단체에서 마련했는데, 그들은 나의 짐들을 하나의 큰 상자에 포장했다. 선교부 회원들은 미국으로부터 나의 집을 옮겨 왔다고 오랫동안 놀렸다. 그 상자는 너무 커서 거룻배에서 내리기도 힘들었고 또 한국의 수레에 실을 수도 없었다. 물론 한국인 인부들이 운반할 수도 없었다. 나는 그것을 선교 공관으로 운반하기 위해서는 그것을 해체할 수밖에 없다고 생각했다. 그러나 나는 상자 속에 있는 나의 짐들을 꺼내지 않았다. 마펫의 뜰 아래 낮은 곳에 있는 낡은 한국인 집의 방을 발견했다. 나와 함께 온 렉씨 가족은 그 집의 남은 부분을 차지했다. 당시 나이 든 총각으로서 나는 선교지부의 가족들과 함께 식사를 하도록 되어 있었다. 다음날 아침 가족 기도회에서 나는 새로 도착한 선교사를 위한 어느 집사의 열성적인 기도에 깊은 감동을 받았다. 나는 그 집사가 무슨 기도를 했는지 내가 이해하지 못한 이유를 설명해야 할 것이다. 나중에 알려 주겠다.

10월 27일 나는 잘 짜여진, 정규적으로 진행되는 조선어 학습반에 등록하여 언어를 배울 준비가 되어 있었다. 한 선생이 나를 위해 고용되었다. 그는 영어를 한 단어도 모른다. 나도 그의 말을 전혀 몰랐다. 우리는 한 동안 의사소통을 할 수 없었다.

10월 28일은 나의 평양에서의 첫 번째 안식일이었다. 그래엄 리 목사가 아침에 나를 그가 진행하는 성경공부반에 참석해 달라고 했다. 오후 두시 도시의 중앙 언덕에 있는, 막 준공한 새 교회당 건물에서 드리는 한국인 예배에 참석하러 갔다. 그것은 그 도시에 있는 유일한 장로교회였다. 감리교에서는 도시의 다른 편 다소 떨어진 언덕에 교회가 있었다. 이 두 교회만이 평양에서 또는 그 인근에서 찾을 수 있는 종교적 집회 장소들이었다. 그날 장로교회 집회는 700명이 모였고 설교는 한국인이 하였다. 이것은 그 도시 안팎과 주변에서 발전될 위대한 사역의 장엄한 시작이었다.

리 목사는 15일간의 여행을 계획하고 함께 가자고 나를 초청하였다. 나는 기꺼이 그 초청을 수용하였다. 마치 나의 혀가 그 언어에 길들여지게 되자마자 내가 해야 할 일에 사명을 받게 될 일에 관한 생각을 얻게 될 것과 함께, 이 나라에서 할 일의 일부를 알게 될 좋은 기회라고 생각하였다.

우리는 29일에 출발하였다. 바로 내가 평양에 도착하고 나서 꼭 일주일 지난 다음이었다. 우리는 두 마리의 짐 싣는 말과 두 마리의 안장을 가진 타고 갈 말을 준비했다. 마부 한 사람이 짐 싣는 말 한 마리를 각각 책임졌다. 우리의 두 집사는 우리를 수행했고, 또한 권서인, 조사, 그리고 어학선생이 있었는데, 이는 하나의 행렬을 이루었다. 우리는 도시의 남동쪽으로 말머리를 돌리고 점점 가까이 다가오는 산맥을 낀 아름답고 광활한 평원을 가로 질렀다. 우리는 그날 밤을 묵기 위하여 예정하지 않았던 마을에 들렀다. 리목사는 즉각 세례와 신입교인 학습 신청자들을 시험보기에 바빴다. 그는 그날 밤 그 일을 끝낼 수 없었다. 또한 집회를 위한 준비에 골몰하였다. 다음 날 아침에 문답 시험이 끝났고 세 명이 세례를 받았으며, 한 명의 학습자가 받아 들여졌고, 이어 성찬을 행하였다.

산을 넘고 들을 가로 지르는 고된 하루 여행 길 끝에 우리는 계곡에 있는 작은 마을에 도달하였다.

이곳 마을 사람들은 금광 종사자들-그들은 온갖 무신론의 덩어리들이라 할 수 있는데-에게 많은 고통을 받았다. 그들은 아무런 보상도 없이 그 곳을 차지하였다. 우리가 머물고 있던 집의 소유자도 그의 땅을 탈취 당했다. 그는 그들을 욕하거나 저주하지 않을 것이라고 했다. 왜냐하면 그는 기독교인이기 때문이라는 것이다. 나는 기독교 신앙이 그 사람의 마음에 이미 깊은 영향을 주었다고 생각했다. 그는 최근 미신과 우상숭배에서 벗어났다. 이틀 후 땅을 탈취한 사람이 죽었다. 그 교우는 땅을 탈취한 사람이 죽은 것은 그가 행한 사악함 때문이고 그의 기도 때문이라고 생각했다.

11월3일 우리는 정오에 여관에 도착했다. 그곳에서 남은 날들을 보내기로 하였다. 몇 명의 기독교인들이 우리를 찾아 왔다. 나는 그날 오후 어학공부에 시간을 보냈다. 그레엄 리 목사는 사냥을 나갔다. 그는 항상 총을 휴대하고 다녔다. 사냥할 만한 것이 매우 많았기 때문이다. 오리 꿩 등이 참 많았다. 집을 나서기 전에 그는 휴대할 만한 22구경 라이플을 나에게 주었다. 어느 날 우리가 함께 말을 타고 가다가 나는 바위 뒤로부터 깃을 세우고 있는 꿩을 보았다. 나는 말에서 내려 꿩을 겨냥하고 발사하여 그 꿩의 머리를 날려 버렸다. 얼마 후 우리는 이 여행으로부터 돌아 왔다.

리씨는 어느 날 나를 찾아와서 "보통강[109]으로 가서 오리를 잡자. 거기에

---

109) 길이 55.2㎞, 유역면적 609.0㎢이며 대동강의 제1지류. 본래 봉화산 동쪽 기슭을 감돌아서 보통평야로 흘렀다. 유역 일대의 연평균강수량은 1,000mm 정도이고 산림은 소나무와 참나무의 혼함림이 주종을 이룬다. 붕어·잉어·숭어 등의 물고기가 많다.

는 오리가 매우 많다"고 했다. 나는 동의했다. 그는 나에게 총을 빌려 주었고 우리는 출발했다. 강에는 참으로 많은 오리들이 있었다. 나는 강 언덕으로 기어가서 일정 지점까지 도달하여 내 앞에 한 줄로 서 있는 세 마리 오리를 보았다. 나는 발사하여 한 번에 세 마리를 잡았다. 그것은 나의 사격이 100% 완벽함을 기록한 것이며 나는 사냥을 멈출 좋은 시기라고 생각했다. 나는 그날 이후로 지금까지 내 손에 총을 쥐어본 적이 없다.

다음날 우리의 숙박 비용은 네 마리의 말과 일곱 명의 한국인과 두 명의 선교사를 합하여 모두 60센트였다.

11월 11일 우리는 평양에서 240리, 72마일이나 떨어져 있는 곡산에 도착하였다. 우리는 약방에서 머물렀다. 약사는 그가 파는 약을 종이로 싸서 천장에 매달아 두었다. 11월12일, 우리는 아침 세시 반에 길을 떠났는데 오후 네시에 집에 도착하였다. 차가운 겨울 날씨에 우리는 120리를 여행한 것이다.

28. 지나간 40년 전 회고, 2

KMF 36권 8호(1940. 8)

1900년 11월 22일, 베어드 박사 부부가 추수감사절 만찬에 우리를 초대하였다. 저녁을 먹자마자 전체 선교사들 공동체가 이날이 그저 추수감사절만이 아니라는 것을 알게 되었다. 그래엄 리씨는 대변인이었다. 그는 몇 개의 달력과 사전, 그리고 백과사전을 만들었는데 11월 마지막 화요일에 추수감사절이 있다는 것을 울리는 목소리와 현학적인 어휘로 발표를 하였다. 그것은 매우 즐겁고 유쾌한 시간이었다. 나는 다음 주 또 다른 추수감사절 만찬에 초대를 받았는데 결국 일년에 두 차례 추수감사절 만찬에 초대된 셈이다. 어쨌든 우리는 감사했다. 다음 주일에는 폴웰 박사가 추수감사절 설교를 하고 마펫 박사가 리씨의 아기 그레엄과 샤록 박사의 아기 엘라에게 세례를 베풀었다. 샤록은 현재 세브란스 연합병원의 간호부장이다.

12월 1일, 한국 기독교인들과 선교사들에게 위협적인 폭동이 발생할 것이라는 첩보 때문에 선교사들이 근심하게 되었다. 12월 6일이 그러한 폭동의 날자로 잡혀 있었다. 북쪽에서는 관찰사가 반기독교적이고 외국인을 반대하는 내용의 게시문을 내걸었다. 그것의 복사본이 하나 확보되었는데 영향력은 없는 것으로 드러났다. 그 기획은 서울의 궁궐에서 시작된 것 같은데, 국왕 밑의 두 사람의 인장이 찍힌 명령서가 모든 지방장관들에게 보내졌다. 그들 두 사람 다 그것을 부정하였다. 이제 그 내용이 밝혀졌다. 미국의 공사 알렌 박사가 우리들에게 조심할 것을 주의했고 숙녀들에게는 시골로 가지 말라고 하였으며 남자들은 가능한 한 밖으로 나가거나 노출시키지 말라고 하였다. 우리는 주께서 그의 복음이 전파되고, 그의 백성들이 안전하도록 저들의 반대와 저항을 무효화시킬 것을 굳게 믿고 있었다.

12월 6일 우리 자신들을 방어해야 하는 상황에서 어떤 방안을 마련할 수 있을 지를 논의하기 위한 선교회공동체 남자들의 모임이 열렸다. 그 문제가 충분히 논의 되었고 어느 누구도 즉각적인 위협이 있으리라고 예상하지 않았다. 구체적인 활동을 위한 공식적인 계획을 수립할 위원회를 구성해야 한다고 생각했다. 그것은 필수적이었다. 오늘이 폭동이 일어나기로 한 그날이다.

12월 7일, 아무런 위험이 없이 밤이 지났다. 우리는 나라 안의 어느 곳에서도 아무 일도 일어나지 않았다는 소식을 들었다. 명백하게 그 움직임은 방향을 상실했고 악한 음모는 좌절되었다.

12월 19일, 오길비 양의 열아홉 번째 생일인 오늘, 공동체가 오후 네 시에 베어드의 집에 모여서 그녀가 학교에서 돌아올 때 그녀를 깜짝 놀라게 해줬다. 모두 열광적으로 환영했다. 웰즈 박사가 절정의 순간에 박차를 가하기 위하여 시를 썼다. 대학 때 부르던 노래를 부르고 모두들 즐거운 시간을 보냈다. (오길비 양은 1903년 C. D 모리스의 부인이 되었다. 그는 아직도 조선에서 사역하고 있다.) 휴식의 내용이 알려 주듯 그 시절 선교사들의 검소한 생활의 증거들을 주목하기 바란다. 이것 또한 생일파티이다. 그러나 케익도 없고 아이스크림도 없었으며 단지 평이한 열정뿐이었다.

12월 23일 성탄절 전의 주일이었다. 교회당은 오후에 교인들로 꽉 찼다. 마펫 씨가 23명의 아이들에게 세례를 주었다.

12월 25일, 성탄절이다. 오늘 아침 일찍 몇몇 공동체의 다른 멤버들이 나에게 작은 선물을 보냈다. 그것들 중에는 멋진 사탕 상자들도 있었다. 어느 멋진 부인이 맛난 저민 고기파이를 보냈다. 나는 다음과 같이 그것에 감사하였다.

나는 아주 맛있게 당신이 보낸 파이를 먹었습니다.
그리고 밤새껏 푹 잤습니다.
할머니가 나의 가슴을 쓸어주는 꿈은 꾸지 않았지만

나의 가슴에 어떤 아픔도 없었습니다.
당신의 엄청난 수준의 예술을 증언할 사람을
어느 곳에서 찾을 수 있을가요?
당신의 훌륭한 파이에 무한 감사를 드립니다.
나는 그것이 훌륭했음과 그 맛이 끝내주었음을 맹세합니다.

오전 10시 30분에 교회에서 성탄절 예배가 열렸다. 문밖까지 사람이 꽉 찼다. 아이들이 여러 곡을 노래했다. 마펫, 리, 그리고 베어드가 짧은 옷들을 만들었다. 아름답게 디자인된 많은 종이꽃들이 강단을 장식하였고, 참석한 거의 모든 아이들과 여인들의 머리에도 꽃이 있었다. 그것은 고무적인 모습이었고 그들의 마음 속에 있는 깊은 은혜가 드러나는 증거였다. 600냥 이상의 돈이 교회의 구제 사업을 위하여 헌금되었다.(한 냥은 미국돈 5센트에 해당한다. 하루의 임금은 3냥이다.) 모든 선교사들은 감리교 선교사인 노블 목사의 집에서 성탄절 저녁 식사를 하였다. 거기서 우리는 즐거운 시간을 보냈다. 저녁 식사 후에 아이들을 위한 오락 시간이 성탄 트리와 산타클로스와 함께 있었다.

12월 31일, 헌트씨 부부와 베스트 양이 신년 전야 파티를 열었다. 우리들 일부는 낡은 한 세기가 가는 것을 그리고 20세기를 맞이하기 위해 자정 무렵까지 지켜 앉아 있었다. 그렇게 19세기가 지나갔다.

1901년 정월 초하루, 한국인들은 새해 첫날에는 항상 많은 것을 해왔다. 집집마다 돌아다니며 그들 친지들 가운데 연장자들에게 경의의 예를 표하는 것이 관습이었다. 그것은 확실히 어른들에게는 즐거운 일이었다. 한동안 한국의 기독교도들은 그들의 신년 인사 때 선교사들을 포함시켰다. 집집마다 돌아 다니는 일로 많은 시간과 에너지를 소모했다. 그것은 온종일 걸리는 일이었다. 따라서 새해 첫날에는 한국인들의 신년 인사차 방문을 받기 위하여 선교사들은 특정 시간과 장소를 지정하는 행복한 계획이 시작되었다. 오늘 새 세기 새해 첫날인 1901년 1월 1일은 선교사 공동체에서는 헌트씨 집을 조선인들의 신년 인사를 받는 장소로 정하였는데, 600명 정도가 왔다. 한 사람 한 사람에게 케익과 사탕과 견과류, 그리고 한 개의 배를 담은 접시 하나를 대접하였다.

정월 2일. 우리 선교부의 겨울 훈련과 신학반이 오늘 열렸다. 적어도 22일까지는 계속될 것이다. 300명 가량이 참석하였다. 선교지부의 남자들은 회합을 갖고 특별한 준비를 위해 우리 가운데 몇몇에게 신약성서에 관한 다양한 형태의 책들을 맡겼다. 교육이 될 때에 가능한 한 많이 관심 있는 사람들에게 이 책들이 주어질 것이다. 요한복음과 갈라디아서가 나에게 맡겨 졌다. 다음 해에는 나도 이 수업의 강의를 하게 될 것이다.

1월 28일. 헌트 씨와 나는 한 달 이상이 걸리는 황해도 여행길에 나섰다. 헌트씨는 각각 한 주씩 걸리는 여러 개의 성경공부반(사경회)을 열 예정이었다. 그 사이에 나는 나의 어학선생과 함께 공부할 것이고 가능한 한 많이 배우려고 노력하였다. 나의 선생과 나는 서로 다른 언어로 말하기 시작하였다. 이린 인어를 듣고 이해하고 표현하여야 하는 노력은 한 사람의 영혼에 무시무시한 혼란을 주는 것이었다. 이러한 언어를 씹어 삼키는 과정은 뇌에 속하는가 아니면 복부에 속하는가? 어쨌든 두 개의 기관은 종종 그들에게 제공되는 물질에 뒤집어졌다. 날씨는 차가왔고 적응하기 어려웠다. 땅은 눈으로 덮여 있었다.

2월 18일. 두 개의 성경공부반이 헌트씨에 의하여 개설되었다. 우리는 안악에 있는 선교사 휴양관으로 갔다. 이러한 휴양관이 이 나라의 다른 지역에 몇 군데 더 있다. 휴양관은 식량 은닉처로 사용되었다. 거기에는 한 두 개의 침실과 난로가 있으며, 그렇기에 선교사들이 긴 선교 여행 중에 피곤하면 잠간씩 들려서 쉬면서 다음 행선지를 준비할 수 있는 그런 공간이었다. 성경공부반은 출석이 잘 이루어졌다. 나는 몇 곡의 함께 노래 부르기를 가르쳤고 또 몇 곡의 독창을 하기도 했다. 미국에서는 어느 누구도 나에게 노래를 부르라고 하지 않을 것이다. 여기서는 내가 첫 번째 등급의 스타였다. 나는 적어도 음정을 잡을 줄 안다. 그것은 내가 만난 한국인들이 할 수 있는 수준을 넘어 섰다. 우리는 충분한 휴식의 주일을 보냈다. 오늘 우리는 안악에서 모동까지 걸었다. 약 60리 20마일의 거리였다. 우리의 짐은 짐군들이 져 날랐다. 가는 도중에 우리는 한국인 주막에 들러 점심으로 국수를 먹었다. 이것은 픔질이 하급인 밀가루로 만든 국수였다. 반죽을 한 다음 구멍이 가득한 철판에 눌러서 길게 뽑아져 나오는 것이었다. 그것은 둥글고 넓직한 사발에 담겨서 제공되었는데 거기에는 돼지고기 편육, 붉은 고추 그리고 김치가 얹혀 있었다. 김치는 양배추와 순무뿌리로 만든 피클의 일종이다. 처음 잠깐 동안 이러한 혼합물이 위에 들어갔을 때 나의 위는 반란을 일으켰다. 그러나 이제는 그것을 즐기는 방법을 알게 되었다. 이 지방의 국수는 이 나라에서 있는 국수 중 최고라고 한다. 만일 그것을 먹게 되면 가장 적절한 방법은 젓가락으로 국수가닥의 끝을 입까지 들어 올려서 그 끝이 입에 다 들어갈 때까지 빨아들이는 것이다. 그것은 사발에서부터 위장까지는 멈춤 없는 여행을 만든다. 나는 그것을 길게 먹는 기술의 달인이 되고 싶다.

2월26일, 우리가 다른 성경공부방을 열고 있는 이곳 모동에서 아주 가까운 곳에 사탄 마귀에게 희생제물을 드리는 장소가 있었다. 그 장소에는 두 개의 큰 기둥이 있는데, 거기에는 길고 밝고 여러 가지 화려한 색상의 장식물들이 걸려 있었다. 그들은 헌트씨와 내가 그곳에 접근하는 것을 허락하지 않았다. 의심할 여지 없이 그 신령들이 외국 악마들의 접근 때문에 놀라거나 무서워할 것이기 때문이었다. 얼마 전에 우리는 '하얀 옷을 입은 한국인들이 있는 산골'을 지나가게 되었다. 나는 그들이 무엇을 하고 있는지 물었고, 그들은 신령에게 동물을 희생의 제물로 바치고 있다고 하였다. 이것은 한국의 오랜 관습으로서, 일반적으로 해마다 반복되는 것이다. 거기에는 참으로 붉은 피를 흘리는 희생의 제물이 있었고, 세대를 통하여 전승되고 있었다. 그들은 갈보리에서 모두를 위하여 단 한번 바쳐진 것보다 다른 피의 희생을 믿는 것이 공허하다는 것을 알고 있을까?

2월27일, 아침식사를 하기 전에 산책을 하는 중에 한 사람을 만났는데 그는 우리에게 제사 지내는 장소 주변으로 가지 말라고 경고했다. 나는 북을 두드리는 소리와 같은 소음과 사람들의 소리를 들을 수 있었다. 이날 오후 희생의 제물을 바치는 사람 곧 무당은 그 곳 주변을 크게 행진하는 의식을 거행하였다. 그들은 매우 주목을 끄는 색깔의 옷을 입었고 다양한 색깔의 우산과 깃발을 가져왔는데, 그것들을 앞뒤로 흔들었으며, 인디안들처럼 둥근 원 주변에서 춤을 추는 것으로 모든 절차가 끝났다.

3월 1일, 오늘밤 성경공부반은 끝난다. 헌트씨는 저녁 수업을 위해 남아 있었다. 소년들과 짐들을 갖고 나는 사리원으로 떠났는데 그곳은 우리가 오늘 밤 묵을 곳이었다. 우리는 내일 아침에 집으로 출발할 것이다. 말들이 140리 떨어진 평양으로부터 도착했다.

3월 2일, 진흙길을 하루 종일 여행하였다. 헌트씨는 오늘 오후 한 마리의 말을 더 빌렸다. 그리고 앞장서서 갔다. 오늘밤 집에 도착하기를 기대하면서

3월 3일, 오전 11시에 집에 도착했다. 5일간 집을 비운 것이다. 다시 한 번 좋은 목욕과 깨끗한 옷과 탁자에 앉는 것은 얼마나 멋진 일인지. 나는 오후 내내 나의 도착을 기다리고 있던 쌓여 있던 편지와 신문을 읽었다. 세상이 여전히 움직이고 있음을 알고 기뻤다. 거의 모든 사람들이 병이 나거나 독감에 걸렸다. 비슷한 느낌이 나에게도 왔다.

3월 12일, 심한 독감에 걸렸다. 공동체 안의 거의 모든 사람이 아프거나 감기에 걸렸다. 눈이 빠르게 녹고 있다. 봄이 늦다. 눈은 비록 녹고는 있지만 강은 여전히 얼음으로 막혀 있다.

29. 지나간 40년전 회고, 3

KMF 36권 9호(1940. 9)

1901년 3월 19일; 어제, 작업은 교회당[110] 남쪽 날개 부분에서 시작되었다. 이것은 교회 수용 능력을 배가 시킬 것이다. 교회는 이 도시의 중앙 언덕 부분에 서 있다. 주변 시골의 멋진 풍경을 조망할 수 있다. 한국인들은 높은 지점에 건물 짓는 것을 싫어한다. 바람을 피할 수 있는 낮은 곳, 그리고 강가에 함께 어우러지는 집 짓기를 선호한다. 그래서 선교사들은 교회와 학교와 주거지에 적합한 곳을 아주 싼 값으로 구할 수 있었다.

4월 21일; 오늘은 평양지부의 빨간 글씨의 날이다. 오늘 교회의 예배에서 92명의 어른들이 세례를 받았다. 이는 한 번에 이곳에서 세례 받은 경우의 최대 수치였다. 한 노인은 지난 주에 50 리(15마일) 떨어진 곳에서 와서 세례를 받았다. 그는 매우 행복해 하며 집으로 돌아갔다가 오늘 아내를 데리고 돌아 왔다. 그녀는 오늘 세례 받은 92명 속에 들어있다. 여태까지 어떤 목사도 그들의 마을을 방문한 적이 없다. 오직 우연히 복음전도자만이 들렸을 따름이다. 그들이 갖고 있는 성경은 마태복음을 베낀 것인데 그들은 그것을 공부하고 믿음을 갖게 되었다고 한다. 그들에 대한 문답 시험은 가능한 한 명쾌했고 성령이 이들에게 어떻게 역사하고 계시는지를 보여주었다.

4월29일; 감리교(M. E) 교회의 데이빗 무어 감독이 어제 우리 외국인 공동체 교회의 예배에서 설교하였고 이어 공동회의를 주관하였다. 오늘 감리교가 새교회 건물 지을 땅 기공식을 하였는데, 바로 남산재교회이다. 우리들은 그 행사와 노블 박사의 집에서 열린 비공식적 리셉션에서 무어 감독을 만나

---

110) 중앙교회 곧 장대현교회를 가리킨다.

는 일에 초청을 받았다.

4월 30일; 마펫씨와 나는 평양의 북동쪽 지역으로 한 주간 전도여행을 시작했다. 이것은 나의 사역현장이 될 지역이었다. 저녁에 사인장[111)]에 도착했다.

5월 1일; 마펫은 온종일 사람들이 교회 부지를 선정하는 일을 돕고 또 여러 방법으로 그들을 지도하였다.

5월 3일; 어제 우리는 차산시를 가로 질러 대동강을 건너고 강을 따라 주다니에 사는 작은 집단의 신자들을 찾아갔다. 여기서 우리는 평양으로 돌아갈 배를 한 척 빌렸다. 걸어가는 것보다 배를 타고 아름다운 강을 따라 가는 것은 매우 멋진 여행이었다. 꽤 시간이 흐른 다음 우리는 배를 멈추고 강 언덕 바위 사이에 자라는 아름다운 꽃을 캤고, 이를 가져다가 집에 심었다. 강은 가장 아름다웠다. 우리는 배를 타고 가며 깊이 천천히 흐르는 물을 건너고 빨리 흐르는 여울에서는 물에 뛰어 들면서 아주 즐거운 시간을 보냈다.

5월 4일; 우리는 배에서 밤을 보냈다. 오늘 아침 비가 오기 시작하여 온종일 계속 되었다. 우리의 즐거운 여행은 썰렁하고 불편한 것이 되어버렸다. 저녁에 우리는 율패, 우리가 내일 주일을 보낼 곳에 도착하였다.

5월 6일; 우리는 어제 율패의 형제들과 즐거운 시간을 보냈다. 오늘 아침 우리는 강동까지 20리를 걸었다. 거기서 우리는 흥미로운 모임 곧 두 사람에게 세례를 주는 모임이 있었다. 한 사람은 72세인데 참으로 행복해 하였다.

---

111) 평안남도 평성시 양지동에 있던 장거리. 옛 사인리에 있는 장이라 하여 오래 전부터 불러오던 이름이다. 조선향토대백과에서 인용함.

우리는 20리 아래 율패에 배가 있는 강으로 돌아갔다. 우리의 사공은 마른 나무를 가득 배에 싣고 있었는데 그랬기에 우리는 그 나무 위에 앉기도 하고 잠을 자기도 하는 등 편안하게 되었다. 우리는 오후 5시에 떠났는데, 평양에 도착한 것은 새벽 두시였다. 아름다운 달빛을 받는 보트 여행이었다.

5월 11일; 아더 브라운(Arthur Brown) 박사는 장로교 해외선교부 총무이며 한국 책임자인데 그 부부가 오늘 저녁 도착했다. 그는 말 등에 가마를 얹은 것을 타고 서울로부터 왔다. 지부의 여러 사람들이 그들을 만나기 위해 가능한 한 멀리, 14마일이나 떨어진 중화[112]까지 나갔다. 한국인 형제 몇몇이 함께 갔다. 한국인 가운데 한 사람은 그들의 언어로 그들을 환영하고 싶어 했다. 그래서 영어로 두 개의 표현을 배웠다. How do you do?와 Goodbye였다. 그는 어렵게 힘들게 그 영어 인사를 연습했다. 일행이 도달했을 때 그는 자랑스럽게 브라운 박사에게 인사하기 위해 일어섰다. 그리고 그의 영어에 대한 지식을 설명하고는 "굳바이"라고 말했다. 그는 그날 내내 그의 모든 친구들에게 그가 농담을 했다고 변명했다.

5월 12일; 이날 오전 브라운 박사는 그 도시의 여러 곳의 주일학교를 방문했다. 오후에는 청중이 가득 찬 장대현교회에서 설교를 하였다. 길선주 장로와 방기창 장로[113]의 장립 안수식을 도왔다.

---

112) 중화는 평안남도 남부에 위치한 군. 동쪽은 황해도 수안군, 서쪽은 용강군·강서군, 남쪽은 황해도 황주군, 북쪽은 강동군·대동군과 접하고 있다.

113) 邦基昌(1851-1911). 황해도 신천 출신의 기독교 장로회 최초의 7인 목사 중 한 사람이다. 장대현교회에 출석하여 숭인학교(崇仁學校) 교사로 활동하였다. 1895년경에는 황해도·평안남도 일대의 성경보급과 전도에 힘썼다. 1898년 장대현 교회의 제1대 장로로 선임되었다가 1901년 평양공의회에서 한국인에게 신학교육을 실시하게 되자 신학생이 되었다. 1907년 제1회 대한예수교장로회 노회에서 7명의 졸업생 중 1인으로 목사안수를 받고 평안도 용강·제재·주달·고봉동·설월 등지의 교회를 관할하였다. 1908년 독로회 전도위원이 되어 황주·봉산·안악·남항·상원·성천 등 황해도 지방의 전도활동에 종사하였다. 그의 전도로 세워진 교회로는 강서의 반석·고창·송호교회, 진남포의 노정·예명교회, 용강

5월 15일; 지난 3일 동안 프로그램에 의한 행사로 인하여 청중이 가득 찼다. 이날 오전 지부의 사람들과 브라운 박사는 기자묘를 탐방했다. 기자는 그 도시의 설립자로 평가되며 칭송받는 자이다. 그는 중국으로부터 일단의 동반자들을 데리고 왔다. 기원전 1122년의 일이다. 그 묘는 그를 기념하기 위하여 만들어진 아름다운 숲으로 그 도시의 북쪽에 있다.

이날 오후 한국인 믿음의 형제들은 브라운 박사를 환영하기 위하여 강으로 소풍을 갔다. 20여명에 달하는 사람들을 위한 크고 작은 배들을 빌렸다. 많은 관광객들이 강변에 모여 들었다. 조선의 깃발들을 흔들었고 배에서는 찬송 소리가 울려 나왔다. 강을 거슬러 올라가는 동안 브라운 박사는 교회 지도자들과 회의를 열었다. 모란봉에 도달하여 저녁을 먹었다. 한국인들이 우리를 위하여 외국 음식과 아이스크림, 그리고 케익을 준비하였다. 돌아오는 길에 브라운 박사는 교회장로들과 사진을 촬영하였다. 배경은 허물어져 가는 절이었다. 여성들은 같은 시간에 브라운 여사를 위한 리셉션을 마펫의 집에서 준비하여 제공하였다. 브라운 부부는 내일 떠난다. 강을 따라 내려가서 진남포에서 서해안을 따라 서울로 증기선을 타고 간다.

6월 2일; 주일, 새로 확장 건축한 교회 남쪽 날개 부분 건물을 오늘 처음으로 사용하였다. 그레엄 리씨는 설교를 하였고 모인 회중은 모두 1,100명에 이르며 교회건물 전체를 쾌적하게 채웠다.

6월25일; 한국인 목수들이 파업하는 기술을 배웠다. 그들은 며칠 동안 새 병원과 학교 짓는 일을 멈추고 있었다. 오늘 교회의 날개 부분 공사를 끝낸 목수들은 병원건물 짓는 일에 투입되었다. 그래서 일은 더 이상 지연되지 않았다. 그럼에도 파업 주동자는 돌아 오지 않았다.

읍교회 등이 있다.

7월4일; 공동체는 7월 4일을 소풍으로 경축하였다. 우리는 강의 배를 세내어 국가를 부르며 독립선언서를 읽고 애국 경축행사를 했던 모란봉까지 내려 갔다. 독립선언서는 베어드 부인이 읽었고, 내가 경축사를 하였다. 저녁식사 후에 여러 특별 인사들의 축배나 건배사 형식의 보다 많은 연설이 있었다. 오전에는 테니스 경기가 있었고, 아기들 장기자랑이 있었다.

7월 29일; 베어드 씨와 그의 아들 존과 나는 강으로 낚시를 갔다. 우리는 삼퉁까지 가능한 한 멀리 남쪽으로 갔다. 거기서 우리는 주일을 보냈다. 낚시는 매우 재미 있었다. 우리는 연어와 붕어를 아주 많이 잡았다.

9월 15일; 우리 선교부 회의가 이달에 서울에서 열릴 예정이다. 우리들 대다수가 만경대에 경포를 숙식 장소로 정했다. 평양에서 몇 마일 떨어진 곳인데 거기서 제물포까지 해안을 따라 멋진 증기선을 타고 여행하게 되었다. 제물포에서는 스튜어드 호텔에 머물 예정이다. 그것은 중국인이 운영하는데 그는 배에서 스튜어드 곧 집사가 된 적이 있었던 사람이다. 그래서 그의 호텔 이름이 되었다. 오늘 우리는 맥킨리 대통령의 부음을 들었다. 그는 버팔로에서 며칠 전에 총을 맞았다.

9월 19일; 오늘 감리교 교회에서 맥킨리 대통령 추모 예배가 있었다. 도시에 있는 모든 외국인이 참여하였다. 모든 공사관을 대표하는 사람들도 금색실을 과시하면서 참석하였다. 장엄하고 인상 강렬한 예배였다.

9월 23일; 오늘 첫 해 나의 언어시험을 아홉시부터 열두시까지 치렀다.

10월 8일; 오늘 저녁 11일간에 걸쳐 진행된 15개의 세션이 끝난 후 선교부 회의가 끝났다. 스눅 양, 그는 지난 해 내가 서울에 올 때 도움을 준 사람이었는데, 그와 함께 또 블레어 부부[114]와 헨리 양이 함께 평양으로 가기로 하였다. 블레어와 나는 2년 전부터 신학교에서 알고 지내고 있었다. 힘 있는 일꾼을 얻는 것은 우리 지부에 매우 기쁜 일이 될 것이다.

1901년 10월 16일; 선교부 회의가 끝난 다음 다른 지부의 선교사들이 했던 것처럼 증기선을 타고 평양으로 돌아가는 대신에 나는 전국 일주 여행을 하였다. C. E 샤프 목사는 지난 해 나와 함께 한국에 왔다. 그가 언더우드의 황해도 서부 순회여행을 계획하고, 나에게 그를 따라갈 것을 요청하였고, 나는 기쁘게 승낙하였다. 우리는 이날 아침 3시에 해주 증기선을 타고 제물포를 떠났다. 우리는 증기선 갑판 위에서 잠을 잤다. 우리는 즐겁지만 다소 추운 여행을 하게 되었다. 어둘 때 해주에 도착하여 선교사가 소유하고 있는 집에 들렀다. 거기에는 여러 개의 방이 있었고 사랑채도 있었다. 깨끗했고 잘 정돈되어 있었다. 우리는 이날 저녁 한국형제들과 함께 기도회에 참석하였다.

10월 17일; 한국인들과 함께 아침 경건회를 마친 후에 우리는 도시 관광을 나갔다. 기독교인들이 새 건물을 매입하여 예배당으로 바꾸고 있었다. 그것은 꽤 많은 방이 있는, 크고 기와지붕을 얹은 건물이었다. 그 비용은 265엔인데 이곳에 있는 몇 교인들이 부담했다. 우리는 도시의 성벽을 따라 걸었고 멋진 풍경을 보았다. 도시는 계곡에 위치 하였는데 그 뒤에는 높은 산이 있었고 맞은 편에는 낮은 산이 있었다. 도시에는 약 400여 호의 가옥이 있었다. 그것은 성벽이 둘러싼 도시이고 바다로부터 10리 떨어져 있었다. 이곳은 우리 선교지부가 있게 될 적절한 기지로 제시되었다.

---

114) 39년이 지난 지금 블레어씨 부부는 나의 가장 가까운 이웃이고, 동료시역자이고 가장 가까운 친구이다. 확실히 그와 같이 오랜 기간 주의 일을 하는데 있어 연합한 것은 높이 평가하여야 한다.(저자 주)

10월 18일; 오늘 아침 해주를 떠나 60리를 걸어 서쪽에 있는 금동에 도착했다. 오는 내내 김인호씨가 수행하였다. 그는 언더우드박사의 이 지역 조사이다. 우리의 짐은 소가 끄는 수레로 운반했다. 일 년 전 오늘 우리는 제물포에 도착했었다.

우리는 탁자 의자 그리고 램프가 잘 갖추어진 좋은 방에 묵었다. 예절 바른 김윤오[115] 씨가 특별히 선교사들을 위하여 이 집을 지었다. 그는 부자이고 지난 해까지는 이 지역에서 영향력이 큰 사람이었다. 어떤 정치적인 복잡한 일로 그의 교회 직무로부터 떠날 때까지는 그러했다. 그는 여전히 신실한 신앙과 열심이 있는 기독교인이다. 그는 얼마 전 소래로부터 이곳으로 이주했고, 이내 그의 모임들을 시작했다.

오늘 오는 길에서 샤프씨는 꿩 네 마리를 잡았다. 기러기들은 매우 많았다.

10월 22일; 오늘 아침 금동을 떠나 도보로 여행하였다. 바다 가까이 있는 길을 건너고 왼 쪽에 바다가 있고 오른쪽에 높은 산들이 펼쳐져 있는 아름다운 계곡으로 올라 갔다. 다섯 시에 소래 마을에 도착하였다. 이곳은 서경조 장로의 고향이다. 그를 우리가 처음 도착했을 때 만났었다. 60호 정도가 있는 마을인데 그중에 두 집만을 제외하고 모두가 기독교인집이다. 그들은 훌륭하고 큰 교회당을 갖고 있었다. 학교를 위한 용도의 두 개의 별도의 방도 딸려 있었다. 그것은 아름다운 숲 전면에 서 있었는데, 한 때 그것은 이교도의 사찰로 사용 되었었다. 그것은 주변에 온통 캐나다 장로회 선교사 맥켄지 목사의 선물인 멋진 말뚝 울타리로 둘려 싸여 있었다. 맥켄지 목사는 이곳에서 죽을 때까지 지냈는데, 그는 여기서 기독교 사역에 큰 책임을 지고 있었다. 그의 무덤은 교회 뒤편에 있다. 우리는 두 개의 학교용 방 가운데 하나의 방에서 머물렀다. 그것은 시계와 램프, 탁자 두 개의 의자가 갖추어진 훌륭

---

115) 그는 장연에서 향장의 위치에 있었다가 카톨릭교도의 소송을 받은 일이 있다.

한 방이었다. 그리고 사람들은 모두 그의 일터에서 바빴다.

이 나라의 이 지역에서 나에게 충격을 준 것의 하나는 마을과 도시의 모든 곳에 있는 그늘과 열매가 있는 많은 과수나무들이었다. 그것은 그들에게 북쪽과는 달리 매우 멋진 외양을 제공한다. 북쪽은 어떤 종류의 과수나무도 거의 없다.

이곳의 사람들은 매우 친절하다. 그들은 우리들에게 아름다운 꽃 다발, 박제된 꿩 배 포도 감을 보내왔다. 감은 이곳에서 매우 풍부하게 생산된다. 감은 한국에서 매우 맛있는 토종 과일이다. 감에 대한 나의 생각은 언제나 내가 후지어돔(Foosierdom)에서 소년이었을 때 숲의 나무에서 찾아내곤 했던, 입을 찡그리게 하던 떫었던 것들에 근거를 두고 있다. 그들은 확실히 이 나라의 크고 좋은 감들의 모조품이나 변종임에 틀림없다.(소래 해안은 소래마을에서 십리 떨어진 곳에 있는 유명한 여름 휴양지이다. 아직 개발되지는 않았다. 여기서 보내는 동안 우리는 그곳에 가족 별장을 마련하여 두고 여러 차례 여름을 그곳에서 보내며 그 해안의 여러 유익한 점을 즐기게 될 줄을 알지 못했다.)

10월 25일; 이틀 그리고 반나절의 즐거운 시간을 보내고 나서 우리는 오늘 아침 출발했는데 서경조 장로와 김인호 조사가 수행하였다. 소래 북쪽 크고 높은 부처산에 즐거운 산행을 하였다. 우리는 남북으로 매우 장엄한 풍광이 펼쳐져 있는 높은 고갯길을 넘어갔다. 북쪽 언덕을 내려가며 우리는 장엄한 계곡을 보았는데, 거기서 우리는 한국에서 여태껏 보지 못했던 아주 멋진 풍경을 보게 되었다. 산에서 나와서 우리는 벼농사가 펼쳐져 있는 넓은 논으로 나아갔다. 여기에는 사냥감이 풍부했다. 샤프씨는 잘 준비된 우리의 식품 저장소를 갖고 있었다.

10월 27일; 이곳 장연에서 주일을 보냈다. 장연은 성벽으로 둘러싸인 도시이다. 500호 가량이 주거한다. 49명의 기독교인이 있다.

10월 28일; 아침에 장연을 떠나 옷골에 도착했는데 그곳에는 60여명의 교우들이 있어 함께 예배를 드렸다. 그리고나서 온정 곧 온천에서 잠깐 머물며 호강스런 온천욕을 하였다. 장종에서 그날 밤을 보냈다. 여기선 다섯 집단이 옹기종기 모여 산다. 100여명 정도 되는 강력한 중앙집회를 연합하고 결성할 것을 고려하고 있다. 이교도 집안의 한 젊은 여인이 기독교인이 되기로 결심하였다. 그녀의 시어머니는 그녀가 일요일에 일하지 않는 것에 분노하였다. 결국 일하지 않으려면 먹지도 말라고 하였다. 주일이 되었는데 과연 그녀에게 그날은 단식하는 날이 되었다. 이는 삼개월간 지속되었다. 그녀에게는 주일에는 아무 것도 먹을 것이 주어지지 않았다. 다만 예외적인 경우는 친근한 이웃들이 그녀에게 동정심을 갖고 쟁반에 먹을 것을 가져다 주는 경우였다. 그녀 남편의 죽음과 친정집으로의 돌아옴이 그녀의 단식을 멈추게 했다. 다른 소녀는, 절름발이인데, 언제나 일하는 데 내몰렸다. 그래서 그녀는 주중 성경공부반에 참석할 수 없었다. 어느 날 그녀는 넘어져 팔을 다쳤다. 이제 일을 할 수 없게 되자 그녀는 성경반에 참석할 수 있게 되었다. 그녀는 자신의 불행을 위장 속의 축복이라고 여겼다.

여기와 다른 지역에서 많은 교인들이 지난 여름과 가을의 특이한 박해에 직면하였다. 바로 오래 지속된 가뭄 때문이었다. 거의 석달 동안 비가 오지 않았다. 결과적으로 추수할 것이 없었고 곡물 값이 하늘로 치솟았다. 어디서고 푸닥거리 무당의 굿이 희생의 제사를 드리고 있었고, 기우제를 지내고 있었다. 기독교인들에게 책임이 지워졌다. 그들로 인하여 비의 신이 노했다는 것이다. 그래서 기독교인들은 모욕과 능멸을 당했고 두들겨 맞았다. 어떤 곳에서는 교회에 돌을 던졌으며 다른 곳에서는 교회를 파괴하였다. 우리는 그러한 시련이 신자들의 믿음에 나쁜 영향을 주었다는 경우를 단 한 곳도 들어보지 못했다. 비는 결국 왔고 박해는 끝났다.

나는 최근 말 등에 실은 짐 위에 타고 가는 경험을 했다. 처음에는 그 말이 거의 충분히 짐을 실었다고 보였을 때 짐 위에 올라타는 것은 하나의 동물 학대처럼 잔인해 보였다. 그러나 그것은 한국인들이 여행하는데 있어서 종종 있는 경우였다. 말은 비록 작지만 강인하고 강했다. 나는 결국 나의 양심의 가책을 극복하고 짐 위에 올라탔다. 나는 처음에 참 잘했다고 생각했다. 단 한번만 떨어지고 잘 올라탔기 때문이다. 내가 받은 유일한 손상은 나의 목회자로서의 권위의 상실이었다. 얼마간 피상적 칭찬도 받았다.

10월 29일; 오늘 우리는 55리를 걸었다. 저녁에 을륱에 도착했다. 여기에는 100명 정도의 기독교인이 있다는데 그보다 많은 참가자가 있다. 그들은 적절한 규모의 교회당 건물을 갖고 있었다. 여기는 물론 휴양소가 있다. 언더우드 박사가 건축비의 절반을 부담했고, 지역의 기독교인들이 그 나머지 절반을 책임졌다. 그것은 잘 준비되었고 쉬기에 참 편안하였다. 바다로부터 불어오는 차고 거센 바람이 있다. 지금은 가장 추운 계절이다. 우리는 그동안 화창하고 쾌적한 가을 날씨를 즐겼다.

10월 31일; 오늘 아침 나는 샤프씨와 동행에게 작별 인사를 하고 말을 이용하여 집으로 향했다. 60리를 가서 나룻배를 타고 이십 리를 더 가서 진남포로 향했다. 오후 1시에 도착했다. 강을 건너기 전에 밤 열시까지 기다려야 했다. 조류가 썰물이고 바람이 거셌기 때문이다. 아주 누추하고 작은 방에 들었다. 거기는 여섯 개의 큰 술독이 있었다. 독은 흙으로 만든 용기이다. 술은 이 나라 사람들이 마시는 술이다. 방은 나의 접은 간이침대를 펼칠 만도 하지 않았다. 그래서 나는 마루에 잠 자리를 깔았는데 그것은 심각한 실수였다. 그러나 나는 돌이킬 수 없는 지경에 이를 때까지는 깨닫지를 못했다. 나는 더 이상 빠를 수 없을 정도로 재빨리 누웠다. "이제 누웠다"고 했다. 싸움이 시작되기 전이었다. 눈에 보이는 적과 싸우는 것이 하나의 일이고 또 눈에 보이지 않는 많은 적들과 싸우는 것이 또 다른 하나였다. 그것도 어둠 속에서의 싸움이었다. 유혈이 낭자했다. 나로서는 패배하는 싸움이었다. 나는 9;30

분에 깨우도록 조치했고 그때 나룻배가 떠난다고 말했다. 나는 침대와 침구류서 내용물을 꺼내어 강둑으로 옮길 수 있게 만들었다. 나의 동료들도 이 물에 빠졌을 때 내가 뛰어들 수 있을 정도로 물이 그렇게 차지 않기를 바랬다.

11월 1일; 지난밤 나룻배로 건넜을 때 우리는 다른 주막에 묵었다. 거기에는 사용할 만한 개인 방이 없었다. 그래서 나는 많은 한국인들이 있는 공용방에서 잤다. 잤다고 말하는 대신에 나는 그 밤을 지냈다고 말해야 한다. 한국인들은 밤새 말을 하고 담배를 피웠기에 나의 동료들은 화가 잔뜩 났다. 그러나 담배연기가 그들을 훈증시킬 만큼 진하지는 않았다. 우리는 밤새 우리의 사적인 전투를 해야 했다. 잠자기 전에 나는 말을 갖고 있는 사람을 만났다. 그는 나를 평양까지 데려다 주겠다고 했다. 나로서는 그를 만난 것이 행운이었다. 아침 일찍 옷과 침구를 털어낸 다음 우리는 여섯시에 출발하였고 110리를 여행하였다. 나는 그날 밤 태평에서 묵을 생각이었다. 집에서 50리 떨어진 곳이다. 다시 한 주막에 들렀다. 이 주막은 아주 괜찮았다. 나는 내 방을 얻을 수 있었다. 사방 8피트 짜리이다. 방에는 아무 가구도 없었다. 마루에는 멍석이 깔려 있었다. 부엌에서 연기로 난방이 되고 있었다. 온돌로 된 방바닥 밑 구들을 연기와 불기운이 통과하는 난방 장치인 것이다. 어쨌든 하루 종일 추운 날씨 속에 여행을 하였으므로 이처럼 따뜻한 마루에서 그 열기를 빨아 들이며 누워 잘 수 있다는 것은 매우 즐거운 일이었다. 사람의 뼈는 아침이면 굳어서 아플 수 있을 수 있다. 조금만 회복 운동을 하면 이내 정상으로 되돌아가곤 한다.

11월 2일; 간밤에 눈이 내렸다. 금년 들어 첫눈이다. 5시에 출발하여 심한 눈 폭풍이 내리는 길을 세 시간이나 여행하여 아침 9시경에 집에 도착하였다. 나는 샤록, 렉, 그리고 휘트모어씨가 새로운 선교지부를 열기 위하여 선천으로 옮겨 갔음을 알았다.

11월 4일; 노블 씨 가족과 저녁 식사를 하였다. 종일 몽고메리 워드에서 보내온 짐을 풀었다. 공적인 행위에 관한 좋은 소식을 들었다. 내용인즉 다음과 같다. 정부는 왕을 기념하기 위한 절을 짓고 있다. 그것은 여기서부터 1마일 정도 떨어진 교외이다. 그렇게 하는 것은 쓸 데 없는 짓이다. 늙은 점쟁이가 있는데, 언제든 그 건축을 멈출 때는 왕의 집이 끝장 날 것이라고 말했다고 한다. 모두들 절 짓는 비용 마련을 위한 기부요청을 받았다. 개인뿐만 아니라 단체에게도 요청이 왔다. 관찰사는 어떤 천주교도들에게 찾아가서 이 사역에 기부를 요청했다. 그들은 이교도를 숭배하는 일에 기부하는 것은 그들의 원칙에 어긋난다고 대답했지만 그는 그들에게 강요했고 그들은 거절했다. 그는 장로교회 지도자들에게도 사람을 보내어 천주교는 모두 그 절 짓는 일에 협력하기로 동의했으니 장로교회도 똑같이 해주기를 바란다고 하였다. 장로교 지도자들도 그것은 그들의 원칙에 어긋난다고 하였고 거절했다. 그러자 관찰사는 감리교 지도자들에게도 찾아갔다. 천주교와 장로교회와 상의했는데 그들 두 집단은 모두 절 짓는 일을 돕기로 약속했다고 말하고, "그리고 이제 당신들 감리교는 똑 같이 관대하지 않겠는가"고 물었다. 그러나 감리교회 지도자들 역시 양심의 가책과 갈등을 느꼈으나 거절했다. 그와 같이 관리들은 모든 가능한 방법으로 인민들의 돈을 갈취해 내려고 노력하였다.

12월 16일; 나는 입국 이후 이 나라에서 두 번의 긴 여행을 했다. 기록할 만한 어떤 사건도 발생하지 않았다.

오늘 노블 씨와 C. D 모리스씨가 건너 왔는데 미국에서 막 수입한 수레를 끌기 위한 말을 몰고 왔다. 그들은 순회전도 여행에 그것을 사용할 예정이다. 그것은 한국인들에게 매우 관심을 끌만 했다. 그것은 그들이 이전에 결코 본 적이 없는 것이었던 것이다.

12월 20일; 지난 밤 미국인이 운영하는 광산에서 전보가 왔다. 렉(Lecks)씨가 그곳에 있고 천연두에 걸렸다는 것이다. 그는 북쪽 지역 먼 여행으로부터 그의 집으로 돌아오는 길이었다.

12월 24일; 눈이 많이 왔다. 12인치 이상이나 왔다. 온도계는 영하 22도를 가리킨다. 근래들어 가장 추운 날씨이다. 공동체는 크리스마스 축하회를 오늘 저녁 헌트씨 집에서 갖기로 했다. 우리는 매우 행복한 시간을 가졌다.

12월 25일; 성탄절이다. 시내의 장대현교회에서 오늘 아침 군중이 운집한 가운데 예배를 드렸다. 560냥의 헌금이 모였다. (1냥은 미국 금화로 0.05달러이다.)

웰즈 박사가 어제 광산으로 떠났다. 렉씨가 심각한 상태라는 것이다. 우리는 모두 근심하고 그의 회복을 위하여 기도하였다.

12월 26일; 오늘 오후 휘트모어씨로부터 전보가 왔다. 어제 렉씨가 죽었다는 것이다. 장례는 광산에서 행할 것 같다고 한다. 큰 슬픔과 동정심이 렉씨 부인에게 쏟아졌다. 결혼 생활 시작하자마자 그렇게 빨리 과부가 된 것을 안타까워했다. 공동체는 오늘 기도회를 갖기로 했는데 마펫 박사가 인도했고, 렉씨의 죽음에 의하여 제기된 생각들에 모두 집중했다.

12월 27일; 오늘 아침 온도계는 영하 27도를 가리켰다. 내가 여기 온 이래 가장 추운 날이다. 땅에는 한 자 이상 눈이 쌓였다. 오늘 아침 평양선교지부는 통신원을 선천에 파송했는데 그곳의 친구들에게 우리의 애도의 메시지를 전하려는 것이다.

한 해가 역사 속으로 들어가려고 한다.

Ⅱ. 한국에서 재현(再現)된 사도교회[116)]
(The Apostolic Church as Reproduced in Korea)

Ⅰ. 팔레스타인 지역의 초기 사도교회와 한국교회[117)]

이 글에서 나의 목표는 지구상에서 출현된 예수 그리스도의 교회 중, 가장 이른 시기에 나타난 사도교회와 가장 늦은 시기의 나타난 한국교회를 비교 조사하는 것이다. 두 교회 모두 아시아 지방에 속하는데, 사도 교회는 아시아 대륙의 서쪽 끝에서 시작되었고 한국교회는 아시아 대륙의 동쪽 끝에서 시작되었다. 그러나 보스포러스 해협에서 황해 바다까지 삶의 환경의 주요한 특징들은 매우 유사하며 단지 지리적 여건에 따른 차이가 있을 뿐이다. 유(類genus)는 같고, 종(種species)은 다르다.[118)]

한국은 옛 유다 왕국과 아주 잘 비교될 수 있다. 이전에 이러한 비교가 있었는지는 잘 모르겠으나, 나는 이것들 간에 아주 적절한 비교점이 몇 가지가 있다고 생각한다.

우선, 지리적으로 그러하다. 유나 왕국은 북쪽으로 시리아, 동쪽으로 아시리아 혹은 바빌로니아, 남쪽으로 이집트 이렇게 세 강대국들에 의해 둘러싸여 있었다. 그리고 이들 세 강대국은 자주 유대 땅에서 상호간에 전쟁을 했다. 그래서 유다 왕국은 둘러싸여 있는 세 강대국들과 주로 완충국의 관계

---

116) 이 논문("The Apostolic Church as Reproduced in Korea", Presbyterian Board of Foreign Mission)은 1912년에 보고한 것이다.

117) 원문에는 목차와 소제목이 없지만 역자가 독자의 이해를 돕기 위하여 붙였다. 이 논문의 소제목은 모두 역자가 붙인 것이다.

118) 생물을 구분할 때 류(類)는 속(屬)이라 하는데 이는 서로 유사한 특징을 많이 가진 종(種)을 묶은 것을 말한다. 종은 구분하는 방법은 자식을 낳았을 때 그 자식의 생식능력 여부에 따라 나눈다. 호랑이와 사자가 결합하여 낳은 새끼 라이거는 새끼를 낳지 못한다. 암말과 수당나귀의 자식인 노새도 생식 능력이 없다. 사자와 호랑이 말과 당나귀는 다른 종이다. 그런데 편하설이 사도교회와 한국교회의 관계를 류는 같고 종은 다르다고 하는 이 비유적 표현이 적절한 지는 모르겠다.

로 있었다. 이제 한국을 살펴보자. 동쪽에는 최근에 한국을 점령하는데 성공한 근대 일본제국이 있다. 서쪽으로는 중국이 있고 북쪽으로는 러시아가 있다. 나는 이들 세 강대국이 어떻게 한국 땅에서 서로 간에 피를 흘리며 전쟁했는지를 상기시키고자 한다. 1895년 청일전쟁 동안 주로 전투가 있었던 곳은 한국이었는데, 우리가 살고 있는 평양과 그 주변에서 전쟁이 있었다. 또 다시 최근에 일본과 러시아 사이에 제물포항에서 해전이 시작되었고, 첫 번째 육상 전투는 성곽을 순찰하던 일본 순찰병이 정세를 염탐하러 북쪽에서 내려온 러시아 정찰병에게 총격을 가하였을 때 시작 되었는데, 처음 발사된 그 총소리가 우리가 살고 있던 곳에서도 들릴 정도의 거리였다. 이후에도 한국 땅에서 일본군 사령관의 지휘 아래 몇 번의 전쟁이 더 있었다. 만주에서 주요한 교전이 있기 전, 일본군 사령관 쿠로키(Kuroki)는 러시아군을 쫓아 북쪽으로 압록강을 건너는 길에 우리의 도시(평양)를 통과하여 지나갔다.

둘째로, 자연적으로 그렇다. 한국과 유다 왕국의 지리적 유사성은 양국을 관찰한 사람들에 의해 종종 언급된다. 한국 땅은 약 80,000 제곱 마일(22만㎢)의 크기로 산과 평야가 많고 대부분이 산이다. 유다 왕국이 그러하듯 일부 지역에 넓은 평야가 있는데 관개(灌漑)가 잘 되어 매우 비옥하다. 그러나 양국의 가장 두드러진 특징은 산들이 많다는 것인데, 언덕들 사이로 크고 작은 계곡들이 있어서 그곳에 사람들이 사는 마을이 형성되어 있다.

셋째로, 종교적으로 그렇다. 유다 왕국의 가장 큰 특징은 종교이다. 신(God)은 규모도 작고, 주목할 만한 특징도 없으며, 주변국으로부터 멸시 당하는 유다 왕국을 선택하여 자신을 섬기게 함으로써 그의 거룩함을 세상에 드러내기 위한 통로로 삼았다. 유다 왕국을 기독교와 떼어 놓고 생각할 수가 없다. 기독교를 떼어 놓고 생각한다면 오늘날 우리는 블레셋 사람들이나, 가나안 사람들, 혹은 여부스인들[119], 및 잇따라 혹은 동시대에 그 땅을 차지

---

119) Jebus에 살고 있던 고대의 가나안 사람

했던 여러 많은 국가들에 대해 알 수 있는 것 이상으로 유대인들에 대해서는 알지 못할 것이다.

전 세계 기독교인들이 한국을 알게 된 가장 결정적인 이유 중 하나는 한국인들이 오래전 팔레스타인에서 출현하였고, 근래에 세계 만방으로 퍼져나간 기독교를 굳게 믿고 있는 그 놀라운 열정 때문이다.

이제 이러한 이해를 바탕으로 하여 사도 교회를 연구하고 한국에서 어떤 방식으로 교회가 전파되었는지 알기 위해 노력해 보도록 하자.

Ⅱ. 사도 교회와 한국 교회의 유사성

Ⅱ-1. 기도하는 기독교인들

사도행전에 기록된 것과 같이 사도교회의 교회사에서 독자들에게 가장 깊은 감명을 주는 것 중 하나는 기독교인들의 삶에서 기도가 수행한 역할이다. 예수님이 약속하신 성령을 기다리면서 "그들은 오로지 기도에 힘썼다." "빌기를 다하매 모인 곳이 진동했다." "이에 베드로는 옥에 갇혔고 교회는 그를 위하여 멈추지 않고 하나님께 기도했다." 하나님은 그들의 기도를 들으셨고 베드로는 풀려났다. "한밤 중에 바울과 실라가 기도하고, 이에 갑자기 큰 지진이 나서 감옥 문이 열렸다." 도르가가 죽었을 때 베드로가 무릎을 꿇고 기도하자 그녀가 눈을 뜨고 일어났다.[120)]

초기 기독교인들은 기도의 비밀을 아는 사람들이었고, 기도의 능력은 그들의 힘든 영혼을 편안하게 했으며, 그들이 기도할 때 하나님은 특별한 능력으로 그들을 위해 감옥 문을 여시고, 병을 고치시고, 사랑하는 이들을 죽음으로부터 다시 일으키셨다.

한국 기독교인들은 기도하는 기독교인들이다. 처음부터 그들은 어떻게 기

120) 본문에서 언급된 성경구절의 내용은 모두 개역개정판을 따라 번역하였다. (사도행전 1:14, 4:31, 12:5, 16:25~26, 9:36~40)

도하는지를 이해한 것 같다. 나는 그들이 이교도적인 신들(조상신)에게 드리는 탄원하는 기도의 형식에 익숙해 있었던 것이 그 이유를 잘 설명해 줄 수 있다고 생각한다. 기도는 그들의 제사에 수반되는 것이다. 한국 기독교인들은 이미 그렇게 기도의 형식에 익숙해져 있었기 때문에 최고 존재인 하나님께 어떻게 기도드려야 할지를 금방 배운다. 그렇기 때문에 어떤 한국인이 개종하게 되면 대부분 놀랍게도 짧은 시간 안에 교회에서 대표 기도에 참여할 수 있게 된다. 지난 10년 동안 나는 대표 기도 하기를 거절한 사람을 보지 못했고, 단지 한 사람만이 기도 요청에 자원해서 일어 났다가 당황하고 망설이며 혼란에 빠졌던 것을 기억한다.

그러나 그들은 기도의 형식보다도 훨씬 더 중요한 기도의 능력에 대해 알고 있고, 기도를 그들의 삶의 가장 중요한 위치에 둔다. 집에서 기도를 드리는 사람들이 많은데, 가족들 모두가 기독교인인 집에서는 이것이 쉬운 일이다. 하지만 가족들 중에 불신자들이 있는 경우가 일반적인데 이들에게는 개인적으로 기도하는 것이 매우 어려운 일이다. 특히 동양의 가정에서는 혼자 있을 수 있는 시간이 부족하다. 보통 가족 전체가 한두 평 남짓의 작은 공간에서 함께 거주한다. 그곳에서 그들은 먹고 자고 생활한다. 은밀하게 살펴 보시고 드러나게 갚아 주시는 하나님께 홀로 떨어져 은밀한 기도를 드릴 수 있는 자신만의 공간이 없다. 내가 보기에 하나님께서는 비웃거나 불신하는 가족들 앞에서 하나님께 무릎 꿇고 기도드리는 사람들에게 더욱 드러나게 또 충만하게 갚아 주시는 것 같다. 세례문답을 받고자 하는 한 여인에게 선교사는 그녀가 얼마나 자주 기도하는지 물었다. 그러자 그녀는 대답했다. "아아! 저는 기도드릴 만한 좋은 장소가 없습니다." "온 가족이 사용하는 거실과 침실이 단지 방 하나뿐입니다." 그러나 한국인 집사는 조금도 당황스러워 하지 않고 대답했다. "아니! 당신은 요나에 대해 모르십니까?" "그는 고래 배 속에서 기도했습니다. 당신은 참으로 그보다 훨씬 더 나은 장소를 가지고 있습니다."

한 성경공부 모임(사경회)에서는 마지막 시간에 기도에 대한 주제를 다루었다. 그 전까지는 빌립보서 연구에 전념해 왔었는데 마지막 시간이 되었을 때 선교사가 회원들 중 한 명에게 기도를 인도하도록 부탁했다. 그는 한국인들이 오직 성령 충만할 수 있기를 기도했다. 모임에 참여한 모든 사람들은 매우 감동받아서 한 사람도 빠지지 않고 한 시간 이상을 진심으로 회개하는 기도를 드렸다. 모임이 끝날 때 누군가가 다음과 같이 말했다. "한 시간 동안 기도에 대해 배웠지만 직접 기도하는 것이 기도를 더욱 잘 배우는 방법인 것 같습니다."

수년 전에 평안북도 선천(宣川)의 기독교인들은 그곳에 살고 있던 선교사의 지도 아래 새 교회를 크게 짓기로 결정했다. 교회를 짓는 동안 날씨가 걱정되는 상황 속에서 기와지붕을 올리게 되었다. 서까래 바로 위에 보릿짚 망을 쌓고 그 위에 흙을 두껍게 덮고 기와를 얹었다. 만약에 기와를 올리기 전에 비가 왔다면 흙이 퍼져서 큰 문제가 생겼을 수도 있었다. 이 때 교회에 지붕을 올린 것은 여름 장마 기간 이었다. 마지막 날 아침에 불신자인 마을 사람 하나가 그의 이웃을 만나서 말했다. "오늘 비가 올 것 같네" 이웃 사람은 "결코 비가 오지 않을 거야"라고 대답했다. 그는 의아해 하면서 물었다. "어째서?" "저기 교회가 보이지? 저 교회의 기독교인들이 모두 합심해서 교회 건물에 기와지붕이 다 올라갈 때까지 비가 오지 않도록 기도하고 있다네. 오늘 비가 오지 않을 것이야" 기독교인들은 모두 힘을 모아 기와를 올렸고 오후 2시쯤이 되어서 마지막 기와를 올렸다. 15분 후에 비가 퍼붓기 시작했고 24시간 동안이나 계속 내렸다. 사람들은 말했다. "참 운이 좋았군. 대단한 우연이야" 그러나 기도를 들으시고 응답하시는 하나님께 감사 드리기 위해서 다시 교회의 지붕 아래로 돌아온 한국 기독교인들은 이 놀라운 일이 일어난 것이 "매우 운 좋은 상황"이라든가 그와 유사한 다른 어떤 것에 의해서가 아니라, 오로지 드려진 기도에 즉각적으로 응답하셔서 비가 내리지 않게 하신 하나님의 섭리 때문이라고 생각했다.

작년에 평양 장대현교회의 한국인 목회자인 길선주 목사는 평양에 살고 있는 기독교인들이 언젠가부터 냉담하다는 것을 느끼고는 이 문제를 해결하기 위해 장로 한 사람과 함께 매일 아침 새벽마다 교회에 가서 기도하기 시작했다. 그래서 그들은 2개월 동안 기도를 계속했다. 2개월이 지났을 때 몇몇 사람들이 그것을 알게 되었고 20명 안팎의 사람들이 동참하게 되었다. 그러고 나서 다른 사람들도 기도에 동참하고 싶다는 의사를 밝혀 왔고, 길선주 목사는 주일 아침 설교에서 누구든지 기도에 동참하고 싶은 사람은 참여하여도 좋고, 새벽 4시30분에 종을 울릴 것이라고 알렸다. 다음 날 새벽 한 시에 사람들이 교회로 모이기 시작했다. 두 시가 되자 거의 몇 백 명의 사람들이 나왔다. 4시30분이 되어 종이 울렸을 때 교회에는 500명의 사람들이 있었고, 며칠이 지나자 700명으로 늘어났다. 4일째 되던 날 아침 기도하는 중에 갑자기 모든 신자들은 그동안 자신들의 죄를 방치하고 있었고, 이웃에게 냉담하였고 사랑도 적극적인 태도도 부족했던 것에 대해서 눈물을 터트렸다. 그러자 죄를 용서받았다는 확신 속에 기쁨이 생겼고 주님을 위해서 최선을 다하여 헌신하고자 하는 강한 열망이 생겼다.

나는 한 달 동안 순회 선교를 위해 시골로 떠나 있었기 때문에 이 모임에 대해서는 알지 못했다. 내가 집에 도착한 후 다음 날 새벽에 나는 갑자기 교회에서 울리는 종소리에 잠을 깼다. 나는 급히 침대에서 일어나 어디에 불이 났는지 보기 위해 창문으로 달려갔다. 정말로 불이 있었다. 그러나 탄소가 연소되어서 생기는 불이 아니었고 내 눈에 보이는 불이 아니었다. 그것은 사람의 마음에서 타오르는 불이었고 인간의 영이 하나님의 영과 접촉할 때 생기는 그런 불이었다.

때로는 기도해도 이루어지지 않는 경우가 있다. 우리가 기도에 효험이 생기도록 우리의 역할을 다하지 못하기 때문이다. 한국인들은 그들의 기도에 대한 응답이 때로는 그들 자신의 노력에 달려 있다는 사실을 배웠다. 조금 전에 이야기했던 기도회에 참여했던 사람들은 얼마간의 시간 동안 기도 드린 후에야 다음과 같은 사실을 깨닫게 되었다. 불신자들의 개종을 위해 드리고 있는 기도가 바로 지금 유효한 것일 수 있기 위해서는 그들이 직접 나가서 하나님의 도움으로 불신자들을 구원하기 위하여 자신들의 팔을 그들에게 펼쳐야 한다는 것이다. 그래서 길선주 목사는 얼마나 많은 수의 사람들이 밖으로 나가서 믿지 않는 사람들에게 하루 종일 전도할 것인지 또 저들을 그리스도에게로 인도하기 위해 애쓸 것인지를 물었다. 모든 사람들이 손을 들었다. 그러자 그는 얼마나 많은 사람들이 이틀 동안 전도할 수 있을지 물었다. 거의 모든 사람들이 다시 한 번 손을 들었다. 그리고 계속 해서 3일, 4일, 5일, 6일, 7일까지 질문이 이어졌고 일주일 내내 전도하는 일에 헌신하겠다고 약속한 사람들도 많이 있었다. 바로 그 날의 기도회에서 합하면 3,000일 동안을 자발적인 전도에 헌신하겠다고 약속했는데 이는 한 사람이 한다면 거의 9년 가까이 되는 시간이다.

Ⅱ.2. 성령강림절과 평양대부흥 운동

사도교회에서 가장 위대한 사건을 꼽자면 당연히 성령강림절이다. 예수님께서 돌아가신 이후 그들의 소망이 산산이 부서져 버렸기에 믿음과 행동이 약해졌던 제자들은 그날을 계기로 생명력이 넘치고 정화되고 열의와 능력으로 충만하게 되었다.

한국 교회에도 성령강림절과 같은 사건이 있었다. 그 놀라운 사건의 위력은 1907년 1월에 시작되어 전국 방방곡곡으로 퍼질 때까지 6개월 동안이나 지속되면서, 교회 안의 불경건한 요소들을 정화시켰고, 기독교인들에게 그들이 얼마나 죄로 가득 차 있었는지 깨닫게 했고 이전까지는 결코 알지 못했던 하나님의 용서하심과 정결케 하시는 능력의 놀라움을 깨닫게 했다. 이 일은 평양에서 시작되었는데 700명의 시골 사람들이 성경공부모임(사경회)에 참석했던 때였다. 성령이 신자들에게 권능으로 임하셨고 이틀 밤 동안 모임은 새벽 2시까지 계속되었다. 하나님의 심판에 대한 말씀을 함께 보았던 것 같은데

약 수백 명의 사람들이 모임에 참여한 다른 사람들 앞에서 자신이 개종한 이래로 지었던 죄들뿐만 아니라 그 이전에 지었던 죄들까지도 자백했다. 그들이 죄를 고백할 때 그들의 몸에는 엄청난 경련이 일어났고 하나님의 용서를 구하면서 고뇌에 찬 눈물을 흘렸다. 마음속으로 남 몰래 다른 사람을 증오해 왔던 이들은 그것을 모든 사람들 앞에서 고백했고 서로에게 용서를 구하며 서로 꼭 끌어안으면서 완전한 화해가 이루어졌다. 그곳에 모인 수백 명의 사람들이 모두 큰 소리로 기도했다. 성령의 역사가 그렇게 시작되어 성경공부를 위해 모인 다른 반들에까지 퍼졌다. 초등학교, 중등학교, 대학교의 학생들에게 퍼졌고, 감리교 교회들에도 그리고 그 지역 전체로 퍼져 나갔고, 앞에서 말한 것과 같이 그 지역 전체가 성령의 역사로 소용돌이 쳤다. 학교 교실에서도 모든 시간이 이 성령부흥운동의 열기로 채워졌고 그로 인해 얼마 동안 정규 수업이 중단될 정도였다. 선교사 숙소의 관리인들은 그동안 그들이 조금씩 부당하게 이익을 챙겨 왔던 것을 고백하였고 그것들을 모두 반환하였다.

평양에서 부흥운동을 겪었던 한 젊은 학생은 북한 지역에 있는 미국인 소유 금광 근처의 한국인교회를 방문하여 그 일들을 전하였고 그것을 들은 교인들은 큰 자극을 받게 되었다. 이들 중에 시금소에서 일하던 한 한국 젊은이가 있었는데 그는 가장 믿을 만한 한국인으로 여겨져 회사에 고용되었다. 그가 개종하기 전에는 수차례 적은 양의 금을 빼돌려 왔는데 축적된 양이 꽤 되었다. 하나님의 성령이 그에게 임하였을 때 그는 자신의 죄를 깊이 깨닫게 되었고 모든 사실을 고백하고 착복한 금을 내어 놓기로 결심했다. 그래서 그는 어느 날 금광회사의 임원들을 찾아가 그들 앞에 금을 내어놓고 그가 범죄한 사실을 고백하면서 이로 인해 자신은 해고 당하고, 처벌 받고, 사람들에게 망신을 당하겠지만 적어도 하나님과 그들 앞에서 옳은 일을 하게 됐다고 말했다. 이 행동이 그의 고용주들에게 엄청난 영향을 주었다. 부지배인은 그의 손을 잡고 데려가 그의 도덕적인 용기를 칭찬하면서 그들은 그의 범죄를 용서할 것이고 해고하지 않을 것이라고 말해주었다. 이 일이 있은 후로 그의 고용주들은 그를 믿을 만한 사람으로서 존중해주었다.

평양대부흥(성령강림)의 영향은 거대한 영적 고양이라는 점에서 교회 안에서만이 아니라 교회 밖에서도 마찬가지로 느껴졌다. 성령으로 충만하게 된 예루살렘의 기독교인들은 새 술에 취했다고 비방을 받았다. 한국의 많은 불신자들은 한국 기독교인들을 많은 욕설로 매도하였는데 기독교인들은 정신이 나갔고 술 취한 사람이라고 생각하였다. 다른 많은 사람들은 기독교인들이 무엇에 그렇게 미쳐 있는지 보기 위해 교회로 몰려왔다. 조롱하기 위해 왔던 많은 사람들이 기도하기 위해 남아있게 되었고 심지어 그들 자신의 죄를 고백하기도 했다. 다음 해에도 부흥이 계속되어 세례 받는 사람들의 수가 크게 늘었다. 전년도에 비해 한국 전체 선교회가 63% 증가한 반면에 평양에서는 100% 이상 늘었다.

Ⅱ.3. 기적의 은사

또 하나 사도교회의 기도 생활과 역동적으로 연결되어 있고 또 긴밀한 관계에 있는 것은 위대한 기적의 은사이다. 베드로와 바울은 다른 제자들보다 이 초인간적인 능력을 더 많이 행했던 것 같다. 기적의 능력은 일반적으로 전도를 위한 증거로서 초대 교회에 주어졌다가 사도들이 죽으면서 사라지게 된 것으로 생각되어 왔다. 보통 기독교에서 일반적으로 가지고 있었던 그 생각을 나도 가지고 있었고 이 관점을 견지해 왔지만 선교지에서 했던 경험으로 인해 내가 보고 들은 것과 내가 배워서 믿어 왔던 것이 조화를 이루도록 이 문제에 관한 성경적 가르침을 다시 생각하게 되었다. 그리스도께서 약속하신 기적의 능력은 몇 명의 사람들과 특정한 일부 시대에 한정되는가? 혹은 어느 시대에나 그리고 기적의 능력을 위한 조건에 순종하는 사람 누구에 의해서나 행해질 수 있는 일반적인 능력인가? 어떤 대답이 성경적인가? "만일 너희에게 믿음이 겨자씨 한 알 만큼만 있어도 이 산더러 들려 바다에 던져지라 하여도 될 것이요"[121)] 베드로가 물 위로 걷기를 시도하였을 때 처음에는 잘 걸을 수 있었으나 두려움이 생겨 그의 믿음이 흔들리자 가라앉기 시작했다. 예수님은 그를 꾸짖으시며 말씀하셨다. "믿음이 작은 자여 왜 의심하였느냐?"[122)] "너희가 내 이름으로 무엇을 구하든지 내가 행하리니 이는 아버지로 하여금 아들로 말미암아 영광을 받으시게 하려 함이라"[123)] "내 이름으로 무엇이든지 구하면 내가 행하리라"[124)] "그보다 큰일도 하리니"[125)] 뭐라고! 예수가 행한 기적들보다도 더 큰 기적들이라고? 더 크다는 것은 말하자면 약하고 죄 많은 인간 존재가 병을 고치고 죽은 자를 일으킬 수 있는 것은 하나님의 아들 그리스도가 그들에게 행한 것보다 더 크다는 말인데, 이러한 기적이 그분에게는 자연적인 일이지만 인간에게는 초자연적인 일이기 때문이다. 제자들은 바로 귀신을 쫓아내지 못했고 그들은 그리스도께 그들이 실패한 이유를 물었다. "이르시되 기도 외에 다른 것으로는 이런 종류가 나갈 수 없느니라"[126)] 마침내 마가복음의 마지막 부분에서 우리는 이런 엄청난 말씀을 보게 된다. "믿는 자들에게는 이런 표적이 따르리니 곧 그들이 내 이름으로 귀신을 쫓아내며 … 병든 사람에게 손을 얹은즉 나으리라"[127)]

기적에 대한 성서적 권위는 이 구절들과 이와 유사한 구절들 속에 있다. 이런 구절들에 붙어 있는 유일한 한계가 약속하는 것은 나의 믿음의 한계만큼 내가 볼 수 있다는 것이다. "너희 믿음대로 되라"[128)] 나는 이 넓은 세계 어디에서나 믿음으로 구하면, 그러니까 사도교회에서 그랬던 것처럼 믿음으

---

121) 마태복음 17:20, 21:21
122) 마태복음 14:31
123) 요한복음 14:13
124) 요한복음 14:14
125) 요한복음 14:12
126) 마가복음 9:29
127) 마가복음 16:17~18
128) 마태복음 9:29

로 기도하면, 사도들의 기적이 다시 일어날 수 있다고 믿는다. 하나님의 팔은 (오늘날) 구원할 수 없을 정도로 짧지 않다. 그분은 오늘날에도 19세기 이전과 동일하게 전능한 하나님이시며, 오늘날 교회에서 기적이 부재한 것은 단지 교회의 수치일 뿐이다.

지금 나는 내가 10여년 전에 갖고 있었던 회의주의를 수용하게 될 것이 염려되어서 내가 말하려는 것에 다소 주저함이 있다. 이런 기적들이 오늘날 한국교회에서 일어나고 있는가? 나는 망설임 없이 그러하다고 대답할 수 있다.

내가 목회자로 있는 평양의 산정현교회에는 독실하고 경건하며 늘 기도하는 한 할머니가 있다. 그녀에게는 손녀가 한 명 있는데 그 아이는 한쪽 발이 마비되어서 겨우 걸을 수 있는 상태였다. 할머니는 이것 때문에 매우 걱정하면서 그저 믿음으로 주님께 손녀의 병을 고쳐 달라고 기도하기 시작했다. 그녀는 매우 끈질기게 확신하는 태도로 기도를 계속했고 종종 이른 새벽까지도 남아서 기도하곤 했다. 그녀는 자신의 기도가 응답되지 않자 그녀의 삶에서 그녀의 기도가 응답되지 않도록 가로 막는 어떤 것이 있었는지 자신의 마음을 살펴 보기 시작했다. 그녀는 고백되지 않은 죄를 발견했고 그것을 자백하였다. 다시 그녀는 그날 밤 내내 철야기도를 했다. 아침이 되어 손녀가 잠에서 깨어났을 때 그 아이는 너무나 기뻐서 어쩔 줄 모르며 외쳤다. "보세요! 할머니 나는 걸을 수 있어요" 그러면서 그녀는 걸어 다녔다. 마비되어 있었던 손녀의 발이 잘 회복된 것이 분명하게 확인되었다. 현재 아이의 상태가 정상적인 것이 확실하다.

귀신 들린 사람들이 기독교인들의 기도에 의해서 낫게 되었다는 아주 많은 사례들이 잘 알려져 있다. 내가 아는 한, 진실한 기독교인이 아니면 신약성경에 기록된 대로 그리스도의 시대에 귀신 들린 사람이 있었다는 사실에 이의를 제기한다. 우리는 그 사실을 의문의 여지없이 받아들인다. 그렇다면 오늘날 우리는 왜 귀신 들린 사람이 있을 수 있다는 것을 부인하는가? 내가 그것을 정신 이상으로 부르거나 정신 이상의 한 형태로 기꺼이 인정하는 것은 그 사실에 대한 반증이 아니다. 이런 경우에 정신 이상 혹은 정신 착란은 단순히 귀신들린 결과이다. 한국인들은 그들 스스로 이 두 경우를 구분한다. 그들은 '미친 사람' 즉 정신병자와 '마귀 들린 사람' 즉 귀신 들린 사람에 대해 말한다.

귀신 들린 사람이 기독교인들의 기도에 의해서 나을 수 있다는 사실은 심지어 기독교 신앙이 없는 한국인들에 의해서도 인정되었는데 그들은 종종 귀신 들린 사람을 낫게 해달라고 기독교인들에게 데려 왔고 기도에 의해 그들이 회복 되자 많은 경우 나음을 입은 사람들은 기독교인이 되기로 결심하게 되었다.

신약성경에 기록되어 있는 귀신 들린 사람의 모든 특징들이 한국에서도 나타났는데, 귀신이 귀신 들린 사람의 입을 통해 말을 하는 증상, 신체적으로 입에 거품을 무는 현상이 동반되는 증상, 눈으로 사납게 뚫어져라 노려보는 증상, 몸이 경직되고 쓰러지는 증상들이 그것이다.

치유의 방법은 독특했다. 기독교인들은 자원하는 사람들을 모집하여 한두 사람 혹은 그 이상의 사람으로 조를 나누어 밤낮으로 환자가 완전히 회복될 때까지 한 시도 혼자 있는 일이 없도록 교대하며 환자 곁에 머물렀다. 각각의 조는 병으로 고통 받는 사람을 위해 그 사람을 지키면서 계속 기도하고, 찬송 부르고, 성경을 읽고, 환자에게 성경 구절들을 반복해서 들려 주면서 귀신이 떠나가도록 선포했다. 때때로 이 일은 며칠씩이나 계속되기도 했다. 신약성경에 기록된 사례와 같이 환자의 입을 통해 귀신이 말을 하면 대화가 이루어지기도 했다. 이렇게 기도, 성경 읽기, 찬송, 증언과 선포의 연속 포격이 계속되면 승리하여 귀신이 떠나가겠다고 약속하는데, 때로는 실제로 떠나가기까지 시간을 많이 끌기도 했다.

내가 직접 관찰하는 상황에서 치료가 이루어진 마지막 경우는 지난 겨울이었고 내가 담임하고 있는 평양의 산정현교회에서였다. 우리 교회의 예배실에서 성경공부모임(사경회)을 하는 동안에 한 귀신 들린 여인이 건물 안으로 들어와 모임을 방해했다. 모임을 마친 후 교회 여인들 중 가장 신실한 14명 정도가 귀신들려 고통 당하는 그 여인을 그들 중 한 명의 집으로 데려가 위에서 말했던 것처럼 평소 하던 대로 하기 시작했다. 귀신은 열변을 토하며 그 여인을 욕했지만 몇 시간이 지나자 귀신은 자신에게 먹을 것을 주면 떠나가겠다고 말했다. 그 여인에게 먹을 것을 주었다. 귀신은 한 시간 후에 떠나겠다고 하고서는 예고된 시간이 왔을 때 떠나갔다. 그 여인은 매우 연약한 상태로 남게 되었지만 그 순간부터 회복되기 시작했고 비록 며칠 동안 그녀는 약간 멍한 상태로 있었지만 마침내 그녀는 완전히 회복되었다. 그녀는 교회에 참석했고 정기적으로 기도 모임에도 나오더니 짧은 시간 안에 완전히 변화되었다. 그녀는 생기를 되찾았고, 그녀의 얼굴과 지성이 밝아졌고, 행복하게 되었는데 그 이후로 신실한 기독교인이 되었다. 그녀의 가족들은 그녀에게 일어난 변화에 깊은 감명을 받아서 모두 기독교인이 되기로 결심했고 오늘까지 그들의 약속을 잘 지키고 있다.

이제 순수한 정신 이상이라 부를 수 있는 경우에 대해서 말해보고자 한다. 물론 그런 경우에도 정신 이상은 기노를 통해 치유되어 기적으로 남았으며 이것이 내가 말하고자 하는 주요한 핵심이다.

몇 년 전 평양으로부터 강 건너에 있는 작은 마을에서 영리하고 매력적인 청년이 기독교인이 되기로 결심했다. 그러나 그의 어머니가 그의 결정을 심하게 반대하면서 박해했다. 곧 그 젊은이는 괴상하게 행동하기 시작했고 귀신 들린 증거를 보였다. 그는 그 자신을 땅에 내던지고, 입에 거품을 물고 진짜 귀신들렸을 때와 같이 비명을 질러댔다. 그의 어머니는 아들이 몹시 염려되었고 기독인들이 귀신 들린 사람을 낫게 할 수 있다는 말을 듣고서 시내로 사람을 보내 영향력 있는 기독교인 여인들에게 자기 아들을 고쳐 달라고 요청하면서, 만일 그녀들이 아들을 고쳐 주기만 한다면 그녀가 기독교인이 되고 아들을 박해하지 않겠다고 약속했다. 그녀는 이런 일이 일어난 것은 기독교인의 삶을 살겠다는 아들의 바람을 반대한 자신의 죄로 인한 벌이라는 것이 의심의 여지가 없다고 고백했다. 치유가 시작되었다. 치유를 주도한 사람은 신씨 부인이었는데 지금은 천국에 가 있지만 그녀는 무당으로부터 기독교로 개종한 이후로 하나님께서 주신 권능을 행했던 사람이었다. 신씨 부인은 발광하며 경련을 일으키고 있는 청년에게 다가가 그를 향해 하나님을 믿으라고 외쳤는데, 그 청년이 그녀의 등 뒤에서 "걱정하지 마세요, 나는 괜찮아요. 나는 단지 어머니를 설득시키고자 하고 있는 중이에요"라고 속삭였을 때 그녀는 경악했다. 말할 필요도 없이 이 시점에서 귀신을 쫓아 내는 일은 중단되었다. 그 젊은이의 회복 또한 영구적이었다. 그 나이든 어머니가 기독교인이 되겠다고 했던 약속을 지켰다고 기록할 수 있었더라면 좋았을텐데, 그러나 아아! 그녀가 그렇게 하지 않았다는 사실은 이 세상에 여전히 사탄의 세력이 널리 퍼져 있다는 것을 보여준다.

이것은 그 젊은이가 실제로 귀신들렸는지에 대해 의심해 볼만한 여지가 있는 사례이다. 여기서조차도 귀신 들릴 수 있다는 사실을 인정하는 한국인들의 믿음에 대한 증언이 있다. 만약 그 젊은이가 귀신 들릴 수 있다는 것을 실제 있을 수 있는 일로 믿지 않았더라면 그는 결코 귀신 들린 척하지 않았을 것이다. 여기서 귀신 들린 척한 것은 단순히 흉내낸 것만이 아니라 현실이 반영되어 있는 것이다.

II.4. 복음전파 사역

사도교회의 또 다른 특징은 증언이었다. 예수님은 승천하시기 직전에 제자들에게 말씀하시기를 "너희는 이 모든 일의 증인이라"[129] 하시고 또 이르시기를 "너희가 예루살렘과 온 유대와 사마리아와 땅 끝까지 이르러 내 증인이 되리라"[130] "그 날에 예루살렘에 있는 교회에 큰 박해가 있어 다 유대와

---

129) 누가복음 24:48

130) 사도행전 1:8

사마리아 모든 땅으로 흩어지니라"[131] "그 흩어진 사람들이 두루 다니며 복음의 말씀을 전할새"[132] 복음이 유대, 사마리아, 소아시아, 유럽 그리고 그밖의 곳으로 빠르게 전파된 이유는 성령강림을 통해 주어진 복음의 능력 아래서 모든 사람들 각자가 복음을 전하는 것이 그들에게 주어진 특권이자 책임이라고 느꼈기 때문이다. 그렇게 할 수 있었던 기회는 큰 박해로 인해서 그들이 예루살렘으로부터 각처로 피신하게 됨으로써 주어졌다.

한국의 평양 북부 지역에 복음의 씨앗이 널리 퍼지기 시작한 것은 평양으로부터 기독교인들이 피신하게 되었기 때문인데, 1895년 중국과 일본 양군이 평양에서 맞붙어 청일전쟁으로 인해 격렬한 전투가 벌어졌기 때문이다. 전쟁이 발발하여 사람들이 피신하는 것 때문에 도시가 포위되기 이전 몇 년 동안 복음이 계속 전파되어 왔고 함께 모인 기독교인들의 교회가 꽤 많이 있었다. 기독교인들이 어느 곳으로 가든지 그들은 복음을 전파하는 것을 멈추지 않았다. 현재 북부 지역 도처에 있는 교회들은 그 때부터 시작되었고 복음의 씨앗은 전쟁 피난민들에 의해서 뿌려졌다.

한국에서는 사역의 아주 초기부터 개종한 사람들이 그들이 받은 복음에 대한 지식과 복음의 축복들을 다른 사람들에게 전하는 책임을 깨닫도록 하는데 많은 노력을 기울였다. 사도행전 8장 1절은 우리에게 "사도 외에는 다 모든 땅으로 흩어지니라"라고 말씀하고 있다. 이것은 팔레스타인에서의 초기 복음전도가 많은 부분이 사도들 곧 성직자들에 의해서가 아니라 놀랍게도 평범한 기독교인들 곧 일반 신도들에 의해서 이루어졌다는 것을 결정적으로 보여준다. 바울은 에베소에서 2년 동안 머물렀고 "아시아에 사는 자는 다 주의 말씀을 듣더라"[133]라고 기록되어 있다. 그 당시 아시아의 인구는 2천만 명이었던 것으로 추정된다. 그 많은 수의 사람들이 바울 한 사람에 의

131) 사도행전 8:1

132) 사도행전 8:4

133) 사도행전 19:10

해서 복음을 들었다는 것은 믿을 수 없는 일이다. 바울은 사역을 주도하였고 기독교인으로 개종한 사람들이 여러 지역들을 다니며 도처에 복음을 전파했다. 내가 생각하기로는 이방인에 의한 박해가 없는 상태에서 성직자들과 소위 평신도 선교사들만이 해외 선교를 도맡아야 한다는 생각은 세상을 그리스도께로 되돌리는 일에 극심한 정체를 야기하는 것 같다.

이 점에서 한국 교회는 사도 교회의 뒤를 잇는 본보기이다. 선교사들은 각각 25명에서 75명의 신자들을 그룹으로 맡아서 돌보고 가르칠 뿐만 아니라 또 다른 사역들을 하는데, 이런 일만으로는 복음전파의 사역이 새로 열릴 수가 없고 그들에 의해서 이루어질 수도 없다. 3년 전까지 현지의 한국인 중에 목사로 임명받은 사람이 없었고 그래서 한국인 사역자를 통해서 이루어진 사역이 없었다. 한국에서 사역을 통해 교회에 수천 수백 명의 신자들이 모일 수 있었던 것은 거의 대부분이 한국인 개종자들이 직접 사역에 동참하여 그들이 차례로 그들의 집에서, 친구들의 집에서, 주막에서, 시장에서, 길가에서나 어디에서든지 복음을 전했기 때문이다. 현지인들의 도움으로 기독교인들은 이 사역을 계속 할 수 있었을 뿐만 아니라 심지어 불신자들이 그들이 살던 마을을 떠나가도록 만들기까지 했는데 왜냐하면 그들은 항상 믿으라고 설득하는 "박해"(불신자들은 이러한 상황을 "박해"라고 표현했다)를 견딜 수 없었기 때문이다. 참으로 그들의 죄가 그들의 머리로 돌아간 것이다.

모든 개종한 사람들이 그렇게 하는 것을 매일같이 목격했을 뿐만 아니라 몇 년 이내에 모든 교회들에 퍼지게 된 독특한 제도가 고안되었고 그 제도는 지난 몇 년 동안의 사역을 진전시키는 중대한 요인이 되었다. 그 제도는 개종하지 않은 사람들을 위해서 며칠 동안 전도하거나 개인적으로 사역하기로 서약하는 것인데 기독교인들은 정해진 기한이 차기까지 그들의 일상적 직무를 내려놓고 불신자들을 위해 그들 스스로 비용을 대면서 복음을 전했다. 그 서약의 기한은 하루에서부터 몇 개월에 이르기까지 다양했다. 그런 서약을 할 수 있는 기회는 공개적으로 모든 교회에서 또 모든 성경공부모임

(사경회)에서 주어졌다. 때때로 어느 한 곳에서 서약하기로 한 기간이 수천일이 되는 경우도 있었고 지역 전체에서 서약한 날의 수를 세자면 추정할 수가 없다. 자주 우리 목사들과 직원들[134]은 일터를 떠나 이 사역에 동참할 수가 없었는데 그대신 그들은 자신들의 월급의 대부분을 내어놓음으로써 사역에 참여하였다. 나의 신자들 중 한 나이든 여인도 최근에 시골로 갈 수가 없게 되어서 그 대신 한 달 동안 시골로 가서 전도하는데 드는 비용을 위해 자기가 받은 봉급을 내어놓았다. 송도에서 18살짜리 학생들의 모임이 있었는데 그들은 매일 4시 이후부터 저녁시간까지 도시에서 개인 사역에 나섰다. 도시에 있는 모든 집들을 방문하기 위한 체계적인 계획이 세워졌는데 10일에 한 번씩 정도로 계획을 따라 수행되었다. 수백 명의 개종자들이 생겼다. 그와 같은 계획이 평양에서 이미 몇 년 동안 실행되어 왔고 그 결과 항상 교회에는 많은 수의 신자들이 생겨났다. 그러나 이 계획은 베드로와 요한에 의해 시작된 것으로 보이는데, 사도행전 5장 42절에서 우리는 "그들이 날마다 성전에 있든지 집에 있든지 예수는 그리스도라고 가르치기와 전도하기를 그치지 아니하니라"라는 말씀을 읽는다.

Ⅱ.5. 자선을 베푸는 기독교인들

사도교회는 자선을 잘 베푸는 교회였다. 처음에는 매우 열정적이었고 각자가 가진 것을 모두 팔아 사도들에게 내어놓고 모든 것을 공동으로 소유하는 다소 실행 불가능한 모험이 짧은 기간 동안 지속되었다. 그것에 관한 기록은 사도행전에서 4장 이후로 다시 보이지 않는다. 교회는 곧 조용하게 진정되었고 꾸준하고 체계적으로 자선을 베풀었다. 그들은 때때로 대사도들의 권고가 필요하기도 했지만 그들이 사도들로부터 부탁받거나 요구받은 것을 이행하는데 실패하였다는 기록은 찾아볼 수 없다. 사도행전을 기록할 때

---

134) 서기, 조사, 권서인 등 당시 선교사들로부터 월급을 받으며 그들을 돕던 사람들을 말한다.

의사였던 누가는 재정적인 통계자료를 넣는 것을 중요하게 생각하지 않았기에 사도교회와 한국교회 혹은 다른 어떤 교회 사이에도 자선 활동을 서로 비교하는 것은 불가능하다.

한국교회가 자선을 잘 베푸는 교회라는 것은 모두가 인정하는 사실이다. 우리 선교회의 보살핌 아래 있었던 교회들이 지난해 기부한 돈은 $81,309.17나 된다. 이것은 그리 많은 양이 아닌 것 같아 보이지만 동양에서의 생활수준이 우리의 기준보다 훨씬 낮다는 것을 잊어서는 안 된다. 평일에 일하는 노동자는 하루에 20센트를 받고, 목수나 석공 같은 전문적인 노동자의 경우라 할지라도 겨우 50센트를 받는다.

한국교회에서는 처음부터 교회 운영비용을 충당하기 위해 선교사들이 헌금에 대한 의무를 크게 강조하였다. 기독교인의 특징인 위대한 자율성과 견고성은 그들에게 주어진 경제적인 책무를 감당하기 위한 노력의 결과에서 성숙된 것이었다. 우리 선교회에서 840개의 교회 중 20개 이하의 교회만이 교회의 건립을 위해 외국의 지원을 받은 것으로 알려졌고, 큰 건물들 중 몇 개만이 건축 비용의 1/3 이하의 범위 내에서 도움을 받았다. 589개의 초등학교 건물들 중 사실상 모든 곳에 한국인들의 재정적 지원이 있었다. 선교사들을 돕는 1,052명의 현지인 직원들의 월급 중 94%를 한국인들이 지원했다. 제주도와 시베리아에 현지인 교회의 선교 본부를 세우는데 지원된 전체 비용이 한국인들로부터 나왔다. 교회는 목회자에게 사례비를 지급할 수 있을 때까지는 목회자를 청빙하지 않는다는 규칙을 정하였고, 다른 조항으로 약자들을 위한 단체를 만들기로 했다. 이 시기의 사역과 관련하여 자율적인 희생에 관한 이야기를 말하자면 책 한 권을 채울 수 있을 정도이다. 일반적으로 십일조를 내지만, 많은 사람들이 수입의 1/3을 내어놓았다.

2년 전에 평양에서 기독교인들은 여러 장소에서 모이고 있는 초등학교들이 한 곳에서 함께 모일 수 있도록 하기 위해 학교를 세우는 일에 착수했다. 교회들은 건축을 위한 비용에 대해 논의하였고 필요한 자금의 대부분을 기부했지만, 계획했던 건물을 확장해야할 필요가 생겼기 때문에 더 많은 자금이 필요하게 되었다. 많은 노력을 기울였지만 더 이상의 돈을 구할 수가 없게 되자 모두가 낙담하게 되었다. 돈을 마련하기 위해 모인 학교 이사회에서 원로들 중 한 사람이 일어나 그가 하루 전에 한 가난한 뱃사공에게 받은 돈이라며 5엔($2.50)을 꺼내보였다. 그 뱃사공은 그의 수입 중에서 얼마간의 현금을 따로 모아두었는데, 몇 달간 그 정도의 돈을 모아두었던 것을 이제 새 학교 건물을 짓는데 기부하기 위해 가져왔다고 했다. "이제" 그 원로는 말하기를 "나는 내가 낼 수 있는 한에서 최대한의 자금을 기부했다고 생각했지만 이 '선물'을 통해 드러난 위대한 희생이 참으로 나를 부끄럽게 합니다. 나는 내가 냈던 자금의 두 배를 더 내도록 하겠습니다." 그러자 다른 사람들도 일어나서 그와 같이 말했고 얼마 안 되어 필요한 대부분의 돈이 회의에 참석한 사람들에 의해 약속되었다. 선교사들 중 한 명이 어느 시골로 전도여행을 갔다가 돌아와서는 매우 걱정스럽게 그곳에 대해 말하면서 기독교인들에게 그 지역을 위해 봉사하는 사람들의 급여를 위해 헌금해줄 것을 요청했다. 그러나 그들은 몹시 가난했고 "몇 명이나 일당으로 받은 돈을 하나님께 드릴 수 있나요?" 라는 질문이 있을 때까지 아무런 대책이 없는 것처럼 보였다. 그러자 한 사람이 돈을 내겠다고 했고 또 한 사람도 돈을 내겠다고 했다. 한 사람은 제화공이었고 하루 동안 하나님을 위해 신발을 만들기로 했다. 또 한 사람은 목수였고 하루 동안 하나님을 위해 베고 자르겠다고 하고서는 그의 목재와 그밖의 것들을 가져왔다. 아! 그러자 지역 봉사자들을 위한 1년치 급여가 모두 마련되었다. 그들 중 대부분의 사람들은 하루 벌어 하루 먹고사는 사람들이었으므로 그들의 그러한 헌금은 결국 그들의 식량과 그들의 땔감으로부터 나온 것임을 알 수 있다.

그 선교사는 또 다른 일화를 말한다. 일본군과 의병이 충돌하면서 한 군청 소재지가 불타게 되었고 얼마간 시간이 흐른 후 사람들이 다시 돌아와 재건하기 시작했다. 모든 장소가 상점과 거주지를 위해 선점되었다. 하루는 시골

교회 출신의 경건한 집사 한 사람이 시장에 와서 쭉 훑어보던 중 갑자기 그의 마음 속에 "하나님의 집은 어디에 있지?" 하는 생각이 불현듯 떠올랐다. 그곳에 모든 종류의 건물들이 복원되었지만 하나님의 집은 없었다. 전에 그곳에서 살았던 기독교인들은 모두 흩어졌고 남아있는 사람들은 너무 가난해서 교회를 지을 수가 없었다. 나이든 배(Pai) 집사는 집으로 가서 밤새 기도했다. 아침이 되어서 그는 기도에 응답을 받았다. 그는 말했다. "나는 소재지에 하나님의 집이 세워질 때까지 결코 쉬지 않을 것입니다." 그는 그가 속한 모임에서 그 문제를 제기했고 인근에서 모이고 있는 모임들 두세 곳에 가서도 이야기했다. 그러나 그들은 최근에 있었던 난동으로 인해서 많은 손실을 입었기 때문에 아무런 격려가 되지 못했다. 그러자 집사는 다시 기도하고 와서 사람들에게 말했다. "하나님께서 내게 말씀하시기를 교회를 세우라고 하셨소. 나는 비록 나 혼자서 이 일을 하게 되더라도 반드시 하고야 말 것이오. 나는 내가 가진 소를 팔고 집을 팔고 밭을 팔아서 교회를 세울 것이고 내가 죽기 전에 꼭 교회를 세울 것이오." 그의 열정이 다른 사람들에게도 퍼져나갔다. 사람들은 돈을 내고 노동을 제공하기로 약속했고 두 달에 걸쳐서 교회가 완성되었으며 봉헌을 위해서 선교사가 파송되었다.

II.6. 교회 내 신자들의 신분 분포

마지막으로 나는 한국 교회에는 모든 신분의 사람들이 있다는 점이 또한 사도교회와 비슷하다는 것을 말하고자 한다. 사도 바울을 통해 개종한 사람들 가운데는 오네시모와 같은 노예뿐만이 아니라 카이사르의 가족도 있었고 그 사이에 속하는 모든 신분의 사람들이 있었다. 개종한 한국인들 중 대다수는 주로 평민 출신이지만 한쪽에는 가난한 노비와 반대쪽에는 왕가의 가족까지 양 극단을 대표하는 사람들이 있다.

Ⅲ. 기독교를 통해 일어난 사회변화들

최근에 국가를 변혁시킬 정도의 상당한 영향력을 미친 많은 사회적 변화들이 기독교와 기독교 기관들의 영향으로 일어났다. 새로운 문학 작품들이 쓰여졌는데; 이전에는 모든 한국인 학자들이 경멸하였던 한글이 이제는 선교사들에 의해 마땅히 가져야 할 권위와 유용성을 갖게 되었고, 지금 몇몇 국내 신문들도 한글로 발행되고 있다. 이것은 몇년 전까지는 들어보지 못한 일이다. 평균 결혼 연령이 높아지고 있고, 첩을 두는 관행이 점차 폐지되고 있으며, 범죄자에게 고문을 가하는 법규가 폐지되었고, 현대적이고 위생적인 감옥이 만들어졌다. 파벌간의 적대감이 사라지고, 사람들의 마음을 빼앗는 미신이나 종교적인 광신에 빠져 어둠의 쇠사슬에 매여 있던 사람들이 자유로워지게 되었다.

이 일은 이제 시작에 불과하다. 아직 전체인구에서 50명 중에 1명(2%)이 기독교인이고 그마저도 명목상으로만 기독교인인 경우가 많다. 그러나 교회의 영향력은 교인들의 비율을 넘어서고 있고 현대 선교에 있어서 기독교인들의 활동은 가장 경이로운 일들 중 하나이다.

한국 기독교인 - 세례 교인	36,074
- 학습교인	25,948
작년 한국인들로부터 헌금	$81,309.17
남녀 무보수 사역자 - 집사, 장로, 주일학교 교사, 전도사	6,308
작년 세례 받은 사람	6,823
작년 학습 받은 사람	14,757
4일~30일간 사경회에 참여한 사람	40,000
중등교육기관(academy)에서 대학(college)까지 등급이 높아진 학교	18
초등학교	514
학생	9,835

병원과 진료소 9

치료받은 환자(1910-11년) 68,858

『신학지남(神學指南)』에 기고한 글 15편

『신학지남(神學指南)』에 기고한 글 (15편)

1. 사후 세계에서 성도들이 서로 알아봄(1918년 10월호)
2. 각 목사가 부흥목사 될 것(1919년 7월호)
3. 향응에 대하여(1925년 7월호)
4. 로마교의 예배(1936년 5월호)
5. 중보자와 사죄(1936년 7월)
6. 천주교의 교회관(1936년 9월호)
7. 교회의 신앙규율(1936년 11월호)
8. 사도직의 계승(1937년 1월호)
9. 교황제도의 분해(1937년 1월호)
10. 성례(1937년 5월호)
11. 죄에 대한 고백 참회 사죄(1937년 7월호)
12. 로마교의 내세관 (1937년 9월호)
13. 로마교의 순례, 분향 묵주 유물(1937년 11월호)
14. 로마교회의 그릇된 교훈과 그에 대한 비판(1938년 1월호)
15. 신앙자유에 대한 로마교의 오해와 박해(1938년 3월호)

범례 – 편하설의 신학지남 기고문

1. 이 기고문들은 1918년의 것에서부터 1939년 것까지 있는데 시대에 따라 글쓰기가 많이 다르다. 또 표기에도 많은 차이가 있다.
2. 초기의 글은 누군가 곁에서 도와 기술한 것 같다. 아마 그의 한국어 선생이 아닐까 싶다. 후반부의 글들은 그가 직접 쓴 것으로 보인다.
3. 전반적으로 기고문은 어법이나 표기된 용어가 요즘 것과 많이 다르다. 가능한 한 현대적 어법에 맞게 고치기도 하였다.
4. 그러나 아직 용어가 정착되지 않은 면을 보여주는 것들, 문자의 화석 같은 성격을 갖는 것들이 있는데 이해에 크게 어려움이 없는 것은 그대로 두었다.
5. 다음과 같은 경우는 가독성을 위해 근래의 용어로 바꾸었다. 예를 들면 로마교는 천주교, 상제는 하나님, 성서는 성경, 성신은 성령, 법왕 법황 등은 교황, 묵시록은 계시록 등으로 바꾸었다. 경정교는 그대로 두었는데 개신교, 개혁교회를 가리킨다.
6. 수록된 글은 게재순서로 하였는데, 시대별 글쓰기 변모를 보여주기 위해 뒷부분에 각각 영인한 첫 장을 붙였다.

1. 사후 세계에서 성도들이 서로 알아봄

『신학지남』 1권 3호(1918. 10월호)

우리들이 이 육신을 벗어버리고 영화로운 몸을 입은 다음에 서로 알아 보겠느냐 하는 문제에 대하여 몇 가지 대답이 있습니다. 어떤 사람은 '우리들이 이 세상을 이별한 다음에 육신과 영혼이 다 없어진다'하고, 또 어떤 사람은 '영혼은 소멸하지 아니할지라도 무의식으로 지낸다'하며, 또 어떤 사람은 '이 세상을 떠난 후에라도 의식이 있어서 서로 알아본다'고 합니다. 우리들이 이 세상에 거처하는 것이 나그네로 잠깐 지내는 것과 같으니 잠시 서로 알고 지내다가 서로 떠나는 것이요, 가령 이 세상에서 이름 있는 사람을 만나 보고자 하였으나 서로 거리가 매우 멀어 만나지 못하고, 또 이미 죽어서 천당에 간 사람이나 친족을 다 만나지 못하면 대단히 슬플 것입니다. 그러하니 다시 만날 소망도 전혀 없는가? 아니다. 그 소망을 갖기 위하여 성경에 가르친 것이 있는데, 이 성경에 증거한 것을 보고 있으니 우리 인생은 다음 세상에서 서로 만남을 진실로 확신합니다. 그 증거는 다음과 같습니다.

1) 하나님의 성질: 하나님은 사랑이시니(요한복음 4장 8절) 다만 한 분이시로되 창세전부터 삼위(三位)로 계셨으니 그런 까닭에 삼위간에 서로 교제하여 공동생활을 한 줄 안다. 이와 같이 우리 신도들은 예수로 말미암아 본래 형상을 회복함이 되었으니 사랑으로서 서로 교제할 터인데 만일 단독생활을 할 것 같으면 사랑을 베풀 수 없은즉 공동생활(사회적 생활)을 할 수 밖에 없다. 또 신도들의 성질이 별세한 다음에라도 멸망할 일이 없으나 자연히 사후 세계에서도 사랑을 베풀어 공동생활을 할 터이니 만일 공동생활을 할 것 같으면 서로 알아볼 것은 분명하다.

2) 천당을 미리 보여주시는 성경말씀: 누가복음 22장 30절(상반절 너희로 하여금 내 나라에 있어서 내 상에서 먹고 마시며 또한 보좌에 앉아 이스라엘 열두지파를 다스리게 하리라), 누가복음 13장 29절('사람이 동서남북으로부터 와서 하나님의 나라에 앉으리라')의 말씀을 보니 다음 세계에도 잔치 곧 연락이 있을 것인데 대개 잔치는 사람 사람이 다 기쁨과 즐거움으로 지내며 피차 교제도 하여 친근하게 지내는 것이다. 누가복음 13장 28절(너희들이 아브라함과 이삭과 야곱과 모든 선지자가 하나님 나라에 있고 오직 너희는 밖에 쫓겨 날 것을 볼 때에 그 곳에서 슬피 울고 이를 갈리라)의 말씀은 불신자에게 하시는 말씀이니 불신자는 천당에 있는 성인으로 더불어 상종도 못하고 축출당하지만 천당에 있는 성인을 알기는 알 것이다. 만약 불신하고 축출을 당한 자가 천당에 있는 성인을 알게 되면 동일한 천당에 있는 성인들이 피차간에 알지 못하겠는가? 저들은 하나님의 자녀가 되어 무궁히 하나님의 보좌 앞에 모여 한 음성으로 하나님께 찬송도 드리고 하나님을 경배도 할 때에 서로 마주보게 되는데 어찌 모르겠는가?

3) 성경에 기록한 사건: 누가복음 16장 19-31절에 기술된 부자와 나사로의 비유 가운데 부자는 죽어서 음부에서 고통을 받고 나사로는 죽어서 아브라함의 가슴에 들어갔는데 그 후에 아브라함과 나사로가 서로 알고 아브라함과 부자도 서로 알고 부자가 아브라함만 알 뿐 아니라 또한 세상에 있을 때에 자기 문 앞에서 구걸하던 거지를 그 때까지도 안 것이다. 사무엘상 28장 8-20절에 기술한 사건을 본즉 사울이 불레셋 사람과 서로 전쟁할 때에 하나님의 지시하심을 받고자 하나 죄가 많음을 인하여 하나님의 지시하심을 받지 못함으로 귀신들린 여인을 찾아서 그의 소개로 이전에 죽은 선지자 사무엘을 보고 안 것이요, 또 마태복음 17장 3,4절에 있는 대로 오래 전에 죽은 모세와 엘리야가 예수와 같이 등산한 세 제자에게 보였는데, 이 두 사람은 죽은 지가 수 백 년이나 되었으나 제자들이 그 사람이 누구인지 분명히 안 것이다. 예수와 모세와 엘리야가 서로 알뿐 아니라 피차 언어도 통하였고 예

수로 말하면 그 때에 육신을 입으신 것이요, 모세는 육신을 벗었으니 영화로운 몸은 아직 입지 못한 때요, 엘리야로 말하면 영화로운 몸을 이미 얻은 자이니 그러므로 육신을 입은 때나 육신을 벗은 때나 영화로운 몸을 얻은 때나 우리가 피차 서로 알아 교통할 것입니다.

4) 인생의 성질: 우리의 영혼이 불멸할 것 같으면 그의 성질과 동일한 것은 불멸하고 영원토록 있는 것이니 그러므로 생전에 교제하던 사람들을 후세에서도 분명히 알줄 믿는다. 사무엘과 모세와 엘리야와 나사로와 모든 사람들이 죽었다가 세상에 다시 돌아온 후에 전에 있던 동일한 인격을 잃지 아니한 것을 보니 그 죽은 동안에도 동일한 인격을 잃지 아니할 것이요, 마태복음 27장 52-53절을 보니 예수께서 부활하신 다음에 모여서 자던 자 중에 몇 사람이 나가서 예루살렘성에 들어가 뭇사람들에게 보이니 성인을 본 사람은 그 성인이 누구인지 분명히 알았다고 한 말은 없지만 그 중에 숨은 뜻이 있고 또 산사람이 죽었다가 부활한 사람을 알거든 하물며 죽은 사람들이 서로 알고 지낼 것은 분명하지 않은가? 또한 사람은 정신 생활하는 성질이 있으니 정신 생활하는 성질 중에 기억하는 능력이 있으니 우리들은 현재의 일만을 알 뿐 아니라 기억력으로 몇 년 전에 있던 것을 알고 우리들의 품행과 습관과 외적 지위는 변할 지라도 우리들 개인의 동일한 것은 언제든지 변하지 않는 것이다. 그러므로 일평생 개인의 동일함이 변치 않는 것이 사후에 어찌하여 동일함이 변한다 하겠는가? 사후에 우리들의 지식도 발달되며 우리들의 기억력도 풍부할 터인데 어찌하여 기억력을 잃어버려서 우리들이 그 전에 어떻게 사람이었던 것을 알지 못하겠는가? 결코 그렇지 아니하다. 기억력이 광대하게 발달하여 더 분명하고 확실할 것이니라.

5) 죽은 다음에 천사와 같음; (마가복음 12장 25절)천사들이 서로 안다는 증거는 성경에 많이 기술되었는데 다니엘서 10장 13절 '파사(페르시아) 국왕이 21

일 동안 나를 막는데 볼지어다. 대군중에 하나 미가엘이 와서 나를 도와주기에 내가 거기 머물러 파사 국왕과 함께 있다' 한 말씀을 본즉 천사들이 피차 대적하는 것도 있고, 피 차 좋아하는 것도 있으며, 서로 돕는 것도 있다. 그와 같은 일은 서로 아는 자라야 하는 것이다. 유다서 9절에 있는 대로 미가엘과 사탄이 모세의 시체를 위하여 시비한 것도 있으며, 계시록 12장 7,8절에 미가엘과 그의 사자들이 용과 그 사자들로 더불어 전쟁한 것을 보니 천사들이 서로 알고 있는 증거가 된다. 누가복음 12장 8절에 있는 대로 예수께서 하나님의 사자 앞에서 우리들을 안다고 하겠다 하셨으니 천사도 역시 우리들을 알 것이요, 또 우리들이 사후에 천사와 같이 되겠다고 하셨으니 그런즉 우리들이 죽은 후에 서로 알 수 있는 것이 분명하다.

6) 서로 알아보는 방법: 우리들이 이 세상에서는 서로 간에 인사를 함으로써나 다른 사람의 소개를 통하여 서로 알게 되는 것이지만 죽은 다음의 세상에서는 그렇게 알지 않고 직접으로 알게 된다는 증거가 있다. 사무엘 상 9장 15-17질을 보면 사무엘이 하나님의 지시하심으로 사울을 만날 때 직접으로 알았고 변화산에서 세 제자가 모세와 엘리야를 그전에는 보지 못하였으나 다른 사람의 소개함이 없이 직접으로 알았다. 마태복음 1장 20절을 보면 천사가 요셉을 직접으로 알았고 누가복음 1장 30-31절을 보면 천사가 마리아를 직접 알았으며, 모든 천사가 하나님의 지시하심을 받아서 우리들을 아는 것 같이 우리들도 다음 세상에서 누구를 만나서 초면 인사를 할 필요도 없이 누구의 말을 들을 필요도 없이 누구인지 직접 알 것이다. 그러면 죽은 다음 세계에서 의식 없이 지낼까 염려하지 말 것은 그 때에는 총명이 더욱 발달하여 지금보다 진리를 잘 깨달아서 옛날의 성인과 우리들의 친구를 사귀고 영원히 부족한 것 없이 안락을 누릴 것이다.

2. 각 목사가 부흥 목사 될 것

『신학지남』 2권 2호(1919. 7월호)

조선교회가 해마다 모든 곳에 교역자들이 회집하여서 일 년에 한두 차례씩 부흥회를 개최하는데, 그 때에 부흥회를 주장할 목사를 반드시 선택하여 요청하게 되는데 이는 목사의 직분 받은 각 사람이 모두 동일한 재능과 직분을 받은 것이 아님이다. 그 받은 은사가 각각 조금씩 다르니 혹 설교 잘 하는 재능을 특별히 받은 사람도 있고 혹 성경을 잘 가르치는 재능을 받은 사람도 있으며 혹 부흥전도를 잘 하는 재능을 특별히 받은 경우도 있다. 그런 까닭에 어느 교회에서 부흥회를 개최하려고 할 때 은혜를 더 받기 위하여 다른 지방의 목사를 와달라고 요청하는 경우가 있는데 이 목사는 부흥 전도하는 재능을 특별히 받은 목사라야 될 것이다. 그러나 어떤 때는 그 교회담임목사가 그 교회에 늘 있기에 자주 성경을 교수도 하고 설교도 하는 까닭에 부흥회까지 인도하기가 부족한 듯하지만 오히려 본 교회목사가 부흥회에 대하여 가장 유익한 점이 나타날 수가 있다. 이는 그 교회 목사라야만 그 교회 교인들의 심정이 어떠한지를 알 수 있고 또 교회 형편이 어떠한 지경에 있는 것을 상세히 앎으로써 능히 신앙을 권면하며 징계하여 신구 신자들을 물론하고 열심을 얻게 할 수 있기 때문이다.

1)부흥목사는 미리 준비할 것이 몇 가지 있다.

첫째는 먼저 하나님과 완전히 화친하여야 할 것이다.

둘째는 자기부터 구원 얻은 줄 의심 없이 확연히 믿어야 될 것이다.

셋째는 자기의 죄를 회개하고 심지를 완전히 하나님께 드리고 하나님과 친히 동행하는 자라야 할 것이다.

넷째는 하나님께서 천지만물을 뜻대로 주장하시는 것과 이 세상 역사에서 세계인류를 통치하신 것을 확신하는 자라야 할 것이다.

다섯째는 교인들로 하여금 죄악을 원통히 여기며 자기와 동일한 심지를 얻게 하기를 위하여 권면하고 격려[勉勵]하는 자라야 교회를 능히 부흥시킬 것이다.

만약 부흥자가 이러한 신앙이 없으면 청중의 마음을 변경하기는 만무할 것이니 그러므로 어떤 사람이 말하기를 신앙이 신앙을 낳는다하는 말이 있으니 이런 말이 부흥자의 훈계가 될 것이다. 만약 깊은 물 속에 떨어진 사람을 구출하려면 먼저 자기가 굳건한 자라야 할 것이니 누가복음 20장 32절 하반절에 '너는 스스로 돌이킨 다음에 너의 형제를 굳게 하라' 하시니라. 이런 구절도 부흥자에게 대하여 권면과 경계가 될 만하다.

목사의 마음에 맹렬한 열심히 있어야 청중 가운데 새로 나온 신자나 이미 오래 믿은 사람이 열심을 많이 얻을 것이니 이 열심은 부흥에 대하여 하나의 큰 힘이 될 것이다. 무디(Moody)[135] 선생이 일찍이 말하기를 차가운 마음이 있는 교회를 뜨거운 마음을 내게 하기 위하여 한번 경성시키려면 부흥자가 설교할 때에 강단에서 불이 나야 한다고 하였다. 만일 목사가 사랑하는 마음과 사람을 죄악에서 구원할 능력이 없으면 비록 다른 사람과 교제를 잘하며 사람의 속마음까지 잘 안다 하여도 그 힘을 다 쏟는 능력은 기계적 능력뿐이라도 또한 사람을 사랑하며 긍휼히 여기면 그 행위는 자연히 뚜렷하게 나타날 수밖에 없을 것이니 그러므로 사람의 연약한 것을 서로 알려서 심

135) 무디(Dwight Lyman Moody 1837.2.5.-1899.12.22)는 미국의 부흥 설교가. 매사추세츠 주 노드필드에서 출생. 4살에 부친을 잃고 가난한 생활 속에 교회에 열심히 출석하였고, 이 무렵 신앙적 감동을 체험하였다. 초등학교를 졸업 후 보스톤에서 외삼촌의 구두방 가게에서 일하다가 시카고로 거처를 옮겨 구두 외판으로 큰 성공을 거두었다. 그러는 중에도 주일학교 교사와 교장으로 어린이 선교 사역에 헌신하다가 시카고에서 기독청년연합회에 적극적으로 참여했고, 구두 판매업을 중단하고 본격적으로 부흥사의 길로 나섰다. 이후 무디는 찬송가작가이자 성악가인 이라 데이비드 생키를 대동하고 전도집회를 하였는데, 단순하고 간결하면서도 힘 있는 무디의 메시지와 영혼을 울리는 듯한 생키의 찬송이 많은 사람들에게 감동을 주었다. 그는 칼빈주의 신조를 근간으로 성경을 문자적으로 이해하며 예화를 적절하게 잘 사용하였다.

지를 교통할 것이니 이렇게 하는 사람이면 주 예수께 나아가 그 실정을 알리고 배울만한 사람이다.

그러므로 예수께서는 사람을 긍휼히 여겨 문둥병자를 고치시고 아들을 잃은 과부를 불쌍히 여기시며 음행하는 여인을 책망하시되 죄를 용서하시고 돌아가서 다시는 죄를 범하지 말라고 권면하셨으니, 그런 까닭에 우리들도 하나님을 경외치 아니하는 자의 영혼이 어떠한 것을 생각하면 그 영혼을 구원할 마음이 간절하지 안할 수 없을 것이니 이러한 사람은 종말까지 영원히 인내할 것이다. 그러므로 주께서 이러한 죄인을 위하여 도처에서 고생을 당하시고 나중에는 천하의 인생을 대신하여 십자가에 못 박혀 돌아가셨다. 당시에 제자들이 예수의 심지를 모방하여 안드레는 베드로를 주께로 인도하고 사마리아 여인은 예수께 지극한 열심을 얻어 성안에 들어가서 일반인에게 자기가 은사 받은 것을 모든 사람에게 상세하게 고함으로서 무리가 모두 경성(警醒)하였고 또 바울 사도도 이러한 마음을 모방한 자인데 로마서 10장 1절에 말하기를 "형제들아 나의 소원하는 바와 하나님께 구하는 바는 곧 이스라엘을 위함이라"하였으니 이는 누구를 위함인가? 곧 우리를 위함이요, 사도행전에 마게도니아 사람이 청하여 구하기를 "건너와서 우리들을 도우라" 한 말과 빌립보의 옥사장이 "어떻게 하여야 구원을 얻으리까" 하는 소리를 듣고 바울 사도의 생각에 사람을 구원하는 것이 세상 부귀영화보다 더욱 귀한 사업이며 지극히 귀한 재미인 것을 깨달은 것같이 하여야 다른 신자의 죄악을 회개하게 하며 새로 들어온 신자를 모여들게 하여 부흥시킬만한 권능이 있을 것이다.

바울 사도는 담대하고 용기 있고 씩씩한 신앙심을 가지고 권세 많고 위엄 있는 아그립바왕 앞에서 권면하였으며 미국에 유명한 목사 먼손(Munson)씨는 태평양 섬의 토인들에게 희생적 정신으로 2년간 전도하다가 피살당하였고, 영국의 유명한 목사 박스터(Baxter)씨는 "나의 설교를 듣는 사람 중에서 예수를 믿지 않고 멸망의 땅으로 들어가는 자를 내가 목도하고도 눈물을 흘리지 않고 밤 동안에 예사로 잠자는 것을 이상히 여겨 탄식하였다"고 하였다. 또 미국의 홍인종, 곧 아메리카 인디언을 위하여 진력하던 브래너드(Brainerd)씨는 "만일 내가 사람을 진실로 구원할 수만 있으면 나는 어떠한 위험한 곳에 거하든지 어떠한 고생을 당하든지 생명이 어떠한 지경에 이르든지 조금도 상관하지 않겠노라"고 하였으니, 참으로 장하고 시원하다. 이상 기록한 인물들이 과연 주를 위하여 희생적 생활을 한 자들이며 과연 헌신적으로 주를 위하여 거대한 사업을 성취한 자라고 일컬을 것이다. 그러한즉 우리 부흥목사들도 이러한 마음과 이러한 목적을 가지고 설교하면 부흥이 될 것으로 안다.

2) 부흥목사는 물론 성경을 숙독하며 오래도록 성경을 깊이 연구하여야 될 것은 불문가지이니 비유하면 성경은 곧 성령의 검(劍)이다. 하나님께서 성경으로 인하여 예수그리스도를 나타내시며 죄로 인하여 사람을 책망하기도 하시고 사람을 중생(重生)하게도 하셨다. 시편 19편 7절에 "여호와의 율법은 완진하여 영혼을 소생(蘇生)하게 하며 여호와의 증거는 견실하여 어리석은 자로 하여금 지혜롭게 하시도다"하였으니 이는 여호와께서 증거하신 말씀이요, 또 하나님의 말씀으로 말미암아 사람이 청결(清潔)함을 받을 수 있는 것이다. 성경을 책장 안에 넣어두고 먼지가 잔득 앉게 하면 도무지 안 될 것이다. 매일 수차례씩 열심히 보며 오래 동안 연구하여 취미를 얻을 것이니 만약 그렇지 아니하면 성경에 무식하여져서 지극히 위험하게 된다. 어떤 사람은 여간 신심이 있어도 구원하는 도리를 받지 않는 자도 있는 것은 성경은 곧 의심하는 자의 대답을 막는 것이며 죄인을 책망하며 비참한 자에게 위로가 되며 흑암 중에 거처하는 자를 영광 속으로 인도하는 권능이 있으며 갈래 길로 가는 자로 하여금 직행하게 하는 권능이 있으니 부흥자가 이러한 권능을 확연히 알아야 할 것이니 어떻게 가르칠 것과 어떻게 설교할 것을 깊이 연구하고 그 의의를 확연히 안 다음에 교회를 부흥케 할 수 있을 것이다.

3) 또한 교회 가운데 지극히 필요한 것이 있으니 이는 곧 기도이다. 설교인이 기도의 권능을 얻은 다음에라야 교인에게 신령한 이치를 가르칠 수 있다. 그런 까닭에 속담에 말하기를 서있을 때보다 앉았을 때에 사무를 더 많이 할 수 있다 하는 것이다. 대개 부흥의 권능은 즉 기도의 권능이니 그러한 까닭에 혹 목사의 설교가 연약하여 부흥의 권능이 없고 교인의 진취력이 부족함은 곧 단언하건대 기도력이 부족한 표적이다. 부흥목사 페이손(Payson)씨는

> "부흥회에 새로 나온 신자의 수가 많고 통회자의 수가 많으며 오래 믿은 자가 열심을 얻을 방책이 세 가지가 있으니, 첫째는 기도요, 둘째도 기도요, 셋째도 기도니라"

하였다. 또 유명한 부흥사 피니(Finney)씨는 부흥회할 때마다 특별히 기도 잘하는 자와 함께 와서 자기가 설교할 때에 그 사람을 은밀한 방에 두어 기도하게 하는 관례가 있었다. 그러하니 목사가 설교할 때에 마치 사람이 칼로 찌르는 것같이 하고 권능의 말씀으로 사람의 죄악을 밝혀 말하여 그 양심을 자극할 것이요 저들의 죄악을 예수께 자복함으로 사유함을 얻게 할 것이다. 이상에 기록한 언사들로 보면 기도는 가히 신자의 요소가 되며 교회의 요소가 되며 또 부흥자에게 지극히 귀한 요소가 되니 기도보다 더욱 귀한 요소는 없는 것을 알 수 있다. 그러므로 우리 부흥자가 우선 기도부터 열심히 하는 것이 부흥에 좋은 결과를 낳게 하는 것을 확실히 알아야 한다.

부흥목사 여러분이여! 만일 당신들의 교회 안에 교인이 마음이 차갑고 낙심하여 전도에 나태하고 세상의 물질에 대한 욕심에 빠져서 하나님을 공경하며 예배모임에 출석하는 일을 세상 재물이나 세상의 재미있는 일보다 더 낫게 여기지 않는 자가 많으며 경건의 모양만 있고 능력은 잃은 자와 이따금 성찬예식에 빠지는 자와 기도를 게을리 하며 예배 모임에 참여하는 것보다 연희장(演戲場)에 참석하는 것을 더 좋아하는 자가 있으며 신령한 권능을 잃

거나 내버려 죄인을 앞으로 인도하는 힘이 타락하여진 교회가 있거든 이러한 교회를 위하여 하나님께 간구함으로 성령의 권능을 충만히 받아 이러한 신앙이 타락하는 교회를 부흥케 할 것이니 우리 부흥자들은 이 일을 위하여 열심히 기도하고 힘을 다하면 마치 여름 장마 때에 오래 쌓였던 오물들이 씻겨 내려가 정결하게 되는 것 같이 이따금 교회가 부흥함으로 교인의 묵은 마음을 다시 갈고 개간하여 새 각오로 하늘이 준 양심을 회복할 것이니 이것이 지극히 아름다운 일이라 말 할 수 있다.

3. 향응(響應)[136]에 대하여

편하설 목사 부인 헬렌 저

신학박사 편하설 목사 번역

『신학지남』 7권 3호(1925. 7월호)

풍속이 변하고 새로운 관념이 유도되는 이 때에 향응에 대한 이 문제를 생각해보는 것은 대단히 유익할 것이다. 그러면 우리들은 청년 등이 이 향응에 대한 가장 좋은 형식을 선택함에 대하여 어떻게 도움을 줄 것인가?

선교사의 가정과 학교에 있는 축음기(蓄音機)는 학생과 때때로 집회하는 다른 사람에게 좋은 음악을 소개함에 대하여 크고 많은 공헌이 있고 교회찬양대와 학교 4인합창대와 4음합창대는 청년 등에게 좋은 음악을 알게 하며 성악을 연습함에 유익이 또한 많다.

피아노와 풍금과 기타 음악 기구의 사용법을 공부하는 청년 중에는 그 공부하는 목적이 오직 자기만 쾌감을 얻고자 함이 아니고 다른 사람으로 하여금 쾌감을 얻게 하고자 함이다. 향응 중 하나의 다른 형식인 극작(劇作)은 학교향응에 재미가 있는 것이지만 그것을 함에는 최선의 예제(藝題)를 선택할 것이다.

만일 성경에 있는 예제를 선택할 것이면 공연하는 이와 관람을 하는 이가 모두 존경의 기분을 표현하여야 할 것이다. 학교에서 공연하기 전에 학교직원 등과 더불어 상의하고 저들의 권유를 받아야 한다.

요한복음 2장에서 예수께서 성전을 청결하게 하신 것과 청결하게 하신 이유는 우리가 이미 읽어 아는 것이다. 저들이 성전을 불합당하게 사용하는 까닭에 예수께서 말씀하시기를 "내 아버지의 집은 기도하는 곳이니 너희들

---

136) 향응은 울림과 반응, 메아리의 뜻인데 여기서는 공연과 맞이하기, 접대의 의미로 사용되었다.

은 도적의 소굴을 만든다"라고 하였다. 이 말씀은 우리들에게 무엇을 가르치시는가? 즉 상제(하나님)의 집에서 행하는 모든 일이 모두 하나님의 영광과 존귀를 위하여 행할 것을 가르친 것이다. 감사절과 구주성탄과 그밖의 절기에 향응을 하려고 할 때는 해당되는 책임을 맡은 사람은 반드시 순서 작성에 유의해야할 것이다. 공연하기 전에 먼저 목사 장로와 상의하고 저들이 승인을 얻어야 할 것이다. 만일 이상한 복장을 착용하고 이상한 동작을 함으로써 하나님의 전이 향응보다 존귀하게 되지 못할 것이면 그것은 합당하지 못한 것이다.

유치원에서 하는 유희(遊戲)와 행진(行進)은 아이들의 발육을 위한 것인 까닭에 유치원 선생 등은 특별한 시기에 할 순서를 작성할 때에 주의해야 비평을 일으키지 않도록 할 것이다.

유치원에서 하는 유희 중에 춤추기와 같은 것은 양호하다고 하는 이가 있으나 이러한 유희는 폐하여야 할 것이며 교회에서 하는 순서에는 사용하지 않아야 할 것이다.

조선주일학교연합회에서는 특별한 날의 향응을 위하여 해야 할 것을 임의로 준비하였으며 또 앞으로 또 때때로 다른 것을 준비할 것이다. 그러므로 특별한 날에 향응을 주장하는 이들은 주일학교 아동과 청년 등을 위하여 양호한 정책의 건의를 환영할 것이니 어떤 교회에서는 향응할 때뿐 아니라 예배할 때에도 경건하지 못한 것이 표시되는데 이것은 매우 심각한 관계가 있는 문제이다. 아이들로 하여금 반드시 하나님의 집을 존경하여 예배시간과 향응할 때에 행할 것을 가르쳐서 행하게 하여야 한다.

요한복음 2장에서 예수와 제자들이 혼인자리에 참석하신 것을 이미 읽었을 것인데 예수께서 혼인잔치에 참석하셨으면 함께 참석한 사람들이 모두 복을 받을 것이다. 혼인잔치는 장엄한 예식이다. 만일 교회당에서나 개인집에서 거행할 것이면 반드시 정숙하고 경건한 태도를 표현하여야 할 것이다. 어떤 부인이 주일학교에 결석하였을 때 그 결석한 이유를 물어보면 그 부인은 대답하기를 "혼인잔치 음식준비를 도와야 하겠기에 결석하였다"고 한다. 그 음식준비는 부득이한 일이 아니다. 혼인잔치 준비도 해야 할 것이지만 돕는 이가 주일날 일을 할 수는 없다.

목사나 장로로 말하면 주일날에 성직의 임무에 나아갈 것이다. 어떤 곳에서는 해당 예식을 돕기 위하여 참석한 사람들이 잔치자리에서 대접을 받고 있다. 특별한 모임을 위하여 온 목사는 주일 날 잔치에 가지 말 것이다. 이러한 일은 반드시 금하여야 한다. 부인들이 음식준비로 인하여 분주하며 예배를 보지 못하고 향응하는 것은 주에게 대하여 그의 날을 성수하는 것이 아니다.

한국 형제 측에서 서양 사람들에게 극진한 대우를 하는 것은 종종 논한 바 있다. 또한 한국 가정에서 하든지 다른 곳에서 하든지 연회에 초청장을 보내는 것은 항상 재미가 많은 것이다.

서양 가정에서 여주인이 조선형제를 향응하는 데도 또한 재미가 많을 것이다. 풍속이 다른 까닭에 만일 실수하는 것이 있으면 주객 간에 따로 그 실수한 것을 주의할 것이 아니다. 음식을 준비하는 데 모범이 되게 하고 값이 비싼 것은 단순하게 하며 금전을 절약하기 위하여 반드시 헤아리고 생각하여야 할 것이다.

바울이 고린도 전서 10장 31절에서 기록하기를 "그런즉 먹든지 마시든지 무엇을 하든지 하나님의 영광을 드러나게 하라"하였다.

4. 로마 천주교회 예배

『신학지남』 18권 3호(1936. 5월 호)

성경이 가르친 하나님은 성부 성자 성령 삼위일체되시는 살아계신 하나님이십니다. 오직 그이만이 창조주이시고 통치자이시고 속죄(贖罪)주이시며 인도자, 성결케 하시는 자이시며, 또한 안위(安慰)자이십니다. 그이만이 온갖 추앙과 찬송을 받으실 만한 이입니다. 이는 그이만이 무한 영원 불변하시며 지혜와 권능과 거룩함과 선하심과 참되심이 완전하신 이인 까닭입니다. (출애급기 15장 11절, 시편 90편 2절, 이사야서 49장 26절, 요한복음 15장 26절, 데살로니가전서 2장 13절, 계시록 4장 8절)

로마천주교회에서는 성자들과 천사들과 주의 어머니 마리아를 예배합니다. 이렇게 함으로 말미암아 저들은 하나님을 거역하는 죄를 범합니다. 성경을 무시합니다. 천사나 동정녀 마리아를 존경하고 사랑해야할 것은 물론이지만 성 삼위 이외에는 아무러한 것이라도 결코 예배의 대상은 될 수 없다는 것을 성경은 명시하였습니다. 유일한 참 하나님밖에 다른 것에 절하고 복을 빌고 기도하는 것은 제 2계명에 금한 우상숭배의 큰 죄입니다.

예수 그리스도께서 밝게 가르치시기를 하나님을 예배할 것이라 하였습니다. 주 너의 하나님만 예배하고 오직 그만 섬기라 하였습니다. (마태복음 4장 10절, 19장 17절)

사도들도 가르치기를 모든 종교적 예배는 오직 하나님 한 분께만 드리라 하였습니다. 로마의 백부장이 베드로의 앞에 꿇어 엎드려 절할 때에 베드로가 금하며 말하기를 "일어나라! 나도 사람이다"하였습니다. 이 뜻은 "나도 너와 같은 죄인이니 내 앞에 절하지 말라"하는 말입니다. 로마 교황이 자기를 방문하는 자들로 하여금 꿇어 엎드려 자기의 손이나 손가락 반지에 입 맞추게 하는 법과 얼마나 다른 태도입니까?

사도 요한이 쓴 글에 보면 그가 장차 될 이상한 묵시(默示)를 볼 때에 천사 앞에 꿇어 엎드리니 천사가 책망하기를 "그렇게 하지 말라 나도 너와 같이 섬기는 자이다. 하나님을 경배하라" 하였습니다.(계시록 19장 12절 12장 9절)

천사를 예배하는 것도 골로새서 2장 18절, 사사기 13장 16절에 명백히 금지한 것입니다.

로마교회에서는 성자(聖者)와 천사 등을 예배함으로 말미암아 참된 신앙에서 멀리 떠나 무서운 죄를 범하는 것입니다.

로마 교회는 마리아를 예배함으로 말미암아 또한 큰 죄를 범하는 것입니다. 이는 두 가지 점에서 하나님께 불경을 표시한 것입니다.

1) 직접 하나님의 계명을 범함으로써

2) 창조주께 속한 특권인 예배를 피조물에게 드리는 것(로마서 1장 25절)

로마교회는 마리아로 하여금 참람하게도 주님, 구속주의 자리에 있게합니다. 저들은 마리아에게 '천상(天上) 여왕' '낙원(樂園)의 문(門)' '산자와 죽은 자의 구원' '하나님의 어머니'등의 칭호를 붙입니다. 이런 칭호는 다 거짓이며 직접 하나님의 말씀에 위반됩니다. 하늘에는 여왕이 없습니다. 우리 주께서 밝히 말씀하시기를 "나는 문이다"하였습니다. "나로 말미암아 들어오는 자는 구원을 얻는다"(요한복음 10장 9절) 하였습니다. "또 나는 길이요, 진리요, 생명이니 나로 말미암지 않으면 아버지께로 올 자가 없다"하였습니다.(요한복음 14장 6절) 만일 이상의 말씀이 참된 것이라면 로마 천주교회의 주장은 허위일 것입니다. 마리아가 '산 자와 죽은 자의 구원'이라고 선포하는 것은 사도 베드로의 교훈과 정면 충돌이 되는 것입니다. 이는 베드로께서 분명히 말씀하시기를 "천하 인간에 예수그리스도 밖에 다른 아무 이름으로도 구원을 얻지 못한다"고 사도행전 4장 12절에 분명하게 말씀한 까닭입니다.

'하나님의 어머니'라는 표현은 모독적입니다. 하나님께는 어머니가 없습니다. 그는 영원히 계신 이입니다. 마리아는 그리스도의 육신의 어머니가 될 뿐입니다. 그리스도는 영원 전부터 계시는 이입니다. (요한복음 1장 13절, 히브리서 1장 2절)

마리아를 높임으로 그리스도를 모욕함

로마 천주교회에서 마리아를 높임으로 말미암아 완전한 품격의 소유자이신 구주에게 모욕을 돌리는 선언을 하였습니다. 1787년에 서거한 리큐오리라는 유명한 천주교 지도자는 『마리아의 영광』[137]이라는 책을 저술하였는데 그 내용을 보면 다음과 같은 주장이 있습니다.

"마리아는 우리의 유일한 피난처요 구조자이다. 우리의 기도는 구주님께 드리는 것보다도 마리아에게 드림으로 인하여 더욱 많이 응답을 얻는 일이 종종 있을 것이다. 동정녀 되시는 성모의 명령에는 모든 것이 복종한다. 하나님까지도 순종하신다"

이것은 분명한 모독입니다. 또 그가 쓴 책의 다른 어느 곳에서는 이런 말이 쓰여 있습니다. "달리는 있을 수 없는 탄원자의 축복을 마리아의 중보로 말미암아 얻을 수 있다" 이것은 우리를 위하여 죽으신 우리 주님께 대한 큰 불경입니다. 우리 주님께서는 모든 인간의 온갖 사람을 다 합쳐 놓은 것보다 무한히 더 크신 사랑과 축복을 우리에게 주시는 분이십니다. 그는 우리의 생각에 넘치는 가장 풍성하신 사랑을 베풀고자 할 뿐 아니라 또한 사실로 그렇게 하시는 이 이십니다. 이는 그의 사랑은 모든 지식에 뛰어난 사랑이신 까닭입니다. (히브리서 2장 17-18절, 4장 14-16절, 에베소서 3장 19-21절)

---

137) 이 책은 배규환에 의하여 번역 출간되었다. 한빛 출판사 1992년 3월 35일, 290쪽

신자(信者)가 마리아에 대하여 취할 정당한 태도

모든 신자는 주님의 어머니 마리아에 대하여 높은 존경과 애정을 표시하여야 할 것입니다. 이는 그가 고귀한 부인으로 신앙과 기독교적 품격이 높고 풍성하시며 하나님 앞에 큰 축복을 받으신 이인 까닭입니다. 그러나 다른 온갖 부인들과 마찬가지로 그도 죄인이었으며 구원을 요구하는 자였습니다. 누가복음 1장 47절에 보면 그가 찬양의 노래를 부른 가운데 "내 마음이 하나님 내 구주를 기뻐하나이다"하는 말씀이 있는 것으로 보아서도 명백한 것입니다. 신자는 마리아를 예배하거나 그에게 기도하거나 그를 조각한 상이나 그림에 절하거나 하는 일을 결코 하지 않아야 할 것입니다. 이것은 우상예배인 까닭입니다.

예배에 물상(物像) 사용함을 엄격히 금함

성경은 예배할 때에 물상을 사용하는 것을 엄격히 금지하였습니다. 이는 제2계명을 범하는 가증한 죄입니다.(출애굽기 20장 4절) 로마 천주교회에서는 자기네의 물상 예배하는 것을 변명하기 위하여 10계명 중의 제2계명을 빼어 버리고 제10계명을 둘로 나누어 놓았습니다.

이 계명 범하는 자에게는 하나님께서 무서운 저주를 선포하였습니다.(출애굽기 27장 15절) 이방의 우상들을 파괴하여 불태우라고 명하신 다음에 그 우상과 그 외부에 붙였던 금이나 은이라도 건사해 두지 말라고 하였습니다. "이는 주 너의 하나님께 가증한 것이 된다"하였습니다. 저들의 집 안에는 우상과 관련된 것은 결코 들여놓지 말 것을 엄명하였습니다.(신명기 7장 25절-26절)

천주교회는 고의적으로 제2계명을 범함

천주교회는 우상이나 그림을 예배의식에 사용함이 가하다고 가르칩니다. 트리엔트 종교회의에서 결의하기를 "조각된 상이나 그림으로 하나님을 대표할 수 있다. 그러므로 조각된 상이나 그림을 예배함이 가하다"고 하였습니다. 주후 787년 나이스 회의에서 이른바 로마교회의 정통파라고 하는 데에서 선언하기를 "신자는 조형된 상이나 그림에 경의를 표할 뿐 아니라 찬양하고 예배해야 한다"고 하였습니다. 성 베드로 교당 안에 있는 베드로의 조각된 상에 수 천 수 만의 순례자가 와서 그 앞에 절하고 그 발에 입 맞추게 하니 이것이 로마 천주교회가 우상숭배의 죄를 범하는 것이 아니고 무엇입니까? 수 억만의 순례자가 이것에 속아서 그 발에 입맞춤으로 그 금속으로 주조(鑄造)한 발이 닳아서 떨어질 지경에까지 이르렀으니 가석한 일입니다.

저들은 사실 경건한 종교심으로 하노라는 것이 그만 기만에 빠져서 스스로 계명을 범하고 자신에 저주를 초래하는 것입니다.

성경에서는 이 죄를 범하지 않게 하기 위하여 가장 엄격한 경고를 거듭거듭 말씀하였습니다. 이것은 가증한 것이라고 하였으니 가증하다는 말이 50군데나 쓰여 있습니다. 이것은 거짓 예배 즉 우상숭배에 사용한 경고의 말입니다.(열왕기상 10장 5-7절, 마태복음 24장 15절, 마가복음 13장 4절)

참 하나님 한 분외에 다른 것을 예배하는 것을 음행(淫行)하는 자라 하였습니다. 음행이란 것은 가장 타기(唾棄)할 죄입니다. 우상을 예배하거나 사람을 신화(神化)하여 예배하는 것은 하나님을 배반하는 것이며, 마치 음부(淫婦)가 본남편을 버리고 간부(奸夫)를 따라가는 것과 같은 것이라 하였습니다.

성경에 명시한 교훈을 한 마디로 말하자면 하나님은 온전한 예배를 받으시든지 그렇지 않으면 왼통 예배를 받지 않으시든지 두 가지 중에 하나를 택하시는 것입니다. "나는 여호와다 내 이름과 내 영광은 다른 자에게 주지 않으련다. 찬송을 우상에게 돌리지도 않으련다"(이사야 42장 8절) 하였습니다. 그러므로 로마천주교회에서 성자(聖者)나 천사나 성모를 예배하는 것은 제1계명을 범함이요, 조각된 상이나 그림을 예배하는 것은 제2계명을 범하는 것임을 성경은 분명하게 보여주었습니다.

천주교회에서 하나님을 예배하는 것을 보면 복잡한 의식과 제전을 거행하며 의상과 궤배(跪拜)[138], 십자표상(十字表像), 동향배(東向拜) 등의 특별행동을 합니다. 이런 것은 다 성경에 있는 것이 아닙니다. 그러므로 이런 의식주의는 잘못된 예배입니다. 이런 것은 사도시대 교회에서 그 예를 발견할 수 없는 것입니다. 사도행전이나 서한(書翰)에서 이런 실례를 찾을 수 없습니다. 촛불을 사용하는 것은 이교도(異敎徒)의 제전(祭典)에서 배운 것입니다. 그런 것은 다 복음의 단순성과 진실성에 위반되는 것입니다.(고린도후서 10장 12절, 11장 13절)

내심의 진정한 예배의식을 결여한 자가 외부의 의식을 증대시킴으로 말미암아 그 결함을 보충하려 하는 것은 불가피의 결과인 것입니다. 그러나 이러한 사실은 오직 하나님 앞에서는 무가치하고, 그를 조롱(嘲弄)하는 태도밖에 될 것이 없습니다.(마태복음 23장 5절, 23절)

---

138) 무릎 꿇고 절하는 것으로 천주교에서 영성체 앞에서 보이는 예법이다.

5. 중보자(仲保者)와 사죄(赦罪)

『신학지남』 18권 4호(1936. 6월호)

중보자

하나님과 사람 사이에 계신 중보자가 몇 분이나 되는가?

성경은 명백히 대답하기를 중보자는 오직 한 분뿐이시니 곧 주 예수 그리스도라고 하였다(디모데전서 2장 5절)

그는 새 언약의 중보시니(히브리서 9장 15, 8장 6절) "너희가 이른 곳은 곧 새 언약의 중보되신 예수라"(히브리서 12장 24절) 주 예수 그리스도는 죄인의 유일한 대언자이시다. "나를 말미암지 않고는 아버지께로 올 자가 없다"(요한복음 14장 6절) "만일 사람이 죄를 범하면 우리를 위하여 아버지 앞에 대언(代言)자가 있으니 곧 의로우신 예수 그리스도시라 저가 우리를 위하여 화목제가 되셨으니 다만 우리 죄만 위할 뿐 아니라 또한 온 세상의 죄를 위하심이라"(요한일서 2장 1-2절) 중보자와 대언자로서의 그리스도는 "항상 살아서 그로 말미암아 하나님께로 오는 모든 자를 위하여 간구하시는 것이다."(히브리서 7장 25절, 9장 24절, 로마서 8장 34절)

왜 오직 그리스도만이 전 인류의 유일한 중보자 대언자가 될 수 있는가?

1) 그리스도만이 신성과 인성을 구비하신 이로서 성부와 죄인의 중간에 서실 수 있는 이인 까닭이다.

2) 그리스도만이 십자가 위에서 완전하신 속죄제를 드리신 이인 까닭이다.

3) 그리스도를 통해서만 우리의 부족한 기도와 찬송과 예배가 하나님께 상달될 수 있는 까닭이다.

4) 그리스도를 통해서만 하나님 아버지께로부터 내리시는 온갖 은혜와 축복이 우리에게 임할 수 있는 까닭이다.

"그로 말미암아 우리들이 한 성령을 힘입어 아버지께로 들어가게 되었으며"(에베소서 2장 28절)

"그를 인하여 우리가 믿음으로 나아감을 얻어 이 은혜 중에 섰으며 또한 하나님의 영광을 보고 즐거워 한다"(로마서 5장 2절 , 히브리서 4장 15-16절)

이 중보자에 대하여 로마 천주교회에서는 어떻게 가르치는가?

저들은 말하기를 예수 그리스도 이외에 다른 중보자가 계시니 즉 요셉, 마리아, 성자(聖者)들, 천사들 등이라고 한다.

그러면 이 로마 천주교회에서 가르치는 것은 성경과 직접 반대 되는 것은 아닌가? 사실 그러하다. 저들은 말하기를 "세상 떠난 성자들이 우리의 심정과 사상을 다 통찰한다"고 한다. 성경의 기사는 이와 정반대이다. "오직 하나님 당신만이 인생의 심정을 아십니다"(열왕기상 8장 39절, 사도행전 15장 8절)

그러므로 이에 관한 로마천주교회의 교리는 속죄주인 그리스도에게 심한 불경죄를 범하는 것이니 이는 죄 투성이인 사내와 여인들로 하여금 성자(聖子) 그리스도에게만 부여된 거룩한 직분을 찬탈하게 하며 우리 주님에게만 있는 권능과 은혜와 지식을 참람하게도 거짓으로 보통 인간들에게 돌리는 까닭이다.

사죄(赦罪)

하나님의 말씀대로 본다면 죄를 사해 주실 수 있는 이가 누구인가?

하나님만이 죄를 사해 주실 수 있다. 그의 율법을 우리가 깨뜨렸으며 그가 심판주이신 까닭이다. 주 예수 그리스도께서 죄를 사할 권능을 가지셨으니 이는 그가 하나님이신 까닭이다.(시편 51편 4절, 94편 2절 이사야서 33장 32절, 마가복음 2장 7-10절)

로마 천주교회의 교리에 의하면 사죄의 권능을 가진 이가 누구인가?

로마 천주교회에서는 사제가 사죄할 수 있다고 가르친다. "사제는 사죄할 권리가 있을 뿐만 아니라 예수그리스도의 전권대사로서 심판할 수도 있다"

(트리엔트 회의와 벨라미네)고 선포한 일이 있다.

이 선언으로 본다면 로마천주교회의 사제들은 사죄권에 있어서 그리스도의 존경을 침범하여 그 자리를 찬탈했을 뿐만 아니라 심판권까지도 침범한 것이다.

하나님의 말씀에 의한다면 죄 많은 인간으로서 죄를 사할 수 있다고는 아무데도 씌여 있지 않다. 오히려 그 정반대를 보여준다. 로마천주교회의 사제들이 감히 하나님의 자리를 침범한 것은 사악한 교만의 절정이라 할 수 있다.

오직 하나님만이 죄를 사할 수 있다.

만일 인간인 사제에게는 사죄의 권한이 전혀 없다고 한다면 요한복음 20장 23절에 "너희가 뉘 죄든지 사(赦)하면 사하여질 것이요, 뉘 죄든지 정(定)하면 정하여지리라"한 구절은 어떻게 해석하여야 하는가?

이 권능은 다만 선포의 권능만을 말한 것이다. 즉 참으로 죄를 회개하고 그리스도를 믿으면 그는 반드시 죄 사함을 받고 구원 얻으리라는 것을 그리스도 자신의 이름과 권위로 선포하는 것을 말함이다. 그러나 여기서 정작 사죄하는 이는 그리스도요 교직사(教職者)가 아니다. 성경에 의하면 교직자의 임무는 곧 인간들이 회개하고 믿으면 대왕께서 그에게 대하여 어떻게 하시리라는 것을 선포하는데 있다. 이것이 곧 사도들이 가르친 교훈이며 동시에 교황들 때문에 부패하기 전 초대교회의 가르침이다. 제3세기의 유명한 교부 터툴리안은 "신자는 누구나 다 베드로와 같이 천국열쇠를 차지한 자로서 그리스도를 통하여 임하는 사죄와 구원을 선포할 권리가 있다"고 하였다. 그리고 개혁교회의 각 지파는 다 함께 이 신조를 절대 견지하여 왔다. 성공회 기도서에도 "누구나 참으로 회개하고 그의 복음을 순전히 신앙하는 자는 그리스도께서 그 죄를 사하시고 면죄를 베푸신다"고 씌여 있다. 여기서도 그리스도만이 사죄할 수 있고 교직자는 다만 그 선포자임을 나타낸 것이 분명하다.

사도들 자신은 사죄할 수 있는 권능이 있다고 말한 일이 있는가?

절대로 없다. 저들은 언제든지 단순한 그리스도의 신자로 자인하였다. 베드로가 요술쟁이 시몬에게 명백하게 말한 것은 곧 그 큰 죄를 속함 받기 위하여 하나님께 기도하라고 한 것이다.(사도행전 8장 22절) 바울 또한 그러하다. 바울은 누구이며 아볼로는 누구인가? 다 집사이다라고 한 것이다.(고린도전서 3장 5-7절)

사죄(赦罪)와 근거

성경에 의하면 사죄를 받을 유일한 근거는 곧 그리스도의 십자가상에서 드린 완전한 속죄제(贖罪祭)라고 하였다. 그이만이 우리를 위하여 죽으셔서 우리의 죄를 지시고 빚을 갚으시고 우리를 위하여 율법의 의를 이루셔서 정죄(定罪)에서 놓임을 받게 하시며 하나님 앞에 가납(嘉納)함을 얻게 하시는 이라 하였다. (요한복음 1장 29절 5장 24절, 로마서 8장 1절, 빌립보서 3장 9절, 베드로전서 2장 24절).

로마 천주교회에서 가르치는 것은 곧 사죄의 근거는 그리스도의 속죄제뿐 아니라 또한 성자들의 선행과 성모 마리아도 또한 사죄의 근거라고 하였다. 이것을 '초만족(超滿足)'의 행사라고 부른다. 즉 성자들은 율법이 요구하는 선행 이상의 선행을 하였으므로 영생의 가치가 있다는 것이다(벨라미네와 트리엔트회의). 이 요구하는 것 이상의 선행은 마치 남은 여분의 재산을 저축함과 같이 천국창고에 저축되어 있어서 요구되는 선행 이하에 떨어진 죄인의 구원을 위하여 교황이 그 때 그 때 따라 사용할 수 있다는 것이다.

하나님의 말씀은 그렇지 아니하니 사람으로서는 누구를 막론하고 영생을 얻을만한 선행을 쌓을 수 없다고 하였다.

"우리의 의(義 이른바 선행)는 마치 더러운 옷과 같다"고 이사야서 64장 6절에 말하였다. 그리고 "이와 같이 너희에게 명한 것을 너희가 다 행하되 곧 이르기를 우리가 무익(無益)한 종이라 마땅히 행할 것을 행하였다 할 것이니라" 한 것이 누가복음 17장 10절에 있는 말씀이다.

구원은 순연(純然)히 하나님이 값없이 주시는 은혜이다. 사람의 선행과 공로를 구원의 조건으로 생각함은 그리스도에게 나타난 하나님의 특별하신 구속(救贖)의 은총과 상반된다. 그리스도의 공로와 그 완전하신 의로 말미암아 구원을 얻게 되는 것이다. "율법을 행함으로서는 하나님 앞에 모든 육체가 의롭다 함을 얻지 못한다."(로마서 3장 20절) "우리를 구원하심이 우리가 의를 행함으로 말미암은 것이 아니요, 오직 그 긍휼하심을 좇아" 된 것이다.(디도서 3장 5-7절) "대개 너희가 은혜로 인하여 믿음으로 말미암아 구원을 얻었나니 이는 너희에게서 난 것이 아니요, 하나님의 선물이라. 행함으로 말미암은 것이 아니니, 누구든지 자랑치 못하게 함이라"(에베소서 8-9절). "하나님이 우리를 구원하사 거룩하신 부르심으로 우리를 부르심은 우리의 행한 대로 하심이 아니요, 오직 자기 뜻과 은혜대로 하심이라. 이 은혜는 영원한 때 전부터 그리스도 예수 안에서 우리에게 주셨다"(디모데후서 1장 9절).

사도바울은 이 구원의 기초에 관하여 인간의 노력과 하나님의 은혜가 서로 용납되지 않음을 누누이 지적하였다. 구원의 근거를 두 부분에 나누어 더러는 인간의 노력에 두고 더러는 그리스도의 은혜에 둔 다는 것은 인간성이 무엇인지를 아는 자로서는 도저히 상상도 못할 어리석은 주장이다. 선석으로 그리스도의 공로에 의존함이거나 그렇지 않으면 그리스도와는 전혀 무관한 것이거나의 어느 하나일 것이다(로마서 4장 4-5절, 11장 6절, 갈라디아서 1장 6-8절, 5장 4절).

그러므로 로마천주교회의 대신학자 벨라미네는 다음과 같이 가르쳤다.

1) 사람이 자신이 고난을 당함으로서 인하여 하나님의 정의를 만족시킬 수 있다.
2) 사람들 중에는 자신의 범죄에 상당한 형벌 이상의 형벌을 참아 견딘 자가 있다.
3) 사람의 선행은 영생을 얻는 공로가 된다. 그것은 하나님의 약속이실 뿐 아니라 또한 그 선행 자체의 가치와 권위에 의한 것이다.
4) 현세의 생활에 있어서 완전한 의인은 없지 않다.

5)사람의 공로(功勞)와 선행(善行)은 "더러워진 의복"과 같다.

이상에 기록한 로마천주교회의 교리는 성경과는 아주 반대된다.

성경에 밝히 보여준 것은 가장 거룩한 사람도 다 죄인이라 한 것이다. 완전한 의인은 없다. "선만 행하고 죄는 짓지 않은 완전한 의인은 하나도 없다".(전도서 7장 10절, 잠언20장 9절, 빌립보서 3장 12절) "만일 우리에게는 죄 없다 하는 자가 있으면 이는 스스로 속이는 자이니 진리가 그 안에 있지 않다"(요한일서 1장 8절, 야고보서 3장 2절)

사람이 자기 죄에 상당한 형벌 이상의 형벌을 받는다는 말에 대하여 성경은 "우리 하나님이 우리 죄악으로 마땅히 받을 형벌보다 가볍게 하셨다"고 에스라 9장 13절에 말하였다.

> "그러므로 하나님은 네 죄보다 가볍게 처리하시는 줄을 알지어다"(욥기 11장 6절).
>
> "구원 얻는 근거로 자기의 선행을 믿는 것은 영원한 패망으로 인도하는 거짓 소망이다. 이것은 그리스도의 십자가를 무위(無爲)에 돌아가게 하는 것이다"(로마서 11장 6절).

우리 신교회에서는 이 위대한 진리를 가장 즐겁게 그대로 전파한다. 즉 사람의 선행이란 것은 구원의 근거로는 아무 소용이 없다는 것이요, 오직 그리스도 의 속죄의 죽음과 그 완전하신 의만이 구원의 근거가 된다는 것이며 이 구원의 은혜는 오직 믿음을 말미암아 얻는 것이라는 진리를 말하는 것이다.

사도시대의 교회가 이 진리를 전하였으며 5세기의 어거스틴이 또한 그러하였으며 16세기의 루터가 또한 이 진리의 용감한 장수이었다. 우리는 이 진리 이외의 아무 것도 전하려 하지 않는다. 그렇지 않으면 주님께는 반역이 되고 만민에게는 저주를 더함이 될 것이기 때문이다. 그리고 주님의 십자가를 무효에 돌아가게 함이 되기 때문이다(갈라디아서 1장 8-9절, 고린도전서 1장

17절, 베드로후서 2장 1절).

선행은 참 신앙의 증거로서 필요하다.

선행은 사죄(赦罪)와 구령(救靈)의 증거는 아니지만 그 표적으로 필요한 것이다. 선행은 곧 우리가 참말로 하나님을 믿고 의지한다는 것을 나타내는 것이다. 이 선행이 없으면 신앙의 고백이란 것은 빈 껍데기에 불과하다. 그리스도께서 우리를 속량(贖良)한 줄로 믿는다면 우리는 의례히 열심히 선을 행할 것이다.(디도서 2장 14절) '우리가 우리의 선행으로 말미암아 구원 얻음이 아니라는 것을 선포하였으면(디도서 3장5절), 우리는 선행을 힘쓰기에 더욱 주력해야 할 것이다.(야고보서 1장 17, 20, 26절).

요한 칼빈은 "의롭다 함을 얻는 것은 오직 믿음으로만 말미암는 것이다. 그러나 의롭다 함을 얻는 믿음은 결코 혼자 있지 않다(선행을 수반한다)"고 하였다. 그러므로 우리는 성경대로 보아 그리스도만이 중보자이며 사죄의 권능은 오직 하나님께만 있으며 사죄의 근거는 인간의 선행이 아니라 그리스도의 속죄의 죽음과 그 완전한 의에 있으며 속죄 받은 증거로는 선행이 있어야 한다는 것을 알아야 할 것이다(로마서 11장 6절, 갈라디아서 2장 16절).

6. 천주교의 교회관

『신학지남』 18권 5호(1936. 9월호)

하나님의 교회

하나님의 참 교회가 무엇인가?

하나님의 참 교회는 인간에 세워진 신적으로 창건된 사회로서 성삼위(聖三位)만을 예배하며 예수그리스도의 속죄(贖罪)를 위한 죽음과 그 의(義)만이 구원의 근거임을 믿으며 성령(聖神)을 인도자(引導者) 성화자(聖化者) 위로자(慰勞者)로 모시며 성경을 신앙의 유일한 표준으로 삼고 값 없이 주시는 하나님의 복음을 전인류에게 전파하는 것이다.

보이는(可見) 교회와 보이지 않는(未見) 교회

보이는 교회, 보이지 않는 교회라는 의미는 어떠한가? 보이는 교회라는 것은 참 복음을 믿는 자와 그 자녀로 조직된 지상사회로서 그리스도의 왕국 지상에 있는 하나님의 가족(에베소서 5장 5절, 베드로후서 2장 11절, 에베소서 3장 15절, 사도행전 2장 39절, 3장 15절, 요리문답25조 2항 등 참조) 등의 칭호로 부른다.

보이지 않는 교회라는 것은 각 지방 각 시대의 구원받은 자들 총합체로서 천상에 있는 구원받은 이와 지상에 있는 참 신자를 전부 포함한 것이다(사도행전 2장 39절, 3장 25절, 에베소서 3장 15절, 골로새서 1장 13절).

보이는 교회 보이지 않는 교회를 구별할 필요가 무엇인가?

꼭 어떤 문구로 씌여진 것은 아니지만 하나님의 말씀에 이 구별을 지었으니까 구별할 수밖에 없다. 이 보이는 교회는 심히 유감된 일이지만 그 안에 이른바 신자라는 사람 가운데에도 참으로 거듭나지 않은, 아직 구원 얻지 못한 자가 다수 섞여 있는 까닭이다(마태복음 7장 21절-23절, 25장 12, 44-45절, 히브리서 10장 26-29절).

로마 천주교회에서는 이 보이는 교회, 보이지 않는 교회를 구별하는가?

구별하지 않는다. 저들은 잘못된 기계적(機械的) 구원론을 주창하여 누구나 교황에게 복종하고 성례 성찬(聖餐)을 받고 교회의 외적 의식(儀式)에 참여하면 구원 얻는다고 믿는 까닭이다.

교회의 외적 의식을 지키므로 구원받는 것이 아니라 살아계신 그리스도를 믿음과 성령의 권능으로 말미암아 새로 지은 바 되어 의(義)의 열매를 맺는 자라야 구원 얻는다는 가장 중대한 성훈(聖訓)을 해득하지 못한 까닭이다. 성경에 보면 이 열매 맺는 것은 구원의 근거가 되는 것은 아니나 구원의 증거로서 필요불가결한 것이다(빌라미네의 성례론 125쪽 참조, 누가복음 6장 46절, 13장 9-25절, 야고보서 1장 22절).

참 신자는 반드시 하나님의 교회와 연합하여 그를 사랑하고 존경해야할 이유가 무엇인가?

교회는 세상사회와 같이 사람이 창건한 것이 아니라 하나님께서 친히 그 보혈(寶血)로 사서 세우신 것인 까닭이다. 신자가 교회에 연합하므로 말미암아 그가 주님을 사람들 앞에 증거할 수 있으며 하나님께서 또한 이 교회를 권능으로 사용하여 멸망에 빠진 죄인을 구원하며 신자를 교훈하며 성화하며 위로하시는 까닭이다(마태복음 10장 32절, 사도행전 20장 28절, 데살로니가후서 2장 16-17절, 디모데전서 2장 15절).

교회가 사람을 구원할 수 있는가? 아니다. 교회는 대단히 필요하지마는 사람을 구원할 수는 없다. 주 예수 그리스도만이 구원하실 수 있다. 죄인이 사죄(赦罪)함을 받고 새 마음과 영원한 생명을 얻기 위해서는 예수 그리스도에게 와서 오직 그만 믿고 회개(悔改)할 것이다(요한복음 14장 6절, 사도행전 4장 12절, 에스겔 36장 26절, 요한복음 3장 16-36절).

교회의 특성

지상교회가 절대(絶對) 오류가 없고[무류(無謬)], 거룩한가? 아니다. 지상교회는 절대적으로 오류가 없지도 않고 완전히 거룩하지도 않다. 그 이유는 교회의 회원인 신자가 비록 진지(眞摯)할지라도 죄와 허물에서는 완전히 해방되지 못한 까닭이다. 오직 그리스도 곧 교회의 주인이신 그리스도만이 절대 무오(無誤)하시고 완전히 거룩하시다. 그러나 구극(究極)에 있어서는 교회도 완전히 거룩하고 흠 없이 될 때가 있을 것이다. 그것은 그리스도께서 "흠도 없는 영광스러운 교회를 아버지의 보좌 앞에 밝히실 때가 올 것인 까닭이다"(에베소서 5장 27절).

로마천주교회가 교회의 절대(絶對) 무오(無誤)설을 주장함은 전율할 만한 오류이다. 저들은 교회의 오류가 있을 수 없다는 주장을 가르침과 동시에 교황은 교회의 머리이므로 그도 또한 절대 무류하다고 가르친다. 1870년 로마의 성베드로 사원에서 열린 총회에서 교황(法王)의 절대무류설을 천주교회의 교리로 작정하였다. "교리나 윤리적 문제나 를 물론하고 교황이 전교회에 선포하는 교훈은 절대무류이다"하는 조문을 만들었다.

하나님의 교회는 불멸이다.

하나님의 교회도 멸망할 때가 있을까?

하나님의 참된 교회는 절대 불멸이다. 구극에 있어서는 반드시 모든 장해(障害)와 적을 극복하고 승리할 것이니 이는 천지의 모든 권세를 가지신 만세반석 그리스도를 그 기초로 한 대문이다. "지옥 권세가 능히 이기지 못하리라"(마태복음 16장 16절, 28장 18절, 다니엘서 2장 4절).

사도(使徒) 교회

참교회란 것은 사도시대 교회를 말하는 것인가? 그렇다. 신교의 교리는 다 사도들이 가르친 대로 받은 것뿐이다. 이것은 다 성경에 기록되어 있다.

교회는 공통인가?

참 교회는 공통이다. 인류는 다 같이 죄인이었으며 구원의 복음은 전인류에 공통으로 제공된 까닭이다. 주께서 "온 세상 땅 끝까지 복음을 전하라"명하셨다. 그러므로 그의 교회는 전 세계에 공통으로 가는 곳마다 건설되는 것이다(마태복음 28장 18-20절, 마가복음 16장 15절, 누가복음 24장 46-48절).

집권자의 자리

로마 천주교회에서와 같이 교회 내에 독특한 집권자의 직위를 설치할 것인가? 즉 교회내의 어떤 지도하는 사람이 신자의 운명을 최후로 결정할 권리를 가질 것인가?

결코 아니다. 권위는 교회나 어떤 신자가 아니라 오직 성경뿐이다. 성경은 하나님의 말씀이므로 잘못됨이 없으며 사람의 양심을 지배하는 권위를 가진 것이다. 로마교회에서 교황에게 최고 권위를 부여하고 이에 맹목적으로 순복하는 것이다. 그러나 이와 정반대의 극단으로는 사람의 이성과 경륜을 최고 권위로 삼는 유리주의(惟理主義, 합리주의)나 근대주의(近代主義, 모더니즘)가 있다. 이것도 물론 마찬가지로 불가한 것이다. 우리의 이성과 경험이란 것은 그 자체만으로서는 신빙할 수 없는 것이다. 이는 우리의 죄스러운 성품을 낳은 것이므로 무지와 욕심 편견 등이 섞이지 않을 수 없는 까닭이다. 로마천주교회의 주의와 이성지상주의는 양극단이나 동일한 사상의 양단임에 불과하다. 즉 이성지상주의는 자기를 최고 권위로 삼고 천주교회에서는 교황이라는 어떤 한 사람을 최고 권위로 삼는다. 그러므로 둘 다 인본주의이다. 즉 하나님 대신에 사람을 숭배하는 것이다. 이 두 극단 사이에 신교가 가르치는 진리가 있다. 즉 사람과 이성과 모든 사고 기구의 적당한 사용을 용인하고 허락하되 그것을 여기지 아니하고 하나님의 말씀을 통하여 성령의 지도하시는 아래에 사람의 온갖 이성을 선용(善用)할 것이라는 그것이다.

만일 교회가 종교의 권위가 될 수 없다면 성경에 기록된 말씀 "이 집은 곧 살아 계신 하나님의 교회요, 진리의 기둥과 터니라"(디모데전서 3장 15절) 한 것은 어떻게 해석할 것인가?

이 성경구절은 교회의 의무와 특권을 말한 것으로서 교회는 하나님의 말씀, 계시된 구속(救贖)의 복음을 전파하고 유지하고 옹호하기에 충성을 다할 것을 말함이다. 교회에서 생겼기 때문에 진리가 권위를 가진 것이 아니라 성경과 그 안에 있는 교리가 진리이기 때문에 교회와 교회회의에서 진리로 선포된 것이다. 이것은 즉 진리의 하나님으로부터 난 것이므로 본질상 영원한 진리인 것이다.

신교(新教)의 교리는 참되고 합리적이다.

신교에서는 성경이 진리인 것을 믿되 이것이 교회에서 진리로 인정하였기 때문에 진리가 된다는 천주교회의 주장을 부정하고 다만 성경은 성경자체가 진리로서 직접 인간의 이성과 양심에 자명한 증거를 제공하는 까닭에 진리로 믿는 것이다. 성경이 진리요, 오류가 없다는 것은 이 성경의 저자인 성령께서 친히 각 사람의 마음속에 증거해 주는 사실이다(요한복음 16장 13-14절, 고린도전서 2장 10-11절).

역사를 보면 천주교회 자체 내에서도 권위의 소재에 대하여 변천이 있었다. 처음에는 교회의 최고 권위는 교회회의에 있다고 하였다. 1415년 콘스탄츠 회의와 1431년 바스테 회의에서 작정한 것은 교황도 이 회의의 결정에 복종할 것이라고 하였다.

다음으로는 권위가 회의와 교황의 합작한 데에 존재한다 하였다. 그러나 나중에는 최고 권위가 교황에게만 있다 하여 1870년에 이것을 교리로 작정하였다. 그러면 로마교회 자체 내에서는 어느 것이 절대적으로 오류가 없는 것일까? 가소로운 일이다.

교회는 하나다.

모든 신자의 합동과 교회의 단일성을 주께서 가르치셨는가?

참 신자의 합일성을 주께서 가르치셨다.

십자가에 나아가시기 전 최후에 중보적 기도를 드리실 때에 그는 기도하시기를 "저들이 다 하나가 되게 하옵소서.'하신 것이다. 그러면 이 "하나가 된다"는 주님의 말씀은 외적 조직체의 합동을 의미한 것인가?

그런 것이 아니다. 이것은 어떤 외적 기구의 통일을 말씀하신 것이 아니라 영적 합일, 심정(心情)과 믿음과 사랑과 복종의 합일성을 말씀한 것이다. 이 점에서 천주교회는 잘못에 빠진 것이다.

그러면 이 "하나가 되라"는 예수님의 말씀이 영적 합일이요, 교회 기구의 합일이 아니라는 것은 무엇으로 알 수 있는가? 성경에 그런 말씀이 있는가?

예수님의 그 중보(仲保)적 기도를 조금만 더 내려 읽으면 알 수 있다. 즉 "아버지께서 내 안에 있고 내가 아버지 안에 있는 것 같이 저들로 하나 되게 하옵소서"한 그것이다. 성부와 성자의 합일은 기계적 외적 합일이 아니다. 영적(靈的) 합일일 뿐이다.

사도들도 동일한 것을 가르쳤다. 사도 바울은 "성령의 하나됨을 지키라" 하였다. 이 신자의 영적 동일의 기초는 그리스도와 신자와의 합일에 있는 것이다. "믿음으로 말미암아 그리스도께서 너의 마음 안에 거하신다" "그의 안에 근거 삼고 그의 위에 건축되었다" "몸도 하나이고 성령도 하나이고 믿음도 하나이고 주도 하나이고 세례도 하나이다". 교회 조직의 통일이 아니라 신령한 합일일 뿐이다. 한 성령으로 말미암아 인도 받고 축복 받는 영적 합일, 성부와 성자의 합일, 신자와 주님과의 합일, 모든 참 신자 사이의 합일과 및 저들과 그리스도와의 합일, 이것은 영적 합일 이외의 아무 것도 아니다(에베소서 3장 6절, 골로새서 2장 7절).

천주교회에서 주장하는 교리, 곧 교황의 통제 하에 교회의 외적 기구를 단일화 하는 것이 그리스도의 거룩한 교훈에 부합하는가?

그렇치 않다. 이것은 성경적이지 않다. 단일 기구내에서도 영적 합일을 이룰 수 있으면 단일기구가 아니고라도 영적 합일은 가능한 까닭이다.

개신교회(新教會)는 하나이다.

개신교회 각 교파의 상이점은 다 본질적인 것은 아니다. 아무렇게 해도 별 관계 없을 것만 서로 편의에 따라 달라진 것이다. 그러나 구원의 중추(中樞)적 신조(信條)는 다 동일하다. 그러므로 이점에 있어서 개신교회는 하나이다.

각 교파의 상이한 것은 마치 군대조직에 있어서 보병과 기병 포병 공군 등이 각기 다른 복장과 병기(兵器)를 가지고 다른 방법으로 훈련을 받되 사실은 다 한 몸인 것과 같다.

잡다(雜多)한 것 가운데서의 통일

개신교(新教)의 통일성은 성경에 명시한 바와 같다. "그리스도께서 우리에게 자유를 주었으매 다시 종이 되지 않으려는 그것이다"(갈라디아서 5장 1절). 이 자유는 본질에 있어서 부합하고 비본질적인 데서 각자 임의에 맡김을 의미함이다. 바울은 이것을 사람의 지체자유에 비유하였다. 손과 발과 눈과 입과 귀와 백체가 각각 다르지만 다 한 중심을 향하여 상호 합작하는 생명 있는 유기체와 같다. 이 각각 서로 다른 부분은 많을수록 더욱 발달하고 유용한 것을 나타낸다. 하나님께서 그 전지하신 지혜대로 각각 다른 인물을 내사 그 성격과 환경과 사의(思意)와 교육 등을 통하여 각각 다른 부분을 맡아 활동하게 하신 것이다. 이것은 각각 알맞은 정도 안에서 각각 다른 교파가 서로 그 결함을 보충하여 기독왕국의 전체적 봉사에 공헌하는 것이다. 교파의 각각 다른 것은 영적 합일에 어떠한 역행함도 아님은 마치 각각 다른 것이 지체의 부분이 몸 전체의 합동에 역행되지 않음과 같은 것이다.(로마서 12장 48절, 고린도전서 13장 4-21절)

성경에 의하면 개신교회의 연합은 그리스도를 생명적 중심으로 한 유기체이다.(골로새서 3장 4절).

천주교의 단일은 기계적이요, 강제적이다. 어떤 한 사람의 전제적 의지에 의하여 운전되는 기계이기 때문이다.

성경에 말씀하신 것과 천주교회의 신조가 얼마나 큰 차이를 낳는가? 성경 말씀에는 "교회가 산 유기체로서 그 머리는 그리스도시요. 우리는 다 그 지체라. 각각 이 산 몸에 연합되어 있다"(에베소서 4장 13-16절)하지 않았는가? 이것이 곧 개신교회의 합일, 성경에서 의미한 참 영적 합일, 잡다(雜多)한 것들 가운데서의 통일이다.

교회의 머리와 기초

하나님의 참 교회에 머리가 누구인가?

주 예수 그리스도가 참 교회의 유일무이한 머리이다.

누가 참 교회의 기초인가?

주 예수 그리스도가 참 교회의 유일한 기초이다.

주 예수 그리스도가 참 교회의 유일한 머리요, 기초인 이유는 무엇인가?

1) 그는 하나님이시며 이 위대한 임무를 다하기 위하여 필요한 모든 완전한 속성을 구비하신 까닭이다. "모든 신성의 충만하심이 육신을 이루어 그의 안에 거하신다"(골로새서 2장 9절)
2) 그가 교회를 창설하신 까닭이다.
3) 그가 그의 보혈로 이를 속량하신 까닭이다.
4) 그는 끝날까지 그의 백성과 함께 계시기를 약속하셨다. 그리하여 결국에는 자기의 교회를 완미(完美)하게 하고서 하늘로 올라가서 그와 함께 영원히 다스리게 하실 것이기 때문이다.(마태복음 16장 18절, 28장 20절, 사도행전 20장 28절, 고린도전서 1장 30절, 계시록 3장 20절 21장 9-10절)

로마 천주교회에서는 교회의 머리와 기초에 관하여 어떠한 무서운 잘못을 범하고 있는가? 로마 천주교회에서는 로마교황이 하나님 교회의 머리요, 기초라고 말한다. "교황은 교회의 대제사장이요, 머리요, 남편이요, 기초다"라고 하고, 베드로는 첫 교황일뿐 아니라 통치와 심판의 수반이라고까지 가르친다(벨라미네).

로마교회의 공정요리문답에 보면 "베드로는 교회의 최고의 머리다"라고 씌여 있다.

그러면 우리와 같은 일개의 인간인 베드로가 교회의 머리가 될 수 없는 이유가 무엇인가?

1) 교회는 하나님의 것이므로 오직 하나님만이 그 머리요 기초가 되어야 할 것이다.
2) 사람은 누구나 다 죄 있고 약하고 유한한 존재이므로 이 영원한 신적(神的) 기관의 머리될 자격이 없다.
3) 사람으로서 하나님의 자리를 찬탈(簒奪)함은 절대 용납할 수 없기 때문이다.

교회의 머리 노릇하려는 교황의 죄가 하나님과 동등이 되려는 타락한 천사의 죄와 같은 것이 아닌가? 원칙상 동일한 죄이다. 같은 교만, 같은 의지, 같은 야심 즉 하나님을 반역하는 거룩하지 못한 양심, 이런 것이 이른바 경건이라는 위장 속에 숨어 있음이 사탄의 그것과 한가지이다. (유다서 6절, 베드로후서 2장 4절)

그리스도는 교회의 유일한 머리요, 기초이다. 이에 대한 성경 본문이 어디 있는가?

1) "하나님 아버지께서 그로 하여금 만물의 머리가 되게 하시고 또한 교회의 머리가 되게 하셨으니 교회는 곧 그의 몸이다."(에베소서 1장 22-23절)
2) "모든 일에 머리되는 그리스도 안에서 자라나라."(에베소서 4장 15절)
3) "남편이 아내의 머리됨과 같이 그리스도는 교회의 머리니라."(에베소서 5장 23절)
4) "그는 머리요 교회는 그의 몸이라"(골로새서 1장 18절).
5) "몸이 오직 하나임과 같이 머리도 하나뿐이로다"(에베소서 4장 4-5절).

그리스도만이 교회의 기초됨을 성경의 어디서 찾을 수 있는가?

"그리스도께서 세우신 터 이외에 다른 터를 사람이 능히 세우지 못할지라"(고린도전서 3장 11절).

에베소서 2장 2절에 있는 말씀은 교회의 기초가 교황이라는 주장을 입증하는가?

결코 아니다. 이 성경구절의 교훈은 즉 선지자와 사도들은 성경을 기술하는데 있어서 특별한 영감을 받아 틀림이 없으며 그에게서 파송을 받아 구원의 복음을 전파하며 교회를 세운다는 것을 말한 것이다. 그리고 구원의 기초는 오직 그리스도시니 이는 그이만이 신성을 가지사 완전한 속죄, 부활, 영광 중에서의 중보를 행하시는 이이며, 그에게서 모든 은총과 권능과 거룩함이 넘치는 까닭이다.

교황의 이 성구해석이 잘못된 것임을 어떻게 증명할 수 있는가?

1) 이것은 고린도전서 3장 11절에 있는 "그리스도가 교회의 유일한 기초라"는 말씀에 정면 충돌이 된다.
2) 선지자와 사도들을 합하면 이때 교황은 1인이 아니라 적어도 30명쯤 될 것이기 때문이다.

베드로는 교회의 기초가 아니다.

마태복음 16장 18-19절에 있는 성경구절 즉 그리스도께서 베드로에게 말씀하시기를 "너는 베드로라 이 반석위에 내 교회를 세우리라" 한 것을 로마교회에서는 교황권 옹호의 가장 유력한 무기로 삼는다. 그들의 이 성구 해석이 정당한가?

아니다. 그들의 이 성구 해석은 순전히 아전인수(我田引水)적이다. 만일 베드로 개인을 교회의 기초로 삼으신다는 말씀일진대 "너는 베드로다. 네 위에 내 교회를 세우리라"하였을 것이요, "이 반석 위에"라고 말씀하시지는 않았을 것이다.

주께서 사용하신 희랍어도 하나는 페트라(반석)이요, 하나는 페트로스(베드로)여서 거기에서 이 둘이 서로 혼용되지 않게 하기 위한 세밀한 주의가 있었음을 볼 수 있다. 즉 주께서 말씀하신 것은 베드로 개인을 의미한 것이 아니라 그때 베드로가 고백한 위대한 진리 즉 예수는 그리스도시오, 하나님의 아들이시라는 그 진리가 교회의 기초될 것을 말씀 하신 것이다. 그리스도 위에 세우라. 이 영원한 구세주의 위에 세운 교회는 지옥 권세가 이기지 못하리라. 그러나 만일 교회가 이 죄 많은 약한 베드로 개인의 터전 위에 섰다면 당장에 무너지고 말았을 것이다. 이는 바로 그 다음 순간에 베드로가 주님 앞에 어떻게 꾸지람을 당했는지를 보아도 알 수 있을 것이다. '사탄아 물러가라"고까지 말씀하시지 않았는가?(마태복음 16장 23절)

로마 천주교회 성경학자들도 대다수는 이 성구를 개신교학자들과 마찬가지로 해석한다. 로마교회학자 61명 중에서 다만 17명만이 이 반석을 베드로 개인으로 해석하고 44명은 이것을 그리스도의 메시아 되심과 그의 신성(神性)으로 해석하고 베드로 개인설을 거부한다.

베드로는 약하고 오류가 많아 교회의 기초가 될 수 없음을 입증하는 사건은 많이 있다.

1) 그리스도의 수난 직전에 그는 겟세마네 동산에서 자고 있었다. 주께서는 "깨어 기도하라"하였으나 그의 죄 많은 인격은 이를 실행하지 못한 것이다.(마태복음 25장 40절)
2) 대제사장의 종의 귀를 자르고 그리스도에게 책망을 들은 것(마태복음 26장 51-52절)
3) 그리스도와 함께 죽기까지 하겠노라고 장담하였다가 얼마 후에는 세 번이나 주를 모르겠노라고 맹세하고 저주까지 한 것(마태복음 26장74절)
4) 오순절 후에도 그는 죄를 범하였다. 이방인 신자 문제로 교회가 존망의 위기에 처했을 때 공중 앞에서 자기 몸을 피하여 유태교화 하려는 신자들에게 굴종하는 태도를 보이려는 위장을 감행하고 바울에게 면전에서 책망을 당한 것(갈라디아서 2장 11,13절)

성경에 베드로를 사도 중의 으뜸으로 다른 사도들보다 더 고위를 점하게 한 사적이 있는가?

없다. 먼저 나서 덤비는 것 쯤일 것이다. 사도들은 다 지위가 동일하다. 예루살렘 교회의 지도자는 야고보였으며 주후 50년 예루살렘 회의의 의장(議長)이었다.(사도행전 15장 13,19절) 다른 사도들은 다 동일한 지위이므로 야고보가 지도자로 추대된 모양이었다. "가서 야고보와 그 형제들게 보이라"(사도행전 12장 17절) 바울이 야고보에게 갔다(20장 18절) "예루살렘 교회의 세 기둥이라는 야고보와 게바와 요한 운운"한 것을 보면 야고보를 베드로의 위에 섰고 그런 예가 하나 둘이 아니다. (갈라디아서 2장 9절).

사도 바울은 베드로보다 더 많은 성경을 썼고 교회도 더 많이 세웠다.

그러나 제일 신빙할 만한 증거는 베드로 자신의 말에서 발견할 것이다. 베드로가 자기에게 관하여 무어라고 말하였는가? 자기가 교황임을 선언하였는가? 자기가 다른 사도들보다 우월함을 주장하였는가?

아니다. 그가 만일 자기의 교황권과 자기가 다른 사도들보다 우월하다는 것을 자인하였다면 그는 자기가 쓴 편지에 이 모든 것을 말하였을 것이녀. 그 사실을 주장하였을 것이다. 교황으로서 그 권리 주장하기에 더딘 자, 어디 있겠는가? 그러나 베드로 자신은 자기의 우월을 암시한 데는 하나도 없다. 그는 다만 자기를 장로라고 불렀으며 보통 의미의 그리스도 교역자로 말한 것뿐이다. 장로교회에서 그 교파명을 택하여 정한 것도 이 성경문구를 취한 것이다. 우리 장로교회 정치와 조직은 사도교회의 그것을 그대로 본 딴 것으로서 성경에 게재된 바에 의거한 것이다.

베드로가 다만 하나의 장로였다는 것을 입증하는 베드로 자신의 말은 어디 있는가? "너의 중에 장로들에게 말하노니 나도 너희들과 같이 장로라"(베드로전서 5장1절) 그는 그 당시 교회의 다른 장로들과 목사들보다 우월한 위치에 있음을 자천하지 않았으며 그의 말년에 더욱 겸비(謙卑)를 나타내었다. 서신에 보면 그의 온유 겸손을 볼 수 있다. 그는 오직 그리스도만을 높이고 자기를 낮추었다. 이 겸손한 장로와 로마의 교황과를 대조할 때 놀라지 않을 자 누구인가?

공정한 성경학자로서의 학적 결론은 곧 "성경에는 교황이 없다"는 그것이다. 베드로는 교황이라는 것을 꿈에도 생각하지 않았다.

베드로는 그리스도께서 그 위에 교회를 세우겠다고 하신 반석도 아니며 그나 또는 다른 누구를 물론하고 교회의 머리는 물론 못된다. 주 예수 그리스도가 교회의 유일한 머리요, 영원한 기초이다.

베드로의 사후 백여 년을 지나 교회가 성경을 잊고 초기의 단순함과 영적 능력을 잃고 세속의 격랑에 빠져서 망칙한 야심에 눈을 붉힐 때 이른바 교황이란 것이 출현한 것이다.

7. 교회의 신앙 규율

『신학지남』 18권 6호(1936. 11월 호)

교회의 신앙 규율이란 무엇인가?

하나님의 말씀 곧 신구약성경은 신앙상의 규율이며 참 신자가 귀의할 곳이다. 우리는 여기에 기준하여 진정한 하나님의 교회 여부를 판별하는 것이니 과연 이 성경은 그 진부를 가리는 표준과 시금석(試金石)이 된다. 그래서 어느 교회나 그 지지하는 교리나 실제 행위가 성경과 일치할 것 같으면 그 교회를 가리켜 참다운 하나님의 교회에 속하였다고 할 것이지만 만일 그렇지 않고 성경과 일치하지 않는 교리나 실행을 감행하는 교회가 있다고 한다면 이는 배교자의 집단으로밖에 볼 수 없다.

이상의 주장이 확실함을 증거하는 성경구절은 다음과 같다.

1) 많은 성경은 이를 증명하고 있다. 신명기 28장 58절, 32장 46-47절, 여호수아 1장 7-8절, 성경 전부는 하나님의 말씀이므로 율법에 대한 하나님의 명령은 곧 성경 전부에 대한 것으로 볼 수 있다.
2) 이사야서 8장 20절. "율법과 증거의 말씀을 좇을 것이니 저희가 이 말씀대로 말하지 아니하면 정녕코 아침 빛을 보지 못하고"
3) 이사야서 34장 16절. 이 구절에는 성경을 가리켜 "여호와의 책"이라고 했다. 그 이유는 그 책을 통하여 하나님이 인간에게 말씀하셨기 때문이다. 여기서만 신이 인간을 구하는 진리를 발견할 수 있다.
4) 주님이 "성경 상고"를 명한 것은 그 가운데 예수 자신이 구주가 되는 확증과 또 예수 안에 영원한 생명이 감추어 있는 까닭이기 때문이다.(요한복음 5장 39절)
5) 누가복음 16장 29-31절에 있는 주님의 경고 "저에게 모세와 선지자가 있으니 들을 것이다. 모세와 선지자의 말을 듣지 아니하면 비록 사람이

죽은 자 가운데서 살아날지라도 권함을 받지 않으리라"

6) 초대교회에서 행한 일들은 비록 사도가 전한 말이라도 성경에 비준(批準)하여 본 것이다.(사도행전 17장 11절)

성경 무류(無謬)성

성경은 과연 오류가 없는가?

또 그렇다면 그 이유는 무엇일까? 디도서 1장 2절에 있는 "거짓이 없으신" 진리의 하나님이 주셨기 때문이다. 이는 하나님이 인간의 심령과 그 양심에 직접 주시는 음성이다. "모든 성경은 하나님의 묵시하신 것이다."라고 디모데후서 3장 16절은 말한다.

성경은 진정한 예언서이다. 이는 "사람이 성령의 감동하심을 받아 말한 것이다."(베드로후서 1장 21절) 요한복음 10장 35절에 주님은 분명히 "성경은 폐하지 못한다"고 선언하셨다.

성경은 영원한 하나님의 말씀이며 또 구원의 복음을 가져오는 주님의 말씀이다. 베드로전서 1장 23절, 베드로후서 1장 16-19절. 그리스도와 성경은 밀접한 관계가 있다. 이들은 같이 하나님의 말씀이며 성경은 생명 있는 말이다. 그리스도는 화신(化身)한 하나님의 말씀이며 성경은 생명의 말씀의 기록이다. 그러므로 성경을 부인하는 자는 곧 성경을 부여한 그리스도를 부인하는 것과 같다. 그래서 최후의 날에 심판을 면하지 못할 것이다.

성경은 최고의 중요성을 갖는다

성경이 최고로 중요함을 표시한 성경 구절들은 어떤 것인가? 시편 19편 7-8절 "여호와의 율법은 완전하여 영혼을 소생케 함이며 여호와의 증거는 확실하여 우둔한 자로 하여금 지혜롭게 하도다. 여호와의 교훈은 정직하여 마음을 기쁘게 함이여! 여호와의 계명은 순결하여 눈을 밝게 하도다" 이 성구 등에 나타난 것은 성경의 순수 확실 정확 완전성 등이다. 성경은 우리의 심령을 지혜롭게 하며 신자의 마음에 희열을 가져오며 영적인 안목을 밝히는 것이다.

시편 119편 전부는 성경의 최고 중요성을 말한다. 누가복음 11장 28절에도 "하나님의 말씀을 듣고 지키는 자는 복이 있다"고 했다. 그밖에도 여호수아 1장 7-8절, 23장 6절, 누가복음 24장 27절 등의 구절에 이상과 같은 의미가 포함되어 있다.

그밖에 성경의 최고 중요성을 증거한 성경 구절을 찾아보면 다음과 같다. "생명의 말씀"(빌립보서 2장 16절), "진리의 말씀, 구원하는 복음"(에베소서 1장 13절, "하나님의 말씀은 검(劍)이라"(에베소서 6장 17절)

성경으로 말미암아 죄인이 거듭나며 정결(淨潔)케 되며, 구원을 얻으며, 성화(聖化)되며, 안위(安慰)를 얻게 된다.(베드로전서 1장 23절, 에베소서 5장 26절, 데살로니가 후서 2장 13절, 요한복음 17장 17절, 로마서 15장 4절)

그 말씀을 믿는 자에게 구원이 있고 믿지 않는 자는 정죄한다.(로마서 10장 8-9절, 마가복음 15장 4절)

허위적 철학이나 파괴적 비판이 지나갈지라도 성경은 영원히 확립되어 흔들리지 않을 것이다.

성경은 원만(圓滿)하고 유일(唯一)한 지도자인가?

성령이 도우시는 가운데 성경은 모든 일에 가장 원만한 지도자로 임할 수 있는 것이다. 성령이 성경으로 명백하게 하시며 또 우리 심령을 열어 그 진리를 받아 들이게 하신다.(누가복음 24장 22절, 45절 사도행전 16장 14절) 성경은 전 인류의 요구에 만족을 줄 수 있는 신의 계시이다. 이로 말미암아 그것을 믿는 자는 구원을 얻는 지혜가 있게 하며 또한 온갖 선행에 유익한 것이 된다.(디모데후서 3장 15-16절)

성경에 대한 로마교의 막대한 차오(差誤)

로마교의 성경에 대한 그릇된 교훈은 무엇인가? 그들은 무리하게도 성경을 경시한다. 그들은 이렇게 선포한다.

1) 성경은 원만한 것이 아니다.
2) 성경에는 구원에 필요한 것 전부가 포함된 것이 아니다.
3) 성경은 희미하고 몽롱하다.
4) 성경은 평민이 읽을 것이 아니다.
5) 성경은 논쟁에 있어서 최후의 해결이거나 또는 신앙에 있어 완전한 기준이 아니다.

이상의 차오(差誤)는 그 근거를 어디에 둔 것인가? 이는 1542년 이탈리아 출생의 까딘엘 벨날민이란 학자로 말미암아 극단으로 주장된 이른바 "항쟁불가론"으로부터 기인한 것이다. 그는 교황론에 있어서 유수한 학자이다. 또 트리엔트 의회의 결의에도 의한 것이다. 하나님의 뜻을 순종할 책임을 갖고 있는 교황은 감히 그 부하교도들에게 생명의 말씀인 성경읽기를 금하고 있다. 이것이야말로 배신행동이 아닌가?

성경의 가감(加減) 불능성

하나님은 인간에게 성경을 어떤 태도로 받을 것과 그 순종성에 관하여 말씀하셨다. 인간은 마땅히 성경을 받되 하나님이 준 그대로 원만히 받고 순종해야 될 것을 하나님은 명하셨다. 그 이외의 어떠한 가감을 불허하셨다. 신명기 4장 2절에 이렇게 말했다. "내가 너희에게 명하는 말을 가감하지 말고 너희에게 명하는 여호와 너의 하나님의 명령을 지키라" 또 "여호와 너의 하나님이 너희에게 명령하시는 대로 준행하라" 또 "가감하지 말라"하셨다.(신명기 5장 32절, 12장 19절, 18장 19절, 20절, 예레미야 26장 2절, 마태복음 5장 18-19절)

성경을 변개(變改)하는 자가 받을 죄형에 대한 하나님의 경고는 매우 준엄하다. 그 가운데 두 가지가 있으니 첫째는 구약 여호야김 왕의 불경한 태도에서 나타난다. 그는 예레미야를 통하여 오는 하나님의 사명(使命)서를 무례하기 짝이 없게도 칼로 찢어 화로 속에 집어 넣어 태워 버린 것이다. 그같은 불경 행동으로 인하여 그는 하나님에게 바벨론으로 잡혀갈 것과 또 그가 죽을 때 그 시체를 들에 내버리게 되리라 했다. 예레미야 26장 27-28절

이같은 경고는 현대인에게도 직접 관계되는 것이니 성경을 파괴적으로 비판하는 무리나 또는 부정당한 해석을 그대로 받는 것이나 명료한 하나님의 계시를 반대하는 자들이 명심하고 주의해야 할 것이다.

둘째는 성경 전체에 걸친 것이니 성경을 가감하는 자들이 받을 두려운 저주를 예고함이다. "만일 누구든지 이 말 외에 더하면 하나님이 이 책에 기록한 여러 재화로 그에게 더하실 것이요, 만일 누구든지 이 책에 예언한 말씀에서 얼마를 제하면 하나님이 이 책에 기록한 생명수와 및 거룩한 성에 참여함을 제하시리라"(계시록 21장 18-19절) 하셨다. 이 경고는 신의 계시 전반에 관한 것임을 잊지 말 것이다.

성경에서 제외된 아포크립파(외경)

이상에서 말한 분명한 선언에 의하여 '아포크립파'라는 14권은 정경에서 제외되게 되었다. 14권은 인간의 조작임이 공인되었으므로 하나님의 말씀으로 된 성경에 편입할 수 없게 되었다. 이 책들은 하늘에서 온 신령한 권위가 없으므로 기독교의 교리를 형성할 수 없다. 우리 주님은 일찍 이 책들을 인정하거나 혹은 인용한 사실이 전혀 없다. 또 사도들과 초대교회에서도 그것을 성경으로 받은 일이 없다. 저들의 유일한 신앙 규범은 오직 신구약이었다. 그래서 5세기 저들의 시대에 '아포크립파'는 성경에서 제외되었다. 그같이 내려오기를 트리엔트 공회까지 이르렀다.(1545년-1563년)

유전(遺傳)도 신앙의 규범이 될 수 없다

참 신자의 유전에 대한 태도는 어떠해야 하는가? 전설을 신앙의 기준으로 둠은 결코 용인할 수 없는 사실이다. 그 이유는 1) 성경은 완전무결한 교회의 법이며 하나님의 계시이기 때문이며, 2) 전통은 인위적이며 불완전하므로,

3) 예수께서도 유전을 책하시고 또 이를 경계하셨기 때문이다.

이상의 서술을 증거하는 성경구절들

이는 현재 로마교회인들이 행하는 바를 행하고 있던 바리새인들을 책망하는 주님의 말씀 중에 나타났으니 다시 말하면 언필칭 성경을 믿노라고 하면서 사람의 유전을 중시하는 자들이다.

"너희는 어찌 유전한 말을 인하여 하나님의 계명을 범하느냐?"(마태복음 15장)

"다만 사람의 명한 것으로 도를 삼아 가르치니 헛되이 나를 경배하는 것이라"(마가복음 7장7절)

"하나님의 계명을 버리고 사람의 유전을 지킨다"(마가복음 7장8절)

"너희가 너희 유전을 지키려고 진실로 하나님의 계명을 저버렸다"(마가복음 7장 9절)

"유전으로 하나님의 폐(廢)함이라"(마가복음 7장 13절)

이상 다섯 구절에서 주님은 하나님의 계시와 사람의 유전을 분별하셨다. 또 그리고 사람의 유전을 고집하는 자는 하나님을 헛되이 공경함이라 했다.

유전(遺傳)에 대한 바울과 베드로의 변박(辨駁)

신자가 사람의 유전을 지킴이 불가하다고 바울은 경고했다. "삼가 사람이 있어 그 곡학의 허황(虛荒)한 속임으로 너희를 노략할까 두려워하라. 이것이 유전을 좇음이요, 그리스도를 좇음이 아니다."(골로새서 2장 8절) 바울은 개종한 다음 자신의 이전 생활을 설명하여 "내가 유대교를 같은 나이 또래의 동족 중에서 뛰어나게 하여 조상의 유전을 더욱 열심히 지켰으나", "내게 유익하던 것을 그리스도를 위하여 해로 여겼다."(갈라디아서 1장 14-16

절, 빌립보서 3장 7절)라고 하였다.

유전에 대한 베드로의 말

그도 역시 유전 지킴을 반대했으니 유대인이나 이방인의 구별이 없이 유전을 중심함이 불가하다고 했다. 베드로전서 1장 18절에 그는 이방인들에게 그 조상의 유전한 망녕된 행실을 반박하여 경고하기를 "예수께서 그 피로 허망한 유전을 매수했으니 이제 후로는 예수를 따를 것이며, 유대인이 종전에 하던 바와 같이 다시 유전을 따르지 말라"했다. (베드로전서 1장 18-19절).

경외(經外) 전설에 대한 로마교의 심한 차오(差誤)

로마교회는 이렇게 가르친다. "신을 경외함에 있어서 우리들은 반드시 선조의 유전대로 할 것이며 또 성경에 없는 것이라도 순종하는 신앙심으로 받을 것이라"(벧알민, 코톤) 한다.

어떤 로마교 학자는 자기의 그릇된 발표를 정당화하려고 심지어 경외(經外) 전설을 "기록되지 않은 신의 계시"라고까지 한 이가 있다. 로마교의 이같은 교훈은 죄 있는 인간의 말을 신성한 하나님의 말씀과 동일 수준에 두는 점에서 심한 죄악이라 하지 않을 수 없다. 또 그들의 행동은 신의 준엄한 금법을 어기고 마땅히 할 수 없는 성경 덧붙이기를 감행한 것이다. 이는 신의 명령에 직접 불응함이다.

로마교인들이 흔히 유전(遺傳)을 원조(援助)하는 의미의 성구를 인용하는데 그 성구는 데살로니가후서 2장 15절과 3장 6절이다. 그러나 그들은 그 구절의 의미를 그릇 설명한 것이니 거기 유전이란 말은 단순히 전달의 뜻이 있는 것이며 로마교에서 주장하는 뜻을 의미함이 아니다. 우리들은 바울의 그 말에 주의할 필요가 있으니 그는 자기 자신이 전수한 그 유전(복음)을 말한 것이다. 이 구절은 결코 로마교회에서 주장하는 바 유전에 대한 독단(獨單)적 교리를 지지하고 공명함이 아니다.

그러면 주님이나 사도들이 반대한 유전을 로마교에서는 어찌하여 가르치고 있는가? 다름 아니라 그들이 독창적으로 실행하고 있는 속죄의 규정과 그 밖의 성경에 모순되는 실행조례들을 절대 지지하기 위함이다.

그러나 우리는 분명히 알기를 진정한 하나님의 교회에 신앙 규범은 오직 성경에 있다는 것이다. 초대교회나 그 후 몇 세기를 내려오는 기간에도 성경은 분명히 유일한 신앙표준이 된 것이다. 주 후 430년 아프리카 히포에서 별세한 성 어거스틴은 다음과 같이 말했다. "나에게 교회가 어디 있느냐고 묻는다면 나는 주저하지 않고 성경을 찾아보라고 하겠다"하였다. 그는 전통에서 교회를 찾아 보라고 하지 않고 다만 성경에서 찾으라고 하였다. 그는 분명히 성경이 완전 무오(無誤)한 신의 계시인 줄로 알았던 것이다.

요한 후스[139] 역시 그같이 말했다. "분명히 말하노니 내가 말하는 이른바 사도의 명령이란 주님의 직계 사도를 의미합니다. 교황의 명령이 그와 일치할 것이면 물론 그것을 순종할 것이지만 만일 성경과 배치되는 것이라면 내 몸이 불타는 것을 내 눈으로 친히 본다 해도 결코 복종할 수는 없다"고 하였다.

로마교는 분명히 신의 계시를 밀쳐두고 사람의 말을 그 자리에 두는 배신적 행동을 취하고 있다.

---

139) 후스(Johannes Huss)는 보헤미아의 종교 개혁자이자 신학자이다. J. 위클리프의 사상에 영향을 받아 성서를 기본으로 하여 예정설을 취하였고, 교회의 토지 소유와 세속화를 비난하였다. 1412년에 교황 요하네스 23세의 면죄부 판매를 비난하자 교황은 그를 파문했고, 1414년에는 콘스탄츠 공의회에 소환하여 1415년에 이단 선고를 하고 화형시켰다. 그의 교설은 체코인들의 민족의식과 결합하여 개혁 운동을 촉발했다.

8. 사도직(使徒職)의 계승

『신학지남』 19권 1호(1937. 1월호)

성경에 나타난 사도란 무슨 뜻인가? 헬라 원어의 그 말 뜻은 "보낸다"이니 영원한 하나님의 복음을 전파하기 위하여 예수님에게서 파송을 받은 자들이다. 사도들은 복음을 전하는 것과 교회를 설립하기 위하여 특별히 예수님에게서 임명을 받은 자들이다.

그들은 이상의 책임을 담당하기 위하여 이하의 조건이 필요했다. 주님의 죽으심과 또한 부활을 힘 있게 확증하기 위하여 직접 주님을 육안으로 대할 필요가 있었으며 또한 특별한 이적과 영감이 필요했던 것이다.

이상의 논거는 성경 어느 구절에 기인한 것인가? 다음의 성구를 참고하라.

1) 주님의 위대한 임명(마태복음 28장 18-20절)
2) "반포하라!"(마태복음 10장 7절)
3) "각 성에 장로를 세우게 함이라"(디도서 1장 6절)
4) "내가 사도가 아니냐? 내가 주를 보지 못했느냐?"(고린도전서 9장 1절)
5) 맛디아가 피선되었을 때 베드로의 말.(사도행전 1장 21-22절)
6) "사도들이 큰 권능으로 주 예수의 부활하심을 증거하니"(사도행전 4장 31-33절)

사도들이 성경을 저술함에 합당하기 위하여 특별한 영감을 받았다는 성경 구절은 다음과 같다. 데살로니가전서 2장 13절 디모데후서 3장 16절, 베드로후서 1장 16절, 마태복음 10장 8절, 사도행전 3장 6절, 20장 9-10절

바울이 직접 지상에서 주님의 얼굴을 마주 대했는가 하면 그런 것은 아니다. 그는 사도의 자격을 갖추기 위하여 주님의 특별한 계시가 있은 것이다. 그의 사도직은 당시 다른 사도로부터 전수한 것은 아니었다.(갈라디아 1장 16절, 2장 6절)

진정한 사도직에 후계자는 없다

예수님의 직계 사도들에게 그이들과 똑 같은 자격을 갖춘 후계자가 있었는가? 그들이 교회에서 행사하는 권위나 또는 이적과 독특한 영감을 갖춘 이가 있는가? 이 물음에 대한 대답은 '없다'이다.

사도들의 죽음과 동시에 사도들의 직무도 끝난 것이다. 독특한 이적이나 영감은 그들에게만 해야 될 사명이 있기 때문에 그들에게 행사된 것이다. 교회가 설립되고 성경이 완료되었을 때에 독특한 은혜와 능력도 끊어진 것이다.

사도직에 중요한 한 가지 사명은 부활하신 예수를 증거함이었다. 이 사명에 관해서는 예수를 직접 지상에서 얼굴을 대하지 못한 이로서는 철저히 증거할 수 없는 일이다. 사도 요한이 계시록을 끝낸 후 그것으로 성경은 완성된 것이다. 그래서 성경 저술에 필요하던 특별한 영감은 그때로써 끝난 것이다.

사도직이 끝난 후 교회에서는 영구적으로 어떤 직원이 있게 되었는가? 우리가 잘 아는 대로 목사 장로 전도자 교사 등이 있게 되었다. 이들은 하나님의 말씀을 해석하고 밝히고 포고(布告)함과 교회를 확장함과 성례를 거행하는 일들을 시행하였다. 고린도전서 12장 23절, 에베소서 4장 11절

목사 외에 성도들을 중심으로 한 집회를 관리하는 장로들이 있다. 디도서 1장 5절, 디모데전서 5장 17절, 이는 정신적 또는 신령한 방면이다. 그러나 그밖에 집사직도 있으니 그들은 구제 사업과 교회의 표면적 사무를 돌보는 것이다. 책임의 범위로서는 그러하지만 집사도 신령한 방면의 일을 돌보아 하나님의 말씀을 포고할 수 있을 것이다. 사도행전 6장 18절, 8장 10절

진정한 기독교에는 예수밖에 제사장이 없다

신약 어느 부분에든지 교직자를 가리켜 제사장이라 한 곳은 없다. 구약시

대에 모세의 법 아래서 제물을 드리는 제사장들이 있었으나 성경은 그것에 대해서도 밝히 말하기를 이는 임시적이며 다음에 올 그리스도의 직임을 표징함에 지나지 않는다고 했으니 대개 그리스도는 하나님이 보내신 메시야로서 세상 사람의 죄를 위하여 제물이 되신 것이다. 예수 후로는 구약의 제사장 제도는 무의미하게 되었다. 예수의 속죄로 그 사업은 완성된 것이다. 신약성경에서 우리는 하나님의 아들이신 오직 한 분뿐인 제사장을 발견하는 것이다. 또한 세상 사람의 죄를 위하여 바치신 유일한 제물을 발견하나니 이는 곧 그리스도의 몸이시다. (히브리서 7장 11,12,18-24절, 8장 5-8절,13절.)

로마교회의 큰 과오

로마교회에서 교직자들을 제사장으로 생각하고 또 그들을 통하여 참다운 속죄를 기할 수 있다고 가르치는가? 그렇다. 로마교회는 그것을 공공연하게 가르치고 있다. 이는 심대한 잘못이며 복음에 반대되는 것이다. 만일 교황이 진징으로 제사장이 되어 중재석 제사를 드릴 수 있다고 하면 하나님의 말씀은 거짓이 될 수밖에 없으며, 그리스도가 우리를 대신하여 죽음은 구원을 얻는 유일한 길이 될 수 없을 것이다.

그러나 성경(베드로전서 2장 5-9절) 가운데는 우리가 그 말을 주의해서 본다면 그것이 교직자에만 관련된 것이 아니고 일반 신자까지 의미한 것임을 발견하게 될 것이다. 또 우리는 제사장이라는 말과 제사라는 말을 비유적으로 쓴 것임을 주의할 필요가 있다. 베드로전서 2장 5절에는 일반신자를 가리켜 "너희도 신령한 집이 되고 거룩한 제사장이 되어 예수 그리스도로 말미암아 하나님이 기쁘게 받으실 신령한 제사를 드릴지니라" 하였다. 그같이 신약은 흑암 중에서 광명으로 나와 구원을 얻은 것을 감사하게 여겨 주님께 영광을 돌리는 성도를 모두 가리켜 제사장이라고 하였다.

사도직의 전승은 무엇을 의미하는가?

이는 요한복음 20장 22-23절에 있는 "너희는 성령을 받으라"한 말에 기인하여 사도들이 그 사명을 감당할 능력과 영광을 그 때 그리스도에게 받은 것이라는 것인데 그들이 후계자들에게 손을 안찰하므로 그 능력을 전하여 받는 것인 줄 앎이다. 그래서 몇 세기를 내려오면서 감독이 그 손을 안찰하면 마치 예수님의 제자들이 예수님 손의 접촉을 받음으로 위대한 능력과 영광을 얻은 것처럼 그 같은 능력과 영광을 전수하는 줄로 알고 있다. 다시 말하면 주님의 제자들에게 주신 능력은 제자들에게서 그 후계자에게 전달되고 그같이 하기를 오늘까지 나려왔는데 그 전승의 유일한 경로는 감독이라 함이다. 이같은 관념은 하나님의 말씀에서 가르친 것인가?

하나님의 말씀 가운데는 그 같은 교훈이 없다. 그같은 독단적 또는 불가사의적 관념인 사람이 손을 안찰함으로 기계적으로 하나님의 능력을 전수한다는 관념은 성경이 지지하지 않는 사상이며 또는 계시를 반대함이 되는 것이다.

성경은 말한다. 모든 신령한 능력과 은혜는 성령으로 말미암아 오는 것이요, 결코 사람의 손을 접촉함으로 오는 것이라 하지 않는다. 또 그 이상으로 하나님의 은혜는 어떤 국한된 일부 개인에게만 전수한다는 명확한 문장이 없다. 주님은 어느 시대나 어느 장소를 불문하고 자기가 원하시면 그 은총을 주시는 것이다. 또 주님이 인물을 요구하시지만 주님의 은혜를 감당하지 못한 이가 많다. 고린도전서 12장 11절, 사도행전 11장 17절, 15장 8-9절.

초대교회에서 유대인 신자들이 이방인 신자와 그 특권이 같지 않은 줄로 알던 오해와 같은 오해를 오늘 로마교회 신자들이 갖고 있는 것이다.

성경에서 '손을 둔다' 한 것은 무슨 뜻인가?

성경에 의하면 안수는 두 가지 의미가 있으니 하나는 하나님에게 관련된 것이며 둘째는 교회에 관계된 것이다. 하나는 하나님이 안수 받는 이를 성직을 감당하는 자로 확인하고 그를 통하여 자기의 약속을 이루시며 또 성직을 감당하는 데에 필요한 모든 능력과 은혜를 주실 것을 의미함이며 또 다른 한 가지는 교회 측에서 안수 받는 이를 성직자로 인정하고 그에게 권위를 맡기는 표(表)이다.

교직자 임명에 관한 성경의 중요한 지시

성경에서 강조하는 것은 의식(儀式)적인 인위적 요소를 말하지 않고 하늘의 요소를 말한다. 손을 얹는 것보다 참다운 신앙의 시도를 말한다. 교직자는 사람이 주는 것이 아니요, 하나님이 주시는 것이다. 기도의 응답에 의하여 그가 직접 주시는 것이다. 또한 다른 모든 은혜와 같이 신앙으로 받는 것이다. 사도시대 교회는 그 일을 절대 하나님에게 송속된 것으로 알았다. 사도행전 1장 24절, 8장 15절, 13장 3-4절

성경에는 로마교의 감독이나 혹은 어떤 교직자의 안수로 성령을 줄 수 있다는 것을 말하지 않았다. 이는 로마교회의 독단적 해석이다. 성령은 언제나 신앙으로 기도하자는 자에게 자신을 의탁하신다. 그의 은총은 결코 어떤 기계적 현상으로 인간의 손의 접촉으로 수여되는 것이 아니다.

교황(法皇)은 계승되어 내려온 것이 아니다

로마교에서 주장하는 말은 자기들이 지지하는 교황은 사도시대부터 현재까지 끊임없이 연속적으로 내려온 것이라 함이다. 그러나 역사는 이것이 거짓임을 말하고 있다. 그 가상적 연결선은 범위도 길게 절단된 기간으로 말미

암아 도저히 건널 수 없게 되었다.

어떤 카톨릭 역사가는 교황의 연속 전래설에 대하여 시인하지 않는 이도 있다. 또 카딘엠 빠로니어스라는 교황론자는 50교황을 열거하고 말하기를 그 중에 경건한 신앙을 가진 이가 하나도 없다고 하였다. 그리고 그는 다시 말하기를 "어떤 때는 교황이 없는 때도 있다. 또 어떤 때는 교황이 두 세 사람이 되는 일도 있었다"고 한다. 로마의 교황과 아비뇽은 아직도 서로 화합하지 않고 서로 파문을 선언하고 각각 따로 교직자를 임명한다고 한다.

그같은 사실이나 또는 역사상 사실에 비추어 볼 때 교황이 사도시대부터 계속적으로 내려왔다는 것은 믿을 수 없는 사실임을 알게 된다. 교황 중에는 진실한 이와 불경건한 이가 혼재했으니 사도직이라 도저히 부를 수 없고 또 절단된 시대가 많으니 연속적으로 내려왔다고 할 수 없는 것이다.

그같은 독단적 선언이 성경에 아무런 근거를 둔 것이 아니라면 어떻게 그 것을 채용하게 되었는가? 거기에는 몇 가지 이유가 있다.

1) 가상적 이론을 진리와 같이 표현함이고
2) 고전적 혹은 권위를 교황에게 주는 것이 됨으로
3) 권력을 자랑하고 사랑함으로
4) 미개한 시대에 깊이 미신적으로 인상된 까닭으로
5) 정계의 유력자들의 선전 때문에
6) 로마교 전반이 의식(儀式)적 토대 위에 서 있으므로

로마교의 독단적 교리 제도는 실제에 있어서 로마교의 교직자들에게 막대한 세력을 양여하게 되었다. 교직자들을 통하지 않고는 구원이나 은혜를 얻을 수 없는 규정이 되어 있음으로 인하여 그 조건을 시인하는 자들은 자연 교직자들을 높이게 되고 그들에게 순종하게 되었다. 일반신자들은 신부(神父)에게 속하고 신부는 감독에게 속하고 감독은 교황에게 속하였다.

하나님에게 접근하는 것이나 면죄는 신부를 통해서만 할 수 있고 또 주교나 목사는 성찬식이나 축도를 교황에게 허락을 받은 다음에 거행할 수 있다고 한다. 교황에게 특별히 인정을 받은 주교의 손을 안수함으로 신부를 임명할 수 있다. 또 주교는 교황이 직접이나 혹은 간접으로 대신자가 안수함으로만 될 수 있다. 그 같은 기준선을 통과하지 않고는 어떠한 신앙을 가진 자라도 교회 내에서 지위를 가질 수 없었다.

교황과 주교 등에게 독점적 세력을 집중하게 하는 이 제도를 순종하지 않는 허다한 사람들에게 구원을 얻는 문을 막게 된다. 과연 이것은 복음과 반대되는 일이다. 복음서 중에 그런 명령이 없을 뿐더러 사도들의 행사에도 그 같은 예가 없다. 사도들은 영예를 결코 자기들 자신에게 돌리지 않았다. 오직 천부께 돌릴 뿐이었다. 로마교의 영예를 자신이 향락하는 것과 부와 권력을 사랑하는 것은 사도들과 주께 어긋난다.

사도시대 교회에서는 일반신도가 교회관리의 직무를 담당하였다

성경에는 사도시대 교회에 일반신도는 누구나 교회직임을 맡을 수 있음을 보여준다. 일반교우들은 친히 직원을 선택했다. 집사를 택하기 위하여 투표를 하였다. 사도행전 6장 6절, 사도행전 15장 22절에 이러한 말이 있다. "사도와 장로와 온 교회가 뜻을 결단하고 그 중에서 한 사람을 택하여". 또한 안디옥 교회로 서신을 발송할 때에도 성직자들의 이름만 쓰지 않고 일반 교우의 명칭까지도 첨가하였다.(15장 23절) 초대교회의 교회 관리에 일반 교우들도 그 직임을 담당하였다는 것은 이상의 사실로 잘 알 수 있다. 어떤 특수한 경우에서만 그런 것이 아니라 온갖 일에서 그 같은 제도로 행한 것이다.

로마교회는 그 같은 성경적 실행과는 분리되어 있다. 교황과 주교 등은 하나님이 부여한 모든 권리를 찬탈하여 자기들이 전용하고 있다. 이는 마치 그들이 일반신도들에게 성찬의 잔을 허락하지 않음과 같다.[140] 신교는 성경을 따라 옛 사도들이 행하던 제도를 계승하여 일반 교우들에게 동일한 성직 봉공(奉供)의 기회를 주고 있다.

성경 중에는 교황이나 주교나 신부나 그밖의 어떤 인간으로 말미암아 면죄될 것을 선언한 것이 없다. 오직 예수님으로 말미암아 됨을 말했을 뿐이다.(마가복음 1장 15절, 사도행전 4장 12절, 16장31절)

성경을 기준으로 한다면 어느 교회가 정당한 참된 교회가 될까? 성경대로 본다면 하나님만을 경배하고 그이만이 구속자가 될 수 있음을 믿으며 그의 말씀만을 신앙상 표준으로 삼으며 그에게만 영광을 돌리는 교회를 가리켜 진정한 교회라고 할 것이다. 우리는 확신한다. 개신교는 진정한 교회라는 것을. 죄와 허물을 통회한 무리들이 집단이 되어 성경에 기록된 대로 사도들의 행사를 뒤따라가는 것이 우리의 걸어야 할 길이다.

로마교는 진정한 하나님의 교회의 일부분인가? 성경에 비추어 보면 진정한 하나님의 교회에 일부분이 되지 못한다. 그들은 하나님의 말씀을 가르치지 않는다. 또 하나님을 놓아야할 자리에 사람을 놓는다.

그러나 로마교에도 숭고한 참 신자들이 많은 것은 진실로 하나님께 감사하지 않을 수 없다. 그러나 그들의 신앙은 교황으로 말미암은 것이 아니라 예수로 말미암은 것이었다.

통합적으로 말하면 로마 교황주의는 성경의 참다운 신앙과는 일치하지 않는다는 것이다. 이는 바울이 말한 바 “다른 복음”이니 허위의 복음이다.(갈라디아 10장 9절) 하나님의 은혜로 다행히 그들 중에도 참 신앙을 가지는 이들이 있으나 대개는 주님을 의지할 대신에 교황이나 주교나 신부를 의지하는 가엾은 경향으로 나가고 있다. 면죄를 바래서 신부에게 고백하는 것이나 또 그들이 미사제 때에 봉헌한다는 주장을 신임하여 속죄된 줄을 믿는 자는 큰 잘

140) 천주교의 성찬에서는 사제가 떡을 떼어 신도 입에 직접 넣어주고 잔을 맡기지 않는다. 실수로 잔을 떨어뜨리거나 쏟는 일이 생기면 안 된다는 취지이다.

못이니 이 다음 심판의 때에 반드시 실패할 것이다.(고린도전서 3장 11-13절, 요한복음 2장 8절, 베드로후서 2장 1절)

D.M. 무디[141)]는 일찍이 "사도직 전승의 유일한 증거는 그대로 실행함이다"라고 말하였다.

141) 무디(Dwight Lyman Moody 1837 - 1899)는 미국의 회중파 설교자이다. 그는 정규 학교교육을 받지 않은 구두 판매업자였는데, 회심을 체험(1855)한 후 기독교의 복음에 의해서 구원받은 기쁨을 사람들에게 알리고자 찬송가의 작가이자 성악가인 생키(Ita David Sankey, 1840~1908)와 함께 주요 도시에서 신앙부흥집회를 열어 설교했다. 교회주일학교나 YMCA 운동 및 해외선교에도 열성적이었고 시카고에 무디성서학원을 창설했다(1889).

9. 교황제도의 분해(分解)

『신학지남』 19권 1호(1937. 1월호)

로마 카톨릭교회의 수령은 교황이다. 교황이란 단어의 의미는 헬라어 파파스와 라틴어 파파에서 나온 것으로 그 뜻은 "아버지"이다. 동방교회에서는 동일한 어구를 감독 혹은 주교라고 불렀다. 로마에 거주하는 대감독도 힐드브렌드 그레고리 7세(1073-85)전까지는 독특한 명칭을 사용하지 않았다.

베드로나 사도시대의 교회에서는 교황 사상이 없었다. 고린도전서 3장 5절을 보면 바울과 바나바는 자기들을 가리켜 말할 때 "아볼로는 무엇이며 바울은 무엇이냐? 다 집사들이다"했다. 교황 제도 아래에 있는 교직자들은 그 직권에 대하여 불미한 야심을 드러내었다. 교황은 이 교황직이 베드로에게서 직접 이어져 나온 것이라고 주장하지만 성경나 역사는 베드로가 로마에 있었던 것을 기록하지 않고 있다. 만일 그가 로마에 있었던 사실이 있다고 하면 그 서신 가운데 그런 사실을 암시했을 것이지만 우리는 그것을 찾을 수 없다. 또 그가 로마에 있었을 것이며 바울 같은 이도 로마에 체재한 베드로 만큼 누가나 마가를 그 서신 중에 이름을 기록하면서 베드로에 관한 말을 하지 않을 수 없었을 것이다.(디모데후서 4장 1,12,21절) 로마교에서 베드로의 로마 체재 사실을 말할 때 흔히 인용하는 성경구절은 베드로전서 5장 12절이다. 그곳에 바벨론이라 기록한 것은 로마의 한 가지 다른 이름이라고 주장한다. 그러나 그같은 해득하기 어려운 억설을 부칠 필요가 없다. 문자 그대로 유프라테스강 변에 있는 도시로서 생각함이 자연스러운 해석이 아닐까?

3세기 말엽까지는 교황이 존재하지 않았던 것은 분명한 사실이다. 주후 270년에 로마 감독 스데반이 파면된 한 교직자를 불법하게 복직 시킨 사실이 있었다. 이 불법한 사실을 심사하고 또 반대하기 위하여 칼테지 감독들은 한 곳에 모인 일이 있었다. 이는 그때 아직 교황이 없었던 것을 증명하는 일이다. 그때 싸이프랜이 그 형제에게 보낸 서신 중에 이런 말이 있다. "우리 대감독 이상에 어떤 직임을 가진 이는 없다. 우리는 어떤 동료 감독에게 복종을 강요당한 일이 없다. 각 감독은 자기 자유를 갖고 자신에 관한 일을 제외하고는 타인을 재판할 권리를 가졌다."고 하였다.

또 주후 325년 니케아공의회에서 결정한 사실을 보면 알렉산드리아나 콘스탄티노플 대감독은 로마 대감독과 똑 같은 교구를 소유할 권리를 인정했다. 이 결정은 그 후 451년에 열린 칼케돈 의회에서 다시 인정되었다. 이 사실들을 보면 이상의 회의에서 로마대감독을 교황으로 인정하지 않은 것은 사실이다.

제6세기에도 진정한 교황은 존재하지 않았다. 그레고리 1세는 로마 대감독(590-604)으로서 당시 콘스탄티노플 대감독이 자신을 가리켜 세계적 대감독이라 주장함을 비난하고 반대했다. 그는 이같이 말했다. "이상의 세계적 감독 운운하는 것은 반기독교적 행동이며 또 불경한 행동이다. 그 같은 주장을 강행하는 자는 대감독들 중에서 스스로 높고자 하는 자라"고 했다. 그러나 오래지 않아 그는 그 마음을 돌변하고 콘스탄티노플에서 황제를 죽이고 자칭 왕이 된 포씨스라는 자에게서 이상의 명칭(세계적 대감독)을 받게 되었다.

주후 800년 찰스 대제는 "대감독 중 대감독"이란 명칭 아래 교회 수령의 행차를 감행하였다. 챌레맨은 로마 대감독의 직분으로 레오3세[142)]라는 중대한 선언을 하고 대회를 열며 대감독을 임명하여 자기는 대감독 중 군왕격으로 큰 세력을 행사하여 그 후 출현한 교황직의 예비역을 행한 것이다.

교회의 대분열

동서 교회의 대분열 동기는 9세기에 시작하여 그 후 11세기에 비로소 그

142) 레오 3세(Leo Ⅲ, 재임 795년 ~ 816년)

끝을 맞게 되었다. 그동안 양쪽의 지도자들 사이에는 맹렬한 세력전이 전개되었던 것이다. 그러다가 마침내는 어느 한 편도 양보하지 않게 됨으로써 부득이 교회는 둘로 나뉘게 되었다. 즉 콘스탄티노플 대감독을 수령으로 하는 희랍정교와 로마 대감독을 수령으로 하는 로마교는 동서로 분열하게 된 것이다. 그들은 쌍방이 모두 사도에게 직접 계승한 것과 세계적 대감독임을 주장했다.

교황제도의 확립까지는 적어도 세 가지 중대한 사실이 있다.

1) 그레고리 7세와 같은 야심이 많은 힐데브란트[143]가 교회뿐만 아니라 정계에까지 수령임을 주장한 것
2) 힐데브란트가 교황칭호를 받은 것
3) 교회가 헬라와 라틴 두 파로 나뉜 것

힐데브란트는 지금에서는 공문으로 생각하는 두 가지 문서를 확신했다. 그가 확신한 제일문서는 "콘스탄틴의 증여"라는 것이다. 이는 제8세기에 출현한 것으로 그 내용은 콘스탄틴 황제가 로마를 떠나 콘스탄티노플에 천도할 때 로마대감독에게 이탈리아 및 서부지방의 정권을 양여했다는 것이다. 또 그 제2문서는 '이시도르의 법령'이라는 것이다. 이는 제9세기에 나타난

143) 힐데브란트는 그레고리오 7세의 본명이다. 그는 어린 시절 로마로 가서 친척 아저씨가 원장으로 있던 성 마리아 수도원 들어갔다. 그는 수도원의 수사가 되어, 라테란 궁에 있는 음악학교 스콜라 칸토룸에서 공부를 계속하였다. 그를 가르치고 아끼던 스승 조반니 그라지아노가 교황 그레고리오 6세가 되어 그를 보좌관으로 삼았다. 힐데브란트는 클뤼니 수도원의 일원으로 교회개혁에 적극적으로 참여하였다. 클뤼니 수도원은 수도원 개혁운동의 중심이 되었고 이 운동은 유럽 각지로 퍼져나갔다. 클뤼니 개혁의 중심은 봉건제후 등 세속적 간섭을 물리친 독립적인 수도원을 세우는 것이었다. 세속적 지역영주와 결탁하여 이루어지는 성직의 매매와 처자식을 거느린 수도사 등은 개혁의 대상이었다. 청빈한 수도회 운동은 많은 제후들에게 동의를 얻었고, 하인리히 3세는 힐데브란트의 적극적인 개혁운동을 눈여겨보았다. 힐데브란트의 활약은 곧이어 그에게 교황의 자리를 부여했다. 그가 그레고리오 7세이다.

것으로 스페인 사람 이시도르(636)[144]가 주장한 교회합일론이다. 이 문서들은 로마대감독의 세력을 확대하는 좋은 방편이 될 것이다. 이 문서들은 860년 로마 대감독에게 바쳐졌다. 이 같은 허위적 또는 인위적 이론에 근거하여 교황제도는 그 기초를 잡고 영원히 기독교에 군림하려 했던 것이다.

로마 카톨릭 역사가 중에서도 이 두 문서를 거짓으로 인정한 사람이 있다. 1789년 교황 피어스 6세[145]도 이 문서가 거짓임을 알았다. 그래서 그는 "이 쓸모없는 문서를 내 곁에 두지 말고 가져다 불살라라"라고 했다.

성경은 교황제도를 보증하는 어떤 문구도 제시하지 않는다. 사도시대 교회에서 우리는 승려나 대승려나 수도승들을 보지 못한다. 이는 성경적으로 나온 직명이 아니다. 세상 군주제도를 모방한 한 가지 야심만만한 인위적 조작 밖에 더 되지 않는다.

교황은 지상에 한 왕국을 주장했다. 그러나 예수님은 "내 나라는 이 세상이 아니다"(요한복음 18장 36절)라고 하셨다. 교황은 매우 호사로운 생활을 하지만 우리 주님은 "머리 둘 곳도 없었다."(마태복음 8장 20절) 교황은 같은 인간의 등을 밟고 군왕으로 임하지만 우리 주님은 "높고자 하는 자는 님을 심기는 자가 되라"(마태복음 2장 27절)고 하셨다.

암흑시대

암흑시대가 도래한 주요 원인은 무엇인가? 또 그 이전에 로마제국이 무너지고 유럽 천지 곳곳에 자칭 군웅이 할거하게 된 이유는 무엇인가? 도덕과

---

144) 세비야의 이시도르(Isidore of Seville, 560년경 ~ 636년 4월 4일)는 30년 이상 세비야의 대주교로 지낸 사람, 역사가 몽탈렝베르는 그를 고대 세계의 최후의 학자로 언급했다. 저서로는《어원학》과《어원백과사전》(Ethymologiarum sive originum) 제18권이 있다. 세비야의 대주교로 엄격한 규율로 교회의 기반을 확고히 하고, 중세 말까지 유럽의 정치를 지배하고 있던 두 개의 큰 주춧돌인 교회와 국가 간의 관계를 정비하여 치우침 없이 유지되고 운영될 수 있도록 공헌한 인물이다. 스페인에서는 산티아고 성인과 더불어 스페인을 대표한는 성인이다. "성 이시도르"는 독일계 유대인으로 알려져 있다.

145) 비오 6세(Pius VI, 재임 1775년-1799년)

정신 방면에 암흑이 이르게 된 이유는 무엇인가? 이는 다름이 아니다. 그 당시 빛으로서의 책임이 있는 교회가 어두웠던 탓이며 좀 더 세밀하게 말한다면 교회지도자들의 허위적 지도에서 말미암은 것이다. 허영 권력 육체적 만족 등을 요구하던 당시 지도자들은 예수를 생각하지 않고 자신들만을 생각하게 되었다. 그들은 하나님 말씀에서 점점 멀어지게 되고 사도들의 신앙에서 멀리 떠나서 사람이 만든 전통에 치중하게 된 것이다. 그들은 교황을 유일무이한 하나님 대신으로 만능의 군왕으로 세웠다. 죄 있는 인간 신부를 속죄주로 삼았다. 허다한 의식과 예식으로 성령을 대신하였다. 그에 따라 교황의 방자한 행동은 날로 더해가고 영원한 하나님에게 영광을 돌리는 대신에 무가치한 인간에게 공적을 돌리고 말았다. 또 일반 민중을 속이는 사기적 이적과 또 허무한 유물과 설화 등등으로 교훈한 그 결과는 마침내 도덕의 부패와 흑암의 시대를 가져오고야만 것이다. 이사야서 6장 2절, 예레미야 2장 13절, 갈라디아서 6장 7절.

교황정치는 도덕적 부패를 산출하다

교황은 교회를 통치할 대권을 가지고 수 세기간을 그대로 내려왔다. 그 결과는 교회의 도덕을 멸망시키는 극단에 이르게 한 것이다. 그러나 어느 시대든지 죄악이 관영(貫盈)하고 불법이 발호할 때는 온 세상이 아주 더러워진 것 같이 보이지만 하나님은 그런 시대에도 그 죄악에 물들지 않은 순결한 성도들을 남겨두신다. 로마교의 대승려 빠로니어스는 아래와 같이 말했다.

"루터와 캘빈 같은 이교도가 일어나기 12년 전 종교재판정에는 정의라는 것이 없었다. 또 신부들의 교훈과 도덕에도 정의가 없었다. 또 신령한 방면에 존경할 만한 일이 없었다. 요컨대 로마교는 그 잔명을 겨우 보존할 뿐이었다."

에라스무스[146]는 이같이 기록했다.

“나는 나의 여생을 이 속세에서 멀리 떠나서 지내려 한다. 이 세대에는 가는 곳마다 냄새나는 부패물로 가득 찼다. 교회의 위선적 태도는 정계에까지 감염되었다. 교황은 그 양심을 잃은 지가 이미 오래되었다. 그 방자함이 어찌 여기에서 그치랴.”

이탈리아의 유명한 개혁자 지롤라모 사보나롤라[147]는 말했다.

“가장 더러운 로마교의 추문은 로마에서 시작하여 오늘 세계에 이르렀다. 감독들은 터키종족이나 미개인보다도 더 어지러울 정도로 영악(獰惡)하고 그 신부들은 그 비밀을 방매한다. 요컨대 모든 일은 금전을 위하여 행하여졌다. 그럼으로 로마에는 이같은 속언까지 유행하게 되었다. 자식을 망(亡)하게 하려면 신부가 되게 하라”

146) 에라스무스(Desiderius Erasmus 1466 추정-1536)는 르네상스 시기의 자유주의의 선구자이다. 영국을 방문하여 여러 인문학자들과 교류하였고, 파리로 돌아온 후에는 그리스어를 익혀 성서를 연구하기도 했다. 그후 이탈리아를 방문하고, 토리노 대학을 졸업한다. 1511년, 우신예찬(愚神禮讚) Encomium Moriae을 구상하여 런던에 있는 토머스 모어의 집에서 집필한다. 이 책에서 그는 가톨릭 교회의 부패와 성직자의 위선, 신학자의 허구성 등을 풍자하고 야유 비판하였다. 또한 그는 그리스어와 라틴어를 병기한 신약성서도 출간하였다. 루터가 에라스무스의 지지를 요청하였으나, 그는 종교개혁에 참여는 거부했다.

147) 지롤라모 사보나롤라(Girolamo Savonarola, 1452-1498). 이탈리아 페라라 출생. 도미니크회 수도원에 들어가 공부, 1491년 피렌체의 성마르코수도원장이 되어, 교회혁신을 위한 설교와 예언자적 언사로써 신도들을 지도하여, 시민의 정신적 지도자와 같은 지위에 올랐다. ‘하느님의 노여움’이라고 그가 예언한 1494년 프랑스 샤를 8세의 프랑스군의 이탈리아 원정은, 이탈리아인들에게는 신벌(神罰)로 받아들여졌다. 교회 내부개혁에는 지지를 받았으나 시민의 사치품과 이교도적 미술품 및 서적을 불태웠는데 이를 ‘허영의 소각’이라 했다. 이런 방법이 과격하다하여 반감이 크게 일기도 했고, 교황알렉산드르 6세, 프란체스코회와의 대립하다가 화형(火刑) 당했다. 주요 저서는 십자가의 승리 Triumphus crucis, ‘Compendium revelationum’이다.

진실로 하나님의 사랑은 지극하여 그같은 혼란 중에도 종교를 개혁하시고 오늘 우리로 정상한 자리에서 하나님을 경배하게 한 것은 감사하지 않을 수 없다.

각 시대를 통하여 나타나는 하나님의 신실한 증거

확실한 신앙의 증거를 가진 신도는 그 표시를 흔히 그 값진 붉은 피로 나타내었다. 바울도당[148]이나 카타리[149], 위클리프[150], 후스, 월덴도당들이 곧

---

148) 아르메니아의 바오로파를 말한다.

149) 카타리파. 이는 알비파라고도 한다. 12세기에서 13세기까지 프랑스 남부의 알비와 툴루즈를 중심으로 생겨난 기독교 교파이다. 이들의 교리는 이원론과 영지주의를 바탕으로 한 것이었다. 중세의 다른 많은 교파와 마찬가지로 카타리파 역시 내부에 다양한 사상적 편향이 존재했다. 그들의 독특한 교리인 이원론은 사랑과 권세가 결코 양립할 수 없다는 믿음에서 나온 것이었다. 그들은 세상의 왕이라 불리는 악마가 물질적 세계를 만들었으며 그가 육체를 전유하고 혼돈과 권세를 지니고, 순수한 영혼이며 오점이 없는 사랑과 평화, 질서의 하느님이 그들을 구원한다고 믿고 그를 숭배하였다. 카타리파의 교의가 하느님의 전지전능함과 선함을 부정하는 것이자 육체를 갖춘 하느님의 아들인 예수의 완전성을 부정하는 것, 물질로 된 세계를 창조한 것은 본질적으로 악한 권세에 의한 것이라고 주장하는 것으로 판단, 12세기 교황청은 이를 이단으로 파문했고, 1209년 이를 탄압하기 위해 알비 십자군을 일으키는등 탄압을 가하여 1350년에 사라졌다.

150) 위클리프(John Wycliffe 1320-1384년). 영국 신학자며 종교개혁의 선구자의 한사람. 옥스퍼드대학을 졸업하고 모교 교수를 거쳐 국왕 에드워드 3세의 궁정 사제로 임명되었다. 1368년 이후 퀸즈칼리지에서 교수를 지내며 1373년 「명제집」과 1376년 「속권론」 등의 책을 집필하였다. 이들 책에서 그는 교황에 대한 납세 반대, 교회 재산 몰수와 국가 귀속, 영국 왕실 재정의 자주권, 정부 권력에 반대하는 성직자 비난, 교회에 대한 국가의 기득권 등 반(反) 교황 정책과 교회로부터의 정치적 독립을 주장하여 가톨릭교회의 반발을 샀다. 또한, 그는 성찬과 관련하여 가톨릭 교리인 화체설(化體說)을 부인하고 축성된 빵과 포도주의 성질은 그것을 받는 자의 신앙 상태에 따라 결정된다고 주장함으로써 성찬 논쟁에 불을 붙였다. 또 위클리프는 신앙 생활에서 성경이 유일한 기준임을 천명하면서 성경의 영어 번역을 주장했다. 이 역시 훗날 종교개혁자들의 생각과 일치했다. 1377년 교황 그레고리 11세는 위클리프에게 19가지 죄목을 씌워 체포를 명했으나 영국 국왕 리차드 2세의 보호로 위기를 모면했고, 켄터베리 대주교의 공격으로부터도 신체적 위해를 피할 수 있었다. 그 후 1381년 대학에서 은퇴한 위클리프는 라틴어성경을 영어로 번역하는 중에도 설교를 멈추지 않았고, 설교자들을 훈련시키는 일에 전념하다 생애를 마감하였다. 그의 개혁적인 후스(Hus)와 루터에게 지대한 영향을 미쳐 훗날 프로테스탄트 교회를 탄생시키는 토양을 마련해 주었다. 그러나 위클리프는 사후에도 가톨릭 교회의 공격을 받아 1414년 콘스탄츠 공의회에서 이단으로 정죄되었고 1428년 그의 유해는 자신의 저작들과 함께 불에 태워져 템즈 강에 뿌려지는 수모를 당해야 했다. 그 후 1559년 영국에서 종교개혁이 마무리되면서 그는 복권되어 영국민들로부터 개혁자로 추앙받게 되었다.

그런 사람들이다.

그들에게 불충분한 점도 없지 않으나 그들이 암흑시대 교회에서 저들의 나갈 길을 모색하면서 진리를 잃지 않았다는 것은 훌륭한 일이다. 지독한 박해가 자기들에게 이르러 희생자를 적지 않게 냈어도 그들은 복음적 신앙에서 떠나지 않았다. 종교개혁 이후 발생한 개신교내의 제 종파를 가리켜 로마교에서는 진리에서 떨어져나간 이단자라고 한다. 이는 쓸 데 없는 비난이다. 이상에 열거한 성도와 그 일파든지 또는 현재의 개신교는 성경적 신앙에 기초하여 건립된 것을 성경은 증거하고 있다. 신앙에서 멀리 떠난 로마교야말로 진정한 이단이다. 로마교의 극악한 면은 마침내 개혁의 필요를 초래했던 것이다. 주님은 사도시대 교회를 향하여 친히 "불신자와 짝하지 말라" 말씀하셨다.(고린도후서 6장 14-16절)

로마교회는 모교회가 아니다

로마교에서는 개신교 또는 경정교회를 향하여 "모교회"로 돌아오라고 한다. 그러면 로바교회는 신정한 모교회인가? 아니다. 로마교회는 모교회가 아니다. 경정(更正)교회는 성경을 통하여 성령(聖神)으로부터 나온 것이다. 우리의 신앙은 옛 사도들의 그 신앙이다. 역사는 우리에게 동방계통의 교회-지금 희랍정교라고 통칭하는 교회가 서방교회인 로마교보다 그 연대가 훨씬 오래라는 것을 보여주고 있다. 사도행전에 의하면 예수교는 예루살렘에서 출발하여 수리아와 소아시아지경으로 퍼져 나갔다고 하였다. 신자의 최초 칭호는 안디옥에서 시작되었다. 사도들이나 또는 그 후계자들이 복음을 전할 때 예루살렘 안디옥 등 동방지방으로 그 발길을 옮긴 것이었다. 애급에 곱틱교회[151]나 에치오피아인의 교회와 같은 것은 모두 동방에 오랜 역사를

151) 이집트의 콥틱교회는 1700년 이상의 역사를 지닌 교회이다. 주 후 40년경 전도자 마가가 이집트 알렉산드리아에 와서 복음을 전함으로 시작되었다. 콥틱교회는 그들의 기원을 서기 248년으로 삼고 있는데 그것은 디오클레시안 로마 황제시대의 박해로 많은 순교자들이 생

가진 교회들로서 로마교회와는 인연이 없는 것이다.

영국 불란서 독일 등은 복음을 로마에서 받지 않았다

영국 불란서 독일 등에 복음이 선포되기는 로마에서 시작한 것인가?

아니다. 터툴리안과 에라스무스와 그밖의 교회역사가들의 말에 따르면 영국이나 불란서에 복음이 들어가기는 교황들이 그것을 생각하기 어려운 매우 오랜 옛적에 동방교회로부터 선교사들이 전한 것이라고 한다. 독일도 역시 마찬가지이다. 대승정 카딘엘의 말은 영국에 복음이 들어가기는 사도시대였다고 한다. 영국교회와 로마교회가 서로 교통을 갖게 된 것은 그레고리 직후 500년을 지나서부터라고 한다. 로마 대감독은 어거스틴과 그 아래 40인을 수행으로 영국교회와 교통을 하기 위하여 보낸 것이다. 그것이 주후 596년경이었다. 불란서에 복음이 들어가기는 서머나 폴리갑의 문도이던 소아시아인 아레네오로 말미암은 것인데 그는 주후 202년에 핍박을 만나 니온스에서 별세하였다. 로마교 학자인 또드와 닝갈도 두 사람은 영국에 복음이 사도시대에 들어 갔다는 것을 인정한다.

남쪽 불란서의 왈던 도당들은 옛날의 사도시대를 따라갔다. 그들은 로마교의 혹독한 박해를 받으면서도 오늘까지 그들에게 복종하지 않는다. 이상의 사실에 비추어 보면 영국이나 불란서 독일 교회 등은 로마감독과는 별개의 존재였다는 것을 알게 된다.

로마교회에서 주장하는 바와 같이 경정교는 16세기부터 시작된 것인가?

그런 것이 아니다. 경정교라고 하는 명칭은 교황제도로부터 그때에 분리

겨났기 때문이다. 그들은 641년에 이집트가 이슬람교도들인 아랍인들에게 정복당한 후 이슬람교의 박해 속에서도 오늘까지 신앙을 지켜 오고 있다. 그들의 손목에는 십자가 문신이 새겨져 있는데 이는 이스람권에서 그리스도인으로서의 정체성을 잃지 않기 위한 노력을 보여주는 것이다. 엄격한 예배의식과 콥틱 그리스도인들을 응집케 하는 교황의 권위와 지도력 그리고 사막에 은둔하며 많은 영적인 지도자들을 배출한 수도원의 영성은 오늘날의 콥틱교회를 지탱하게 하는 힘이 된다. 콥틱 교회는 성 마가를 그들의 초대 교황으로 여기고 있다.

되어 생긴 것이지만 경정교의 사상은 그런 것이 아니다. 경정교는 오순절부터 시작된 것이다. 이는 그 사상이 합일되는 것으로 증명된다. 경정교는 신교가 아니요, 부흥한 것뿐이다. 초대교회로 돌아가 예수를 유일의 중재자와 머리로 삼고 성령으로 선도자를 삼으려 하나님 말씀을 하나님의 계시로 믿으며 신앙규율로 삼게 된 것 뿐이다. 아름다운 초대교회는 그 후 수세기를 지나는 동안 거짓 교사들의 사기(詐欺)적 지도로 말미암아 점점 암흑시대로 들어가게 된 것이다. 경정교란 이 암흑 중에 잠긴 교회를 다시 광명한 곳으로 인도한 것뿐이다.

마틴 루터와 그밖의 용감한 개혁자들은 교황의 거짓된 교리와 방종한 행동을 반대하고 교회의 머리는 오직 예수뿐이라고 하고 또 구원을 얻는 것은 인위적이 아니요, 오직 예수의 흘리신 보혈의 공로를 믿음으로 된다는 것을 강경하게 주장하게 된 것이다. "의인은 믿음으로 말미암아 산다"는 것이 저들의 표어였다. 주전 600년에 하박국 선지자는 성령의 영감을 받아 이 진리를 예고했다. 또 바울과 어거스틴, 베날드와 루터도 역시 동일한 진리를 가르쳤다. 성령을 충만하게 받은 이는 하나님의 영원한 진리와 또 구원을 얻는 길을 믿음으로 말미암아 얻게 되는 것이다. 히브리서 2장 4절, 10장 38절, 로마서 5장 1절.

경정교(更正教)의 의의

경정교가 갖는 의의는 무엇인가?

교황제도 아래서 신음하는 교회는 그대로 두어서 전 세계가 멸망을 당하든지 그렇지 않으면 개조할 수밖에 다른 방도는 없었다. 로마교 학자들 가운데도 당시 형편을 공정한 눈으로 보아 그 부패를 인정하고 개정의 필요가 있었던 것을 시인한다. 1562년 트리엔트 의회 때에 파리의 대감독이 언명하기를 "지난 150년 동안 세계는 교회의 수령들과 또 일반교회의 개혁과 청산을 요구하여 마지 않는다"고 했다.

장로교의 출발은 존 칼빈으로 말미암아 스위스에서 1536년에 되었거나 존 낙스로 말미암아 스코틀랜드에서 1560년에 시작되었는가?

아니다. 장로교의 시작은 멀리 사도시대로 올라가 베드로가 자신을 가리켜 "같이 장로된 자"(베드로전서 5장 1절) 라고 하는 때와 바울이 디도서 1장 5절에 "각 성에 장로를 세운다"는 데서 시작된 것이다. 칼빈이나 낙스 등은 교황제도로 말미암아 다 쓰러졌던 하나님의 무상권과 예수 그리스도의 교회의 머리와 왕 되심과 그의 유일한 속죄와 성령으로 말미암아 거듭나는 것과 주님을 섬기는 자의 그 지위가 동등임을 다시금 나타낸 것뿐이다. 이 사도들이 주장한 신조는 천국시민의 원리가 되는 것이며 종교상 자유의 조건도 되는 것이다. 교회라는 명칭은 과히 오래 전에 된 것이 아니나 그 신조와 제도는 이미 있은 지 오래된 것이다.

누구나 로마교의 역사를 상고할 때 사도시대 교회가 교황의 손에 들어와 점차적으로 부패한 곳으로 내려간 자취를 역연히 찾을 수 있을 것이다. 교황의 제도가 점차 성대하여질 때 경신의 사상은 점점 쇠약해졌다.

주후 788년에 성자(聖者) 숭배와 천사 동정녀 마리아 숭배는 로마교의 확고한 교리가 되었다. 또 동시에 화상(畵像)숭배도 시작되고 그 후 200여년간 성수(聖水)를 모시는 습관도 이교에서 끌어 들여오게 되었다.

교직자의 독신생활도 1079년경에 유입되었다.

불교에서와 같이 염주를 헤는 방법도 1090년경에 유입되었다.

유럽에 큰 물의를 일으킨 사죄표 판매도 1190년에 시작되었다.

화체설과 미사도 1215년 나타리엔 의회에서 교리로 채용되었다.

하나님께 고백하는 대신에 신부에게 귀속 말로 고백하는 법도 1215년에 생겼다.

허무한 연옥설도 1438년에 채용되었다.

교황 무류(無謬)설은 1870년에 채용되었다.

이상과 같은 이상한 결의와 채용이 뜨문뜨문 생긴 것은 모두 거짓에 토대를 둔 것임을 역사는 밝히 증거하고 있다. 지금 우리가 아는 것 같이 교황권이나 그밖의 허다한 교리들은 주후 100년까지는 존재하지 않았다.

로마교는 경정교회의 분리에 대하여 여러 가지 경고를 많이 했지만 성경을 기준하고 성령의 지도에 입각한 우리는 그같은 것을 착념할 필요가 없다.

오늘날 현대주의자들 중에는 성경에 대하여 경건하지 못한 태도와 신의에 불합한 인위적 해석을 가하는 자가 많은데 특히 우리 경정교도들은 이 때에 주의해야 할 것이다. 성경 속에는 다음과 같은 말씀이 있다.

"하나님의 율법 책을 네 입에 두며....좌우로 치우치지 말지라"(신명기 6장 67절, 8장3절, 여호수아 1장 78절).

"그러므로 어디서 떨어진 것을 생각하고...처음 일을 행하라 네가 만일 그러하지 않으면 내가 네게 임하여 네 촛대를 그 자리에서 옮기리라"(계시록 2장 6절)

"너희는 조심하고 깨어 기도하라"(마가복음 13장 33절)

"스스로 섰다 하는 자는 넘어질까 두려워하라"(고린도전서 10잘 12절)

10. 성례(聖禮)

『신학지남』 19권 3호(1937. 5월호)

성례는 무엇인가?

성례는 주예수의 명이신 교의(教儀)로서 그리스도와 또 그 구속을 기호와 상징으로서 신자에게 표현하고 또 인상을 깊게 하는 것이다.(마태복음 28장 19절, 26장 26절, 소요리문답 92조)

어떤 교회나 어떤 지도자나 능히 이 성례를 명할 수 있을까?

아니다. 그들은 그같이 할 수 없다. 왜 그러냐하면 교회는 하나님의 것이기 때문에 그 머리되는 구주 예수만이 그런 것을 명할 수 있다.

성례는 오직 둘 뿐이다.

성경에서 주님은 몇 가지의 성례를 가르치셨는가?

주님은 오직 두 가지 성례를 인정하셨으니 그것은 곧 세례와 성찬이다.(마태복음 28장 19절, 26장 26절, 고린도전서 11장 23-26절)

천주교회에서는 몇 가지 성례가 있다고 하는가?

그들은 성경에 근거 없는 일곱 가지 성례를 말한다.

그러면 그들은 그 일곱 가지 성례를 어디에 기인하여 주장하고 있는가?

로마교회는 성경에서 하등의 근거 있음을 설명하지 못한다. 그들은 하나님의 말씀을 버려두고 헛된 것을 들어 진리인 것 같이 인정하는 것이다. 성경을 순종하는 터툴리안[152]은 성례에 두 가지만을 말하고, 웰겟역을 낸 제롬은 4종류의 성례를 말했으며, 베드로 데미안(1072년)은 12종의 성례를 논했고, 성 유고는 30종의 성례를 말했다. 1439년 로마교회는 플로렌스 공의회에서 7종 성례를 채택했다. 그 일곱 가지는 아래와 같다. 세례식(洗禮式), 결혼식(結婚式), 성찬식(聖餐式), 참회식(懺悔式), 임종수고식(臨終受膏式), 임직식(任職式), 안수식(按手式) 등이다.

로마교는 어찌하여 7종 성례를 정했는가?

생각하건대, 이는 평민의 일생을 통제하려는 의도인 듯하다. 7종 성례는 인간생활에 중요한 부문들을 전부 포함하고 있고 또 그 예식은 신부의 손을 거쳐야만 시행하게 됨으로 일반평민으로 신부에게 좌우되게 하고 있다.

성례에 대한 로마교의 오류는 무엇인가?

그들은 성례를 가리켜 하늘의 은총을 받는 기구(機具)라고 한다. 표면화한 그 예식으로 은혜를 받는다고 한다-트리엔트 공의회결의-

성경은 성례의 원리에 대하여 어떻게 말하는가?

성경은 로마교가 가르치는 바와는 반대되는 것이 있다. 곧 은혜는 단순히 그 표면적 예식에 부착된 것이 아니며 또 그 예식을 집행하는 자로 말미암은 것도 아니요, 다만 순수한 신앙과 성령으로 말미암아 직접 받는 것이라고 하였다.(사도행전 10장 45절, 히브리서 11장 6절, 에베소서 2장 8절)

152) 터툴리안(Quintus Septimius Florens Tertullianus 160-220). 카르타고 출생의 로마 기독교학자. 법률가에서 전향하여 기독교 연구가가 되었다. '신약' · '삼위일체'라는 말은 그가 처음 썼다. 라틴 신학의 조상이며, 키프리안의 스승, 아우구스티누스의 선구자였다. 삼위일체설, 원죄설의 근거를 제시하였다.

세례

세례는 무엇인가?

세례는 3위(位)의 성호(聖號)를 의지하여 물로 베푸는 것이다. 이는 구주되신 그리스도를 믿는 가운데서 성령으로 말미암아 깨끗하여지는 기호와 상징이다. 또 이는 세례 받은 자를 하나님께 바치어 그를 봉사할 것을 의미하는 표(表)와 인(印)이다.(마태복음 3장 11절, 요한복음 1장 33절, 사도행전 2장 28절, 18장 8절)

세례의 진정한 효능은 이를 시행하는 재료인 물이나 또는 그 집행자에 달린 것인가?

그 둘에 달린 것은 아니다. 이는 신자가 하나님의 언약하신 은총을 받을 수 있다는 신앙과 또 기도하는 중에서 성령으로 말미암아 나타나는 것이다.

로마교의 세례에 대한 오류는 무엇인가?

위에서 말한 바와 같이 세례에 있어서도 그 효능이 그 예식을 통하여 기계적으로 표현하는 것이라고 한다. 그들은 그것을 극단으로 치우치기 때문에 마침내는 그 세례를 받는 자가 비록 의식이 명료(明瞭)하지 못한 수면(睡眠) 중에도 그 예식 중에 중생(重生)과 깨끗함을 물로 말미암아 받는다고 한다.-벨랄민-

그러나 진정한 세례의 의미는 표면보다는 내재한 심령의 변화와 봉헌에 있는 것이다. 하나님은 그 주시는 은혜를 구약시대에 할례(割禮)나 또 신약시대에 와서 세례와 같은 외형적 의식에 결부시키지 않았다. 그 원리는 사도 바울도 로마서에 해명했다.(로마서 2장 25절, 28-29절, 4장 9-10절, 고린도 전서 7장 19절, 갈라디아서 5장 6절)

동일한 의미로서 바울은 에베소서 5장 26절에 "이는 곧 물로 씻는 것 같이 말씀으로서 깨끗하게 하사 거룩하게 하시고"라고 했다. 이로 보건대 하나님 말씀 그 진리는 성령이 우리를 깨끗하게 하시는 도구로서 사용하는 줄을 알 것이요, 표면적 세례를 받는 것은 자못 성령의 공작을 상징함에 불과한 것이다. 디도서 3장 5절에도 동일한 뜻, "우리를 구원하심이 ....중생의 씻음과 성령의 새롭게 하심으로 말미암음이라"고 하였다. 중생의 씻음이란 우리 심령이 죄에서 씻음을 입고 성령으로 말미암아 중생함을 의미함이니 물로 씻는 것은 내부적 사실을 표면으로 나타내는 표에 지나지 않는다. 성경에는 세례식이 곧 중생이라 하든지 또 그 비슷한 의미를 기술한 것이 없다. 중생은 언제나 성령이 하시는 일이니 곧 죄에서 우리 심령을 깨끗이 씻으심이다. 로마교는 이밖에 또 한 가지 비탄할 과오를 가르치고 있다. 그들은 말한다. 누구나 세례를 받지 못하고 별세한 자는 영원한 형벌을 받는다는 것이다.

경정교에서 세례 받지 않은 자의 별세에 관하여 어떻게 가르치고 있는가?

세례 받을 시기에 이르지 못한 신자는 말하자면 신앙상 표준으로 보면 유아와 같으니 예수 안에서 그도 하나님의 부한한 은혜에 포함되었고 또 그도 이미 성령으로 말미암아 중생되었으므로 구원을 얻었다는 것을 가르친다. 마태복음 19장 14절, 사도행전 2장 39절, 로마서 4장 11절, 요나서 4장 11절

성찬식

성찬식이란 무엇인가?

주님께서 잡히시던 날 밤에 떡과 포도즙을 가지시고 축사하신 후 제자들에게 그것을 주시면서 떡은 주님의 고생 당한 살로, 포도즙은 그 피로 상징하시면서 그것을 먹고 마실 때마다 주님의 고생 당하심을 기억하라 하셨다. 또 주님은 그 예식을 일반교회에도 시행하기를 명하셨다. 즉 그가 큰 영광으로 다시 임하셔서 그 자녀들을 자기 나라로 이끄실 때 이 성례를 거행하

여 자기를 기억하라 하셨으니 이것이 곧 성찬식이다.(고린도전서 11장 26절, 누가복음 22장 14-20절)

주님은 그 떡이나 포도즙을 그 예식 행하는 어간에 다른 물질로 변질 시킨 일이 있는가?

성경에는 분명히 주님께서 그 재료를 변화시켰다는 말이 없다. 그 예식이 끝날 때까지 떡은 떡 그대로 포도즙은 포도즙 그대로 아무런 변질이 되지 않았다.

로마교회는 그 떡과 포도즙에 대하여 어떠한 그릇된 교훈을 하고 있는가?

로마교회가 가르치는 바는 성경과 아주 배치된다. 그들의 말은 신부가 성찬식에 라틴말로 "이는 내 몸이라" 중얼거릴 때에 그 떡과 포도즙은 문자 그대로 살과 피로 실제적으로 변질된다 함이다. 그래서 성찬을 받는 자들은 예수님의 살과 피를 직접 먹고 마시게 되는 것이라 하며 또 그로 인하여 구원을 얻는 것이라 한다. 로마교회에서 하는 말은 하나님께 봉헌한 후에 떡과 포도즙은 벌써 본질이 변화되었다 한다. 즉 예수의 살과 피로 변했다는 것이다. 그래서 그들은 이렇게까지 말한다. "우리는 예수 그리스도를 우리 육체의 입으로 받을 수 있다" 하는 것이다. 트리엔트 회의 결의- 벤알민

주님의 말씀은 비유적(比喩的)이다.

주님께서 성찬회 자리에서 "이는 내 몸이요, 내 피라"하신 것을 문자 그대로 해석할 것인가 또 그렇지 않으면 비유적으로 해석할 것인가?

성경에는 주님이 비유적으로 그 말씀을 하신 것으로 말한 것이 많다. 19-20절에 "떡...이것은 내 몸이라. 너희를 위하여 준 것이니...이 잔은 너희를 위하여 흘린 것이다"

떡과 포도즙은 변질하지 않는다

떡과 포도즙이 변질하지 않는 증거는 무엇인가?

1) 주님은 평시에 늘 유대인이나 오늘 우리들이 하는 바와 같이 어떤 의미를 발표하기 위하여 비유를 많이 쓰셨다. 주님 말씀에 "나는 문이다" "나는 떡이다" "나는 포도나무요, 너희는 가지라" "너희는 소금이라" "너희는 빛이라"한 것 이 모든 것은 문자 그대로가 아니요, 비유적임을 누구나 다 알 수 있는 것이다. 물론 그가 "나는 문이다"라고 할 때 자기가 나무로 된 문이라는 의미는 아니다. 또 자기가 "나는 포도나무요"고 할 때에도 자기가 문자 그대로 포도나무라는 말은 아니다. 다만 포도나무는 자기를 표(表)함이요, 가지는 우리를 가리킨 것이다. 이는 물질적 의미보다는 신령(神靈)적 의미가 존재해 있는 것이다. 이 모든 사실들을 문자 그대로 해석함은 부당하다. 예수님의 제자들도 그것을 비유적으로 알았기에 일치하였다.

2) 만일 그 떡과 포도즙이 변질된 것이 사실이고 또 그같이 된 것을 우리도 마땅히 알아야 될 필요가 있다면 주님께서 벌써 그것을 일러 주셨을 것이다. 주님이 그에 대하여 아무런 서술이 없기에 로마교에서 새삼스레 다른 해석을 부가할 아무런 권리를 갖지 못한다.

3) 주님이 축복하신 후 봉헌하신 떡과 포도즙은 예수의 살과 피로 직접 변화하였다고 로마교에서 말하는 것이며 주님이 오늘에도 그렇게 하신다고 한다. 그러나 주님이 "이 떡" "이 포도즙"이라고 말씀하신 것은 벌써 그것이 그대로 있는 것이요, 아무 변화된 것이 없는 것을 증거하고 있는 것이다. 떡과 포도즙을 가지시고 축사하신 그 예식이 지난 다음 다시 주님은 "이 포도즙을" 하고 말씀하셨으니 그것이 변질되지 않은 것은 또한 사실이다. 그들이 먹고 마신 것은 순수한 떡이요, 포도즙인 것이다.(마태복음 26장 29절, 고린도전서 11장 26절)

4) 또 한 가지 변질하지 않았다는 증거는 주님이 그 손에 떡과 포도즙을 가

지시고 계시는 때에 분명히 예수가 살아계신 때이니 그 주님의 손에 든 떡과 포도즙이 그 살과 피가 되었을 수 없다는 것이다.

5) 로마교회에서 구속은 육체의 입으로 그 살과 피를 마심에 있다고 하지만 오직 믿음으로 구원을 얻는다는 성경 진리와 그것은 일치하지 않는다. "예수로 말미암아 의롭다 함을 얻는다"는 것이나 "성자를 믿음으로 말미암아 산다"는 것이나 "믿음으로 그 안에서 하나님의 자녀가 된다"는 것이나 "믿음으로 인하여 주님이 우리 속에 내재하신다"는 것이나 "범사에 믿음으로 행하지 않는 것은 죄라"한 이 모든 성경구절들은 어느 것이나 구원 얻음이 신앙에 의한 것이요, 결코 육체의 입으로 먹는 데 있지 않음을 명시함이다.(갈라디아서 2장 16-20절 3장 22-26절, 에베소서 3장 21-27절, 로마서 14장 23절)

6) 또 로마교인들이 그 변화를 일종의 이적(異蹟)으로 보는 것도 성경과 일치하지 않는다. 즉 이적이란 당시인들이 시각 촉각 미각 감각 등 감관을 통하여 인정할 수 있는 사건에만 한정된 것이니 예를 들면 5,000명 먹이신 것이나 풍랑을 잔잔하게 하신 것이나 죽은 자를 일으키고 사악한 귀신을 쫓아내신 것 등이다. 만일 성찬식 때에 그 두 요소가 이적(異蹟)적으로 살과 피로 변했으므로 성찬을 받은 자들이 감각했다고 하면 어찌 성경에 그런 기사가 없으리요? 그러나 그것이 변질하지 않았던 것은 성찬을 받은 자들의 미각이나 시각에 그것은 보통의 떡이나 포도즙에 다른 바가 없었기 때문이다. 거기에 아무 변화가 없었다는 것은 분명한 사실이다. 다시 말하는데 로마교인들의 주장은 증거 없는 일이다. 또 그들의 주장은 인간의 감관 작용을 무시함이며 더 나가서는 주님이 행한 기적(奇蹟)을 오염시키고 깎아 내는 일이 된다.

7) 또 그들의 이론이 서지 않는 것은 만일 그들의 말과 같이 살과 피를 그대로 마시는 것이라면 '인육기식(人肉嗜食)' 곧 사람 고기를 즐겨먹는 무서운 결과를 가져올 것이다.

8) 주님은 일찍 로마교인 같이 자기 말씀을 그대로 해석하려는 유대인들을 책망하신 일이 있다. "내 살은 참 먹을 것이라"는 말을 유대인들은 문자

적으로 이해할 때 주님은 요한복음 6장 63절 "살려 주시는 이는 하나님이시니 육신은 무익하니라. 내가 너희에게 이른 말은 신이요, 또 생명이라"고 대답하셨다.

9) 또 주님의 몸이 승천하신 것은 성찬식의 재료가 그 몸으로 변하지 않음의 한 증거가 될 것이다. 주님의 봉헌하신 몸은 지상(地上)에 계시지 않는다. 그 몸은 다시 영광으로 임하실 때까지 지상에 없을 것이다.(누가복음 24장 51절, 사도행전 1장 9-11절)

만일 그것이 "살이나 피가 아니라면 그것이 무엇을 의미함일까?

"그 살과 피"라는 것은 죄로 죽을 수밖에 없었던 우리를 구속하기 위하여 십자가상에서의 수난(受難)과 또 죽으시어 우리를 죄에서 완전히 구출함에 성취하신 것이다.

어찌하여 주님은 성례에서 먹고 마시는 규례를 정하셨는가?

이는 신앙이란 심령에서 되는 것이요, 먹고 마시는 것은 육체로 말미암기 때문이다. 식물을 섭취함으로 육체가 살고 또 생명을 유지함같이 주님의 수난과 구속을 믿음으로 말미암아 우리의 영적인 삶은 유지될 수 있는 것이다.

로마교회의 성찬에 대한 오류는 중고(中古)시대적 미신행동이니 그것으로 일반 평신도에게 한 신비스러운 베일을 두어 그들을 억압하려는 의도이다. 이 또한 교계제도를 존엄하게 하는 한가지로서 신부에게 어떤 신비적 능력이 있음을 인식하게 하는 것이다. 이는 13세기까지 형식화하지 않았던 것이다.

로마교의 그같은 불합리한 독단주의는 허다한 사람을 위협했고 또 많은 사람을 무신론자가 되게 한 것이다. 저들이 성찬식에서 떡을 먹으면서 인육을 먹는다는 것이나 또 그것을 먹지 않으면 구원을 얻을 수 없다는 위협이나 또한 인간인 신부에게 그 떡을 변질시킬 신비적 능력이 없음을 확인하는 자는 그들의 행하는 바가 거짓이라는 것을 인식하지 않을 수 없을 것이다.

성찬 거행에 로마교화에서 그릇 행하는 또 한 가지 실수는 속인(俗人) 등에게 잔을 주지 않는 것이다. 이 또한 허다한 신자에게 성찬으로 은혜 받을 길을 막는 것이다. 그들은 트리엔트 회의에서 결정하기를 "주님이 우리를 위하여 흘리신 그 피의 잔을 아무나 함부로 급하게 마실 수 없다"하였다.

또 트리엔트 의회가 거기에 첨가하여 하는 말은 "만일 누구든지 로마교회가 제정한 속인에게 잔을 금하는 결정이 그릇되었다고 하는 자는 마땅히 벌을 받을 것이다"라고 하였다. 그리스도께서 명하신 것을 로마 교황이 어떻게 금할 수 있는가? 주님은 신자에게 다 같이 잔을 받을 수 있는 허락을 하셨거늘 이에 불복하고 딴 명령을 내림은 과연 큰 범죄라고 하지 않을 수 없다. 주님은 말씀하시기를 "너희는 다 이것을 마시라?"(마태복음 26장 27절) 또 마가복음 14장 22절에서는 "저들이 다 마시었다"고 하였다.

고린도전서 10장 11장 25-28절에는 이렇게 말했다. 모든 신자는 다 언약에 참여한 자들이니 새 언약으로 세운 그 잔을 그들은 다 받을 것이라 했다. 특히 고린도전서 11장 25절에는 "너희가 이것을 행하여 지킬 때마다 나를 기억하라"하셨다. 그리스도인은 누구나 다 그리스도의 수난을 기념할 책임이 있으니 또한 그 잔을 마실 책임과 권리도 있는 것이다. 그러므로 경정교는 성찬에 관하여 누구나 다 참신자이면 성찬에 참여할 수 있음을 허락한다.

그리스도는 성찬식에 임재하신다

주님의 성만찬식에 주님의 임재를 경정교는 확신한다. 이는 그가 육체적으로 임재하신다는 것이 아니고 정신적으로 계시다는 것이다. 주님을 믿고 또 그를 사랑하는 자 속에는 주님이 반드시 내재하신 것이다.

죄를 위해 단번에 드린 제사

범죄자에게 일시적이나 또는 영원한 희망은 무엇인가?

그것은 다름이 아니고 갈보리 산 위에서 완전한 헌제를 하신 성자(聖子)로 말미암을 것이다. 그런 의미에서 세례요한은 예수를 가리켜 "세상 죄를 지고 가는 하나님의 어린 양을 보라"(요한복음 1장 29절) 고 했던 것이다.

그같은 신성한 헌제(獻祭)는 수차 드릴 수 있는 것인가?

성경은 분명히 말하기를 그 거룩한 제사는 결단코 다시 반복할 수 없다 하였다. 주님이 십자가에서 수난은 죄에 대한 완전하고도 영원한 속량의 가치를 갖고 있는 것이다. 이는 오직 한 번 뿐이니 모든 사람에게 미치는 것이다. (히브리서 9장 14절, 10장 10절, 13장 20절)

주님의 십자가에서의 수난에 대한 로마교의 과오는 무엇인가?

그들은 그리스도가 1900여년 전 갈보리산 위에서 드린 그 속죄의 제사를 다시 신부들을 통하여 미사제로써 거듭 행할 수 있다고 하니 이는 성경과 배치된다.

그러면 그들은 어떤 근거로 그런 일을 행하는가?

성경에 아무런 근거가 없는 독단주의이다.

로마교회의 미사는 전혀 성경과 무관한 것이며 또 구주에 대한 불경(不敬)인가?

그렇다. 분명히 이것은 죄 있는 인간을 구주의 대신으로 세우고 또 구주에게 가는 영광을 그가 창조한 인간이 중간에서 박탈하는 의미에서 불경이 되는 것이다.

로마신부들은 통칭 "변형한 그리스도" "다른 그리스도"로 불린다. 그같이 그들은 고상한 지위에 앉아 성자가 받으실 영화(榮華)를 대신 받고 있는 것이다.

거룩한 제사는 다시 반복할 수 없다

성경에는 죄를 속(贖)하기 위해서는 다만 한 번의 속죄가 필요하다는 것을 많이 말했고 또 단번에 제사를 드리기에 합당한 이는 오직 성자 예수라고 했다. 그의 대속은 원만한 것이므로 다시 더 거듭할 필요가 없고 어느 시대나 유효한 것이 되었다. 히브리서에 남아 있는 중심사상은 즉 그것이다. 열 차례 이상으로 예수는 유일한 대제사장이라 했다. 또한 그는 유일한 신약에 헌제물이었다. 그럼으로 다시 더 거듭할 필요가 없는 것이다.

아래의 성경구절은 긍정과 부정적으로 예수의 드린 제사가 구약의 것과 동일하지 않음을 말하고 있다.

1) 히브리서 7장 27절; 매일 드리는 것이 아님
2) 히브리서 9장 25절; 자주 드리는 것이 아님
3) 히브리서 10장 11절; 여러 번 드리는 것이 아님
4) 히브리서 7장 27절; 한 번 자기를 드려 다 이루셨다
5) 히브리서 9장 12절; 지성소에 한 번에 들어가셨다
6) 히브리서 9장 27-28절; 한 번 자기를 드려 뭇 사람의 죄를 담당하셨고 후에 죄와 상관없이 자기를 바라는 자를 구원하시리라
7) 히브리서 10장 10절; 예수 그리스도의 몸을 단번에 드림으로 우리가 거룩함을 얻었다.
8) 히브리서 10장 12절; 그리스도는 죄를 위하여 한 영원한 제사를 드리셨다.
9) 히브리서 10장 14절; 한 번 드림으로 거룩하게 된 자를 영원히 온전케 하셨다.

주님이 갈보리에서 행하신 대속사업은 오직 한 번으로 다시 더 거듭할 필

요가 없다는 것을 매우 명료화한 말씀이다. 그렇거늘 로마교의 신부가 미사를 통하여 다시 사죄를 한다니 이에서 더 큰 불경과 월권이 어디 있겠는가? 그들의 하는 일은 용서 받을 수 없는 일이다.

그러나 우리는 하나님께 감사한다. 로마교의 미사가 헛것임을 아는 우리는 다행이다. 성경은 말한다. 영광스런 우리 구주는 죄로 인하여 다시 죽을 필요가 없으시고 지금은 하늘 높은 곳에 계셔서 죄의 고통, 사망과 지옥의 권세를 이기셨다.(로마서 6장 9-10절, 8장 34절, 빌립보서 2장 9-11절)

로마교에서 미사를 가리켜 피 없는 제사라고 하는데 그것은 더욱 무의미한 것이다. 갈보리산 위에서 주님은 그 보혈로 죄를 씻었거늘 피가 없는 제사 그 무슨 뜻이 있는 것인가? 성경에서 말하기를 "피에 생명이 있으므로 속(贖)한다."(예레미야 17장 11절) "피 흘림이 없은즉 사유함이 없다." (히브리서 9장 18절, 22절)

주님의 성만찬에 대한 성경의 명시는 어떠한가?

성경의 기사는 오늘 개신교에서 행하는 성례가 사도의 정통사상으로 그 속에 위대한 힘과 위로가 잠재하였나니 이는 이 성례에 주님이 임재하시기 때문이다. 또 이 성례는 죄 있는 인간에게 영광을 돌리는 것이 아니고 우리 마음에 차고 넘치는 기쁨과 영화를 수난 후 부활하신 주님에게 돌리는 것이다. 로마교의 화체설이나 미사 등은 성경의 교훈을 전도(顚倒)하는 일이다. 또 그 같은 허위적 의식은 아무런 견고성이 없이 이 다음 엄위(嚴威)하신 심판대 앞에서 하염없이 무너지고 말 것이다.

11. 죄에 대한 고백 참회 그리고 사죄

『신학지남』 19권 4호(1937년 7월호)

성경은 우리에게 이렇게 말한다. 신자는 마땅히 겸손하게 그 죄를 고백할 것과 또 그 고백은 하나님께 할 것이라는 것이다. 기독신자가 하나님께 마땅히 죄를 고백할 것은 그는 창조자이시고, 또 구주시며, 또 최후의 심판주가 되실 이이기 때문이다. 그 분만이 우리 양심의 주(主)이시며 우리 속을 감찰하시는 이이시다. 우리 인간이 범죄한 것은 그에게 반항함이니 대개 우리가 깨뜨린 법은 하나님의 거룩한 법이기 때문이다.

다윗은 성령을 통하여 하나님께 그 죄를 고백하여 가로대 "대개 당신 앞에만 범죄함이여! 당신 목전에 악을 행하였도다.(시편 51편)" 또 그는 말하기를 "하나님이여 나를 살피사 내 마음을 아심이여! 나를 시험하사 내 뜻을 아옵소서. 내게 무슨 악한 행위가 있나 보심이여. 영원한 길로 인도하소서.(시편 139편 23-24절)" "내가 당신께 내 죄를 아룀이여. 내 죄악을 숨기지 아니하였도다 내가 내 허물을 여호와께 고백하리라!(시편 32편)" 또 히스기야 왕과 그 백성들이 저희 죄를 하나님께 고백하였고 제사장에게 하지 않았다.(역대하 30장 22절)

사죄(赦罪)를 위하여 고백은 필요하다. 만일 우리가 우리 죄를 고백하지 않을 것이면 용서를 바랄 수 없는 것이다. 잠언 28장 13절에 이같은 말이 있다. "자기 죄를 숨기는 자는 형통하지 못하나 무릇 죄를 자복하고 바라는 자는 불쌍히 여김을 받으리라" 또 요한일서 1절에는 "우리가 우리 죄를 고하면 저는 미쁘시고 의로우사 우리 죄를 사하시며 우리 모든 옳지 않은 것을 깨끗하게 씻어버리실 것이다"라고 하였다. 어떤 경우에서든지 죄에 대한 고백은 하나님께만 아뢸 것이니 대개 그분만이 주시오, 또 죄에 대한 용서와 사함을 허락할 수 있는 것이다.

죄를 고백하는 것에 대하여 로마교회는 어떻게 가르치는가?

로마 교회는 다른 경우에서도 그러하지만 여기서도 하나님의 말씀과 정반대의 길로 나아간다. 그들은 범죄자가 그 죄상을 신부에게 귓속말로 고백해야 된다고 한다.

로마교 문답서 중에는 "참회와 성례를 받으려 하는 자는 마땅히 신부에게 그 죄를 고백할 것이라"했다. 그리고 그 다음으로 신부가 면죄의 권한이 있음을 말하여 "우리 죄를 공인(公認) 신부에게 알리는 것은 면죄를 받고자 하는 까닭이다"라고 했다.

신부에게 죄를 고백하는 것은 옳지 않다. 오직 하나님께 고백해야 한다

성경에는 신자가 그 죄를 하나님께 직접 참회함보다 신부에게 함이 좋다는 아무런 지시가 없다. 또 그들이 소유한 참회실이 정당한 것이라고 한 곳도 없다. 참회실 제도는 1215년까지 고정적으로 된 것이 아니었다. 다만 중고세대에 장작한 것일 뿐이다. 이는 성경에 무엇을 더 첨가할 수 없다는 엄한 령이 있음에도 불구하고 고의적으로 하나님의 말씀을 불복하는 법황의 자의로 복음에 예고치 않은 것을 첨가한 것이다. (신명기 4장 2절, 12장 32절) 참회실 제도에 의하여 신부는 하나님의 지위를 찬탈한다. 하나님만이 인간의 마음을 감찰할 것이니 그밖의 어떤 인간이든지 사람의 은밀한 비밀을 탐지할 수 없을 것이다.(역대상 28장)

인간이 하나님과의 관계를 진정으로 이해함과 또 그가 하나님 앞에 존재했다는 의식의 조장과 또 하나님과 직접 교통할 수 있는 특권 등은 가장 중요한 일이다. 그러므로 인간과 그 창조자 간에는 어떤 제3자의 개재를 필요로 하지 않는다. 이것이야말로 종교의 핵심이다. 인간은 과연 신과의 관계된 의무감을 언제나 유지할 것이며 또 신 앞에 가까이 나아가 그 앞에서 생활한다는 의식을 강하게 가질 것이다.

신부에게 고백하는 일은 이 중대한 관계를 막는 것이니 죄가 있는 인간보다 신 앞에 직접 상관해야 할 것은 히브리서 4장 13절에 명시하였다. "지으신 것이 하나라도 그 앞에 밝게 나타나지 않음이 없고 오직 만물이 다 우리를 상관하시는 자의 눈앞에 벌거벗은 것 같이 드러난지라."

이같은 비성경적인 규율의 실행은 로마교신부들로 하여금 더러운 범죄의 추문을 외부인에게 남기게 된 것이다.(디모데 후서 3장 6절) 온당하지 않은 질문은 남자에게와 마찬가지로 여자에게도 행하게 되었다. 그 결과로는 순진한 여자들을 길을 읽게 하는 일이 종종 발생하게 되었다.

로마교회는 이 규정을 역설함에 야고보서 5장 16절을 인용한다. 그러나 그 구절은 과연 신부에게 죄를 고백하라는 말인가?

아니다. "너희 죄를 서로 고한다"는 말은 신부에게 고하라는 말이 아니요, 신자 상호간에 과실로 인정하는 것을 서로 고하라는 말이다. 어떤 불법 행위가 발생하였을 때에 범행자는 겸손히 피해자에게 그 과실을 고백함이 마땅하다. 가령 갑이 을에게 잘못한 경우에 갑은 을에게 자기의 과실을 자인하는 고백을 할 것이다. 그리고 그의 용서를 청할 것이다. 물론 이같이 될 때 하나님께 사죄를 구하는 것이 마땅한 일이지만 로마교의 규정과 같은 것은 성경적이라 할 수 없다.

로마교회의 참회는 그 같이 성경에 어떤 근거가 없는 것인데 어떻게 교회의 규율이 되었는가? 그 이유는 그같은 죄 고백이 교계(敎階) 제도에 중요한 역할을 하기 때문이니 그것으로 인하여 교황이나 신부의 지위는 권위를 갖게 되는 것이다. 그들은 위로 군왕을 비롯하여 아래로 서민에 이르기까지 그 비밀을 붙잡고 있으면 그들이 감히 교직자들을 불순종하거나 반대할 수 없음을 통찰한 것이다. 그 범위는 참으로 광범하여 개인으로부터 시작하여 가정 국가에까지 미쳐 유럽의 유수한 통치자들의 고백문이 신부의 손에 들어가게 되었다. 교직자들은 그것을 교회에 유용하게 이용하였고 또 정치방면으로도 자기들이 호의를 가지는 곳에 운용하곤 하였다.

그 결과로는 그들로 하여금 지능방면으로나 또는 도덕방면으로 얼마나 큰 속박을 줄 수 있는 상상을 하게 했으며 또 그들에게 위험천만의 권위를 갖게 했던가.

참회보다 회개

성경은 죄인의 회개(悔改)에 대한 필연성을 고조한다. 진정한 회개가 없으면 용서도 없다.

"회개하라 천국이 가까우니라(마태복음 3장2절)"
"회개하고 복음을 믿으라(마가복음 1장15절"
"회개하지 않으면 다 이같이 망하리라(누가복음 13장 3-5절)"
"여러 사람이 하나님께 영광을 돌려 가로대 하나님께서 이방사람에게 회개함을 주사 생명을 얻게 하셨다(사도행전 11장 18절, 3장 19절)"

"회개함으로 생명을 얻게 한다"는 말은 무엇을 의미함인가? 이는 곧 회개가 구원에 이르게 한다는 말이다. 우리에게 큰 죄악과 또 하나님의 무한대한 사랑을 가르쳐 주시며 또 우리도 죄에 대한 슬픈 생각과 또 그것을 바라고 그리스도로 말미암아 갱생하여 그 계명을 따라 지키며 죄를 다시 범하지 않게 하시는 것은 오직 성령의 역사이다.(에스겔 36장 31절, 누가복음22장 61-62절, 고린도후서 7장 11절)

회개는 후회와는 전연 같지 않다. 다윗이나 다소의 사울은 회개로 인하여 새로운 생명을 얻은 것이다. 그러나 유다는 그 범죄를 후회하는 중에 자살을 행한 것이다. 앞의 경우는 하늘에서 오는 슬픔이니 그 결과는 다시 후회하지 않음에 이르는 회개를 일으켰고, 후자는 세상의 슬픔이니 마침내 죽음을 가져온 것이다.(고린도후서 7장 10절)

로마교회는 이에 대하여 어떻게 가르치는가?

그들은 회개 대신에 참회를 말한다. 공인문답조례 중에 이런 말이 있다. "참회는 일종 성례이니 이를 통하여 세례 이후 범죄한 것이라도 신부의 면죄로 사함을 받을 수 있다." 이는 신부로 말미암아 첨가되는 죄에 대한 일종 형벌이다. 또 그들은 말한다. "신부는 우리들의 고백 이후에 참회를 준다. 또 그 참회는 범죄에 적합한 어떤 벌을 선언하여 그것을 달게 받음으로서 하나님을 만족하게 한다. 그럼으로 우리는 마땅히 신부의 참회를 받아야 한다." 참회하고 깨달은 자가 신부에게 받을 부과조건은 대략 다음과 같다. 어떤 기도문을 여러 번 소리 내어 읽게 하든지 금식하게 하든지 철야를 명하든지 순례를 명하든지 상복을 입으라 하던지 그밖의 여러 모양으로 고행을 명하는 것이다. 로마교에서 말하는 이른바 참회라는 것은 복음서에 회개와는 그 성질이 판이하다. 참회는 외형적이요, 회개는 내부적 행동이다. 또 참회는 로마교회 신부가 부여하는 것이지만 회개는 성령으로 말미암아 되는 것이다. 또 참회는 죄를 만족케 할 수 있을지 모르나 하나님의 공의에는 만족하게 할 수 없다. 그 역할은 예수그리스도만이 가능하니 그는 단번에 이 직임을 감당하신 것이다. 또 그의 행사는 하나님의 공법을 만족케 한 것이다. 신부에게 받은 참회의 규례는 범죄자로 만족을 얻게 할 수 없으니 아무리 그가 신부의 명대로 고행을 할지라도 그 마음에는 진정한 회개가 있지 않은 것이다. 로마교의 그같은 법은 이교도의 고행주의와 차이가 별로 없다.

"회개에 합당한 열매를 맺으라"는 말은 로마교의 참회제도를 지지함이 있는가? 마태복음 3장 8절, 누가복음 3장 8절의 구절은 범죄자가 받을 형벌이지 고행을 의미함이 아니다. 이는 신자된 자 죄를 버리고 성령으로 말미암아 새 삶을 시작했다는 것을 외부적으로 표현하는 행동에서 나타내라는 것이다. 하나님이 원하시는 바는 범죄자가 형벌을 받는 것이 아니다. 그가 죄를 버리고 새 삶에 들어간 표시로서 계명을 지킬 것이다.

배상(賠償)은 참회가 아니다.

성경에서 가르치는 배상은 참회와 같지 않다. 배상이란 재물이나 그밖의 어떤 것이든지 손실을 당한 자에게 그 물건의 원래 상태를 회복시켜 줌이다. 이는 참회에 그치는 것이 아니다. 정당한 소유주에게 그 물건을 환부(還付)한다는 것은 공정하고 정직한 일이다. 삭개오의 경우에서 그 사실을 볼 수 있다.(누가복음 19장 8절, 출애굽기 22장 1절)

금식

로마교가 가르치는 금식은 성경의 교훈과 합일하지 않는다. 그들의 이른바 금식은 신령적 의미를 떠난 기계적이다. 단순히 법황이 명한 어떤 날에 한정된 것으로서 기도나 혹은 어떤 종교적 의미를 띤 실행이 아니다. 그같은 표현은 사순제나 그밖의 성례 중에서 그들이 폭음(暴飮) 난취(亂醉)하는 사실로 알 수 있다. 그들의 문답조례 중에는 "고정된 금식일 중에는 오직 한번만 포식(飽食)할 수 있다"하였고, 또 금주일에는 육식(肉食)만을 제하고 그밖의 보통 음식은 사용할 수 있다 한다.

베날민의 말 중에 "법황에게 금식 처분을 받은 때는 어떤 음식물은 마땅히 금할 것이라"는 말이 있다. 그같은 일은 선행(善行)으로서 구원을 얻는 한 방편이라 한다. 그 방법이 하나님에게서 난 것이 아니고 법황의 명령임을 주의할 필요가 있다.

사도들과 초대교회에서 행한 금식은 어떠했는가? 그들의 금식은 신령적 의미를 갖고 있으니 어떤 특별한 일을 앞두고 그것을 위해 기도할 때에 금식을 행하였다. 그같은 사실을 각지에 선교사를 파송할 때 발견할 수 있으니 사도행전 13장 2-3절에 말하기를 "주를 섬겨 금식할 때에 성령이 가라사대 바나바와 사울을 따로 세워 내가 불러 시킬 일을 하게 하라 하시니 금식하며 기도하고 두 사람 위에 손을 안찰하고 보내더라" 하였다. 또 사도행전 14장 23절에는 "두 사도가 각 회중에서 장로들을 세워 기도하며 금식하고 저희 믿는 주에게 부탁했다"는 말이 있다. 또 다니엘이 모국의 부흥(復興)을 위하여 기도하는 중에 금식하였다. (다니엘서 9장 3절) 또 "여호와의 말씀에 너희가 이제라도 금식하며 울고 슬퍼하여 전심으로 나 여호와에게 돌아오라" 한 곳도 있다.(요엘 2장 12절, 역대하 20장 3절)

진정한 금식은 언제나 신령적 의미를 포함한 것이니 그곳에는 회개와 봉사의 목적이 있다. 이는 결코 기계적이나 어떤 공을 세우기 위함이 아니다. 무의미한 의식적 금식은 가증한 것이다. 예레미아는 그 당시 형식적으로만 종교의식을 행하고 진정한 하나님의 명령한 계명을 지키지 않는 민족을 향하여 말하기를 "저희가 금식할 때에 내가 그 부르짖음을 듣지 아니하며"하였고, 또 이사야 58장 6-7절에 "나의 기뻐하는 금식은 흉악의 결박을 풀어주며...주린 자에게 식물을 나눠줌이 ...아니냐"하였다. 인(仁)과 의(義)를 버리고 의식(儀式)적 금식을 일삼는 바리새인을 주님께서 여지없이 공격하신 것이다(마태복음 6장 14절, 9장 14절, 24장 23절). 바울도 그 서신에 금욕주의와 의식 치중에 경고를 준 일이 있다.(골로새서 2장 16절, 20-23절, 고린도전서 8장 8절, 디모데전서 4장 1-5절)

로마교의 사죄권 매매는 하나님의 은혜를 매매하는 것과 같다

사죄권의 의의는 무엇인가? 그들의 말에 의하면 "일차 범죄한 죄의 결과는 참회(고행) 후라도 없어지는 것이 아니니 그 고통은 이 세상 및 연옥에 가서도 있는 것이다. 사죄권이란 그 미진한 점을 구(救)하는 것이라" 하였다. 종교개혁이 있기 전까지 교회에서는 그 구죄권(救罪券) 제도로 죄에 대한 형벌을 면하는 줄로 알았다. 오늘까지 로마교에서 미사제를 행하는 것은 그 사상이 없어지지 않았다는 것을 의미한다. 또 그들은 1933년을 성년(聖年)이라 하여 세계 각국에 산재한 로마교 신자들로 로마에 참집(參集)하게 하고 또 그 해에는 특별 구제가 있음을 선포한 일이 있다. 그로 보아 그들은 아직 그 불법한 제도를 버리지 않은 모양이다.

죄에서 구속받은 것은 성인들의 쌓아둔 공(功)으로 된다 함

사죄권을 판매하게 되는 동기는 로마교회에서 성자(聖者)로 인정하는 자들의 선행의 공로가 평인보다 지나침으로 그것을 저장하였다가 판매하는 것이라고 한다. 즉 다시 말하면 성자들의 공로로 속죄된다는 것이다. 또 그들은 말하기를 순교자의 고난은 능히 신자를 구할 수 있고 또 죄를 떠나가게 할 수 있다고 한다.

이것이야말로 그 얼마나 복음의 진리와 배치되는 것이냐! 우리가 구원을 받는 것은 성자의 고난 받음과 죽으심으로만 되는 것이다. 성경은 말한다. "천하 인간에 다른 사람의 이름을 의지하여 우리가 구원을 얻을 수 없다"고. 오직 우리의 구원 받음은 예수 그리스도의 공로로 될 것이니 그는 유일의 구주이시다.(예레미야 17장 7절, 23장 6절 사도행전 4장12절, 요한복음 1장 29절 베드로전서 1장 18-19절)

죄인이 당할 형벌을 법황이나 어떤 인간이 없앨 수 있을까?

인간은 그같은 힘이 없다. 만일 있다고 하면 이는 거짓말이다. 오직 하나님만이 인간을 죄에서 구할 수 있는 것이다. 사죄권 제도는 성경적 구속론에 배치될 뿐 아니라 유일의 구주요, 심판자이신 하나님의 특권을 거스리는 행동이다.(이사야 4장 10절, 계시록 22장 12절)

교황제도에 대하여 우리들은 어떠한 태도를 취하여야 할 것인가?

그리스도인들은 사죄권 제도에 대하여 부당하다고 생각하고 있으니 그 이유는

1. 이는 하나님의 말씀과 그 구속방법에 반대되기 때문이니 그들은 인간의 힘과 공로로 구원을 얻을 것을 몽상(夢想)하고 또 그것을 매매하기 때문이다.

2. 이는 삼위(三位)를 불경으로 대한다. 법황은 유일의 구주되시는 하나님을 대신하여 허위적 구속법을 행하기 때문이다.
3. 구죄권은 거짓 증권이니 그들이 말하는 축적된 성자 공로는 실제로 있는 것이 아니요, 한낱 망상이기 때문이다. 그들이 말하는 것은 풀과 지푸라기 같은 것으로 지은 집과 같으니 불로써 심판할 때에 없어질 것이다.(고린도전서 3장 12-13절, 로마서 3징 20절, 갈라디아서 2장 16-21절, 이사야 64장 6절)
4. 사죄권은 죄에 대한 두려운 결과와 또 죄인의 하나님께 행할 책임을 알지 못하는 맹인(盲人)의 일이다. (빌립보서 3장7-9절)
5. 이 제도는 인간으로 죄에 대한 심각한 생각을 버리게 하는 것이니 이 법을 의지하여 어려움 없이 죄인됨을 면하게 되기 때문이다.
6. 이 제도는 수많은 빈한(貧寒)한 신자를 절망에 빠지게 하는 것이다.
7. 이 제도는 신성한 하나님의 교회에 더러운 추문을 가져 오는 것이다.
8. 이 제도는 값없이 받을 하나님의 은혜를 매매함이니 이같은 일을 성경은 엄혹하게 책망했다. 베드로는 요술쟁이 시몬에게 그같은 사상을 경고했던 것이다.(사도행전 8장 20절)

마틴 루터나 유럽의 종교개혁자들이 이 제도에 악감을 가지게 된 것은 무리가 아니다. 독일시장에서 속죄권을 판매하는 텟셀은 부르짖기를 "네가 어떤 죄를 범했든지 이 사죄권으로 구할 수 있는 것이니 네 주머니의 돈을 쏟아내라. 네 사랑하는 친척이 비록 연옥에서 고통을 받는다고 하여도 이 사죄권을 매입함으로 그곳에서 방면될 수 있으니 어서 빨리 이 표를 사라"고 외쳤다.

이 제도가 그같이 인간을 망치는 것이라면 어찌하여 로마교회는 이 제도를 채용하였는가? 다름 아니라 이 제도를 행함으로 얻는 이익이 말할 수 없이 크기 때문이다. 죄에 대한 공포를 이용하여 법황은 텅 빈 그 주머니를 불린 것이다. 로마에 있는 성베드로 성당은 당시 민중들에게 사기적으로 엉터리 없는 없는 구원 얻음과 속죄를 빙자하여 얻어낸 돈으로 지은 것이다. 주후 1190년 이 불행한 제도는 로마교회에 고정적으로 채용되었다.

이 제도는 그 후에도 끊임없이 계속되고 있다

로마교회는 종교개혁 이후 이 제도의 부당함을 느끼면서 이 제도를 폐지하려고 했다. 그러나 이것이 성경적으로 위반되는 것을 모르는 바가 아닌 교황이라도 가장 용이한 방법으로 돈을 얻을 수 있는 이 제도를 차마 없애기는 어려웠을 것이다. 이 제도의 계속 시행은 말할 수 없는 추태를 교회에 성행하게 하였다. 런던 대승정도 신부 등의 타락 원인을 이 사죄권 판매 때문이라고 하였다. 또 이탈리아 주요한 감독들도 그 제도의 결함과 또 속죄에 예수의 피를 의지할 것을 청원한 일이 있다.

이 문명이 발달한 현대에 있어서도 로마로 순례하는 교도들에게 이 제도를 감행한다고 한다. 그는 손에 긴 지팡이를 쥐고 그 앞을 지나가는 사람을 그 지팡이로 가만히 닿게 하고 그것이 죄를 면한 것을 의미하게 하였다는 일이 있다고 한다.

외부형태는 비록 변한 듯하나 그 내용에 있어서 별로 변함이 없는 로마교회는 반드시 제2의 루터 같은 이가 일어나 다시 개혁을 단행하지 않으면 안 될 형편이다. 전세계의 동향과 중요한 관계를 갖고 있는 로마교회의 각성을 바라는 바다.

12. 로마교의 내세(來世)관-또는 연옥(煉獄)과 죽은 자를 위한 미사

『신학지남』 19권 5호(1937년 9월호)

인간의 죽음 이후의 상태에 대하여 성경은 어떻게 말하는가? 성경은 우리에게 가르친다. 신자의 죽음 이후는 영광스런 천국이 전개되는데 그곳에는 의가 영원토록 거하고 또 주님과 더불어 기쁘고 평화스런 가운데 영생을 누리는 반면에 죄인을 심판하여 영벌을 받게 하는 지옥이 있음을 말한다. 의로운 자들에게 전능하신 왕 우리 주 예수그리스도는 "내 아버지께 복을 받는 너희는 나아와 이 세상 창조할 때부터 너희를 위하여 예비하였던 나라를 유업(遺業)으로 받으라" 하시고 그 악한 자들에게는 "저주를 받은 너희여! 나를 떠나 마귀와 그 사자를 위하여 예비하였던 영영한 불에 들어가라" 하신다. (마태복음 25장 34,41절) 또 마태복음 25장 48절에 "의인은 영생을 얻고 저희 악인들은 영벌을 받으리라" 하였다.

죄인들 중에는 지옥의 존재를 부인하는 이들도 있으나 그들이 어떻게 생각하든지 지옥은 여전히 존재하나니 하나님은 거짓말을 하실 수 없다. 그 몸을 드려 우리를 속죄하신 사랑하는 주님은 우리에게 영원한 지옥 형벌이 있음을 선언하셨다. 또 그는 우리에게 "장차 올 모든 일을 피하고 인자 앞에 서게 하소서"하라 하셨다. 어떤 죄인이나 영원한 암흑에 들어가지 않을 수 있나니 오직 그 길은 예수그리스도를 믿는 것이다. 각 사람이 구원을 얻음에 참여치 못하는 것은 각자의 책임이니 그들이 그리스도의 주시는 긍휼을 거절하였기 때문이다. 이 다음 심판대 앞에서 각 사람은 반드시 죄의 책임이 자기에게 있고 하나님은 공평하심을 느끼게 될 것이니 이는 그들이 그리스도의 보혈을 거절했기 때문이다.(요한복음 3장 16-19절, 36절, 5장 24,29절, 마태복음 13장 41, 42, 47, 50절. 마가복음 9장 43-48절, 히브리서 2장 3절)

중간 장소 곧 연옥의 존재는 헛된 주장이다.

성경 어느 부분에도 천당과 지옥 사이에 어떤 중간 장소가 있음을 말한 곳이 있는가? 성경은 그같은 사실을 말하지 않았다. 다만 천당이나 지옥으로 갈 것이라 했다.(마태복음 25장 46절, 로마서 2장 5-10절, 누가복음 16장 22-23절)

로마교에서는 죽음 이후에 인간이 가는 곳을 어떻게 말하는가? 그들은 천당과 지옥 사이에 하나의 다른 장소가 있다고 하는데 그곳은 곧 그들이 말하는 연옥이다. 그 곳은 예수로 말미암아 구원을 얻은 선한 백성이 저들의 죄 값으로 죽은 다음 얼마동안 고통을 당하는 곳이라고 한다. 그들은 감히 "예수는 죄를 속했으나 죄값으로 받을 형벌은 담당하지 않으셨다"고 말한다. 또 그들은 예수의 피 이외에 속죄에 대한 방편을 연옥으로 생각한다. 그리하여 누구든지 그 연옥을 불신하는 자는 영원한 형벌의 선고를 받을 것이라 한다.(트리엔트의회결의) 로마교에서 말하는 연옥은 성경에 어떤 근거가 있는 것인가? 물론 그렇지 않다. 그뿐 아니라 많은 성경 구절들과 충돌되는 바가 많다.

우리들은 어찌하여 연옥(煉獄)을 불신하는가?

1) 연옥설은 성경에 근거를 둔 것이 아니요, 또 성경에 없는 사실을 첨가함은 큰 죄가 되기 때문이다.(신명기 4장 2, 12, 32절)

2) 이 주장은 성경 도처에서 완전무결하다고 한 예수의 속죄를 불완전한 것같이 만드는 불경이 된다. 만일 그들의 말과 같이 기독신자들이라도 완전한 속죄를 위해서는 지옥의 고통을 지나지 않을 수 없다고 하면 예수의 속죄는 부분적임과 불신실한 것임을 면할 수 없다. 그러나 신자된 우리의 가장 기뻐하는 바는 예수께서 죄에 대한 원만한 보상을 받으시고 우리를 죄와 형벌에서 영원토록 구하신 것입니다.

3) 성경 중에는 신자의 의롭다 함 얻는 것을 여러 번 말했다. 그러므로 다시 우리를 정죄할 이가 없다. (로마서 8장) 하나님의 선정을 누가 물리칠 수 있으랴! 우리를 의롭다 하신 이는 하나님이시다. 그러면 누가 정죄함을 받았는가? 그리스도가 그리하신 것이다. 그럼으로 완전한 속죄는 성립된 것이다.

(로마서 8장) 이 사실과 기록들은 신자에게 다시 더 죄에 대한 공포가 없음을 보여준다. 과연 신자에게는 형벌이나 고통이 영원히 존재할 수 없다. "내 말을 듣고 또 나 보내신 이를 믿는 사람은 영생을 얻고 정죄하는데 이르지 아니하리니 사망에서 나와 생명에 들어갔느니라" 연옥(煉獄)으로 들어감이 아니다(요한복음 5장 24절)

다시 성경에는 그리스도의 신선한 피가 믿는 자의 죄를 맑게 씻어 그 심령은 눈보다도 희게 되었음을 말하고 있으니 더 이상의 정화할 필요를 느껴 연옥에 갈 필요는 없는 것이다.(요한일서 1장 7절, 시편 51편 7절, 이사야서 1장 18절, 히브리서 1장 3절)

4) 성경에 비추어 보면 인생은 영원한 형벌밖에 받을 것이 없었으니 인간에게 연옥과 같은 중간적 어떤 희망 장소가 없다는 것은 명확하다.

"볼지어다! 지금은 은혜 주실 때요, 지금은 구원하실 날이로다."(고린도후서 6장 2절) "오늘 그 소리를 듣거든 너희 마음을 완패케 하지 말라"(히브리서 4장 7절), 히브리서 4장에는 '오늘'이란 말을 다섯 차례나 반복 사용한다. 이는 분명 그리스도를 믿고 구원 얻게 될 것은 생명이 내 몸에 붙어 있는 오늘에 한정된 것이라는 것을 강조함이다. 성경에는 영원한 천당이나 또 그 반대되는 지옥을 말했으나 그 중간 역할을 하는 연옥사상이 없다. 지금의 삶과 내세는 직접 연관된 것이요, 그 중간물이 없다. 바울은 "내가 사는 것은 그리스도요, 또 죽는 것도 유익하다"고 하였다. 사망이란 우리에게 영원한 보상을 곧 가져오나니 만일 그렇지 않으면 바울이 "죽는 것'도 유익하다고 할 수 없을 것은 연옥은 고통과 형벌이 있는 곳이기 때문이다.(빌립보서1장 21-23절) 육체의 소멸은 곧 주와 함께 함이다.(고린도후서 5장 1, 6, 8절) 어린 예수께 절하면서 뵌 나이 많은 시므온은 곧 평온한 가운데 세상을 떠났다. 만일 고통 형벌이 있는 연옥으로 갈 줄을 알았다면 그가 그런 말을 할 수 없었을 것이다.(누가복음 2장 29-30절)

주님께서 누가복음에 나사로가 죽은 다음의 형편을 가르쳐서 아브라함의 품에 안긴다고 하심은 고통스러운 연옥이 존재한다고 하는 것이 진리가 될 수 없음을 말하는 것이다.

로마교인들은 저들의 교리를 주장할 때 베드로전서 3장 19절을 인용한다. 거기에 있는 말은 그들의 상상과 같이 예수께서 수난 후 무덤에 장사한 3일간은 연옥에 가서 전도하신 것이 아니다. "순종하지 않은 신(神)"은 노아시대 노아를 통하여 나타나는 하나님의 뜻을 120년간 불순종하고 정죄함을 받은 자들이다. 옥(獄)이란 지옥(地獄)과 같은 곳으로 생각할 수 있으니 계시록 20장 7절과 베드로후서 2장 4절, 유다 6절에 그 사실이 있다. "옥에 있는 신(神)" 이는 지금 천당이나 지옥에 있는 영(靈)들이다. 그 영들은 노아의 경고를 받을 때까지는 아직 지옥에 간 것은 아니었다. 그러나 그리스도께서 대홍수를 앞두고 노아를 통하여 그들에게 회개를 선포했으나 끝내 불순종하고 그의 권고와 자비를 반대했으므로 지금은 지옥에 있게 된 것이다. 그 말은 하나님을 불순종하고 복음을 반대하는 자에 대한 경고문이다. 베드로후서 2장 5절에 보면 노아는 의(義)에 대한 전도자이다. 동일한 어조로 베드로후서 4장 6절에 보면 지금은 이미 고인이 된 네 명의 선조들에게도 복음을 전한 일이 있으니 그들은 회개한 후 그 영이 하나님과 동거하기 위하여 육체로 거할 때에 박해를 받은 것이다. 갈라디아서 3장 8절을 보면 복음은 아브라함 이전에도 있었다.

성경에 의하면 연옥은 그같이 근거 없는 말이 되고 만다. 그런 장소가 결코 존재하지 않는다. 연옥이란 종교개혁 전 곧 1438년 암흑시대에 신부들로 말미암아 교리로 채용되었다.

경정교의 내세에 대한 교리는 어떠한가? 우리가 신봉하는 교리는 성경에 기록된 사도들이 믿었던 그것이니 곧 찾는 자에게 영원한 천당이 있는 것과 찾지 않는 자에게 영원한 지옥이 있다는 것이다. 그 가운데에 어떤 장소가 있음을 말하지 않았다. 우리는 경정교리를 깨닫게 됨을 매우 다행으로 여긴다. 이 교리는 예수를 위해 영예스러운 죽음으로 그 최후를 맞이한 자들이 천국에서 얼마나 영광을 얻는가를 설파함으로 수많은 사람에게 서광(曙光)을 비쳐주었다. 계시록 14장 13절에 이르기를 "지금 이후로 주를 높이다가 죽은 자가 복이 있으리라 성령이 가라사대 그러하다. 저의 수고가 그치매 그 행한 일이 또한 따른다"하였다.

연옥설이 그처럼 비성경적이고 또 그릇된 주장이거늘 어떻게 그것이 로마교에서 고집하는 것이 되었는가? 연옥에 대한 공포심을 일으키는 것은 저들에게 막대한 수입을 가져다 주기 때문이다. 연옥에 따라 시작된 제도는 곧 미사제(祭) 규정이다. 많은 사람은 자기와 친밀한 관계를 맺고 있었던 고인이 연옥에서 수난 당한다는 것을 들을 때 애석한 생각이 드는 동시에 그 곤경을 면할 수 있다는 신부들의 말에 의하여 미사제사를 통하여 거액의 금전을 던지게 되는 것이다. 수도사 서약서에는 종종 미사에 대한 신물(贐物)[153]이 포함되었다. 또 연옥에서 고통당하는 영혼들을 추첨의 형식으로 그곳에서 벗어나 낙원에 이른다고 선포한다. 멕시코에 있는 어떤 로마교회에서 아래와 같은 것을 발표했다. "당신들은 얼마 안되는 물질들을 미사에 봉헌함으로 당신들이 사랑하던 사람의 영이 행운을 입어 낙원에 이르도록 당선됨을 원하지 않는가?" 또 그들은 최근 당선되어 연옥에서 낙원에 이른 이라 하여 발표하기를 "제841호 법률이 야곱 베스퀘스의 영혼은 구원을 얻어 낙원에 들어갔다. 제41호 세노라 콜드른의 영혼도 당선되어 천국에 들어갔다. 제762호 연로한 과부 패디쓰의 영혼도 천국에 들어갔다. 이제 이 교회에서 제4차 추첨을 행할 터이니 그때에는 누가 연옥을 벗어나 천국에 들어갈지 알 수 없다. 추첨권은 한 장에 5프렌쓰이니 신부에게 가서 구할 수 있다. 5프랜쓰로 당신의 사랑하던 사람의 영혼은 연옥의 고통에서 벗어나게 할 수 있으니 힘써 보라"하였다.

로마교회에서 값을 받고 행하는 은혜는 성경에 있는 바와 같이 하나님이

153) 신물은 떠나는 사람에게 노자나 선물을 주는 것인데, 모임에 내는 예물을 뜻하기도 한다.

값없이 나눠주신 것이다. 그러므로 신부가 임종시 미사를 행함은 값없이 행할 듯하나 그들은 혹 어떤 특별한 경우에 값 없이도 그 예식을 행하지만 원칙으로는 "봉헌이 없으면 미사도 없다"는 것이다. 상업화한 로마교 교직자들은 간교한 방법에 의하여 치부하는 기회를 어떡하든 잃어버리려 하지 않는다. 그 수단에 이끌리어 이미 고인이 된 사랑하는 사람의 영혼을 연옥의 고통에서 구하겠다는 자들의 노력은 결국 무가치한 수고가 될 뿐이다. 또 이 죽은 자들을 위한 미사는 사죄권 판매와 같이 일종 상업화하여 그리스도의 은총 속에서 안심할 수 있는 자와 모든 이름에 뛰어난 그리스도에게로 나오는 자들의 길을 중도에서 차단하고 있는 것이다. 그리하여 신령한 예수의 피로 저들의 사사로운 뱃속을 채우는 상품으로 삼는 것이다.

교직자와 독신생활

성경에는 거룩이란 것이 인간의 표면적 상태 즉 결혼이나 독신생활에 달린 것이 아님을 명시한다. 이는 인간의 내부 상태를 의미함이니 성령으로 거듭나 신의 뜻을 따라 생활함이다. 결혼생활을 하는 사람 중에도 거룩한 생활을 한 사람이 허다하며 결혼생활을 금하고 독신으로 지낸 이들 가운데도 불결한 생활을 한 사람도 적지 않다.(사무엘상 16장 7절, 마태복음 5장 8절, 에베소서 4장 23-24절, 베드로전서 3장 15절)

성경은 혼인에 대하여 어떻게 말했는가? 이를 거룩한 의식으로 명하지는 않았으나 하나님이 인류를 창조하실 때 이것을 명하셨다(창세기 2장 18-24절). 그러므로 혼인은 신성한 것이다. 히브리서 13장 4절. 성령은 이 혼인을 교회의 합일과 신자와 예수의 관계에 모형적으로 인용하셨다.(에베소서 5장 22-23절)

로마교의 교직자 결혼관은 어떠한가? 그들은 말한다. 교직자의 결혼은 일종의 불결한 행동이니 이는 또한 독성죄 곧 신성(神聖)을 모독하는 죄까지 된다고 하여 교직자는 물론 일반 수도하는 남녀에게까지 이를 강제적으로 금한다. 로마교 권위자들은 독신생활이 특별히 신성한 것임을 역설한다.

어디에 근거를 두고 그들은 이것을 가르치고 있는가? 성경에는 교황제도를 시인한 곳이 없다. 예수 후 몇 세기 사이에 예수 믿는 자들 가운데 이 독신생활을 강조한 이는 없다. 11세기까지 이 법이 강행되지 않았던 것인데 힐데브란트(그레고리 7세) 때에 이르러 교황권 및 기타 교직자들의 지위를 높이기 위하여 이 제도를 시작한 것이다.

독신생활과 그에 따라 일어난 그릇된 교훈

독신생활에 관련하여 로마교에서는 성경에 위반되는 교리를 가르치고 있으니 그것은 다음과 같다.

1) 서약은 성자를 가리켜 할 수도 있다 함-그러나 성경은 서약에 대하여 유일한 하나님께만 행할 것을 가르친다. 성경 중에는 성자를 가리키며 서약한 일이 한 번도 없다. 시편 65편에는 "서원을 당신께 이행하리로다" 하였고 시편 76편 11절에는 "서원한 것을 너희 하나님 여호와께 갚음이여" 하였다.
2) 어린아이들은 그 서약한 바를 부모의 승낙이 없이도 이행할 것이라 함 -이것은 민수기 30장 3-5절과 관련되는 제5계를 직접 범함이다. 만일 유대인 자녀들이 하나님 앞에 짓는 서약에도 그 부모의 승낙이 없으면 성립되지 않았다고 하면 오늘에 자녀된 자 어떻게 그 서약에 부모가 상관이 없겠는가?
3) 수도원에 들어간 자에게는 파혼을 허락함-이 교리는 마태복음 19장 6절에 주님이 하신 말씀 "하나님이 짝지어 주신 것을 사람이 나누지 못할지라"함에 위반되는 것이다.
4) 걸식하는 탁발승은 완전한 경역에 들어간 자라 함-하나님 말씀은 인간에게 완전자가 전혀 없다 하셨다. 또 성경에는 "자기의 양식을 먹고"

"일하기 싫거든 먹지도 말라" 했다.(데살로니가후서 3장 10-12절) 로마교회의 그릇된 관념은 세상 이교도와 방불하니 곧 독신생활과 일하지 않음으로 정당한 생활을 하지 않음이다. 그들의 행동은 인도종교에서 고행주의자들의 행하는 바와 같은 느낌을 주고 있다. 그들이 이 주의를 채용하게 되기는 마태복음 19장 21절에 있는 주님이 청년 부자에게 하신 명령에 기인한다. 주님은 그때 빈곤이 신성한 것이나 원만한 것임을 가르치시고자 그같은 명령을 하심이 아니고 다만 물질을 하나님보다 더 사랑하기 때문에 그것이 주님을 따르는데 막대한 장해가 되는 것이므로 그 청년을 불쌍히 여기는 의미에서 말씀하신 것이다.

5) 독신생활을 서약한 자가 결혼하는 것은 간음함보다 더 악한 것이라 함- 이 부도덕한 교훈은 서약인으로 결혼을 막지도 못하는 동시에 또한 간음의 폐해도 어떤 의미에서 조장하는 것이 되고 만다. 또 그같이 되면 결국 교인으로 하나님의 법을 깨뜨리면서라도 사람의 불법한 법을 따르게 만드는 것이다. 또 그들은 인간으로서 자연스러운 결혼으로 인한 정당한 생활을 방해하고 도리어 그들로 색마(色魔)와 위선자들을 만들고 마는 것이다.

그리스도와 그 제자의 혼인에 대한 태도

혼인에 대한 그리스도의 태도는 어떠한가? 그는 이것을 매우 칭송하시고 또 이것을 "태초"에 하나님이 명하신 것이라고 하셨다. (마태복음 19장 4-6절) 또 그는 자기가 친히 혼인잔치에 참여하심으로 결혼을 축하하셨다.

역대 성자(聖者)들과 선지자들의 혼인에 대한 관심과 실행은 어떠한가? 선지자들 중에는 결혼한 사람들이 많으니 모세 노아 이사야 에스겔 호세아 등이 결혼을 했고 이스라엘의 대제사장도 역시 결혼생활을 했다.(예레미아서 21장 13-15절) 베드로도 결혼생활을 했고(마가복음 1장 30-31절), 빌립도 그리했으며, 그밖에도 그 같은 이가 있는 줄 안다.

목회서신에 있어서 바울은 각 교회 직원을 선정함에 있어서 "감독은 책망할 것이 없고 한 아내의 남편이 된 자(디모데전서 3장 2-5절)"라야 할 것이라고 했다. 집사도 역시 한 아내의 남편된 자로 할 것이라 했다.(디모데전서 3장 12절)

그러나 바울 자신이 독신생활자이고 또 서신 중에는 결혼을 막는 글이 있지 않은가? 바울이 그같은 말을 한 것은 결코 독신생활이 신성하고 결혼생활이 불결하거나 독성죄가 되기 때문이 아니다. 물론 자기도 결혼생활을 할 것이로되 당시 환난을 많이 당하는 등 자기가 처한 환경이 특수하여 도저히 결혼생활을 할 수 없었기 때문이다.(고린도전서 7장 26절) 또 결혼을 막는 문제에 있어서도 바울은 그것이 자기 개인의 의견뿐이고 주님의 명령은 아니라고 했다.(고린도전서 7장 6, 15, 25절)

그리하여 그는 결혼문제에 관하여 결론짓기를 "장가가도 죄를 범함이 아니요, 동정녀가 시집가도 또한 범죄함이 아니라. 고린도전서 7장 28절)"고 했다.

이로 보건대 로마교회에서 강조하는 독신생활은 성경에 위반되는 것임이 명확하다.

그같은 정당하지 않은 것을 로마교회에서는 어찌하여 묵인하고 있었던가?

이는 그레고리 교황이 교회에서 또는 교직자들에게서 절대의 권리를 잡고자 함에서 기인한 것이다. 사회나 혹은 가정과의 관계를 완전 단절함으로써 신부나 수도사들로 하여금 교황의 전횡권에 종속하게 하며 또 하나님을 봉사함보다도 교황의 비위를 맞추는 사업만을 행하게 하였다. 그 같은 부하를 많이 소유하게 된 교황은 몇 세기 동안 서로 싸우는 교회의 최고권과 정치계를 좌우할 수 있는 절대의 권력을 용이하게 장악하게 된 것이다.

독신생활의 강제실행과 그에 따른 폐해

이 제도의 실행 이면에는 발표되지 않은 추악한 죄악상이 얼마든지 잠재해있게 되었다. 그레고리 교황 자신도 이 제도를 발표한 후에 간음죄로 휴고 대승정(大僧正)에게 힐책을 받게 되었고 또 그 선배인 알렉산더 2세를 살해하는 범행이 있었고, 마침내 반기독자로 인정되어 교황 클레멘트 3세에게 그 지위를 빼앗기게 되었다. 또 그는 대승정 베드로 데미안에게 "성(聖)사탄"이란 칭호를 받게 되었다.

19세기에 이르러 췰네멘 대제는 이 추악한 제도를 진압하고 방지하기에 많은 애를 썼다. 그는 이 제도를 단연 철폐할 것을 선포하여 다음과 같이 말했다.

> "우리는 수도사들 사이에 가공할 만한 범죄와 방탕한 행동이 성행된다는 것을 각 방면으로부터 들었다. 우리는 수도사들의 그 같은 방자한 행동을 금하나니 그들이 무단히 세속 사회에 체류하는 것이나 여수도사들의 불미한 사통과 열광적 태도를 용인할 수 없다. 앞으로 그들 중에는 매음이나 도적이나 살인이나 그 밖의 방탕한 가운데 세속 노래를 부르면서 귀중한 시간을 허비함을 허락할 수 없다. 신부들이 시장에서나 술집에서 양민의 부녀를 농락함을 엄금한다."

10세기 이탈리아의 어떤 대감독이 당시 로마교계의 타락상을 말하여 "만일 지금의 교회 안에서 그 부정한 행위대로 엄정한 심판을 내린다고 하면 유아들 밖에 남을 수 없다. 또 그 유아들까지도 사생아라는 점에 비추어보면 순결하다 할 수 없다. 신부와 감독들은 축첩하기 위하여 해마다 세금을 징수했다" 하였다.

제11세기에 프랑스에서는 성직 매매 건으로 인하여 무려 80여차의 대회가 소집되어 그것을 비난한 일이 있다.

클레르보의 베르나르도는 당시 시행되는 교직자의 독신생활이 그 얼마나 부자연스러운 것이며 하나님의 율법에 위반되는 것임을 지적하여 말하기를 "교회내의 정당한 혼인을 빼앗아 그 대신으로 첩을 가득 두게 했으며 말할 수 없는 추태를 이끌어 들였다" 하였다. 그는 당시 교황 에우제니오 3세[154]를 엄책(嚴責)하여 말하기를 "너는 심령의 목자라고 하면서 사실 악마의 목자이며 그리스도의 사신(使臣)이라 하지만 사실은 반기독자이다"라고 하였다.

또 어떤 대승정은 말하기를 "고대 수도원 형태의 건물들은 정남정녀(正男正女)의 집회소가 아니다. 신부들은 의형제를 소유했고 교황계통의 유권자들은 음란을 위해 세금을 징수했다"하였다.

제14세기 영국의 수도사 헨리는 "신부들은 성물로써 처첩을 우롱하는 자들이다"라고 했다.

독일의 승원장(僧院長) 애봇은 "수도사들은 첩을 두었고 또 그들과 교제하는 객실을 소유했다"하였다.

성 캐쓰린은 교황 그레고리 4세에게 프랑스 아비뇽에 있는 수도원의 타락상을 진술하여 "수도사들은 배로써 하나님을 삼는다. 밤이 되면 의례히 시편을 암송해야 할 것이거늘 그 시간에 여수도사들을 방문하고 그들로 공공연한 매음부(賣淫婦)가 되게 한다. 생명을 찾아 들어온 그들은 마침내 생명을 잃는다"고 하였다.

스페인의 성 테레사[155]는 "종교가나 승려의 집은 대개 한마디로 하면 지

---

154) 에우제니오 3세(Eugen Ⅲ 1145-1153). 본래 이름은 베르나르도(Bernhard Aganelli de Montemagno). 로마 시스테르시안 수도회의 대원장을 역임. 그는 클레르보의 베르나르도(Bernhard Clairvaux)의 제자이다. 프랑스에서 십자군 운동을 제창하였고, 베르나르도는 십자군 운동의 제창에 협력하였다. 십자군 운동의 실패는 교황 에우제니오 3세와 베르나르도에 대한 적대감을 불러일으켰다. 교회의 개혁을 위해 교황 에우제니오 3세는 프랑스를 근거로 삼아 여러 차례에 걸친 여행길에 올랐다.

155) 아빌리아의 성 테레사(1515-1582)를 말한다. 수도원 생활속에 성스러운 경건의 나날을 보냈으며, 영적인 각성을 촉구하고 [영혼의 성(城)]이라는 저서를 남겼다. 루터에 앞서 가톨릭 개혁을 주장한 여성이다. 그녀는 가톨릭 사상 처음으로 여성에게 부여된 박사의 칭호를 받았다.

옥으로 통했다. 어떤 청년 여자가 그 가정에서 실행(失行)한 경우에는 용서없이 그 범행은 공공연하게 발로되는 것이나 수도원내의 비밀스런 추행은 어떤 것이든 묵인되고 있다. 그들 중에는 속세를 떠나 수도원에서 자기를 발견하려고 했으나 그곳에 들어감으로써 열배나 더 악화되는 불행에 떨어진다"고 하였다.

이 제도는 그에 따라오는 자연스런 결과로써 성경에서 예언한 배교자의 출현을 응하게 한다. 이는 결혼을 금하는 거짓된 선생들에 대한 예고에 대한 응답이다. 디모데전서 4장 1-3절에서 "성령이 밝게 말씀하시기를 '이후에 믿음을 배반하는 사람이 있어 미혹하는 사탄의 가르침을 좇으리니 그 양심이 단쇠에 화인(火印) 맞은 것 같아 거짓말을 하며 외식하는 자라. 혼인함과 식물을 금한다"하였다.

로마교의 교직자에 대한 독신생활 강박은 혼인을 금하는 거짓교사의 장난이며 악마의 교리이다. 이는 부정한 어떤 인간의 말이 아니요, 과오가 없는 하나님의 말씀이다. 그 앞에는 숨길 것이 없으니 이 다음 행한대로 제대로 심판을 받을 것이다.

이 병적인 결함이 있는 제도를 그냥 지속하는 가운데에는 피할 수 없는 결과로서 교직자의 불량품행, 방탕, 음일(淫逸)한 일이 발생하게 되었다. 그러나 그것은 어떤 개인의 힘으로 제지할 수는 없었다. 그 제도에 복종하는 지도자들은 먼저 자신이 타락하고 다음으로는 타인까지 지옥의 자식이 되게 하는 것이다. 교직자의 전횡시대에 그 같은 범죄 행위의 책임은 그 지도자들에게 돌리지 않을 수 없다. 갈라디아 6장 7절에 "스스로 속이지 말라 하나님은 만홀히 여김을 받지 않으신다"고 하였다.

13. 로마교의 순례(巡禮), 분향(焚香), 염주(念珠), 유물(遺物)

『신학지남』 19권 6호(1937년 11월호)

순례

피오스 11세[156]는 전세계 천주교도에게 1933년을 성년(聖年)이라 하여 성지 로마에 순례할 것을 크게 권장 하였다. 이 순례제도는 성경과 부합하는가?

성경은 그 같은 일을 권하거나 가치 있다고 하지 않았다. 이는 불교나 힌두교나 마호멧 교도 같은 이교도들이 자신의 고행(苦行)으로 낙원에 가려는 노력의 습관이다.

순례와 그 그릇된 동기

순례는 그것이 구원을 얻는 데 하나의 좋은 방편이 된다는 데 기초한 것이다. 또 그뿐 아니라 어떤 지방은 특별히 거룩하여 하나님이 더 가까이 계시다는 것을 믿어 그 제도를 주장하는 자들은 하나님을 발견하는 것이나 또는 그에게 축복을 받는 것은 회개나 신앙에 의하지 않고 오직 어떤 특수한 지역에 의거하는 것이라고 말한다.

성경에는 이 같은 말에 대하여 어떻게 그 그릇됨을 말했는가?

모세는 신명기 30장 13-14절에서 말하기를 "바다 밖에 있는 것도 아니니 네가 이르기를 누가 우리를 위하여 바다를 건너가 그 명령을 가지고 와서 우

---

156) 비오 11세(Pius ?, 재임 1922년 ~ 1939년)

리에게 들려 행하게 할꼬 하리요? 오직 그 말씀이 네게 심히 가까워 네 입과 네 마음에 있으니 너는 이를 행할지라" 하였다. 사도 바울도 이 구절을 인용하여 로마 교회에 편지할 때 거룩함과 하나님과 교통함은 어떤 지방에 한정된 것이 아니며 또 순례에 의하여 찾을 것도 아니요, 오직 전심으로 그를 찾은즉 어디서나 하나님을 발견할 것이며 그 축복을 받을 것이라 했다.(로마서 10장 6-10절, 예레미야서 29장 13절)

주님도 사마리아 여인에게 교훈하는 중에 이 중대한 진리를 가르쳐 진정한 예배를 위하여 순례함이 합당하지 않으니 대개 예배는 표면적 어떤 장소나 형편에 의한 것이 아니요, 다만 참된 마음에 있는 것이라 하였다. "이 산에서나 예루살렘에서나 너희가 아버지께 예배하지 아니하리라…하나님은 신이신 까닭에 예배하는 자가 신령과 진리로 예배할지니라"(요한복음 4장 21-24절)

만일 이것이 성경에 기인한 것이 아니라면 교황은 어찌하여 이 순례제도를 강권하고 있는가?

이는 교황제도의 천주교를 널리 선전하는 것과 또 거액의 금전을 얻을 수 있기 때문이다. 교황 보니파스(1303년 사망)는 매 백년마다 성년(聖年)을 두어 각국의 천주교도들로 하여금 로마를 방문하게 하며 또 헌납금으로 거액의 금전을 얻도록 순례제도를 제정했다. 기번[157]이란 역사가의 말에 의하면 매 성년마다 신부 두 사람이 밤과 낮으로 헌납궤 앞에 지켜 서서 홍수같이 쏟아지는 금전(金錢)과 은전(銀錢)을 넉넉하게 준비한 자루에 쏟아 넣는다고 하였다. 그 후 교황들은 그 성년의 주기가 너무 길다 하여 클레멘트6세(1352년

157) 기번(Edward Gibbon, 1737-1794). 영국의 역사가. 대표적인 저서는 1776년 『로마제국 쇠망사(The History of the Decline and Fall of the Roman Empire)』 제1권을 간행. 83년까지 전6권을 출간했다. 그는 투키디데스, 몽테스키외와 함께 헤겔의 역사철학에 많은 영향을 주었다.

사망)는 그 주기를 줄여서 매 50년마다 성년을 맞기로 했고, 또 그 후 울반6세(1389년 사망)는 그것도 길다 하여 50년을 33년으로 줄였고, 그 후 바울 2세(1471년 사망)는 33년을 25년으로 축소했다.

분향(焚香)

하나님 앞에 예배할 때 분향이 합당한가?

성경은 신자에게 그 명령한 것 이외의 것을 행하는 것을 금하고 있다. "삼가 모든 것을 산에서 네게 보이는 것을 좇아 행하라"(히브리서 8장 5절) 사도시대 교회는 그 제도를 행하지 않았다. 그러나 로마 교회는 그 제도를 고대 로마에 산재한 이교(異教)에서 모방했고 또 로마 이교도들은 희랍과 근동의 여러 나라에서 그 형식을 가져 왔다. 초대 3,4세기 기독교도들은 이 분향제도를 싫어했다. 그 이유는 당시 이교도들이 우상을 경배할 때 그 형식을 행했기 때문이었다.

그러나 고대 구약시대에는 성전 예배할 때에 어찌하여 이 제도를 행하였는가?

하나님은 구약시대에 이스라엘에게 특별히 그 같은 명령을 발했으나 신약에는 그 같은 명령이 없다. 또 그뿐 아니라 성경은 이같이 말하지 않았는가? 구약의 모든 헌제(獻祭) 곧 물건을 바치는 제사의 형식은 그리스도의 헌제를 상징한 것으로 그 제도들은 예수의 헌제로 인하여 폐지하게 되었다 하지 않는가?(히브리서 8장 5절, 9장 23절, 10장 1절)

신약 가운데서 오직 계시록에서만 분향의 기사가 있으나[158] 우리가 잘 아는바와 같이 이는 성도의 기도를 대표하는 상징이니 문제되는 것이 아니다.

---

158) 이는 저자가 무엇에 근거한 자료인지 분명하지 않다. 현 개역개정판에 따르면 신구약 합하여 모두 85차례나 분향이라는 단어가 나온다. 계시록에서는 분향이라는 단어를 찾을 수 없다.

성수(聖水)

이 성수제도도 중세 이교도들에게서 모방한 미신(迷信)적 행동이니 주후 1000년 경에 교회에 들어왔다. 로마 교회가 이 제도를 채용하기 훨씬 오래 전부터 이교 중에는 성수를 사용하는 일이 있었다. 저스틴 말터(163.A.D.)는 "이교도들은 그 전당에 들어갈 때 물로써 그 몸에 뿌린다"고 하였다. 성경에 비추어 볼 때 이는 허무한 일이다. 성수나 기타 인간이 창작한 제도들- 말하자면 십자가형 같은 것-은 신실한 예배를 도와주는 것보다도 무형한 하나님께 집중되는 우리의 정성을 막아 무용한 형식에만 치중하게 함이 된다.

염주(念珠)

염주 사용의 폐해는 무엇인가?

이 제도는 로마교보다는 훨씬 이전 불교에서 사용하던 것이다. 마호멜교도 역시 이를 사용한다. 이 제도는 1090년에 교회에 들어왔다. 기계적인 의식적 예배를 배격한 성경은 이 제도를 시인할 리 없으니 이는 분명 비성경적 행동이다. 염주 사용은 진정한 기도의 정신을 말살시킨다. 주님은 이방인 같이 아무 쓸데없는 중언부언(重言復言)을 엄격히 금지한 것이다.(마태복음 6장 5-8절)

1933년 그들이 성년(聖年)이라 하는 때에 교황은 이상한 기도법을 내었으니 그 법은 순례자로서 면죄(免罪)를 원하는 자는 로마 성내 교황이 지정한 4개 성당에 들어가 같지 않은 세 장소에서 동일한 기도를 반복하되 제단 앞과 십자가 앞과 마리아 화상(畵像) 앞에 할 것이라 함이다. 이는 참으로 성경에서 성도들의 기도 방식과 같지 않은 것이다.

염주는 166개의 구슬을 연결하여 만든 것으로써 기도자는 매 구슬을 넘길 때마다 신앙고백을 해야 한다는 것이다. 또 열다섯 개의 구슬을 헤는 사이에 천주에게는 15차의 기도를 성 마리아에게는 150차례의 기도를 드려야 한다고 한다. 그대로 보면 성 마리아에게 천부보다 열배 가량 기도를 드리게 된다. 이 또한 역시 비성경적이다. 주님께나 성령께 그같이 하라 한 가르침이 없다.

그러면 참 신자는 어떻게 기도할까?

성경은 기도자의 중언부언을 피하고 성령에게 기도하라 했다. 또 기도할 때는 주님은 만왕의 왕이심을 알아 믿음과 황송과 경건과 감사하는 마음으로 해야 할 것을 명한다. 유다서 20절에는 "성령의 감동함으로 기도하고 하나님의 사랑 안에서 스스로 지키라"고 했고, 고린도전서 14장 15절에서는 "내가 신으로 기도하고 또 마음으로 기도한다"고 하였다. (에베소서 6장 18절)

순례자는 회심(悔心)과 개전(改悛)의 표시로써 어떤 일을 해야 한다고 하는가?

그들은 말한다. 순례자는 로마 성내 성 요한 성당의 층계를 매 계단 무릎으로 오를 때마다 일차씩 기도를 반복해야 한다고 말한다. 우리가 아는 바와 같이 마틴 루터가 죄의 무거운 짐을 지고 무용한 노력으로서 그 층계를 오르다가 "의인은 믿음으로 말미암아 산다"는 새로운 광명에 부딪힌 다음에 순례니 고행이니 하는 것이 모두 죽은 자의 행동인 줄 깨달은 곳이 바로 그 자리이다. 의인은 믿음으로 말미암아 산다는 것을 알았으니 이는 선지자 하박국이 예언한 가운데 말한 것이었는데 그 후 바울의 때에 이르러 명료하게 나타난 '이신득의(以信得義)'론은 루터의 마음에 하나의 새로운 평화와 기쁨을 가져온 것이었다. (하박국 2장 4절, 로마서 1장 17절)

유물(遺物)

유물이란 무엇인가? 이는 필요에 의하여 수집하였다는 이른바 성자(聖者) 마리아, 심지어 예수의 몸 자체에서 남아있는 떨어진 의복이나 그밖의 신체의 어떤 유해를 의미한다. 로마교도들은 그 같은 유물에 어떤 신비적 능력이 있는가 하여 성물시 하는 것이다. 바티칸 궁과 그밖의 수많은 예배당에 진열해 둔 유물들은 말하자면 예수님의 십자가에서 떨어진 나무 조각과 주님이 쓰셨다는 가시관 두 개, 베들레헴 주님이 누우셨던 요람의 한 조각, 또 그를 쌌던 강보(襁褓) 조각, 또 회개한 강도가 매달렸던 십자가의 나무 조각, 또 유다가 성전에 던진 은전 30냥과 발람의 나귀꼬리와[159] 천사 가브리엘[160]의 날개 쭉지 한 개 등이라고 한다.

이 유물(遺物)들은 진정한 것인가?

만일 있다고 해도 극히 적을 것이요, 대개는 진정한 유물이 될 수 없으니 만일 그같이 된다 하면 이른바 예수님이 지신 십자가의 한 조각이란 것을 모두 수집하면 주님이 지신 십자가 몇 개라도 만들 수 있기 때문이다.

---

159) 발람(Balaam)은 '탐식가', '백성을 멸망시키는 자', '백성이 아닌 자', '타국 사람'이란 뜻을 갖는다. 신명기 23장에서는 메소포다미아에서 유명했던 거짓 선지자, 술사(신 23:4)로 묘사되었고 민수기나 베드로후서에서는 유브라데 강가 브올의 아들(민 22:5; 벧후 2:15-16)이라 했다. 모압 왕 발락에게 고용되어 세 차례나 이스라엘을 저주하려 하였으나 하나님은 그때마다 저주를 바꾸어 오히려 이스라엘을 축복하게 만드셨다. 하지만 집요하게 이스라엘 백성을 유혹하여 음행을 동반한 우상 숭배의 죄를 범하게 함으로써 하나님께 형벌을 받게 하였는데, 발람 역시 나중에 이스라엘 군대에 사로잡혀 살해되었다. 신약성경에서는 그를 불의의 삯을 사랑하는 자, 하나님의 백성으로 하여금 세상과 타협하게 만들어 결국 타락시키는 거짓 교사의 표본, 치명적인 영향을 끼치는 이단자의 상징적인 이름, 또 사악한 우상 숭배자로 묘사하고 있다. 민수기 22장 이하에 발람과 나귀에 관한 이야기가 있다.

160) 가브리엘은 4대천사의 하나로 '수태를 알린 천사', '자비의 천사', '묵시의 천사', '진리의 천사', '에덴 동산의 통치자' 등으로 불린다.

이 유물 사용에 관하여 성경에 어떤 교훈이 있는가? 또는 그것들에 어떤 경의나 또는 어떤 능력이 있는 것 같이 생각함이 합당한가? 물론 그렇지 않다. 이는 분명 암흑기의 산물에 불과하다. 이는 선량한 교도들로 하여금 그 유물에 입 맞추고 머리를 숙이며 경배하는 것 등으로 우상 숭배의 정신을 조장함이 되는 것이다.

사도들에게서 그같은 어떤 경향도 볼 수 없다. 그들의 그같은 행동으로 인하여 그리스도의 복음이 불신사회에 비판감이 되고 마는 것이다. 이같은 불합리한 제도의 제정은 교황이 성경은 인위적으로 가감할 수 없음을 무시하고 무리하게 조작한데 불과한 것이다. 로마교회에서는 이 유물에 대하여 어떻게 말하는가? 그들은 유익을 말하기를 유형한 유물로 인하여 신자의 신앙에 자극과 감동을 증진하는 것이라고 한다. 그러나 이것은 신자들로 하여금 의식에 치중하게 하며 또 참이 아닌 것을 참이라고 하여 진정한 종교진리까지 의심하게 하는 폐해가 있게 한다. 성경을 읽는 것과 기도하는 것이 어찌하여 우리의 신앙을 촉진할 수 없는 것일까? 새로 들어온 신자로 신실함과 성심으로 하나님을 경배하게 함은 마땅하나 유해 조각 등을 존경하게 함으로써 경신(敬神)의 사상을 재촉하고 훈련시킨다는 것은 우스운 일이다.

그러면 신자들은 이 유물에 대하여 어떤 태도를 취하여야 할까? 신자는 그같은 것이 비성경적임을 알아서 단연코 배격하고 무가치한 것으로 알아야 할 것이다. 이 유물이란 다른 조작과 같이 성경의 명령 이외의 인위적인 것을 더 첨가함이 되는 동시에 신자들로 하여금 진리보다 외형에 치중하게 만드는 것이다.(디도서 3장 9절) 그들은 바울이 갈라디아서 6장 12절에서 말한 바와 같이 "육체의 모양을 내려 하는 자들이다." 또 그들의 일은 죽음의 일이다.

의식(儀式)은 우리의 이목(耳目)에 볼만하지만 우리의 심령은 그것으로 인하여 진리의 기근(飢饉)을 당하는 것이다. 또 그것을 계속 사용할 때 그것은 마치 아편과 같아서 우리의 양심을 굳게 하여 자못 외형적인 것에 만족하며 하나님께 진리와 신령으로 예배함을 저지하는 것이다. 또 그 같은 경향은 마침내 형상 없는 하나님을 무관심하게 만들고 마침내는 무신론에까지 이르게 할 수 있는 것이다. 의식주의(儀式主義)는 우리 심령으로 하여금 하나님과 교통(交通)하는 길을 막는다. 그러나 우리의 영(靈)을 구하는 것은 믿음이요, 의식에 있는 것이 아니다.

14. 로마교의 그릇된 교훈과 그에 대한 비판

『신학지남』 20권 1호(1938년 1월호)

교회의 머리와 터

하나님 교회의 머리는 누구인가?

오직 예수님만이 교회의 머리가 되는 것이다.

참 교회의 터는 누구인가?

오직 예수님만이 교회의 터이다.

어찌하여 예수님만이 교회의 머리와 터가 되는가?

그 이유는 이것이니 예수님은 곧 하나님으로서 그 큰 일을 행할 수 있는 완전한 속성을 가지셨기 때문이다. 골로새서 2장 9절에 이르기를 "대개 하나님의 일체 풍성(豊盛)하심이 그리스도 안에서 형체를 이루어 거(居)하신다" 하였다. 그럼으로 그는 교회를 설립하였고 또 그 피로 속량하셨고 또 그 백성들과 세상 끝날까지 함께 계시겠다고 하셨으니 이는 자기의 교회로 장차 하늘에서 영원한 영광을 누리게 하려 함이다. 마태복음 16장 18절, 28장 20절, 사도행전 2장 28절, 고린도전서 1장 30절, 계시록 3장 21절, 21장 9-10절

로마교의 교회의 머리와 터에 대한 그릇된 가르침은 무엇인가?

그들은 말하기를 로마에 있는 교황이 교회의 머리와 터라고 한다. 교황은 교회의 최고 신부요, 머리요, 남편이요, 설립자라고 한다. 로마교의 권위자 중 한 사람은 베드로를 교회의 최고수령이라 주장하였다.

사람 가운데 한 사람이 교회의 머리가 될 수 없는 이유는 무엇인가?

하나님의 교회인 교회는 하나님 자신이 그 머리요, 또 터가 될 수밖에 없는 것이다. 인간은 누구나 다 죄가 있고 또 유한한 불완전체이므로 그 같은

최고지위를 점할 수 없으며 하나님께만 속한 지위를 빼앗을 수 없는 것이다.

그러면 교황이 교회의 머리가 된다는 것은 타락한 천사가 망령되이 하나님의 보좌를 빼앗으려던 것과 다름이 무엇인가?

그 이면에는 분명 그같은 교만, 이기심, 불경적 반역심이 잠재해 있는 것이다.(유다서 6절, 베드로후서 2장 4절)

그리스도는 유일한 교회의 머리이며 터이다.

이것을 증거하는 성경 장과 절은 어디 있는가?

1) 천부는 그리스도에게 모든 정사와 권세와 능력과 주관하는 것과 및 이 세상뿐 아니라 오는 세상에서라도 모든 부르는 이름 위에 뛰어나게 하시며 또 만물이 그 발 아래 복종하게 하시고 만물 위에 교회의 머리를 삼으셨다. 하였다. (에베소서 1장 22-23절)
2) 점점 자라 저에게까지 이를지라. 저는 머리이니 곧 그리스도라. (에베소서 4장 15절)
3) 대개 지아비가 지어미의 머리가 됨이 또한 그리스도께서 교회의 머리됨과 같으니 (에베소서 5장 23절)
4) 저는 머리요, 교회는 그 몸이라. (골로새서 1장 18절)
5) 몸도 하나이니 그같이 머리도 하나일 것이다(에베소서 4장 4절).

예수만이 교회의 터가 됨을 증거하는 성경구절은 어디 있는가?

이 닦아둔 터 외에는 사람이 능히 다른 터를 닦아두지 못하리니 이 닦은 터는 곧 예수그리스도니라. (고린도전서 3장 11절)

너희는 사도들과 선지자들의 터 위에 세우신 바이니 그리스도 예수께서 친히 모퉁이의 머릿돌이 되신 지라(에베소서 2장 20절).

이같이 성경은 분명히 교회의 터를 예수라고 했으니 로마교의 주장대로 베드로나 또 그 후계자들이나 교황들에게 터를 둔 것이 아니다. 선지자나 사도들은 모두 예수의 터 위에 집을 지은 자들이다. 성경은 말한다. 사도와 선지자들은 구원의 진리와 또 그의 교회를 설립하기 위해 부름 받았으며 또 성경을 저술하기 위해 부름받은 자들이라 한다. 그러나 예수그리스도만이 그 신성과 완전한 대속과 부활과 영광의 중재자로서 구원의 터가 될 수 있는 것이다.

이 문제에 대한 교황의 설명이 그릇된 것은 고린도전서 3장 11절 말씀에 "그리스도만이 그 터라"함에 반대되기 때문이다.

성 베드로는 교회의 터가 아니다

로마교에서 이 설을 주장하는 근거는 마태복음 16장 18-19절에 있다. 베드로는 반석인데 그 위에 그리스도께서 교회를 세우셨다 함이다. 이 성경구절에 대한 로마교의 해석은 정당한가? 그렇지 않다. 그들의 해석은 그릇된 것이다. 주님의 말씀에 "너는 베드로라 내가 이 반석 위에 내 교회를 세우리라"하실 때 이 반석을 베드로를 의미하셨을 것 같으면 반드시 이같이 말씀하셨을 것이다. "너는 베드로라 네 위에 내 교회를 세우리니" 그러나 주님은 그같이 말씀하지 않았으니 이는 베드로가 교회를 그 위에 세울 수 있는 반석이 아니기 때문이다. 또 그뿐 아니라 "이 반석 위에"라는 헬라 원어 페트라는 베드로라는 페트로스와 같지 않은 말이다. 주께서 그같이 하심은 이 반석으로 베드로를 의미하지 않고 그보다 더 큰 진리, 곧 살아계신 하나님의 아들이신 자신이 교회의 터임을 가르치심이겠다. 영원한 구주인 그리스도 위에 세운 교회는 음부의 권세가 이길 수 없는 것이다. 만일 베드로 위에 교회를 세운다 하면 그 교회는 음부의 권세를 이길 수 없었을 것이니 주님은 얼마 후 베드로에게 "사탄아, 물러가라. 네가 나를 넘어지게 하는 자로다"하여 그를 책망하신 것이다.

이같은 해석은 경정교(更正教) 신학자뿐 아니라 로마교 신학자 중에도 상당한 수를 점하고 있으니 67명의 주석자중 17인을 제외하고 전부 위의 해석을 따르고 있다.

베드로가 교회의 터가 될 수 없다는 사실은 그의 여러 가지 약점으로 뚜렷하게 나타난다. 겟세마네 동산에서 주님의 부탁이 있음에도 불구하고 기도해야할 시간에 졸은 것이다. (마태복음 25장 40절)

또 그뿐 아니라 그의 급한 성격은 대제사장의 종의 귀를 베는 경솔한 일을 하고 주님에게 책망을 들었다.(마태복음 26장 51절) 또 주님과 같이 죽는다고 하던 그가 막상 위기에 직면할 때 주를 세 번이나 모른다고 하는 부끄러운 범죄를 행한 것이다. 오순절 이후에도 베드로는 불완전한 일을 행했다. 즉 갈라디아 2장 11-13절에 있는 대로 양심에 가책이 있음에도 불구하고 이방인과 함께 음식을 먹다가 유대인이 들어오자 슬그머니 물러간 것이다.

베드로가 사도 중 제 일인자라는 것은 성경에 지시한 곳이 없다. 제자들은 모두 동일한 등급에 속하였다. 도리어 야고보 같은 제자는 예루살렘 교회의 수장이 되었다. 또 예루살렘 공의회의 사회자 자격으로 있었던 것 같다(사도행전 15장 13-19절). 다 같은 등급에 있음에도 불구하고 야보고보는 지도자격이 되었고 여러 번 선두에 기록되었다. 사도행전 12장 17절에 야보고와 여러 형제에게 이 말을 하라 했고, 사도행전 21장 18절에 바울이 야고보를 보러 갔다 했고, 또 갈라디아 2장 9절에는 교회에서 기둥같이 여기는 야보고와 게바와 요한이라 하여 야고보를 베드로 앞에 썼다.

성 바울은 베드로보다 성경도 많이 저술했고 또 교회도 많이 설립한 모양이다.

그러나 가장 유력하게 참고할 만한 것은 베드로가 자신을 말한 것이다. 베드로는 자신을 교황이라거나 동반하는 다른 제자들보다 뛰어나다고 말하지 않았다. 만일 그가 다른 사도보다 우월한 줄로 알 것이면 그 서신에서 그같은 암시를 보였을 듯하지만 그 서신 중에는 그같은 형적이 도무지 없고 도리어 자신을 가리켜 장로중 하나요, 평범한 그리스도의 일꾼이라고 한 것이다. 베드로전서 5장 1절에 그는 이같이 말했다. "나는 같이 장로된 자라"고. 이는 곧 다른 장로들보다 지나치는 것이 없다고 말함이다.

베드로의 겸손과 자신을 잊고 예수 그리스도를 내세우는 태도는 그 말년에 이를수록 더욱 현저히 나타난다. 그에게는 로마의 교황과 같이 자신이 다른 교직자들보다 뛰어나다고 하는 외람된 태도가 전혀 없었다.

선입관념을 떠나 공정한 안목으로 성경을 관찰하는 사람은 반드시 교황이나 또 그에 대한 사상이 없음을 깨달을 것이다. 베드로는 자신을 장로 중 한 사람으로밖에 말하지 않았다. 베드로는 교회를 세운 반석이 아니다. 또 그이뿐만 아니라 인간은 누구든지 그 직책을 감당할 수 없는 것이다. 예수그리스도만이 유일한 머리요, 터이다.

교회에서 성경의 근본 사상을 잃어 버리고 교황제도를 채용하게 된 것은 초대교회에서 몇 세기를 지난 다음의 일이다.

교회와 국가와의 관계

교회의 국가에 대한 태도는 어떻게 기록되어 있는가? 성경은 이같이 말한다. 기독교내의 교직자나 일반신도는 그 국가에 종속된 국민인 까닭에 그 국가가 제정한 헌법에 순종 또는 경의를 표해야 한다고, 교회의 범위와 국가의 범위는 동일한 것이 아니니 서로 유감이 없도록 진행함이 옳다. 교회가 국가에 대한 의무를 이행하는 것은 좋으나 그 범위를 넘어 국가를 통치하려 함은 불가하다. 또 국가는 교회의 신앙을 존중시하는 동시에 그 책임인 정치를 운행할 것이다.

이같은 의미의 성경구절은 어디 있는가? 주님께서 친히 하신 말씀은 누가복음 20장 25절에 나타난다. 거기 일렀으되 "가이사의 것은 가이사에게 돌려보내고 하나님의 것은 하나님께 돌려보내라"하셨고, 또 마태복음 17장 24-27절까지를 보면 우리 주님은 천상천하에 임금이시지만 세상에 계시는 동안 로마황제에게 납세를 했고 또 그 국법을 순종한 것이다.

주님의 제자들도 주님의 교훈에 의하여 집정자에게 경의를 표했고 또 국법을 순종했다. 로마서 13장 1-7절과 디모데전서 2장 1-2절에는 "모든 사람은 권세 있는 윗사람에게 굴복하라. 권세는 하나님께로부터 나지 않음이 없나니 권세 있는 것은 다 하나님이 정하신 바라"했고, 또 디도서 3장 1절에서 "저희로 하여금 기억하여 다스리는 자와 권세 잡은 자에게 굴복하며 모든 착한 일을 행하기에 예비하게 하라" 했다. 또 베드로전서 2장 13-17절에 "너희가 인간에 세운 모든 법률을 주를 위해 순복하되 왕은 위에 있으니 그리하고 방백은 왕이 보내어 행악하는 자를 징벌하고 선행하는 자는 표창하니 그리하라" "너희가 윗사람을 공경하고 형제를 사랑하고 하나님을 두려워하고 왕을 공경하라" 했다.

집정자와 국법에 대한 교황의 주장은 성경에 반대되는 것이다

국가와 교회의 관계에 대하여 로마교회는 어떻게 가르치는가? 그들은 성경의 교훈과 초대 사도들이 인도하는 교회의 실행에 위반되는 행동을 취한다. 로마교회는 이같이 가르친다. 국가는 교회의 권세 아래에 있을 것이며 교황은 제 군왕을 지배할 것이라 한다. 그들은 또 이같이 말한다. 교황은 '왕국들을 임의로 이동할 수 있다'고 하며 또 군왕의 세력이 인간편에 속하는 것이지만, 신부 등은 그같은 세속의 권세 아래 지배될 수 없다고 한다. 그리하여 신부 등은 국법에 순종하지 않아도 되고, 재판을 받을 수 없다고 한다.

그같이 하여 교황주의는 성경과 일치하지 않는 것이다. 로마교회에서는 군왕의 권력을 인간세력에 종속시키나 하나님의 말씀은 그 권력이 하나님께로부터 난 것임을 말한다.(로마서 13장 1-2절)

그리스도와 사도들은 집정자에게 세를 바쳤다. 그러나 로마교의 주장은 교황과 신부 등은 납세할 필요가 없다고 한다. 교황들의 말은 "신부들은 군왕과 집정자의 권력의 밖에 있다" 하나 베드로는 인간에 세운 법률을 주를 위하여 순복하라"하였고, 로마서 13장 5-6절에 "그런고로 마땅히 굴복하여 노함만 면하려고 하지 말고 오직 양심을 위하여 하라. 너희가 이를 인하여 세를 바치니 그 권세 있는 자는 하나님의 일꾼이 되어 항상 이 일을 다스린다"고 하였다. 그같이 사도들은 기독교 신자는 교직자나 평신도나 다 같이 국법을 순종할 것이며 납세의 책임이 있다는 것을 엄중히 말했다. 그러므로 로마교회의 국가와 교회에 대한 교훈은 성경적이지 않음을 알 수 있다.

그레고리 7세

이상과 같이 모순되는 교리는 1073-1085년까지 교황으로 있은 그레고리 7세로 인하여 더욱 고조되었다. 그가 주장한 이론은 사기적(詐欺的) 문서에 기인한 것으로 그 후 교황과 유수한 로마교 학자들이 그 문서가 허위임을 발견하였다.

교황의 그같은 태도는 마침내 각 국에 큰 영향을 끼치어서 그로 인하여 일어난 유혈참극은 역사가 증명하고 있다. 교황은 밀사를 파송하여 각국에서 일어나는 중대사건에 간섭함으로 집정자와 일반 민중에게 적지 않은 고통을 주었다. 영국의 헨리 2세와 토마스 베케트 사이에 일어난 투쟁[161]과 1618년-1648년까지 계속된 유럽의 30년 전쟁[162]은 모두 교황의 월권적 태도의

161) 헨리 2세(1133~89)와 베케트 대주교(1118?~70) 사이에 발생한 불화는 중세 영국사에서 가장 극적인 사건이며, 교회와 왕권 사이의 충돌의 대표적 사례이다. 헨리2세는 원래 노르망디 공작이었는데 모계를 통해 잉글랜드 왕위 계승권을 주장, 왕위에 올랐다. 또 아키텐 영지를 차지하고 스코틀랜드를 복속시켜 넓은 영역의 통치권을 장악했고 행정과 사법체계를 정비했다. 베케트는 미천한 신분으로 출생하였으나 캔터베리 대주교 시어볼드 밑에서 출세하고, 1154년 헨리 왕이 즉위하자 그의 조정에 들어가 심복이 되어 1161년 왕의 지원으로 캔터베리 대주교가 되었다. 대주교가 되자마자 왕과의 대립이 시작되었다. 당시 그레고리 개혁은 성직자 재판권을 교회에서 독점하는 것이었고 베케트는 이를 지지하였고 국왕 헨리는 전국의 재판권을 국왕에게 통일시키려 했으므로 충돌이 일어났다. 둘 사이의 불화가 확대되자 베케트 대주교는 프랑스로 망명했고 7년여 망명기간 동안 극한 투쟁 상태였는데 교황의 중재로 1170년 말 베케트가 캔터베리로 돌아왔지만 곧 헨리 국왕세력으로부터 살해되었다.

162) 1618~1648년 독일을 무대로 신교(프로테스탄트)와 구교(가톨릭) 간에 벌어진 종교전쟁.

영향이라 하지 않을 수 없다.

그레고리 7세 이후의 교황들도 그의 본을 따르게 되었다. 이노센트 3세 같은 교황[163]은 십자군을 창설하여 프랑스의 엘비젠세스와 대항했고 또 무고한 수천의 대중을 자기 권력에 복종하지 않는다고 살육한 것이다. 이노센트 3세는 1198년에 교황의 위치에 올랐는데 그때 선언하기를 "나는 모든 군왕과 제후 위에 있다. 그리스도는 세계의 통치권을 교황에게 허락하신 것이다. 최상자(最上者)는 나뿐이니 나만이 하나님의 지위를 차지할 수 있다"고 하였다.

보니파스 8세

선배들의 뒤를 따라 보니파스 8세[164]도 1302년에 선언하기를 "교회에는 두 가지 검(劍)이 있으니 영적인 것과 세속적인 것이다. 그들은 모두 교회에 종속하는 것인데 후자는 전자에 복종할 것이다"라고 했다.

바울 4세

1558년 교황 바울 4세[165]는 말하기를 "교황은 하나님을 대신했기 때문에 국가와 제왕 위에 권력을 잡았다. 그러므로 그가 남을 지배할 수는 있으나 누구나 그를 지배할 수는 없다. 군왕들은 마땅히 이교(異教)에 들어갈 수 없

독일의 신교(프로테스탄트)와 구교(가톨릭) 간의 반목으로 이어진 종교적 정치적 전쟁이었다. 1648년 베스트팔렌조약이 성립되어 30년간의 종교전쟁은 종지부를 찍었다. 이후 독일 내의 가톨릭·루터파·칼뱅파는 각각 동등한 지위를 확보했다.

163) 이노센트 3세(1161~1216)는 1198년-1216년까지 로마 교황으로 재위했다. 37세에 교황이 되었는데 신성로마제국 황제와 대립하여 교황권을 강화했고 영국의 존 왕과 캔터베리 대주교의 임명 문제로 다투다가 왕을 파문하고 프랑스 왕 필리프 2세의 이혼 문제를 이유로 파문하였으며, 이단파가 정통으로 복귀하도록 힘썼다. "교황은 태양이요, 황제는 달"이라는 그의 말이 그의 권위를 상징하는 표현으로 기억되고 있다.

164) 보니파시오 8세(Bonifaz Ⅷ, 재임 1294년 ~ 1303년)

165) 바오로 4세(Paul Ⅳ, 재임 1555년~1559년)

으니 그같이 되면 그 지위를 빼앗길 것이라"고 하였다.

그밖에도 피오스 9세[166]나 네오 13세[167]의 주장한 바가 있으나 생략한다.

이상으로 보아 교황의 주장은 비성경적임과 또 지상에 있는 하나님의 권리를 찬탈하는 월권적 행위임을 단정할 수 있을 것이다. 여기에 이어서 디모데후서 2장 3-4절을 주시할 필요가 있다.

로마교인 중에는 이상과 같은 그릇된 사상을 아직까지 소유한 자가 적지 않다. 그들은 교황을 유일(唯一)의 숭배자로 아는 것이 하나님께 대한 불경(不敬)인 것을 알지 못한다. 한 사람이 두 주인을 섬길 수 없는 것은 진리이다.

---

166) 비오 9세(Pius Ⅸ, 재임 1846년~1878년)

167) 레오 13세(Leo XⅢ, 재임 1878년~1903년)

15. 신앙 자유에 대한 로마교의 오해 및 박해

『신학지남』 20권 2호(1938년 3월호)

성경에 가르친 대로 인간의 종교신앙은 자유이니 각 사람의 양심의 지시에 의하여 하나님을 경배할 수 있는 것이다. 사람 가운데 누구든지 또는 어느 교회도 이 신앙 자유를 빼앗을 수 없다. 성경에 이 같은 말이 있음을 주의하라!

"전국 거민에게 자유를 공포하라"(레위기25장 10절)

"형제들아 너희들을 자유롭게 하시려고 부르셨나니"(갈라디아서 5장13절)

"진리를 알지니 진리가 너희를 자유케 하리라 … 그러므로 아들이 너희를 놓아주면 너희가 참으로 놓이리라"(요한복음 8장 32-36).

"그리스도께서 우리에게 자유함을 주어 자유하게 하셨으니 그러므로 굳세게 서서 다시는 종의 멍에를 메지 말지니라"(갈라디아서 5장 1절).

박해란 복음에 있어서 그리스도께서 권장하신 것이 아닐 뿐 아니라 이는 도리어 복음정신에 배치되는 사탄의 수단이다. 기독교의 복음 선전, 천국 건설의 방법은 권유 친절 화평 등이니 우리는 폭력보다 사람의 힘, 진리의 힘으로 극복하는 것이다.(디모데후서 2장 24-25절, 베드로전서 2장 15절) 폭력은 결코 신앙의 소유자에게서 그 신앙을 빼앗을 수 없는 것이기 때문에 박해는 결국 어리석은 것이다. 인간에게 진정한 고통이 있다면 양심의 고통이 그것일 것이다. 오직 약자뿐이 박해로 인하여 가면을 쓸 수 있는 것이다. 그들도 오직 고통을 피하기 위하여 신앙상 변절을 선언하는 것뿐이다. 박해는 부정한 것이요, 또 잔인한 것이니 악한 것이다. 고문, 감금, 재산압수, 불명예, 피습 등은 당사자에게뿐 아니라 그와 관련된 무고한 가족이나 친구에게까지 불행을 끼치는 것이다.

경정교회는 신앙상 자유의 투사이다

경정교회 신자는 시민권과 신앙 자유권을 소유한 자이다. 프랑스의 위그노당과 윌리엄 차일던트 때 네덜란드 신교도들과 북미로 이주한 청교도들은 모두 경정교도들이었다. 경정교국가인 영국과 구교 국가인 스페인 또는 이탈리아와 스웨덴 북아메리카 합중국과 멕시코 및 남미를 비교해 보라! 일찍이 영국의 유명한 재상이었던 글래드스톤[168]은 구교에 대하여 이같이 언명한 일이 있다. "이 구교는 우리나라 전국의 자유 기풍을 저상(沮喪)한다." 신교의 신앙자유 사상과 구교의 신앙자유 압박은 국민정신과 도덕에 큰 영향이 있는 것으로 전자는 적극적으로 진출하나 후자는 쇠퇴한다고 신앙을 갖지 않은 학자까지도 말한다.

박해가 일어나는 원인은 교황은 오류가 없다는 것과 교황절대권설 등에 있다. 역사가 증명하는 대로 연약한 인간성 가운데는 절대권을 일차 장악한 다음에 결코 그 권세를 상실하지 않으려하는 것이 있다. 교황이 주장하는 이론은 상당한 식견이 있는 이라도 스스로 속기 쉽다. 교황의 주장은 이렇다. "하나님에게 받은 절대권은 오직 내게 국한된 것이므로 내게는 오류가 없으며 권리행사를 마음대로 할 수 있으므로 물론 엄혹한 형벌이나 잔인한 박해라도 사용할 수 있는 것이다"라고 한다. 많은 사람들은 이와 같은 교황은 오류가 없다는 주장을 참인 것 같이 여겨서 비록 그가 잔인한 죄악을 행하

---

168) 윌리엄 이워트 글래드스턴(William Ewart Gladstone, 1809년-1898년). 영국의 전 총리. 성공회 소속이며, 신학적으로는 고교회파(High Church) 즉, 전례, 성사 등의 교회전통을 중요하게 생각하는 전통주의 노선을 걸었다. 1833년 보수당 하원의원이 되었다. 필 내각 때에 관세 개혁을 하여 자유무역의 길을 열었다. 또한 1852년 애버딘 연립 내각의 재무상이 된 후, 1853년에 획기적인 예산안을 성립하여 재정가로서의 명성을 확립하였다. 1867년 자유당의 당수가 되고 보수당의 디즈레일리와 상대하여 전형적인 정당 정치를 전개하였다. 여러 번 재무장관이 되어 활약하였다. 1868년-1894년까지 4번이나 자유당 내각을 만들어 교육 제도를 고쳐 국민 누구나 교육을 받을 수 있게 하였다. 1894년 정계에서 은퇴하여 하워든에서 연구와 연설로 여생을 보내고, 백작 작위를 사양하여 위대한 평민(The Great commoner) 으로서 일생을 마쳤다. 그는 자유주의 입장에서 하층 계급의 불만을 해소시키기 위해 많은 개혁을 단행하였다.

여도 아무런 판단을 내리지 못하게 되었다. 그들은 그같이 신앙 자유를 무시하기 때문에 허다한 신자들을 고난에 빠지게 한다. 그러면서도 자기들은 잘 하는 줄로 알고 있다. 역사는 이상의 사실이 참이라는 것을 증명하고 있다. 영국에서 위클리프를 박해한 것이나 영역 성경의 효시인 틴달[169]의 순교나 얀 후스[170]의 화형 등은 그 실제의 예일 것이다. 그들의 순교는 교황제도의 죄를 통렬하게 논박하고 또 거기에 반기(反旗)를 들었기 때문이다. 지롤라모 사보나롤라[171]의 수형은 교황 알렉산더 6세를 공격하고 개혁을 역설했기 때문이다. 영국에 있어서 청교도는 3년 동안 구교 신자인 여왕 메리로 말미암아 300여명이 처형되었다. 파리에서는 성 바돌로매 기념일에 3만명에 걸친 위그노당원들을 학살하였다.[172] 이는 교황 5세의 명령에 의하여

---

169) Tindal Matthew(1657 ~ 1733). 영국의 이신론(理神論)자. 자연적인 이성(理性) 종교는 창세기에 이미 완성되었고 또한 기독교도 그것의 부활이므로, 성직자에 의한 자연 종교의 왜곡이나 초자연적인 계시는 불필요하다고 주장하며, 로마카톨릭교회의 교권에 반대하고, 양심의 자유를 주장하였다.

170) 얀 후스(Jan Hus 1372 ~ 1415)는 남부 보헤미아의 후시네츠 마을에서 가난한 농부의 아들로 태어났다. 프라하 대학에서 신학을 공부하고, 1398년 이 대학 교수에 취임하였다. 영국 위클리프의 개혁사상에 강하게 영향을 받았고 성직자, 교회의 토지소유, 세속화를 엄격하게 비난했다. 그의 체코어 설교는 민중의 마음을 사로잡았다. 그는 성경을 체코어로 번역하였다. 그는 위클리프의 사상을 학내에서 강의하고 면죄부 판매를 공격했기 때문에 프라하 대주교로부터 또 로마교회에서 파문되었다. 그후 저술에 몰두하여『교회에 대해서(De Ecclesia)』,『설교서』등을 저술했다. 1414년, 후스는 콘스탄츠 공의회에 소환되어 체포되었고, 이단의 죄를 받고 이듬해 7월 처형되었다. 공의회의 처사에 격노한 후스 지지자들이 황제와 교회를 적으로 돌려 반란을 일으켰는데 이를 후스파 전쟁이라 한다.

171) 지롤라모 사보나롤라(Girolamo Savonarola, 1452-1498). 이탈리아 페라라 출생. 도미니크회 수도원에 들어가 공부, 1491년 피렌체의 성마르코수도원장이 되어, 교회혁신을 위한 설교와 예언자적 언사로써 신도들을 지도하여, 시민의 정신적 지도자와 같은 지위에 올랐다. '하느님의 노여움'이라고 그가 예언한 1494년 프랑스 샤를 8세의 프랑스군의 이탈리아 원정은, 이탈리아인들에게는 신벌(神罰)로 받아들여졌다. 교회 내부개혁에는 지지를 받았으나 시민의 사치품과 이교도적 미술품 및 서적을 불태웠는데 이를 '허영의 소각'이라 했다. 이런 방법이 과격하다하여 반감이 크게 일기도 했고, 교황알렉산드르 6세, 프란체스코회와의 대립하다가 화형(火刑) 당했다. 주요 저서는『십자가의 승리』*Triumphus crucis*, '*Compendium revelationum*'이다.

172) 1572년 8월 24일 성바르톨로메오(St. Bartholomew) 축일에 카톨릭에 의한 위그노 대학살이 일어났고 이후 신교와 구교 간의 격렬한 싸움이 이어졌다.

행해진 것이다.

300여년에 걸쳐 교황이 세운 종교재판소는 전 유럽에 설치되었고 또 그 기관을 통하여 90만 이상의 신교도들이 그리스도를 위해 피를 흘렸다. 오히려 20세기에 있어서도 로마교의 박해는 없지 않았다. 4-5년 전 캐나다의 퀘벡에서 신약성경을 읽고 구교에서 신교로 개종한 두 사람이 어떤 신부의 모함으로 투옥된 사실이 있다. 중앙아프리카 또는 남아프리카 선교사들에게서 오는 소식을 들으면 그 지방에 있는 구교에서 신교 선포에 큰 간섭을 하며 또 때때로 큰 장애를 준다고 한다.

로마교가 이 땅에 있을 때까지 종교상의 박해는 없을 수 없다. 여러 가지 환경으로 혹 방식이 변하고 얼마간 정지할 수는 있으나 반드시 때를 얻게 될 때 다시 그 권리를 행사하게 될 것이다.

교황 중에는 신교(新教)에 대한 잔인한 박해에 대하여 그릇된 것으로 생각하거나 또는 그같은 행동이 인간의 자유를 유린함인 줄을 깨달은 이가 없다. 교황은 신교에 박해를 가함으로 그 세력을 감소시키려 한다. 또 교회의 권리를 인정하지 않고 오히려 국법으로 정죄할 것이라 주장한다. 신교에서는 그같은 박해에 반항하지 않았다. 그러나 공정한 안목으로 그같은 행동을 살피는 이는 누구든지 그 책임을 구교에 돌리지 않을 자 없을 것이다. 로마교회는 그리스도교회를 부인하려는 노력에 실패하였으나 아직까지도 그 행동을 이어주고 있다.

교황 피어스 9세는 이같이 선언했다. "현대에 신교가 각국에 성행함은 온당하지 않으니 각국에서는 반드시 로마교만 존재해야 할 것이다. 그같이 되게 함에는 어떤 수단을 써도 관계 없다"고 한다. 그같은 사상으로 교황제도를 반대하는 교회는 단연 그 존재를 허락할 수 없는 것으로 가르친다.

교황 네오 8세는 이교도에 대하여 사형에 처함이 마땅하다고 선언하였다. 1901년 로마에 있는 구교 소속 어느 대학교수는 누가의 이름으로 한 책을 저술하였는데 그 책에도 이교도는 반드시 사형에 처함이 마땅하다고 하였다.

또 대승정 네피시어는 서기 1910년에 그 저서에서 말하기를 만일 어떤 이교도가 생겨 공중 앞에 그 이단적 교리를 선포함으로 많은 사람에게 유혹을 주는 일이 있으면 그 같은 이는 마땅히 파문할 것이요, 또 그 생명을 빼앗음으로 그 이름을 제거함이 마땅하다고 하였다. 또 워싱톤에 있는 어느 구교 소속 대학교수 라인은 "카톨릭 국가에서 이교를 어느 정도는 허락할 것이지만 그들의 적극적 선전이나 또 교직자의 면세 등은 허락할 수 없는 것이다"라고 하였다. 누구나 그같은 어리석은 주장에 넘어갈 수는 없을 듯하나 지금도 그 주장을 선전하며 지지하는 자들이 적지 않다.

로마교회는 교육기관을 자기들이 운영하고 조종하려고 한다. 피어스 9세는 로마교회 이외의 교육기관을 부인할 것이라고 하였다.

또 결혼문제에 있어서 국법과 배치된다. 로마교회의 주장은 수세자의 결혼은 국법도 간섭할 수 없는 것이라고 한다. 그들의 말은 자기 교회에서 부당하다고 인정하는 결혼을 국가에서 시인할 수 없다 하며 또 자기 교회에서 시인하는 결혼을 국가에서 마땅히 시인하여야 한다고 하며, 결혼식 주례는 신교목사나 그밖의 관리가 집행하는 것이 불가하다고 주장하였다.

교황은 성서공회를 증오한다

하나님의 명령에 의하여 생명의 말씀을 선포하는 성서공회를 교황은 지극히 미워하고 저주한다. 그러나 전세계 각국에 성경을 나누어주는 이 고귀한 복을 누가 능히 빼앗을 수 있으리요? 성서공회는 성경을 갖지 않은 모든 방언으로 번역하였다. 그리고 매년 수백만권 이상의 성경을 발매하고 있다. 이는 진실로 칭찬할 만한 일이다. 서기 1816년 교황 피어스 7세는 이 성서공회를 논하여 "종교의 기초를 뒤집는 음흉한 모임이다"라고 하였다. 교황 네오12세는 서기 1824년 성서공회를 저주했다. 교황 피어스 8세는 성서공회를 가리켜 "마귀의 복음을 백성에게 선포하는 모임"이라고 하였다. 교황 피어스 11세 역시 1878년 성서공회를 가리켜 무식한 민중에게 성서를 제공하는 교활한 모임이라고 하였다.

현대에 있어서도 로마교회는 성경의 보급을 원하지 않는다. 각처의 성경을 보급 판매하는 사람들의 보고에 따르면 로마교회는 각처에서 성경을 판매하는 일을 방해하여 심한 경우는 불에 태우기까지 한다고 한다.

이같은 잘못된 행태는 모두 교황의 그릇된 교훈에 기인한 것이라고 하지 않을 수 없다. 로마교의 주장과 행동은 이상과 같이 국법과 각 개인의 권리를 침해하는 것이 적지 않다. 멕시코, 남아메리카, 이탈리아, 스페인 등은 이 구교로 인하여 고통을 당하는 곳들이다. 그들의 압박을 불만스럽게 생각하여 일어난 운동은 필리핀에서 이미 일어났고 또 현재 스페인에서 일어난 사실들이 곧 그것이다. 인간에게는 하나님께 받은 신앙 자유가 있음을 알아야 하겠고 또 우리는 그것을 가지고 하나님께 영광을 돌려야 하겠다.

결론

이상 몇 편의 논문에서 우리는 아래의 몇 가지를 표시하려고 노력했다.

1) 믿는 사람은 하나님의 아들 되는 가장 고귀한 특권을 소유했다.
2) 믿는 사람은 예수의 복음 안에서 그 영광이 지극하다.
3) 예수의 속죄는 선택된 각 개인의 받을 형벌을 대신 받으셨으므로 우리에게는 다시금 더 형벌 받을 조건이 없다.
4) 인간을 구속함과 또 그 교회를 설립하시려는 목적으로 속죄와 완전한 구원을 얻음을 성령과 성경을 통하여 완성하신 것이다.

이상 논문의 주된 취지는 성경에 근거하여 경정신앙이 근본 성경적 신앙인 것과 경정교회가 기독신앙을 그대로 파악한 점에서 진정한 하나님의 교회임을 명시하려 함이다. 물론 우리들은 하나님의 완전하심에 비추어 볼 때 너무나도 그 거리가 먼 것을 자인하지 못하는 바 아니지만 우리는 예수를 의

지하여 기쁜 마음으로 하나님 앞에 나아가게 되었음을 의심하지 않는다. 주님이 우리를 택하심은 "자기 앞에 영화로운 교회로 세우사 티나 주름 잡힌 것이나 이런 것들이 없이 거룩하고 흠이 없게 하려 하심이니" 우리의 기쁨은 형언할 수 없는 것이다.

성경에서 이미 본대로 하나님의 교회의 머리는 그리스도 이외의 누가 될 수 없는 것이다. 만일 누가 자기를 가리켜 하나님 교회의 머리라고 하면 이는 창조주의 지위를 빼앗는 가장 큰 불경이 될 수밖에 없다.

이미 우리들이 본 바와 같이 성경에는 교황을 명한 일도 없고 또 베드로를 가리켜 교회의 반석이라고 한 일도 없다. 다만 이 교황제도는 주 후 100년경부터 시작된 것이다. 이 제도에 모순과 결함이 많고 또 비성경적임도 사실이나 오늘날까지도 큰 세력을 가지고 계속해 오는 것은 다름 아니다. 인간은 이 세상의 권력, 지위, 명예, 재물, 등을 언제나 갈망하기 때문이다. 그러므로 이 제도는 끝까지 계속될 것으로 의심치 않는다.

우리는 또한 이같이 확신한다. 신구약성경은 성령의 영감으로서 하나님의 말씀인 것과 또 이것이 신자의 신앙과 그 생활의 기준이 되기에 완전하며 또 구원을 완성함과 모든 선행을 하기에 원만한 지침이 됨을 확신한다. 그러나 로마교인들이 말하는 바 "인간의 전설도 신앙 규율이 될 수 있다"는 것이다. "성경은 원만한 것이 아니라"함이니 "성경은 모든 쟁론을 판단할 능력을 소유하지 못했다"는 것이나 "성경은 평민이 읽기에 합당하지 않다"는 것과 같은 주장은 성경을 저술케 한 하나님을 욕하는 것이 되며 영생에 들어가는 인간을 막는 장애물이 된다. 또 우리의 경배대상은 삼위(三位) 신(神) 이외의 어떤 물형이나 화상, 상상적 어떤 존재물이 있을 수 없다. 로마교의 물형숭배나 화상경배 등은 하나님의 명령에 위반되는 바가 크다.

또 성경은 말하기를 하나님만이 인간의 죄를 구할 수 있다고 하였다. 그러하거늘 어떤 사람이 있어서 자기 힘으로 죄를 사(赦)할 수 있다고 하여 하나님이 하실 일을 대신하는 경우 그 행동을 묵인할 수 있을까? 이 역시 하나님의 하실 일을 월권함이니 용서할 수 없는 불경이다. 로마교에서 신부에게 사죄의 특권을 준 것은 크게 그 그릇되었다.

또 성경의 교훈에는 하나님과 인간 사이에 유일의 중보가 있음을 명시하였으니 그를 통하여서만 죄인이 거룩한 하나님 앞에 나아갈 수 있으며 그에게로부터 오는 축복을 받을 수 있는 것이다. 그러나 로마교회에서는 대담하게도 교직자들이 하나님과 인간 사이에서 유일의 중보자 예수께서 받으실 영광과 또 권리를 행사하고 있다. 이 역시 큰 죄라고 하지 않을 수 없다.

예수 그리스도께서 드린 속죄 제사는 단번에 드린 것으로 충분히 그의 백성의 죄를 속한 것이다. 로마교회에서는 이른바 미사라고 하는 제사 규정을 설정하고 죄인의 속죄를 위하여서는 예수의 대속만으로는 불완전하므로 미사제를 거행하게 된 것이다. 이는 예수의 대속공로를 무시하는 크나 큰 죄과이다.

성찬은 예수의 수난과 영원한 사랑을 기억하기 위하여 그의 몸된 교회에서 거행하는 것이지만 로마교인들은 신부에게 어떤 신비로운 능력이 있어서 떡과 포도즙을 예수의 살과 피로 변하게 하는 줄로 잘못 믿는다. 사실이 아닌 것을 사실처럼 엮어서 숭배하는 것은 곧 우상숭배이니 로마교의 성찬 떡과 포도즙을 사실상 예수의 살과 피로 알고 먹게 함은 신자를 기만함이며 물건에 치중함이다.

우리 양심의 주인공은 오직 하나님이시다. 어느 인간도 이 양심의 자유를 빼앗을 수 없는 것이다. 로마교에서 교황이 하나님 대신으로 인간의 자유 양심을 지도하려 함은 큰 잘못이다.

교황의 사죄권 주장이나 사자(死者)에 대한 미사 등도 성경에 비추어 볼 때 하나님의 구속 사업에 배치되는 것이며 모든 무지한 신도들의 심령을 속이며 예수그리스도의 순수한 피를 더럽힘이다.

성경에 비추어 볼 때 로마교의 주장과 행동을 볼 때 우리는 그들이 사도들의 신앙에서 멀리 떠났고 또 하나님의 교회로 자처하는데 오해가 많은 것을 인정하지 않을 수 없다.

로마교회의 그릇된 주장과 교훈이 있는 반면에 신교에서는 아래와 같은 신앙고백을 선언하고 있다.

1) 예수만이 교회의 머리이다.
2) 예수만이 교회의 터이다.
3) 하나님 말씀만이 우리 신앙의 기준이다.
4) 성 삼위만이 우리의 경배대상이다.
5) 예수만이 신과 인간 사이의 중보자이다.
6) 예수만이 대속(代贖)자이시다.
7) 예수의 속죄(贖罪) 제사만이 유일한 사죄의 제사이다.
8) 하나님 앞에서만 죄를 고백할 것이다.
9) 절대자는 오직 하나님뿐이다.
10 고행보다 회개한 다음 새로운 사람에 나아갈 것이다.
11) 사죄권(赦罪券)보다 죄에서 멀리 떠날 것이다.
12) 연옥(煉獄)보다 영원한 천국
13) 그리스도인의 자유하는 양심
14) 성령(聖神)과 연합하는 것

이것이 하나님의 아들로서의 우리의 특권이다. 여기에 하나님의 진리가 있다. 이 진리는 곧 우리를 구원하는 복음이다.

성경에 의하여 개신교회에서는 영광을 오직 하나님께만 돌리는 것이다.

이는 우리 개신교회 신자의 마땅히 행할 유일한 목적이다. 우리는 복음진리를 중심으로 믿고 또 그대로 살아야 하겠다. 우리는 마땅히 가정에서 자녀들에게 하나님의 말씀을 바르게 가르칠 것이며 가족으로부터 오직 하나님께만 경배하기를 힘쓰며 저들에게 주일을 엄수하여 하나님의 교회를 사랑하고 또 이를 받들어 섬기도록 해야 하겠다.

우리는 현대에 있어서 현대주의를 마땅히 배격해야 될 것이며 동시에 교황주의를 방지해야 하겠다. 성경을 훼손하는 거짓교사들을 삼가야 하겠다.

개신교회 신자들은 할 수 있는대로 로마교인들을 위하여 기도해야 할 것이며 또 그들을 극복하기 위해 선으로 힘써야 하겠다. 우리는 여러 가지 방면으로 그들을 지도하여 참다운 하나님 말씀에 귀의하게 하며 하나님의 자녀가 되게 해야 하겠다.

부록 : 편하설 부인의 KMF 기고문

부록 : 편하설 부인(Helen Blauvelt Kirkwood)의 KMF 기고문(8편)

1. Letter from Pyengyang(평양에서 보낸 편지) Vo.10, No. 3(1914.3)
2. Worker's Bible Class of Pyengyang(평양 제직사경회) Vol.10. No. 5(1914. 5)
3. School for Missionaries Children at Pyengyang (평양에서의 선교사 아이들을 위한 교육) Vol.11No. 5(1915.5)
4. Women's Missionary society of Pyengyang City Presbyterian Churches(평양 장로교회 부인전도회)' Vol.11, No. 7(1915.7)
5. What are you doing in your station for the help of Mothers. Especially in the Home and with Little Children Pyengyang(엄마들을 돕기 위하여 당신의 선교지부에서 당신은 무엇을 하고 있는가? 특히 집에서 그리고 어린아이들과 함께) Vol.12 No. 4(1916.4)
6. Layman's Home (평신도의 가정) Vo.14No. 10(1933.10)
7. The Introducing Christian Literature to Bible Institute Students(성경학교 학생들을 위한 기독교문학 소개) Vol.33, No. 6(1937.6)
8. Early Days of Kindergarten Work in Pyengyang(평양에서의 초기 유치원 사역) Vol.35, No. 12(1939.12)

1. 평양에서 보내는 편지

KMF 10권 3호(1914. 3)

KMF에서 사용할 수 있는 몇 개의 평양보고서를 보냅니다.

두 명의 새로운 어린 선교사들이 이달에 도착하였습니다. 에디쓰 루이지 필립은 12월 6일에, 에디쯔 엠마 블레어는 12월 30일에 도착했지요. 두 가족으로 우리는 더 행복했고 우리 모두는 그들을 반겼습니다.

12월은 남자성경학교의 수업이 진행되는 달입니다. 70명이 이 달에 공부했습니다. 두 번째 학기는 1월에 계속됩니다. 177마일이나 떨어진 왕산에서 온 앞길 유망한 사람이 몇 년째 공부하고 있습니다. 해마다 그는 이곳에 머무는 동안의 학비를 조달하기 위하여 꿀을 가져와 판매합니다. 우리는 그를 허니맨(honey man)이라고 부릅니다. 그 꿀은 역시 양질입니다.

이곳에서 성탄절 전후는 항상 매우 바쁘고 행복합니다. 올 해도 예외가 없습니다. 평양에 있는 모든 교회들을 위한 성탄절 프로그램을 준비하는 방법은 전에 이미 썼지만 반복합니다. 이 도시에 있는 일곱 교회 모두를 대표하는 도당회에 의하여 지명된 위원회가 이 문제를 다루고 있습니다. 이 위원회에는 외국인 목사가 있습니다. 그가 아이디어들을 제공할 것입니다. 해마다 새로운 프로그램을 만들어 낸다는 것은 쉬운 일이 아니지만 마우리(Mowry)씨는 그 상황을 잘 충족시키고 한국인 위원들과 아주 성공적인 프로그램을 정리해냅니다. 같은 프로그램이 모든 교회에 제공됩니다. 모두들 만족해 합니다. 봉사 책임을 맡은 사람들의 훈련은 선교 지부의 다른 멤버들이 책임지고 수행합니다. 성탄절 전야는 교회들이 군중으로 넘쳐 나며 우리는 그때 뿌려진 씨앗이 탄생의 주인공 구주에 대하여 참으로 알기를 원하는 불신자들을 그날 저녁예배 때 교회로 이끌어 오는 열매가 된다고 믿습니다.

성탄절 아침에 드리는 또 다른 예배가 있습니다. 이때 아이들에게 선물을 줍니다. 돈을 주기도 하고 또 가난한 사람들에게 다른 물건을 선물로 줍니다.

우리는 새로운 것을 계획하고 있습니다. 평양 노회의 목사들이 몇 달 전 협력회의에서 만났을 때 몇몇 한국인 목사들이 제안한 희망 사항이 있는데, 그것은 그들의 아내들에게 다소 특별한 교육이 있었으면 하는 것이었습니다. 선교사의 아내들은 영향력의 중심지가 가정이라는 것을 알고 있으며 그래서 우리는 이 도시에서 2월에 개최하는 목사의 아내들을 위한 5일간의 집회를 준비하였습니다. 초청장이 우리 노회의 모든 목사의 아내들에게 발송되었습니다. 우리는 아침기도회와 아침성경공부를 기획했고 오후에는 우리의 집에서 집회가 열릴 것입니다. 이 집회는 이 여성들이 목사의 아내로서의 그들의 의무를 이해하는데 도움을 줄 것입니다. 어떤 집회는 목사들이 인도할 것입니다. 이 여성들이 어떤 반응을 보일 지 아직 모릅니다만 우리는 나중에 보고하겠습니다. 이런 희망은 이들 한국인 목사들이 제시하였는데, 그들이 전진하고 있는 노선을 우리들에게 보여주고 있고 우리는 기도와 사역으로 그들을 도울 준비가 되어 있습니다.

2. 평양의 제직사경회

KMF 10권 5호(1914. 5)

중심지로서의 여자성경학원에서 개설하는 많은 부인사경회들 가운데 하나는 제직사경회로 알려져 있다. 그것은 해마다 초가을에 열리는데, 평양시내에 있는 교회들에서 선발된 여성들과 평양선교지부의 사역 테두리 안에 연관된 교회의 여성들만이 모임에 참석할 수 있다. 이 수업의 목적은 장차 밖으로 나가서 시골교회의 여성들에게 성경공부를 인도할 수 있도록 준비시키는 것이다. 해마다 공부의 한 과정이 이들 수업을 위하여 계획되고, 같은 프로그램이 모든 수업에 뒤 따른다. 크고 강한 교회에서는 여성들이 세 개의 반에서 공부한다. 다른 교회에서는 두 개의 반이다. 신입과 수업 성과가 낮은 반에서는 모든 여성들이 한 반에서 함께 공부하는 것이 좋다. 초급반에서는 해마다 교과가 같다. 즉 마가복음 처음 네 개의 장, 그리고 요리문답이다. 두 번째 단계와 세 번째 단계 반에서 배우는 내용은 해마다 달라진다. 올 해 두 번째 단계반에서는 누가복음 요한복음의 교훈을 가르친다. 세 번째 반에서는 여호수아서와 골로새서를 배운다. 이 모든 학습을 위한 인쇄자료는 선교지부의 여성선교사들이 준비한다. 올 해는 8,000매 정도의 인쇄물이 수업에서 사용되었다.

제직사경회 두 주간의 수업 프로그램은 그들이 시골의 성경공부반에서 가르쳐야 할 주제들을 여성들에게 교육하는 것으로 구성되어 있다. 또한 시골에 있는 여성들을 위하여 준비된 것으로 실제적인 집회들이 이들 선생들에게 주어져 있는데, 아침기도회 주제들과 마찬가지이다. 각각의 학습을 시작할 때에 시골에서 그녀가 가르쳐야 하는 것과 똑 같은 방식으로 한 여성을 불러 세워서 그에게 전날 배운 것을 복습하게 하는 것은 관습이다. 짧은 시간 동안 그녀가 가르친 것을 비평하게 한다. 이들 여성들 가운데 일부가 행한 좋은 비평을 보는 것은 매우 흥미로운 일이다. 그들은 사랑과 친절의 정신으로 비평한다. 이 모든 일들의 목적은 이들 선생들이 하나님의 말씀을 배우고자 하는 사람들에게 분명하게 이해할 수 있는 방식으로 전달하는 것을 돕는데 있으며, 하나님의 인도와 복 주심으로 그들 자신의 영적인 삶을 강화시킬 것이다.

몇 년 동안, 목사의 아내들은 그들 남편 목사들의 상담권 안에 있는 교회들의 여성들을 위한 성경공부반(사경회)의 계획을 수립해 왔다. 물론 남편과 남편을 돕는 조사들과 함께 했다. 우리는 이 일이 좋은 결과를 얻었다는 것을 발견한다. 지금은 이 일이 어떻게 이루어졌는지에 대하여 딱 한 마디 말할 것이 있다. 사역자성경공부반(제직사경회)이 가동될 때에 선교사의 아내들이 남편의 구역에서 온 여성들과 만나는 시간, 그리고 그녀가 함께 일하는 도시의 여성들과도 시간이 분리되어 있다. 구역의 일은 이미 대화가 끝났고 장소와 선생들과 수업할 날자가 정리되었다. 이 목록은 만들어져야 할 프로그램과 교정의 일에 대해서 그의 조사들과 상의하는 목사에게 달려 있다. 이들 학습반은 11월부터 이듬 해 3월까지 개최된다. 우리는 김장할 시기와 한국의 새해 기간을 명확하게 조정하려고 애쓴다. 왜냐하면 이 때 한국의 여성들은 매우 바쁘고 따라서 공부를 잘 할 수 없기 때문이다. 우리들은 수업이 개설될 교회의 여성들에게 편지를 쓰는 것이 좋다는 것을 알았다. 그들의 일을 정리하여 가능한 한 자유롭게 공부할 수 있고, 수업이 시작하기 전에 기도회에서 자주 만나 하나님의 말씀을 받아들일 수 있는 준비를 하도록 요청하는 편지를 내기로 한 것이다. 이들 편지와 수업의 개요를 보내는 것, 그리고 수업의 보고서를 받는 일은 우리를 시골 사역에 붙들어 놓는다. 비록 우리가 그 여성 자신들을 볼 수 없을 지라도 그러하다. 가능한 한 멀리, 하나 또는 중심적인 학습반이 이 지부 선교사들의 아내들에 의하여 권역 안에 세워져야 한다. 이들 학습반은 모두 한 주간 동안 각각 열린다. 오전 오후 수업기간이 끝나면 대부분의 여성들은 불신자들에게 전도하러 나가 그들을 저녁 예배에 데려오려고 노력한다.

지난 가을 105명이 사역자학습반(제직사경회)에서 공부했다. 이들 가운데 15명은 한국교회로부터 봉급을 받고, 또 다른 15명은 외국인 기금으로부터 급여를 받는다. 다른 사람들은 무급으로 봉사한다. 어떤 이들은 단 한 반을 위해서 밖으로 나가고, 다른 사람들은 그 환경에 따라서 더 많이 하기도 한다.

현재 시점까지는 보고서가 모두 들어오지는 않았지만, 131개 학습반이 개설되었고, 총 4,988명이 참석하였다. 지난 해는 125개반이 개설되었고, 4,231명이 참석하였다. 이러한 현상은 사역자 학습반의 여성들에 의하여 개설된 학습반을 포함한다. 그러나 선교사들이 개설한 것은 들어 있지 않다.

그와 같이 말씀은 뿌려졌고, 우리는 감사하고 있으며, 그것이 좋은 옥토에 떨어져 100배 이상의 열매를 맺기를 기도한다.

3. 선교사들의 아이들을 위한 학교

KMF 11권 5호(1915. 5)

지난 여러 해 동안 평양의 선교사 엄마들이 받은 은혜를 헤아려 볼 때, 우리 선교사 아이들을 위한 학교가 크게 감사할 일로 기억되었다. 이제 다른 지부의 엄마들도 그들의 받은 복들 속에 그것을 특히 감사할 일로 회상하고 있다.

선교사 아이들을 위한 학교를 세우겠다는 생각은 베어드 부인 애니 로라에게서 시작되었고 그녀와 베어드 박사가 1899년에 휴가를 떠나기 전에 외국인학교협회가 결성되었다. 베어드 부인은 인디애나 찰스타운의 미스 해리에트 영(Harriette Young)에게 선생들이 한국에 갈 수 있는 여비를 지급할 수 있는 기금을 신청했다. 미스 영은 너그럽게도 이런 목적을 위해 450달러를 기부하였다. 미스 로니즈 오길비(Lonise Ogilvie, 나중에 C D. Morris의 부인이 됨)는 베어드 부부가 한국으로 돌아올 때 동반한 선생이다. 한 동안 학교는 다섯 가정에 의하여 유지되었는데 점차 성장하여 현재는 평양의 다른 가정의 아이들뿐만 아니라 다른 지부의 아이들도 등교하고 있다.

메어리 암스트롱(Mary Amstrong) 양은 오길비 양의 뒤를 이어 교사가 되었다. 한 동안 스타일(Styles) 씨가 아이들을 교육하였다. 후에는 루이지 스트랭(Louise Strang) 양이 와서 3년간 머물렀고, 모드 트리셀(Maud Trissel)이 그 뒤를 이었다. 트리셀 역시 또 다른 3년간 학교를 책임졌다. 학교의 후원자들은 이 모든 친구들의 깊은 신앙에서 우러나는 봉사에 감사하고 있다.

다른 지부에서 온 아이들은 평양에 있는 이 학교에 다니고 싶어 했다. 한 동안 몇 명이 아이들이 지부에 있는 어느 가정에서 숙식을 하였다. 다른 사람들이 오고 싶어 하는 것이 알려지자 운영재단은 다른 지역의 아이들의 숙식을 위한 기숙사를 계획하였다. 선교본부(미북장로회)에 이를 알렸고, 그 제안은 두 번째 선생을 지원하는 것으로 결정되었다. 학교운영재단은 모든 환경을 고려할 때 지역에 거주하지 않는 학생들을 위한 가정의 보모역할을 할 수 있는 누군가가 있는 것이 매우 유익할 것이라고 느꼈고 그래서 선교본부에 보모역할을 할 사람과 가르치는 데 도움을 줄 수 있는 사람을 확보해 달라고 요청하였다. 한국에서 선교사역을 하는 다른 선교본부들이 때맞추어 두 번째 선생 채용을 위한 기금을 제공할 것이라는 것은 기대였고 운영재단이 가장 간절하게 바라는 것이었다. 절실히 요청되는 두 번째 선생을 확보하는 작업이 진행되었고 그래서 고등학교 과정이 이미 시작되었는데 이는 성공적으로 계속되고 있다. 두 번째 선생이 사역을 시작하려면 늦어도 여름 방학 후 9월에 학기가 시작할 때까지는 와야 하며, 그녀를 지원할 기금이 마련되어야 한다.

1912년 우리는 선교본부로부터 보증을 확약 받았는데, 다른 지역에서 온 학생들을 위한 기숙사를 책임질 사람을 확보할 수 있다면 지원기금이 가능하다는 것이었다. 미국으로부터 아직 아무도 오지 않았지만 기숙사를 개관할 시간이 다가왔다. 우리는 오기를 원하는 몇몇의 사랑스런 학생들과, 책임지겠다는 사람이 아무도 없는 텅 빈 선교사의 집과, 비품들을 마련할 돈이 없는 상태로 기숙사를 열어야만 했다.

기숙사를 시작할 계획은 대체로 마펫 목사 부인에 달려 있었다. 이 사역은 그가 우리에게서 하늘나라의 집으로 떠나기 전까지 그녀의 시간과 생각을 사로 잡고 있었다. 감리교인과 장로교인들 중 부인들로 구성된 위원회가 결성되었고, 가구들과 설비 등의 목록을 만드는 작업을 하였다. 마펫 박사는 다른 재원으로부터 돈이 마련될 때까지 장비들을 위한 기금을 늘렸다. 선천의 키릴 로스(Cyril Ross) 부인은 지부의 동의를 얻어 몇 달 동안 책임을 지기로 하였으며, 이 사업의 출발에 있어 그녀의 노력으로 인하여 그를 신뢰하게 되었다. 기숙사는 1912년 9월에 개관을 하였는데 우리가 공급하는 것은 성탄절까지 도착하지 않았다. 공동체의 친구들은 집을 채울 항목들을 떠 맡았다.

곧 있을 연례회의를 위하여 준비된 여타의 물건들, 그리고 한 동안 그것이 없어도 우리가 살아갈 수 있는 물건들이 기증되었다. 그것은 잡다한 품목들이었다. 네 개의 다리가 온전한 것이 없는 의자와 탁자들, 매트와 양탄자, 침대와 다양한 상태의 접이식 간이침대, 포장상자, 세탁대 등이 그것이다. 비록 위원회가 원했던 것과 같은, 마땅히 그랬어야 하는 아름다운 상태는 아닐지라도, 모든 것이 갖추어졌을 때, 그래도 필수적인 것들은 거기 있었다. 그 가을 기숙사에는 9명의 학생이 있었다. 로스(Ross) 부인은 성탄절 휴가 때까지 기숙사를 책임졌다. 영국인 간호사 모즐리(Mosely) 양의 봉사는 성탄절 뒤에 시작하기로 되었고 기숙사는 성공적으로 학기가 끝날 때까지 운영되었다.

그러는 사이에 기쁜 소식이 왔는데 그것은 선교본부이 워싱턴 DC의 벨. S. 루켄(Belle S. Luckett) 부인의 사역봉사를 확보했다는 것이다. 그녀가 와서 학교의 교장으로 활동하고 또 우리가 기금 늘리기를 허락받은 그 집을 책임지기로 했다. 루켄 부인은 1913년 여름에 왔다. 그녀를 아는 모든 사람은 선교본부가 그녀를 보냄에 있어서 탁월한 선택을 했다는 것을 알게 되었다.

기금의 부족 때문에 새 건물을 세우고자 하는 완전한 계획은 1914년 여름까지는 끝나지 못했다. 건축위원회의 위원들은 남자들로서 블레어(Blair), 맥머트리(Mcmurtrie), 그리고 번하이젤이다. 블레어씨가 그 계획을 수립하는데 있어서 지도자였다. 그는 매우 매력적인 사무실을 건설하는 일에 아주 몰입된 상태였다. 이 건물을 세우기 위한 돈을 선교사들의 매우 친절한 친구들이 제공하였다. 그 일을 위해서 한국에 와서 사랑과 시간과 힘을 쏟아 부은 한 숙녀의 보살핌 속에서 그것을 갖게 된 것에 지극한 감사를 드린다. 이 매우 매력적인 집에는 피아노가 한 대 있는데, 그것은 오레곤주 포틀랜드에 있는 웨스트(West) 부인이 기증한 것이다.

루시아 피쉬(Lucia Fish) 양은 1913년 여름에 우리에게 왔다. 그를 아는 모든 사람은 그가 얼마나 학생들을 사랑하는지, 그리고 그녀가 자기의 일에 얼마나 심취되어 있는지를 잘 알고 있다. 운영재단과 학교 후원회는 피쉬 양이 한

해 더 우리와 함께 이곳에 머물기로 동의한 것에 감사드리고 있다.

학교는 한국에 있는 모든 선교사 자녀들에게 열려 있다. 그리고 해마다 서울에서 연례회의를 열고 있는 '선교사 자녀들을 위한 학교연합회'로부터 지정을 받은 지역운영위원회의 책임 아래 있다.

운영위원회가 작성한 아래 목록을 보면 학교가 현재의 계획하고 있는 것을 완성하고 또 확장할 수 있는 기금이 얼마나 필요 한지를 알 수 있다.

기숙사 첫 날개부분 완공	2,000달러
기숙사 첫 날개부분 설비	1,000달러
다용도교실과 그 설비	400달러
운동장 체육장 마련과 설비	200달러
기숙사 체육관 설비	200달러
교사의 미국왕복여비(3년마다)	500달러
기숙사 두 번째 날개	5,000달러
기숙사 두 번째 날개 설비	1,000달러

우리는 선교사 아이들을 위한 교육을 위한이 사업이 가치 있는 것으로 느낀다. 그렇게 멀리 내딛는 한 걸음 한 걸음에 하나님의 복이 임하고, 그럼으로 우리는 그것이 계속 이어져 나갈 것이라는 확신을 갖는다.

4. 평양 장로교회의 부인전도회

KMF 11권 7호(1915. 7)

필자의 경험에 따르면 미국의 전도회에서는 무슨 일을 할 때에 우선 그 회를 구성하고 그 회에서 할 일을 수립하는 것이 통상의 관례이다. 그런데 여기서 다루고자 하는 한국의 부인전도회는 이미 지난 8년간의 사업이 확실하게 수행되어 왔음에도 지금까지 공식적으로 결성되지 않았다. 15년 쯤 전에 사창골의 낡은 건물에서 이루어진 모임에서 만난 선한 여인들 몇몇이 그들의 마음속에 남에게 베풀고자 하는 열망을 품었고, 필요로 하는 사람들을 돕기로 결심했다. 그러나 그들은 무엇을 해야 할 지 어떻게 해야 할 지 전혀 몰랐다. 그래서 우선 그들 각자 한 달에 1전을 내기로 했고 이렇게 하여 모아진 돈으로 이미 사망한 가난한 사람, 간단한 장례 비용조차 마련할 수 없는 사람들을 도왔다.

그런데 이들은 "왜 죽은 사람을 도와야 하는가? 차라리 영생을 얻을 사람을 도와야 하지 않는가" 하는 생각을 하게 되었다. 이것은 평양에서 멀고 가까운 지역에서 복음을 전하자는 것을 의미한다. 그리고 이 생각이 그 때부터 그들 모임의 가장 명확한 사업이 되었다. 김씨 부인과 고씨 부인이 이렇게 하여 전도하러 나간 첫 번째 두 사람이다. 그러나 그들은 거친 길을 여행하느라 헤어진 신발값만을 받았을 뿐이었다. 평양 지역내의 많은 교회들은 그들 전도회 소속 여성들이 전도하러 시골로 나간 때로부터 그들 교회의 전도 시작 날자를 기록하고 있다.

약 7년 전 평양 지역 교회들을 대표하는 당회(도당회)에서 여성들이 전도회를 결성하고 정규적인 회의 시간을 잡는 것이 최상이라고 생각했다. 두 명의 외국인 선교사가 이 위원회에 참여해줄 것을 요청받았다. 그 두 사람은 각각 다른 교회로부터 지명되었다. 이 위원회는 실제적으로 그 전도회의 실행

부서였다. 사무원들은 모두 한국인 여성들이었다. 위원회는 석 달에 한 번씩 모임을 갖는다. 회의 전에 재정위원회와 전도파송자를 지명하는 위원회는 함께 만나서 실행위원들에게 줄 보고서를 정리한다. 정리된 안이 며칠 후에 열릴 전체 회의를 위하여 만들어진다. 그리고 평양의 모든 여성들이 그 전체 회의에 초대된다. 회의는 질서정연하게 진행된다. 생각해 보면 어떻게 그렇게 훈련받지 않은 여성들이 그렇게 하는지 놀라울 정도의 방식이다. 총회의 프로그램은 그렇게 다양하지 않다. 우리가 그들로부터 분립해 나가고, 또 다른 대륙에서는 여성들이 무엇을 하는지에 관한 정보를 그들에게 제공해야 한다는 생각이 들었다. 프로그램은 기도, 성경봉독, 회계보고, 사무보고, 위원회보고 등으로 구성되어 있다. 만일 선교사 여성들이 참석하면 그들은 그들의 경험담을 들려줄 것이다. '감사', '기도', 또는 '연합'과 같은 주제에 관하여 선택된 여성들 세 명 정도가 짧은 제안 발언을 한다. 각각 12분간 발언하는데, 만일 제 시간에 멈추지 않는다면 종소리를 울려서 이를 확인시킨다.

몇 년 전 한국장로회 산하의 제주 섬에서 그 사역이 시작된 다음 평양의 여성들은 여전도사 이씨 부인에게 급료를 지불하였다. 그들은 지난 6년간 계속 이렇게 해왔는데, 전라도의 여성들이 이씨 부인의 급여 책임을 인수할 때까지 이 일을 담당해 왔다. 평양 여성들은 두 여성을 시골에서 평양에 연결하게 하는 일에 항상 바쁘게 했다. 그들은 이제 네 명으로 늘어났는데 두 사람씩 각각 다른 지역에서 활동하고 있다. 그들은 단기 여행을 하곤 했다. 그러나 지난 2년간 겨우 교우들이 한두 명이 있는 곳, 또는 한 사람도 없는 곳에 그들을 보내어 좋은 결과를 볼 때까지 머무는 것이 더 좋다고 생각하였다. 그 모임이 그 여성들을 어느 지역으로 보낼 것인지를 결정할 때 그 지역의 책임자 목사에게 정보를 제공하고, 목사는 그 여성들이 어느 지역으로 갈 것인지 도움말을 주고, 그들은 활동을 마치고 돌아올 때 보고서를 목사에게 제출했다.

위원회를 담당하는 선교사는 여성들이 그들의 보고서를 적절하게 제출하는데 있어서 어려움을 갖고 있다. 그들은 엄청나게 많은 숫자의 믿기로 결심한 사람들을 보고하곤 했기 때문이다. 그들은 믿는다고 말하는 많은 사람들에게 복음을 전했다는 것을 보고하고 있고, 그렇게 많은 사람들이 신실한 모습으로 바뀌었다는 것을 보고한다.

그 사역을 위한 헌금은 물론 모두 자발적이다. 각 교회의 실행위원회의 회원들은 교회여성들로부터 헌금을 받는다. 그리고 기금은 서기에게 넘겨진다. 현재 기록된 것은 33달러이다. 지난 해 사용된 액수는 350엔으로 175달러 금화이다.

전도부인들이 전도하러 출발할 때 각 교회의 여성들은 그들이 어디로 가는지 알며 그들을 위해 기도해줄 것을 요구받는다. 그들이 돌아올 때 그들은 마치 외국에서 돌아온 것처럼 영접을 받으며, 그들이 했던 일에 대하여 질문을 받는다.

부인전도회의 사무원들을 소개하겠다. 전에 우리학교 교사 가운데 한사람이었던 황씨 부인은 총무이다. 남문교회 이 목사 부인인 강씨 부인은 회계이며, 우리의 회장은 이씨 부인이다. 그는 75세의 노 숙녀인데, 평양에서 처음으로 믿기로 결심한 사람이다. 그녀는 점점 쇠약해져 가고 있고 청각장애이며 회장직을 사임하려고 하는데, 그러나 그는 모든 사람들로부터 사랑을 받고 있다. 누구도 그녀가 사임하는 것을 바라지 않는다. 그들은 "우리가 항상 가까이 앉아서 큰 소리로 말하여 당신이 알아듣게 할게요"하고 그녀에게 말하곤 한다. 부회장은 신씨 부인인데 바로 가까이 앉아서 그녀 나름의 친절하고 사랑스런 방식으로 그녀를 돕고 있다.

5. 엄마들을 돕기 위하여 당신의 선부지부에서 당신은 무엇을 하고 있는가?

- 특별히 가정에서 그리고 어린 아이들과 함께

KMF 12권 4호(1916. 4)

1. 평양(북장로회)

위의 질문에 대한 답에서 해마다 우리의 사역자의 학습반(제직사경회) 시간에 '아이들을 돌봄과 훈련시키기'라는 주제에 대하여 "집에서 아이들에게 무엇을 가르쳐야 하는가?" 와 같은 또는 얼마간 비슷한 주제들을 말한다.

이 한 주간의 사역자 학습반에 참가하기 위해서 여성들이 평양 선교지부 관할 구역에서 온다. 그리고 두세 번의 저녁 모임은 그들이 앞으로 돌아가서 수행할 성경학습반에 관한 이야기를 하기 위해서 분리하여 진행한다. 이들이 실행할 이야기에 대한 개요는 잘 준비되어 이들에게 주어졌기에 그들은 배워 머리로만 기억하는 것 이외의 의존할 수 있는 자료를 갖게 된다. 이런 방식으로 수천 명의 여성들이 성경학교 운영에 관한 이야기들을 듣는다.

선교지부의 선교사들은 한국여성들이 우리의 집으로 찾아올 때나 우리가 그들의 집을 방문할 때 새로 태어난 아기들을 돌보는 방식 등에 대하여 도움말을 준다. 아기들에게 먹이는 것과 같은 주제는 종종 나오는 질문이다. 우리가 어린 딸들에게 낮 간식을 먹일 때 여성들이 회의나 그밖의 어떤 일을 위해서 찾아오는 일이 생긴다. 그리고 그들은 주변에 서서 내가 너무나 기뻐서 대답할 수 없었던 것을 질문하곤 한다.

이러한 대화나 충고가 있은 다음에 우리는 종종 이런 언급을 듣는다. "그것은 참 좋은 이야기이지만 우리는 집에서 그렇게 할 수 없어요." 그렇다. 많은 사람이 그렇게 생각하고 또 노력하지 않는다. 그러나 나는 한편 실천하려고 노력하는 사람이 많다는 것을 말하게 되어 참 기쁘다. 개선하려는 것을 보는 것은 사람의 마음을 기쁘게 한다. 지난 해 나는 우리 교회 어느 사무 직원의 집을 방문했다. 새 어린 손자가 작고 따뜻한 온돌방에 조용히 홀로 누워 금방이라도 잠들 것 같았다. 젊은 엄마는 볼 일이 있어 외출하였다. 할머니가 자랑스럽게 내게 말하기를 그 아이를 매일 목욕시키고 두 시간마다 규칙적으로 먹인다고 했다. 아이의 모습은 할머니의 말이 참인 것을 입증했다. 그의 옷과 담요는 깨끗했고, 그는 그의 갈색 눈동자를 반짝이며 나를 바라보고 만일 그가 그의 엄마 등에 업혀 밖으로 나갔을 때보다 거기 누워 있는 것이 훨씬 더 행복하다고 느끼는 것을 말하고 있었다. 때때로 우리가 낙심하게 될 때에 이런 종류의 유쾌한 사건을 기억하는 것은 좋다.

우리의 여학교 졸업생들은 이들 엄마들 교육을 돕기 위하여 많은 일을 하고 있다. 가정과 아이들을 더 낫게 돌보는 일에 있어서 모범적 사례가 되고 있다.

가정을 방문하고 복음을 전하며 엄마들에게 어떻게 그들의 아이들과 집을 돌보는 지를 보여 주려는 훈련된 여성들을 우리는 아직도 보고 싶다.

6. 평신도 가정

KMF 24권 10호(1933. 10)

이 주제는 평신도의 임무에 관한 모든 것을 언급하는 것이 아니다. 다만 한국에 있는 교회의 평신도 가정에 관한 것이며, 달리 말하면 이 나라에 흩어져 있는 기독교인의 가정에 관한 것이다.

우리가 생각할 주제를 고려해 보면 첫째, 있는 그대로의 가정이고, 둘째는 우리가 보기를 원하는 가정이며, 셋째는 이런 가정들이 개선될 수 있는 방법이나 계획들이다.

시골에서나 도시에서나 한국인 친구들의 안락하고 매력적인 가정을 방문하는 것은 의심할 여지없이 우리들 모두의 기쁨이다. 최근 한 친구는 깨끗한 집을 위한 첫 번째 요구 사항은 깨끗한 마음이라고 하였다. 우리 모두는 마음속에 한국 친구들의 가정을 생각할 것인데, 그들의 가정에는 행복한 가족 관계가 있고 그 행복한 가정 관계로부터 남들에게 미치는 좋은 영향이 생긴다. 우리는 사람들이 기독교인이 된 다음에 인간 관계가 많이 개선되었음을 보게 된다. 의심할 여지없이 많은 가정에서 개선이 있지만 기독교 가정이 질서, 위생, 안락, 그리고 도움을 주는 관계 등 그와 같이 영적인 삶을 강화시키고 있다. 그러나 기독교 가정이 비기독교인 가정에 대한 모범이 되어야 한다는 생각을 갖지 않은 사람들이 많다. 우리는 도시와 시골에 있는 가정을 방문할 것이다. 해마다 그들이 갖고 있는 것과 같이 꽤 잘 사는 것을 발견한다. 우리는 한 주간의 사경회를 인도하러 시골에 간다. 우리가 머무는 집은 돼지 소 닭 당나귀 등 가축들이 매우 가까운 이웃들이다. 방들은 어둡고 환기 수단이 없으며 사생활이 보장될 수 있는 공간도 없다. 우리가 시골에 가지 않는 한, 또는 도시에 있는 집을 방문하지 않는 한, 그 가정에 대하여 또 기독교 친구들이 무엇을 필요로 하는지 알 수가 없고, 그들에게 동정심을 가질 수도 또 그들이 받아야 할 도움도 줄 수가 없다.

학습을 위해 시골에서 올라온 여성이 당신의 집을 방문하여 “천국이 이와 같은 것인가요?” 라는 질문을 받아본 적이 있는가? 이런 질문은 그 착한 여성이 앞으로 살아갈 보다 안락한 가정을 만들 수 있도록 도와야 할 간절함의 표시이다.

두 번째 요점, 어떤 종류의 가정을 우리 기독교인들이 가져야 할 것인가에 대하여 고찰해 보자. 때때로 우리는 일상적 한국 양식의 건물로부터 서구적 형태의 가옥으로 바꾸고 또 보다 밝고 신선한 공기가 통하고 보다 위생적인 조건을 가진 사람들을 보게 되면 매우 좋아한다. 그러나 어떻게 일반 한국인 가정이 진흙으로 짓고 볏집으로 된 지붕이 보다 더 안락한 방식으로 바뀔 수 있는지에 대한 비전을 가져 본 일이 있겠는가? 깨끗함은 우리가 알고 있는 신성함 다음 순서이다. 한국 친구들이 깨끗한 마음은 깨끗한 삶의 양식으로부터 나온다는 것을 알도록 우리가 도와야 한다고 나는 믿는다. 나는 볏집으로 지붕을 한 깨끗한 진흙 집이 가능하다고 믿는다. 공기 순환을 위한 수단과 보다 밝은 실내를 위한 방안은 정리될 수 있다. 마당도 가축들이 그렇게 접근하는 것을 차단함으로써 보다 위생적으로 만들 수 있으며, 다른 거추장스런 물건들을 옮기고 여기 저기에 꽃을 심을 수 있다. 집안에서는 부엌을 개조해야 한다. 엄마들은 아이들, 특히 병이 난 아이들을 어떻게 더 잘 보살펴야 하는지를 알아야 한다. 나는 물질적인 것에 너무 많이 기울어지지 않는다. 왜냐하면 참으로 행복하고 도움이 되는 가정은 부모와 아이들이 가족을 위한 기도를 위하여 만나는 장소여야 한다고 믿기 때문이다. 아이들은 찬송하고 기도하고 말씀을 기억하는 것을 배우고 성경이야기를 들을 수 있어야 한다. 큰 아이들과 어른들은 매일 성경 읽기 계획을 따라야 한다. 읽을 수 있는 사람들은 읽지 못하는 가족들을 도울 용기를 가져야 한다. 만일 주머니에 넣고 다닐 수 있는 성경을 구입할 수 있다면 어린이용과 어른용의 새 책을 구입해야 한다. 만일 읽기 과정을 보다 많은 기독교 가정에서 따라 하게 된다면 그

것이 개인에게 또 교회 사역에 얼마나 도움이 될 것인가!

한국인들은 음악을 매우 좋아 한다. 악기들을 가진 몇 몇 기독교 가정이 있다. 매우 기쁘다. 이것은 다른 가정에서 가능한 모든 방법 가운데 하나의 모범이 될 것이다.

많은 사람들의 극단적 빈곤 상태에 대하여 생각해 보면 이 모든 것은 다소간 꿈으로 보이겠지만 그러나 나는 지금 그들이 갖고 있는 것을 개선함으로써 가능하다고 믿는다. 만일 그들이 노력하기만 한다면 그리고 교육을 받고 도움을 받기만 한다면 말이다. 아이들은 그들이 돌볼 수 있고 할 수 있는 작은 마당을 갖게 된 것에 고무될 것이다. 만일 교육이 된다면 겨울에 가정에서 손뜨개질과 같은 손기술의 작업을 하는 것이 가능할 것이다.

주일을 성수하는 것을 아이들에게 반드시 가르쳐야 한다. 가족 중에서 나이든 어른들에 의하여 주어진 이러한 주일에 대한 존중의 예를 그들에게 제공해야 한다. 기독교 가정의 각 구성원은 교회 사역을 수행해야 하는 그들의 책임을 알아야 한다. 교회당과 교회의 땅을 돌보는 진정한 관심을 가져야 한다. 마치 엄마 아빠들이 불신자 이웃과 친척들에게 복음을 전하는 데에 책임을 느끼는 것처럼 아이들은 새로운 아이들을 교회주일학교에 데려와야 한다.

이제 우리는 세 번째 문제를 다루어 보자. 어떻게 이들 개혁이 성취될 수 있는가의 문제이다. 해마다 우리는 전도와 성경 공부를 강조해 왔다. 이것들은 우리 선교사들의 프로그램에서 우선 순위를 차지하는 것들이어야 한다. 이런 관점에서 교육을 좀 더 하거나 가정 돌보는 것을 돕거나 도시와 시골마을에서의 사례와 같이 그들 가정이 바로 서게 하는 등과 같이 우리의 프로그램을 바꾸어야 하는 시간은 오지 않는 것인가?

남자와 여자는 마땅히 함께 일해야 한다. 일에 정면으로 맞서는 것은 종종 여성들 몫이다. 나는 주간 성경공부반에서 살펴본 한 장로의 아내가 생각난다. 그녀는 현명한 여성이지만 사회적 성공의 기회를 가져 보지 못했다.

그녀는 음식을 만들고 아이들을 돌보고, 일찍 일어나 소여물을 주고 돼지먹이를 주고, 잘 차려입는 것 외에는 아무 일도 하지 않는 것처럼 보이는 남편 시중을 들고 있다. 그녀는 또한 성경공부반에서 공부를 하고 주일학교에서 가르친다. 그리고 여전도회회장직을 수행하고 있다. 교회의 장로는 그의 이웃들에게 기독교 가정에서 남자가 해야할 역할이 있음을 보여 주어야 한다.

이 글을 준비해 달라는 부탁을 받고 다소간 생각을 해본 다음 나는 KMF 8월호를 집어 들었다. 그리고 헬렌 김 박사[173]의 매우 흥미로운 기사를 읽었는데 그것은 이화학당의 여학생들이 한국인 자매들을 돕기 위하여 무엇을 할 것인가에 관한 글이었다. 얻어진 결론으로부터 이 일은 비록 계획이 계속되고 확장되어야 하겠지만 탁월한 결과를 가져올 것이다. 왜 우리 학당의 나이든 학생들이 유사한 사역을 하지 않는 것인가?

우리 대학의 국내학술부에 주어진 교과는 의심할 여지없이 도움의 중요

---

173) 김활란金活蘭(1899-1970)을 지칭한다. 그는 1899년 1월 18일 인천 출생이다. 헬렌(Helen)은 세례명이다. 부친은 평안북도 철산에서 농업에 종사하다가 개항 후 제물포로 이주해 창고업을 했다. 기독교 신앙이 깊었던 모친의 영향으로 7세 때 전 가족이 세례를 받았으며, 학교에 입학하면서 헬렌이라는 세례명을 한자식으로 고쳐 '활란'이라 했다. 이화학당(梨花學堂)에서 초등·중등·고등과를 졸업했다. 1918년 3월 이화학당 대학과를 졸업해, 여성으로는 최초로 대학 졸업자가 되었다. 대학 졸업 후 바로 이화학당 고등보통과 교사가 되었으며, 재직 중인 1919년 3·1운동이 일어나자 비밀결사에 참여했다. 1922년 조선감리교 감독이었던 웰치(H. Welch) 선교사의 추천을 받아 미국 오하이오주 웨슬리언대학교에 편입, 1924년 6월 졸업했고, 10월 매사추세츠주 보스턴대학교 대학원 철학과에 입학해, 1925년 6월 석사 학위를 받았다. 1927년 2월 개최된 신간회 창립대회에 여성대표 간사로 참석했으며, 5월 근우회 회장으로 선출되었다. 1930년 컬럼비아대학교 대학원 철학연구과에 입학, 1931년 10월 학위논문 『한국의 부흥을 위한 농촌교육(Rural Education for the Regeneration of Korea)』으로 우리나라 여성 최초로 철학박사 학위를 받았으며, 1937년 7월 7일 중일전쟁이 일어나자, 8월 20일 애국금차회(愛國金釵會)의 발기인과 간사를 맡았으며, 제3차 조선교육령 공포 후인 1938년 6월 20일 이화여자전문학교와 이화보육학교 학생 400여 명을 동원, 이화애국자녀단을 결성하고 단장을 맡았다. 1939년 4월 11일 기독교계 학교의 서양인 교장을 조선인으로 교체하려는 조선총독부의 정책에 따라 아펜젤러(Appenzeller, H.G.)의 뒤를 이어 이화여자전문학교와 이화보육학교의 교장에 취임했다. 1942년 11월에는 조선교화단체연합회의 전위여성격려대에 참여했다. 1945년 해방 후 9월 16일 미군정청(美軍政廳)이 조직한 한국교육위원회 위원에 임명되었고, 그해 10월 이화여자전문학교를 복구하여 총장을 맡았다.

성을 입증하는 것인데 만일 어떤 계획이 수립되고 학생들이 나가서 실제로 받은 교육을 보여 준다면 그것이 도움이 아닌가? 그 계획은 선천의 여학교에서 실행되고 있는데, 보다 나은 가정을 위하여 많은 일을 하고 있는 것으로 평가받고 있다. 소아치료사업은 엄마들의 모임에서 유치원과의 관련에서 나온 이야기와 우리 평양 교회들의 여성들에게 간호사들이 한 말이 결국 모두 도움이 되었다. 그러나 이런 사역은 시골교회에도 확대되어야 한다.

만일 보다 많은 사역자와 보다 많은 기금이 이 일에 쓰일 수 있다면, 지역 안에 있는 간호사들이 할 일은 아직 넓게 열려 있다.

농부들을 위하여 설립된 기관은 전원(田園)지역 사람들의 개선에 도움을 준다. 일본에 있는 가가와 박사의 계획은 살펴 보고 배워야 할 것이다. 그의 조력자들 일부를 훈련시키는 일을 하는 기간인 이 여름에 그를 만나는 것은 우리의 기쁨이다.

가정에서 이루어지는 단기 과정과 그것의 개선이 평양신학교, 숭실전문, 숭실중학과 숭의여학교에서 이루어지는 성경학교 성경기관에서 제공되어야 하며 이것과 관련된 이야기가 남녀성경학습반에서 있어야 한다고 나는 생각한다. 남자들도 가정을 이루는데 있어서 여성이 어떤 역할을 맡아야 하는지에 관하여 필요한 만큼 이야기를 나눌 필요가 있다. 이제 교회에서 이루어지는 이야기와 기독교 가정이 해야 할 내용에 대한 이야기가 어떤 다른 방식으로는 받을 수 없는 많은 사람들에게 교육될 것이다.

헬렌 김 박사가 쓴 글에서 내가 읽은 바와 같이 나는 지금 그리고 그때 방문했을 때 한국인 자매들을 돕는데 있어서 그렇게 많은 기쁨을 발견한 학생들이 졸업 후에도 시골 마을에 가서 자발적으로 모범적인 가정을 시작하지 않았을지 궁금하다. 마을이나 도시에서 하나의 모범적인 가정은 그렇게 다른 가정에 많은 도움을 준다.

나는 물질적인 일들에 너무 많은 강조를 하지 않는다. 기독교 가정은 엄마 아빠와 아이들이 서로 사랑하고 함께 성경을 공부하고 서로 도우려고 노력하며 이웃들에게 말씀을 전도하고 설교하며 말로만이 아니라 실례로써 가르치는 곳으로서, 마치 언덕 위에 서 있는 도시가 숨기우지 않듯이 많은 사람들에게 도움이 된다.

선교사로서 우리는 우리들의 가정을 바람직한 실례로 만들자. 우리는 가족기도를 하고 있는가? 우리는 집에서 일하는 사람들과 함께 기도하는가? 우리는 한국인 친구들에게 우리의 가정을 공개하는가? 우리는 하인들과 우리들과 가까이 있는 사람들의 가정에 관심을 갖고 있는가? 그들이 좀 더 안락할 수 있도록 돕고 있는가? 우리는 한국인 친구들과 우리가 갖고 있는 한글이나 영어로 된 책이나 신문 잡지들을 나누고 있는가? 우리는 우리들의 가정을 아름답게 하기 위하여 우리의 정원에 씨를 뿌리고 모종을 하고 있는가?

한 선교사가 휴가에서 돌아왔다. 선교사의 아내는 그녀의 가정을 새롭게 하기 위하여 약간의 돈을 마련하여 도배와 페인트칠을 하고 있었는데, 이 선교사가 갑자기 '김서방네 집은 어떤가'를 생각했다. 선교사의 아내는 간단히 고칠 곳이 있는지를 물었고, 김서방의 아내에게 그의 집을 도배하기 위하여 꽤 괜찮은 벽지를 골라 보라고 했다. 결과는 선교사 가족이 그들의 새로 꾸민 집보다 더 기뻐했다. 왜냐하면 김서방의 집 역시 새로워졌기 때문이다.

말씀 전하기와 가르치기, 병원에서의 일과 학교에서의 가르치기가 선교사들의 대부분의 시간을 차지한다. 그러나 우리는 이 일과 관련하여 기독교 가정에 대하여 더 많이 생각할 수밖에 없다. 그들의 개선이 그들 자신의 공동체 안에서 그들을 보다 유용한 도구와 사례로 만드는데 도울 수 있는 모든 것을 할 수 있다.

7. 성경학교 학생들에게 기독교문학 소개하기[174)]

KMF 33권 6호(1937. 6)

가끔 "어떻게 하면 학생들이 기독교서회가 준비한 책들을 읽게 할 수 있을까" 하는 질문을 받는다. 한 성경학교의 교장은 "나는 좋은 책들을 비치하여 학생들이 읽게 했는데 그들은 읽지 않는다"고 말한다.

지난 여름 안동에 있는 여자성경학원에서 한 실험을 하였다. 거기는 건물 안에 작은 도서실이 있다. 토요일 오후에 도서관 시간이 있을 것이라고 안내했다. 특정 나이 이하의 사람들만 갈 수 있었다. 큰 소리로 읽어야 할 한 권의 책이 선정되었는데, 목사가 추천한 것이었다. 좋은 목소리를 갖고 있는 한 장로의 딸을 모인 사람들 앞자리에 앉혔다. 도서관으로부터 책이 운반되었고, 숫자를 세었다. 각 책이 소개되고 저자에 관한 소개가 있고, 그 내용에 대한 약간의 소개가 있었다. 지도자가 "누가 이 책을 가져다 읽겠는가?"라고 물었다. 한 사람이 손을 들었고 그에게 책을 주었다. 그리고 다른 책이 소개되고 책을 원하는 사람들이 모두 그 책을 받을 때까지 계속되었다.

새 장(章)을 읽기 전에 매주 몇 개의 질문이 그 주간에 읽은 장에 대하여 주어졌다. 한 학생이 그녀가 원하지 않는 책을 도서관에 반납하고 다른 책들을 대출해 갔다. 학기가 끝날 무렵 주일학교 도서관, 기독교면려회(基督教勉勵會) 도서관, 그리고 선교사들의 일대기에 관한 책들에 대한 짧은 대화가 있었다. 학생들은 그들의 고향 교회에서 그 같은 일들을 시도하고 시작해야 했다.

도움이 되는 지도와 구할 수 있는 흥미로운 책들이 있는데 성경학교 학생들은 시간이 있다면 왜 그 책들을 이해하거나 읽을 수 있는 기회를 갖지 않

---

174) 이 주제 아래 세 개의 기사가 있는데 첫째는 비선교지역에서의 부름(The Call of the unevangelized) 이고 두 번째는 아래의 기사이며 세 번째는 비특권층여학생들을 위한 학교(A School for under-priviliged Girls)이다.

겠는가? 기숙사 방에서 한 그룹이 저녁 식사 후, 또 공부 시작 전에 큰 소리로 책을 읽을 수 있는 시간을 조금 가질 수 있을 것이다. 하나님 말씀에 대한 강의가 우선이며 가장 중요하지만, 성경학원 학생들이 그들의 가정과 교회에 가져갈 도움이 되고 유용한 것들 가운데에는 그들이 들었거나 읽은 책들에 대한 지식이 있다.

왜 한국에 있는 성경학원은 도서관을 설립하려 하지 않으며 학생 자신들이 받을 혜택뿐만 아니라 그들을 통하여 다른 사람들에게도 주어질 혜택을 위하여 좋은 책들을 선택하여 읽는 데 흥미를 가질 수 있게 하는 계획들을 수립하지 않는가?

8. 평양에서의 초기 유치원 사역

KMF 35권 12호(1939. 12)

1903년 필자가 처음 평양에 왔을 때 선교사들 모두가 나이든 사람들에게 전도하고 교육하느라고 바빠서 어린 아이들을 위한 시간을 갖지 못하는 것처럼 보이는 사실이 매우 인상적이었다. 내가 11월에 도착하고 얼마 지나지 않아 첫 번째 크리스마스 직전에 만나 본 선교사는 내게 한 집단의 어린 아이들에게 성탄절 찬양을 가르쳐 달라는 요청을 하였다. 요청에 따라 한 나이 많은 선교사 한 사람에게 루터의 요람 찬양[175] 번역을 부탁했고, 나는 율동과 함께 이것을 아이들에게 가르쳤는데, 이는 크리스마스 예배의 한 순서가 되었다. 그리고 이것은 모든 사람을 매우 기쁘게 했다.

1910년 안식년 휴가로부터 돌아온 다음 한 동안 유치원 사역을 위한 기금이 미국에서 왔다. 필자의 오빠를 통하여 한 친구로부터 왔는데, 기증자의 이름은 끝내 밝혀지지 않았다. 이것은 다른 일들과 마찬가지로 유치원 사역을 위하여 쓰라는 것으로 보였다. 가르칠 학생은 있는데 선생이 없었다. 평양의 네 개의 교회에 있는 친구들이 자문을 해주었고 네 개의 학교를 위하여 교실이 제공되었다. 여학교에 학비를 보태고자 노력하는 젊은 여성들이 있었다. 이들 가운데 8명을 선발하여 유치원생은 없지만 어린이들에게 무엇을 해주어야 하는지에 대한 아이디어를 갖고 있는 선교사의 집에서 토요일 아침 모임을 가졌다. 유치원 시설에 약간의 돈이 들어갔다. 젊은 여성들에게 유치원 운영에 관한 몇 가지 아이디어를 주었다. 성경이야기, 게임, 종이접기 교육, 그리고 다른 주어진 물질적 재료 활용하기 등을 제시하였다. 아이들이 찬송가집에서 두세 개의 어린이 찬송 부르기를 배울 때에 사용될

---

175) 루터의 요람찬양이라 하지만 사실은 작자미상이라 한다. "그 어린 주 예수 눌 자리 없어..."

율동도 제시하였다. 8명의 선생들은 두 명씩 짝을 이루어 네 개의 교회에서 가르쳤다. 이들 학생유치원교사들은 반나절은 학교에서 공부하고 반나절은 유치원에서 가르쳤으며 각자는 수고비로 한 달에 4.5엔을 받아 학비로 사용하였다.

그 당시 유치원 사역은 대중적이지 않았지만 점차 관심이 증대되고 있었다. 사람들은 이 사역에 관여된 분들을 매우 고맙게 기억하고 있다. 유치원을 위하여 주변 말뚝에 페인트칠을 하려는 때에 마침 유치원 건물에 들르게 된 한 장로는 그의 길고 하얀 외투를 곁에 벗어 놓고 페인트칠을 도와 주었기 때문에 매우 품위있는 사람으로 칭송되었다.

미국에서 온 기부금은 이내 모두 소진되었고, 필자는 선생들을 보살필 수도 학교들을 방문할 수도 없었다. 그래서 한 동안 그 사역을 멈추었다. 그런데, 몇몇 교인들이 와서 그들이 유치원 운영을 계속 하겠다고 말했다. 나는 그들이 유치원 선생들에게 봉급을 주고, 교재들을 마련하며, 난방 연료를 공급해야 하는 이런 물질적인 것을 해결한다면 감독을 해주겠다고 말하였다. 이것들이 성취되었고, 다시 네 개의 학교가 운영 중이다. 점차 다른 교회들도 관심을 갖게 되었고 유치원을 시작하였다. 미국으로부터 또 다른 헌금이 블레어(Blair)부인에 의하여 캔사스주 토피카에 있는 친구로부터 확보되었다. 우리는 이 헌금을 아주 감사하게 받았다. 이를 교재 비품 구입에 쓰고 또 유망한 젊은 여성을 서울 이화학당에 보내 유치원 운영 방법에 대하여 공부하도록 파송하였다. 그녀는 그녀의 과정을 마치고 감독 교사의 자격으로 돌아왔다. 후에 또 다른 유망한 젊은 여성이 이화학당에 파견되었고 이미 사임한 첫 번째 사람의 자리를 맡았다.

마가렛 베스트(Magarette Best) 양은 뉴욕 제네바에 있는 친구로부터 유치원 사역을 위한 기부금 창구 역할을 하였다. 이것은 교육 자재를 확보하고, 여성이 학교를 졸업한 다음 유치원 운영에 대하여 배우게 하는 일을 돕는데 크게 도움이 되었다. 왜냐하면 훈련된 교사들을 가진 적절한 유치원을 갖는 일은 필수적이었기 때문이다. 때때로 봄에 유아들이 서로 다른 날에 학교의 인솔로 선교사의 집에 와서 잔디밭에서 놀고 나비를 잡고 꽃을 꺾고 과자를 먹곤 한다.

진실하고 유능한 유치원장 루츠(Lutz) 부인[176]은 1921년에 한국에 왔는데, 그녀의 지도에 따라 유치원 사역은 성장하고 번창하였으며 교사들의 모임에서 그의 사역은 최신 방법에 따라 계획되었다.

선교부와 선교본부에 유치원 사역 수행을 위한 기금 요청을 하였지만 많은 시간이 흘렀음에도 단 한 번도 지원이 이루어진 적은 없었다. 유치원 사역은 다만 앞에서 언급한 기부금과 한국교회들에 의하여 이루어진 기부에 의하여 수행되었을 뿐이다. 점차 교회들이 그 운영비 마련의 전적인 책임을 맡았다.

한 부유한 장로가 유치원 사역을 위한 건물을 기증하였다. 그리고 유치원선생들을 위한 강습반이 시작되었다. 후에 이것은 숭의여학교가 이어 받았다.

여러 해 전, 필자가 유치원을 방문했을 때, 또 어느 선생이 "애들아 너희들에게 크리스마스 선물을 보내주신 할머니이시다"라고 하는 말을 들었을 때, 나는 이제 유치원 사역에서 내 역할을 포기하고 젊고 보다 경쟁력이 있는 사람이 그것을 맡아야 할 때가 왔다고 느꼈다. 작고 엉성하게 시작했지만 해를 거듭하면서 많은 유아들을 거리로부터 데려다가 유용하고 도움이 되는 일들을 가르쳤다. 평양에서 유치원이 네 개였던 것이 9개로 늘어났고, 시골에 몇 개가 생겼다. 시작할 바로 그때부터 선생들은 성경이야기, 시 외우기, 어린이 찬송, 다른 애들과 함께 그리고 그들을 위해 기도하기 등이 아이들의 훈련에서 가장 중요하다는 인상을 가졌다.

---

176) 루츠는 미국에서 농학을 전공하고 숭실의 농학을 가르치기 위해 부임한 선교사이다. 한국이름은 류소(柳韶)이다.

참고문헌

『기독교백과사전』 기독교문사, 1997년

『숭실대학교 100년사』 숭실대학교, 1997년

『인물로 본 숭실 100년』 숭실대학교, 1992년

김대성 『초기 한국 천주교와 개신교의 충돌에 대한 연구 : 1784년부터 1930년대까지』 장로회신학교 석사학위, 2005년

김수진 『한국 초기 선교사들의 이야기』 총회교육자원부 편, 한국장로교출판사 2010년

김영혁 편저 『창립100주년 신성학교사』 신성학교동창회, 2006년

김인수 『편하설(Charles F. Bernheisel) 목사의 한국 선교와 신학사상』 장신논단, 23권 2005년

김인수 옮김 『편하설 목사의 선교 일기』 쿰란, 2004년

대한예수교장로회 남북한선교협력위원회, 북한문제연구소 편 『북한기독교총람(1885-1995)-창립25주년기념자료집』 1995년 9월

박용규 『한국교회와 민족을 깨운 평양 산정현 교회』 생명의말씀사 2006년

박종현 「편하설(片夏薛. C.F. Bernheisel) 선교사의 한국 사역」 『내한 선교사 연구』 한국교회사학연구원, 대한기독교서회, 2011년

박혜진 「미북장로회선교부 관할 미션스쿨에 대한 한국인의 경영 참여」, 『한국기독교와 역사』, 한국기독교역사연구회, 2013년

변인서 외 2인저 백경천 편역 『평양노회지경 각교회사기』 1925년 7월 광문사, 2008년 10월

송인웅 『1907年 평양대사경회에 관한 연구』, 칼빈대학교 대학원, 2009년, 박사학위

안종철 「종교와 국가의례 사이;1920년-30년대 일본신도를 둘러싼 조선내

갈등과 서구인들의 인식」 한국학연구 2022집 2010년 6월.
옥성득 『다시 쓰는 초대한국교회사』 새물결플러스, 2016년 9월
이만열 엮음 『신사참배문제 영문자료집』 한국기독교역사연구소 2004년
李庭植 『韓國民族主義의 政治學』 한밭출판사 1982년
해리 로즈 지음, 최재건 옮김 『미국 북장로교 한국선교회사 Volume 1(1884-1934) 연세대학교출판부 2009년』
Harry A Rhodes; *History of the Korea Mission Presbyterian Church 1884-1934*
Harry A. Rhodes & Archibald Campbell. *History of the Korea Mission Presbyterian Church in the U.S.A* Vol 2 1935-1959

편하설 片夏薛
복음과 구원의 글로벌화

초판 발행일 2017년 4월 30일

저 자 곽신환
발행인 황준성
발행처 숭실대학교 출판국
등 록 제14-2호(1982. 1. 25)
서울 동작구 상도로 369
전 화 02-820-0772
팩 스 02-817-5297
홈페이지 http://press.ssu.ac.kr
디자인·인쇄처 디자인 그린비(02-2275-5756)
값 22,000원

ISBN 978-89-7450-363-5 04230